# 奔騰的深圳河

## 中國與世界的相遇

楊黎光 著

謹以此書獻給:


香港開埠 182 週年、回歸祖國 26 週年

中國改革開放 45 週年

深圳建市 44 週年

粵港澳大灣區建設 6 週年

目

錄

# 第一章　似水流年

# 第二章　順流逆流

# 第三章　香港變奏

# 第四章　革命「首章」

# 第五章　羅湖橋上

# 第六章　烽火連天

# 第七章　血濃於水

# 第八章　紫荊花開

# 第九章　一河同源

# 第十章　潮湧南海

# 第十一章　「蛇口模式」

# 第十二章　東方風來

# 第十三章　重逢有時

# 第十四章　河海同輝

# 第十五章　灣區之光

廣東深圳龍崗區大鵬半島。新石器時代中期聚落遺址在大鵬灣沿岸被發現。

# 第一章

## 似水流年

# 深港之根三萬年

2003 年春，一位畢業於台灣大學人類學系考古學專業，卻沒有考過一天古的香港商人黃虎，在海邊垂釣時，意外地釣到了深圳香港地區人類活動史的「根」。

那一天，酷愛野釣的黃虎翻山越嶺來到深圳東部大鵬灣西岸、香港西貢企嶺下海的一個無名海灘釣魚。釣魚的過程，就是等待的過程。就在等待魚兒上鈎之時，黃虎偶然抬頭，看到不遠處沙灘上的幾塊石頭有點奇特。好奇的黃虎放下魚竿，走近細看：這些石頭既不像被海水沖刷得光滑溜圓的卵石，也不像形態各異的山崖滾石。

黃虎畢竟是考古學專業畢業的，憑著他的敏感，立即拍了幾張石頭照片發給他的大學學弟、香港考古學會副主席吳偉鴻鑒別。

第二天，吳偉鴻就跟著黃虎重返現場，稍作觀察，就知道黃虎發現寶了。「我和黃虎回到這個小海灘，正是退潮的時候。一看，整個海灘上佈滿相似的、『有規律』的石頭。」多年之後在媒體鏡頭前回憶當時的場景時，吳偉鴻興奮之情絲毫不減當年。

細細搜索一番後，在海灘旁山崖土層斷面上，吳偉鴻又發現了與海灘上石頭形制差不多的「鑄形器」。

吳偉鴻立即帶著這些奇怪的石頭趕赴廣州，向他研究生時期的老師、中山大學嶺南考古研究中心主任張鎮洪教授求證。

仔細觀察樣本後，張鎮洪大喜過望，抓著吳偉鴻的手說，這應該是香港乃至整個珠江三角洲地區都從沒發現過的原始打擊石器。

很快，香港考古學會與中山大學嶺南考古研究中心組成了聯合考古隊，在獲得香港特區政府部門批准和資助後，於 2004 年底對無名海灘上的叫黃地峒的緩坡進行試掘。這一試就掘出了大新聞。考古隊才試掘 10 平方米，就出土了 3000 多件石器。現場考古人員憑經驗判斷，這些石器應該是超過 1 萬年的遺存。

聽聞消息，從事文物考古工作已經半個世紀的中國國家文物局考古專家組成員、中國科學院古脊椎動物與古人類研究所研究員張森水教授急忙奔赴香港。在仔細觀察了發掘現場和出土石器後，他初步判斷，這個黃地峒緩坡是一個舊石器時代中晚期的石器製造場。「舊石器時代」是考古學家提出來的一個時間區段概念，從距今約 300 萬年前開始，延續到距今 1 萬年左右止。

2005 年 3 月，中山大學嶺南考古研究中心通過光釋光測年技術測定，依據地層堆積的岩性分析，得出的結論是：黃地峒遺址出土的地層分為兩層，下層是更新世晚期的最後階段，距今 3.9 萬年至 3.5 萬年，上層距今 7000 年至 6000 年。

拿到科學測定結果後，張鎮洪欣喜若狂，立即給吳偉鴻打電話說，我們的先人在距今 3 萬多年前就已經在香港這片土地上活動了。

2005 年底至 2006 年初，考古人員對黃地峒遺址進行了第二次發掘。兩次發掘現場一共清理出了 6000 多件石器。

張森水提出，黃地峒石器在加工工藝和石器組合上都有自己的特色，「這是一個全新的組合，不僅在香港首次發現，在珠江三角洲甚至東南沿海都是沒有的」。

舊石器時代晚期石器製造場黃地峒遺址的重見天日，一舉把深港地區乃至珠江三角洲的人類活動史向前推進了 3 萬多年。它的重要性還在於為珠江三角洲地區乃至東南沿海地區舊石器時代的考古學文化研究提供了新的研究課題。

張森水認為，這樣的石器和加工工藝組合不可能僅在香港地區孤立存在，在周邊地區尋找它們的「前輩」或「兄弟」「堂兄弟」，將是考古工作者的長期任務。

遺憾的是，迄今為止，黃地峒遺址下層石器和加工工藝組合的考古「尋親」工作沒有任何進展。不但「前輩」「兄弟」「堂兄弟」遍尋不見，就連它們的直系「後輩」也留下了巨大的斷層。

黃地峒遺址的下層是距今 3.9 萬年至 3.5 萬年的舊石器時代晚期；上層則直接跳升至距今 7000 至 6000 年的新石器時代中期；中間斷層的長達 3 萬年左右的時間黑洞，吞噬了所有的歷史綫索。

「人猿相揖別。只幾個石頭磨過，小兒時節。」小兒時節的古人類，在這片海灣裏跣足奔走了莽莽蒼蒼數千年，卻突然「消失」了 3 萬年。黃地峒遺址的地層信息，就像一道來自遠古先民的「香港密電」，中間長長一段卻已缺失。

「衰蘭送客咸陽道，天若有情天亦老。」此情此景，不免讓此時此地上的後人們浮想聯翩、唏噓萬千：在史前的漫漫長夜裏，這群遠古先民究竟在深港地區經歷了怎樣漫長而劇烈的滄桑變遷？

\* \* \*

距今 7000 年至 6000 年的黃地峒遺址上層、新石器時代中期遺存則「兄弟」「堂兄弟」眾多。迄今為止，考古工作者已在環珠江口地區發現了 20 多處距今 7000 年至 6000 年的同時期遺址。新石器時代中期遺存分佈最密集的地帶是深港兩地合圍的大鵬灣沿岸。

大鵬灣是個典型的 U 形海灣，東岸的大鵬半島和西岸的九龍半島丘陵起伏，就像一雙大手把海灣緊緊地擁在懷裏。在颱風、海嘯頻繁造訪的南海之畔，這類一年中大部分時間風平浪靜的亞熱帶淺海灣，無疑是人類生存的風水寶地。大鵬灣內的東、北、西沿岸又散佈著眾多小 U 形灣。這些小 U 形灣的盡頭都是背靠山嶺、有溪流下切的台地或斜坡。這樣的地形條件，既解決了水源問題，又便於日常的漁獵，也利於躲避惡劣天氣、颱風海浪的侵襲，自然成了與大自然對抗時，手無寸鐵的遠古先民的伊甸園。

深港兩地在大鵬灣沿岸發現的新石器時代中期聚落遺址，無一不在小 U 形灣之內。

\* \* \*

早在 1933 年，在香港大學地理系任教的芬戴禮神父等考古愛好者就在港英政府的資助下，對南丫島大灣遺址進行了香港史上第一次大規模考古發掘。在其試掘調查報告裏，羅列了一批新石器時代中期的出土陶器。

1997 年，香港古物古蹟辦事處聯合中國社會科學院考古研究所啟動東灣仔北遺址考古發掘。這是香港回歸祖國後的第一個考古發掘項目，也是香港古物古蹟辦事處與中國社會科學院考古研究所的首次合作。

經專家確認，東灣仔北遺址是一個新石器時代晚期的墓葬區，呈現出中國南方百越族的墓葬特點。出土的 20 座古墓葬中，有 15 座保存了古代人體遺骸。在濕熱多雨的酸性土壤中，這些距今約 4000 年前的人骨何以保存至今，仍是一個未解之謎。

中國社會科學院考古研究所研究員‧著名人類學家韓康信教授根據解剖學原理，對照人骨比例，將一男一女的頭骨進行了復原，讓外界首次看到了 4000 年前香港先民的「真容」：這些人骨屬亞洲蒙古人種，同時呈現熱帶人種特徵，昭示了香港和內地文化交流的悠久淵源。

深圳地區則於 1980 年至 1981 年間在大鵬灣東岸和北岸先後發現了咸頭嶺、大梅沙、小梅沙、大黃沙等新石器時代中期遺址。

其中，最引人注目的就是在大鵬灣東岸發現的咸頭嶺遺址。1992 年，北京大學古代文明研究中心主任李伯謙教授在系統考察、研究了咸頭嶺遺址、出土文物後撰文提出，「咸頭嶺這類遺存有自己的存在時限，有自己的分佈地域，有自己不同於其他文化的鮮明特徵」。

他開拓性地提出，應以咸頭嶺遺址的文化遺存為代表，將此前已發掘、研究的環珠江口 20 多處同時期古文明遺存，包括深圳地區的大梅沙、小梅沙、大黃沙遺址，香港地區的春坎灣、大灣、蟹地灣，珠海的後沙灣等遺址，命名為「咸頭嶺文化」。

## 咸頭嶺遺址

咸頭嶺遺址距深圳福田區約 50 公里，位於距大鵬灣東岸約 350 米處的迭福山山腳，坐落於背倚潟湖平原的海灣第二、三級沙丘上。東南曾有幾條東西流向的淡水小溪，是古船隻繫纜停泊之處。

咸頭嶺遺址體量龐大，初步估算遺址範圍自東南至西北長 200

米，西南至東北長 150 米，面積約 30000 平方米；埋藏深、構造複雜；地處偏遠，暫時沒有大規模城市建設的威脅。這些客觀因素結合在一起，導致遺址的出土過程長達 25 年，前前後後經歷了五次發掘。

1985 年、1989 年，深圳博物館考古隊對咸頭嶺遺址進行了兩次正式發掘，出土了一批石器和白、彩陶器。隨後發表《深圳市大鵬咸頭嶺沙丘遺址發掘簡報》，認為這是一處距今大約 6000 年的新石器時代遺存。

1997 年、2004 年，深圳博物館文物考古鑒定所對咸頭嶺遺址又進行了兩次發掘。在對近 20 年來四次發掘的文化遺存進行系統分析後，李伯謙在 2005 年召開的一次學術會議上，對咸頭嶺遺址的年代、分期和文化源流等發表了自己的結論，斷定咸頭嶺遺址距今約 7000 年。

李伯謙的觀點並沒有在第一時間得到業界的一致認可。原因在於，年代久遠、疊壓極深的咸頭嶺遺址的考古「取證」過程，有一道難以克服的硬傷：咸頭嶺遺址屬典型的沙丘遺址，地下沙層極富流動性，發掘時經常發生探方的坍塌，難以保證遺物出土層的準確性，擾亂地層斷代。

2006 年，咸頭嶺遺址迎來了備受中外考古界矚目的第五次發掘。這一次，於 2004 年 5 月成立的深圳市文物考古鑒定所，開創性地使用了一套針對沙丘地層的發掘流程：首先將探方挖成下窄上寬的斗形，以增加地層的穩固性；然後在沙土上噴水增強沙子的凝聚力，在所有要踩踏的地方鋪上木板分散單點承受的壓力；再在剖面上噴灑建築噴膠加固表面。

這套「固沙發掘法」，完整、精確地提取了咸頭嶺遺址層位清晰的遺物和地層信息。後來，廣東深圳咸頭嶺遺址榮獲「2006—2007 年

度國家文物局田野考古獎」二等獎。北京大學考古年代學實驗室加速器質譜碳 14 測定，遺址最早期的下層數據為 5965±40BP，樹輪校正後為公元前 4940 年；新西蘭懷卡托大學放射性碳測年實驗室測定為 5973±47BP，樹輪校正後為公元前 4990 年。

中外兩大權威測年機構證明了李伯謙此前的「目測」論斷：咸頭嶺遺址的地層深處，果然沉睡著與偉大的仰韶文化同齡，距今 7000 年左右的深港地區史前文明。

專家鑒定認為，在環珠江口地區發現的 20 多處新石器時代中期同類型遺存中，咸頭嶺遺址年代最早、發掘面積最大，也最具典型性和代表性。前後五次發掘出土的 200 多件石器、100 多件可修復的陶器等新石器中期遺物，時間跨度近千年，可劃分為三期五段。每一階段器物豐富、特點鮮明，是珠江三角洲地區目前唯一一處可以比較全面反映新石器時代中期考古學文化面貌的中心聚落遺址。其為本地區距今 7000 至 6000 年考古學文化的分期和斷代樹立了標尺，為探索本地區古文明的起源，提供了寶貴的綫索。

咸頭嶺遺址被評選為「2006 年度中國十大考古新發現」之一。

深圳博物館館藏著一件大鵬灣北岸小梅沙遺址出土、距今 6000 多年的浪花紋彩陶盤，是咸頭嶺文化的代表作之一。這件藏品口徑 23.7 厘米、底徑 20.2 厘米、高 8.3 厘米，被權威文物專家鑒定為「廣東首次發現的新石器時代彩陶的精品」。直口、圓底，下附寬大的圈足，裏表均經打磨，塗暗紅色陶衣後，再用赭紅色顏料彩繪，腹表、足表和足裏處各飾有一組兩周方向相反的浪花紋，每組花紋上下均施條彩。足表兩周浪花紋之間，還用一周海浪相隔，每個浪峰上下各穿一個圓孔。

它既是一件實用的生活用品，也是一件原始藝術品。凝望著它，

讓人油然生出「逝者如斯夫」的喟嘆，眼前莫名地浮現出一幕幕漫長歷史深處的人類光影。

＊＊＊

深圳地區目前已發現的咸頭嶺文化遺址共有六處。大鵬灣沿岸有五處，自東向西分別是咸頭嶺遺址、大黃沙遺址、下洞遺址、小梅沙遺址、大梅沙遺址，均屬典型的沙丘遺址。另一處是位於南山區月亮灣荔枝園內的月亮灣遺址，這是一處同時期遺址中僅見的山崗遺址，證明了在距今 7000 年至 6000 年前的新石器時代中期，先民們已經開始沿著深圳北部梧桐山—銀湖山—塘朗山一綫，從易於原始漁獵的大鵬灣沿岸，遷居至便於原始農耕的珠江口東岸、深圳灣畔一帶的山地上，開始了刀耕火種的拓荒生涯。

令人驚訝的是，在新石器時代晚期，深圳地區先民的「西進運動」，與改革開放後深圳城市建設沿著深圳河、深圳灣一路向西，直抵珠江口東岸的軌跡不謀而合。

深圳地區目前已發現的 57 個新石器時代晚期遺址中，山崗遺址佔了絕大多數，且集中分佈在今天深圳西部的南山、寶安、龍華、光明等區的大陂河、鐵崗河、西鄉河、觀瀾河和大沙河兩岸。東部的鹽田、坪山、大鵬等區（新區）僅有 10 處同類遺址，也多為山崗遺址。

青銅器時代的遺址、遺存同樣集中在珠江口和深圳南山、寶安一帶。

2001 年 4 月至 2002 年 3 月期間發掘的深圳市南山區西麗福光村屋背嶺遺址，在 1400 平方米的面積內共清理出商時期墓葬 94 座，是當時廣東地區發現、發掘規模最大的青銅時代早期墓葬群。根據調查

和勘探的情況推斷，這個遺址的墓葬總數應當在 200 座至 300 座之間。出土的 300 多件文物多為商時期遺物，有石錛、石斧、陶豆、陶罐、玉矛、水晶。有的灰坑還出土了米字紋陶片、方格紋陶片等。另有東周墓葬兩座，出土了銅矛、銅斧、銅劍等多件青銅器物。

與黃地峒遺址、咸頭嶺遺址如出一轍，屋背嶺遺址的發掘成果驚動了中國殷商文化學會副會長、中國考古學會常務理事、北京大學考古學系鄒衡教授。他一開始深表懷疑，因為在此之前整個廣東地區只挖出過零星的殷商時期陶器碎片，如此大規模的出土聞所未聞。為此，他專門飛赴深圳，實地考察屋背嶺遺址發掘工地。在仔細看過發掘現場和出土文物後，「石破天驚，感受震撼」。他十分肯定地判斷，「屋背嶺遺址是商時期偏早的墓葬群，這在廣東、在南方實為可喜的發現」。

屋背嶺商代古墓群的重見天日，填補了珠江三角洲及港澳地區陶器編年的一段空白。《深圳博物館基本陳列・古代深圳》一書提出，屋背嶺遺址「對嶺南地區先秦時期考古學文化的編年、嶺南古代文明的進程、珠江三角洲地區與其他地區文化的交流、沿海小地理單元考古學文化乃至中國邊疆考古學文化的研究都具有很重要的意義」。

屋背嶺遺址眾望所歸地被評為「2001 年度中國十大考古新發現」之一，隨後又被評為「『十五』期間全國夏商周考古的重大發現」之一。

屋背嶺遺址的考古發現，以豐富多彩的出土文物，補足、補強了深港地區距今 4000 年至 3000 年來，在遠離中原文化的嶺南以南，生生不息、豐滿立體的史前文明史。

# 南頭千年築城史

公元前 214 年，秦朝統一嶺南，設置桂林郡、象郡、南海郡三郡。這是嶺南地區歷史上第一次正式設立行政區劃。今天的深港地區屬南海郡番禺縣，首次進入了中華民族大一統的版圖。

日後長期作為深港地區政治、經濟、軍事中心的南頭（今深圳市南山區南頭古城一帶）在漢武帝元封元年（前 110 年）首次出現。清阮元等學者修纂的《廣東通志》記載，這一年，漢武帝在 28 郡分別設置鹽官，嶺南的「南海番禺，蒼梧高要」名列其中，番禺鹽官的駐地就設在南頭。

三國吳甘露元年（265 年），吳國繼在吳郡設立司鹽校尉之後，又在南海郡設置司鹽都尉，統轄一郡食鹽生產、運銷。並在南頭設立司鹽都尉官署，修築城池，稱「司鹽都尉壘」，後城池荒蕪，故又被記為「蕪城」。北宋《太平寰宇記》有記「《郡國志》云：東官郡有蕪城，即吳時司鹽都尉壘」。這是現存文獻資料中關於深港地區建城的最早記錄。

東晉十六國期間，中原鼎沸，士族蜂擁南逃，衣冠南渡。大量北方人口的南下開拓，促使疆域廣闊的嶺南地區不斷分置郡縣。東晉咸和六年（331 年），南海郡一分為二，新置東官郡，轄寶安等六縣。

331 年，成為深圳市的前身、千年古縣「寶安」的原點。

寶安一名的由來說法不一。一說寶安之稱源於域內一座有銀礦的寶山，位於縣城以北 80 里處，舊時也叫百花林，今屬東莞市黃江鎮和樟木頭鎮。明代王希文認為「言寶，得其寶者安，凡以康民也」。清顧祖禹《讀史方輿紀要》的說法是，「又東十里為寶山，昔嘗置場煎銀於此，名石瓮場，久廢」。清康熙本《新安縣志》則認為，「邑地枕山

面海，周圍二百餘里，奇形勝蹟不一而足，而山輝澤媚，珍寶之氣萃焉，故舊郡名以寶安」。

值得一提的是，「周圍二百餘里」絕非古人誇大其詞。彼時的寶安縣管轄範圍橫跨珠江口，不僅包括今天的深圳市、東莞市和港澳地區，連今天的中山和珠海的大部分地區也是其所轄之地。

東官郡郡治和寶安縣縣治都設置在南頭。

關於東官郡郡治，明代吳中、王文鳳修纂的《廣州志》記載了其具體位置，「其地在東管（莞）場公宇東二百步，頹垣斷塹，猶有存者」。清康熙本《新安縣志》稱，「城南七里曰南山，則舊郡朝山也」。


\* \* \*


南頭城作為地區行政中心的地位持續了 259 年。此後的 1000 多年裏，歷史似乎突然加大了油門，南頭城的中心地位，在頻繁的王朝更迭和時代大潮的跌宕起伏中，忽明忽暗。

隋開皇十年（590 年），廢東官郡，寶安縣改屬南海郡。南海郡的郡治一直在廣州，南頭城自然失去了一郡行政管理中心的地位。唐至德二年（757 年），寶安縣突然被更名為東莞縣，轄區範圍不變。縣治則由南頭遷往到涌（今東莞市莞城街道）。這樣一來，南頭城的縣治身份也丟了。

大唐盛世，物華天寶，海納百川。當時城外珠江河段依然是海灣的廣州城得天獨厚，當仁不讓地成了帝國對外貿易的「擎天一柱」，海上絲綢之路的核心節點之一。朝廷在廣州城設置了總管對外貿易的市舶使，來自波斯、天竺、大食、中南半島和南洋諸島的商船，每年夏季都會乘東南風沿珠江口北上，聚集在廣州城，萬商會集，興盛

無倫。

為拱衛珠江口這條黃金貿易水道，唐開元二十四年（736 年），在寶安縣設置屯門鎮，駐紮鎮軍 2000 人，指揮所就設在南頭。《唐會要》載：「開元二十四年正月，廣州寶安縣新置屯門鎮，領兵二千人，以防海口。」

屯門鎮駐軍 2000 人，這在當時來說是一支規模不小的軍隊。據《新唐書》記載，廣州「有府二：曰綏南、番禺，有經略軍、屯門鎮兵」。唐天寶二年（743 年）冬，吳令光發動起義，一舉攻陷浙江的永嘉郡，並橫掃了台州、明州等地。朝廷命河南尹裴敦復、晉陵太守劉同升及南海太守劉巨鱗前往彈壓。劉巨鱗遠征浙江時，沒有動用南海郡的經略軍，統率前往的是屯門鎮士卒，並在次年會同其他幾路兵馬，將吳令光起義軍鎮壓下去。

從此次出兵浙江的過程和結果來看，屯門鎮軍應該不是僅受地方節制的泛泛之輩，而是訓練有素、戰鬥力強悍的精銳野戰部隊。

「屯門」之名在唐代有極高的知名度，以至於有兩位當時的文學大家，雖不曾身臨其境、親眼見證，卻通過口耳相傳和飛逸神思，就寄情於深港山海，一抒胸中塊壘。

唐元和十年（815 年），劉禹錫被貶廣東連州。這一年的農曆五月，有可能身在廣州城的詩人，目睹城南的珠江上「終風駕濤，南海羨溢」，於是腦洞大開，用極其瑰麗的辭藻，揮筆寫就一首描述屯門一帶大海潮的《踏潮歌》，開篇就是「屯門積日無回飆，滄波不歸成踏潮」。

唐元和十四年（819 年），韓愈被貶官潮州，路過廣州與好友元集虛分手時，寫下《贈別元十八協律》組詩，其中第六首詩中有句：「屯門雖云高，亦映波浪沒。」

小小南頭城變身為邊防軍事重鎮，不便也不能承載軍、政駐地的疊加，縣治北遷於是勢在必行。

\* \* \*

大唐終結後，東莞縣為南漢政權所據，屯門鎮沿襲唐代舊制，以檢點一員率兵駐守，但治所從南頭轉移到了今香港屯門的杯渡山麓。

宋時，「鎮」改為「寨」，增設望舶巡檢司。在扶胥都監統領下，珠江口水道自南往北密佈著廣惠州、廣恩州、固戍角、屯門、溽洲、崖山、香山諸寨或巡檢司，統兵 2792 人。

至明代，朱元璋採納輔臣劉基的建議，於洪武元年（1368 年）定衛所官軍，自京師達於郡縣，皆立衛所。衛的最高長官稱指揮使，統兵 5600 人。至洪武十七年（1384 年），廣東沿海前後共設立了 15 個衛、100 多個千戶所。洪武二十七年（1394 年），再增置東莞、大鵬等衛所。

大鵬守禦千戶所坐落於今天深圳大鵬新區的大鵬半島中部，東莞守禦千戶所設立於南頭城，東西遙望，互為犄角。

關於南頭城的東莞守禦千戶所，《讀史方輿紀要》的定位是，「其廢縣亦曰城子岡，地平曠，千戶所置於此」。所城與子城總周長五百七十八丈五尺，城牆高二丈，頂部寬一丈，底座寬二丈。所城周邊還建有六座墩台，每墩有瞭守旗軍五人。其後數百年，所城又屢經擴建、重修，終成今日南頭古城模樣。

明正德五年（1510 年），在東莞、大鵬兩個守禦千戶所之外，又設立一個地位在千戶所之上的備倭總兵署（府）。其衙署位於東莞所城內東南，總兵由朝廷調派，統轄廣東都司所屬水軍，廣東各衛所官軍

亦受其節制。

總兵「備倭」南頭城，足見深港地區在廣東海防中的重要地位。

明嘉靖四十三年（1564年），抗倭名將、兩廣提督侍郎吳桂芳奏請在南頭城設立參將，「當此鎮而設大將、屯重兵，甲士連雲，樓船礙日，則內可以固省城之樊屏，外可以為諸郡之聲援，近可以杜裏海小艇劫奪之奸，遠可以防澳中番夷跳樑之漸」。

朝廷准奏。同年，備倭總兵署（府）裁撤，改為參將署，下轄3000士兵、主力戰船60艘，「督兵三千，足稱巨鎮」。明嘉靖四十四年（1565年），在吳桂芳的建議下，廣東沿海新設六處水寨，每寨各有1200名至1800名水兵、40艘至60艘戰船不等。南頭水寨由海防參將直接指揮，其餘五處水寨也由其總轄，牽制範圍東到大鵬鹿角洲（今屬深圳市大鵬新區），西至廣海三洲山（今屬廣東省台山市），人稱「虎門之外衛，省會之屏藩」。

一時間，南頭城寨內水、陸兩軍交馳，城頭龍旗、日月旗獵獵，極一時之盛。


## 寶安縣名漂流記


明萬曆元年（1573年），闊別了800餘年的縣治重新回歸南頭城，分東莞縣，立新安縣。

唐至德二年（757年），寶安縣曾改名東莞縣，縣治從南頭北遷至到涌。那時，以丘陵、山地為主的深港地區生產力水平相對低下，人丁稀少，物產不豐。但時至800年後的明朝中後期，在多種客觀因素的合力刺激下，當地人恢復南頭縣治的心思一天天地活泛了起來。

大環境是時代潮流如此。有明一代熱衷於中央集權，在朝堂，棄

丞相制度、設六部分理朝政；在地方，廢行省、設三司，同時將大縣化小。一番折騰下來，廣東一地就增加了 22 個縣級行政單位，達到 8 州 77 縣。

根本原因是現實需要。隨著時光流逝，珠江口沿岸潮退灘露，基於河海物產的原始商品經濟嶄露頭角。以「沙井蠔」為代表的人工養殖業逐漸興盛，聲名遠播；至於古已有之的製鹽業更是蒸蒸日上。但深港地區多山，耕地不足且多為下等田，種植薯、芋、蔬、菽居多，本地生產的糧食只夠維持數月。不足之數全賴當時的東莞縣城到涌調配、供應，一旦運輸不暢，糧價便會暴漲。

深港地區的鹽、水產品輸出和糧食輸入，急需一個快捷的流通渠道和一個就近的指揮控制樞紐。

寶安縣改名東莞縣、縣治北遷到涌之後，深港地區頓成「僻壤」。區內的兩個中心點，東莞所城距縣城 50 多公里，大鵬所城距縣城更是超過 100 公里。山高路遠，交通不便，不但極大地制約了重要商品的流通，也讓本地民眾因為必須長途跋涉去處理徭役、賦稅、訴訟等民政事務而倍感艱辛，怨聲載道。

一場未遂民變點燃了深港地區獨立建縣、縣治重歸南頭城的導火索。明嘉靖四十年（1561 年）夏，東莞縣一帶發生大饑荒，有饑民在南頭一帶「嘯聚掠米，將生變」，一時群情洶洶，人心惶惶。面對如此危局，吳祚等幾個鄉紳挺身而出，出言斥責：「若屬倡亂乎？果爾，首刃我。」鄉紳們的一番勸教，堪堪滅止了熊熊欲燒的暴亂火頭。之後，部分鄉紳、地主主動捐獻錢糧賑災，終於幫助饑民撐過了這場饑荒。

搶米事件讓當地民眾尤其是地方士紳們，深切地意識到了重新建縣、在南頭城恢復縣治的緊迫性。

明隆慶六年（1572 年），廣東參政、提刑按察司副使劉穩在南頭

一帶視察海情，吳祚等幾個鄉紳泣血進言，「號籲伏地，請建縣治，以圖保障」。在士民「萬口同詞，唯願建縣」的民意推動下，建縣申請在幾經反覆後終於上達天聽。

明萬曆元年（1573 年），包括今天深圳市大部、香港全境及東莞市南面的部分地區從東莞縣劃出，新設新安縣，縣治在南頭城。

寓意「革故鼎新，去危為安」的新安縣，為千年古縣寶安接續了香火，千年古縣治南頭城的城牆得以繼續加高。

＊ ＊ ＊

明終清繼，新安縣又逢劇變。

順治、康熙年間，清廷先後頒佈、實行「禁海令」「遷海令」，嚴禁沿海商民船隻出海，違者正法，知而不報者「皆論死」；同時禁止外國商船來華貿易，「不許片帆入口」；又勒令江南、浙江（南部）、福建、廣東四地沿海居民內遷 30 里至 50 里不等，廣東一律內遷 50 里，限期執行。之後，又有「再遷」「三遷」，一次比一次嚴厲。

清屈大均的《廣東新語》詳細記錄了清政府為維護專制統治製造的這一場慘絕人寰的災難。「歲壬寅（康熙元年）二月……令濱海民悉徙內地五十里……於是麾兵折界，期三日盡夷其地，空其人民。棄資攜累，倉卒奔逃，野處露棲，死亡載道者，以數十萬計。」

遭此飛來橫禍，擁有漫長海岸綫的新安縣元氣大傷。此前，新安全縣共有約 7000 人，經歷數次遷海後僅存兩千餘人，「死亡載道者」數不勝數。連清康熙本《新安縣志》都有記載，「及復歸，死喪已過半」。

康熙六年（1667 年），人口銳減三分之二，田土、賦稅所剩無幾

的新安縣，再次被併入東莞縣。寶安縣名、南頭城縣治的歷史又被攔腰切斷。

康熙七年（1668 年），重病纏身的廣東巡撫王來任痛定思痛，上《展界復鄉疏》，痛陳遷海之弊：遷海之舉造成廣東一省數十萬民眾流離失所，「各無棲址，死喪頻聞」，每年損失地丁錢糧 30 餘萬兩；被迫遷出的民眾大多數傾家蕩產，因生活無著而「相聚為盜」……

也許是這些血淋淋的事實刺痛了最高統治者，康熙八年（1669 年），清政府下令展界，允許部分北遷居民重返家園。同年，新安復縣。

至此，深港地區上演了二進二出東莞縣的歷史戲碼。兩百多年後，革命黨人推翻了清王朝在新安縣的統治，迎來了 1912 年的民國肇始。

＊＊＊

歷史的天空就是這樣陰晴不定，誰也沒有想到，深港地區會在新朝伊始之際，一頭撞上了自己的復名之路。

1913 年，民國政府搞了一個「廢府存縣」運動，廢除清朝實行的省、府、縣三級管理體制，改為省、道、縣三級管理體制。這本來是一次換湯不換藥的行政體制調整，但在實際操作中，卻意外地發現了這樣一個驚人事實：在當時全國所有縣中，竟然有 221 個、94 組存在重名現象，其中兩縣重名的多達 148 個，三縣重名的 36 個，四縣重名的 16 個，五縣重名的 15 個。

最誇張的是，有一個名字居然被分別位於直隸、山東、吉林、江西、浙江、貴州的 6 個縣共同使用。讓人捧腹的是，在一大堆信達雅

的縣名中，這個使用率奇高的名字居然是毫無新意的「新城縣」。

1914 年，我國近代史上最大的一次地名規整運動正式實施。全國同名之縣，只保留一個，其餘全部改名。保留縣名的原則是「先到先得」。查查檔案、典籍，誰先用的就保留，後來的通通改名。但原則之外還留有一個「特殊優待」的門縫，即在對外條約中提到的縣名，考慮到後續影響，即便是後來者，也可以擠掉先到的前輩。比如「三水縣」，當時廣東、陝西各有一個。陝西的三水縣設置於明成化十三年（1477 年），廣東的三水縣設置於明嘉靖五年（1526 年），相比之下，後者晚了 49 年。但廣東的三水縣在清光緒二十三年（1897 年）英國強迫清政府簽訂的《中英續議緬甸條約》裏被闢為對外商埠，並設有三水海關稅務司公署，改名對外影響較大，於是只好委屈陝西的三水縣拱手相讓，改用秦漢時期的舊稱栒邑縣（今陝西省旬邑縣）了。

新安縣也在因重名而需要改名的行列裏。河南省也有一個新安縣，設置時間早在公元前 221 年，也就是秦始皇蕩平六國、建立起中國歷史上第一個大一統帝國的那一年。於是深港地區欣然迎回了自己被動失去的、已經在歷史的煙塵中漂泊了 1100 多年的古縣名：寶安。

## 「羅溪」「滘水」「深圳河」

自唐至今，古縣名「寶安」在歷史長河裏漂流、浮沉。深圳河與之相伴隨，在歷史的角落裏默默成長。

遙想 7000 年至 6000 年前的某一天，天氣晴好，小梅沙海邊聚落裏的某個遠古先民，狩獵時一時興起攀爬上了今天深圳最高峰、海拔 943.7 米的梧桐山。他看到的古深圳灣是什麼模樣呢？

答案是：一片汪洋。

南海之水自西向東奔湧而來，直抵他所站立的山峰腳下。因為北、東、南三面群山的圍擋，海水入口又在西面與北向廣州的海潮交叉，故而腳下的水面顯得波瀾不驚。

這個想像中的遠古先民站在梧桐山頂向西遠眺古深圳灣看到的景象，絕非歷史的虛幻夢境。現代科考證明，占南海水曾兩次大規模海侵、海退，包括今天深圳河兩岸的香港新界北端全部，深圳市羅湖區、福田區大部分，南山區、寶安區的低地、台地區域，在距今 7000 至 6000 年前及此後的漫長歲月裏，確曾是暗無天日的海底世界。

21 世紀初，廣東省地質局和廣東省科學院廣州地理研究所組織有關專家進行專項科考，根據廣州市沉積記錄和新構造運動的歷史記載，研究出了廣州地區距今 1 萬年來的海陸變遷史。

約 1 萬年前，地球進入冰後期，世界氣候轉暖，冰川大量融化，亞歐和北美大陸冰蓋退出。約在 7000 年前，一次大規模的海侵席捲今天的珠江三角洲地區，地史上稱之為「中全新世海侵」，今廣州城內低地多為海水覆蓋。

約在 5000 年至 3000 年前，此次海侵的能量耗盡，海水慢慢退出了今天的廣州城區。

約在 3000 年至 2500 年前，「晚全新世海侵」捲土重來。由於這一時期珠江三角洲地區發生劇烈的地質構造沉降，滔滔海浪再度長驅北進，而且比上一次來得更加猛烈，淹沒了今天的整個廣州地區。越秀山下，浪濤滾滾。

千百年來，南海湧浪猛力拍擊島岸，最終刻畫出了距今 6000 多年的七星崗海蝕崖、長洲海蝕崖等海蝕遺址，如同古南海水留在廣州城的親筆簽名。

約在 2500 年前，珠江三角洲地區的地質構造沉降暫停，海水再次

後退。年徑流量高達 3300 多億立方米、在國內僅次於長江徑流量的珠江水系乘機展開反擊，開啟了它延續至今的環珠江口地區沉積、造陸運動。在地球自轉作用的助陣下，珠江水系的北岸淤積加快，逼迫海水加速南退。

通過對秦以來廣州古城、船台、水閘等遺址的考古發掘，學術界對秦末漢初以來流經廣州古城區段珠江岸綫及寬度，有了比較一致的看法：秦末大將任囂在珠江北岸築「任囂城」，城南就是南海。彼時「江」面寬約 2020 米，為現在同一江段寬度的 10 倍多，是不折不扣的「海」面。

接下來的西漢、東漢、三國時期，這段江面寬度以肉眼不可見的速度縮小到約 1960 米、1890 米、1790 米。

白雲蒼狗，又是悠悠近 500 年，大唐盛世之際的這段珠江江面依然寬約 1400 米。唐高適《送柴司戶充劉卿判官之嶺外》有句「海對羊城闊，山連象郡高」。邊塞詩人高適是北方渤海郡人，一生不曾駐足嶺南，他不說「江」對羊城闊而稱「海」對羊城闊，實在是因為此前本地人皆稱城外的珠江為「海」，前朝的史書和名人也多持此說。如《漢書》稱番禺為「近海」；東漢末年交州刺史步騭在番禺修「越城」，著文說廣州「負山帶海」，是「海島膏腴之地」；三國東吳中書丞華和也稱廣州「州治臨海，海流秋咸」。

宋人朱彧《萍洲可談》卷二稱「廣州市舶亭枕水有海山樓，正對五洲，其下謂之『小海』」。到了宋代末年，此段江面寬約 1100 米，比秦時窄了幾乎一半，但開闊處仍被人們稱作「海」。

從明代開始，海退加速，海水以每年 70 米至 130 米的速度退出，珠江急劇收縮，不到 300 年時間裏，此段江面寬度縮至約 650 米，比宋代縮窄了 450 米之多。及至清代，江面只剩下了 550 米。至近代，

珠江平均寬度已不到 400 米。到了當代，平均寬度又降至 264 米，最窄處僅有 180 米。

多項地質信息數據和歷史文獻顯示，遲至明清，流經廣州古城區的珠江才慢慢卸下了「海」的妝容，換回了「江」的面貌。

在此期間，距廣州 60 公里的虎門成了珠江出海口。清康熙二十五年（1686 年）《番禺縣志》在分述東江、北江、西江之後，寫道：「粵故海國也，支流為多，而皆源於三江，即西、北、東三江，出虎門入海。」

「珠江」這一名字，最早形諸文字也是在明代，即明嘉靖三十七年（1558 年）黃佐所作《海珠》一詩的首句「珠江煙水碧濛濛，錦石琪花不易逢」。清道光二年（1822 年）由阮元等學者修纂的《廣東通志》稱「珠江，源於三江，合流於城南，中有海珠石，是謂珠江，一名沉珠浦」，則是記載「珠江」一名的正式史誌。

\*　\*　\*

深圳河屬珠江水系，它的形成過程基本上是珠江的縮小版。

比照珠江流經廣州古城區河段的「露出史」和目前深圳地區已有的考古發現，可以肯定深圳河是一條非常年輕的河。距今約 2500 年前，海水直逼梧桐山等山巒腳下，今天深圳河幹流段尚在水底沉睡，就是其主要支流沙灣河、蓮塘河、梧桐河等山谷水流，也是下山即入海，最多只能稱為山間溪流。

直面南海大潮的大鵬灣海岸邊密佈的海蝕崖、海蝕岩、海蝕洞、海蝕柱，是古南海海水兩次海侵留下的永久印記。其中，大鵬半島最南端的國家級地質遺蹟鹿咀海蝕崖近乎直立，高度在 10 米至 50 米之

間，深入其間的海蝕洞高 12 米、寬 6 米至 7 米、深約 20 米，讓人驚嘆於大自然的鬼斧神工。海蝕洞是高潮海水千百年來拍擊山崖砂岩沖蝕而成的。這意味著海侵期間，深港地區的海平面至少高出現在 12 米。難以想像，把這個海侵高潮期間最低值的海平面放在今天的深圳灣會是什麼樣的景象。

千百年來海水緩緩後退，古深圳灣內的山岡、高地、台地、低地漸次露出水面。不過，同樣可以肯定的是，至少晚至北宋末年，今天深圳河幹流北岸已成鋼鐵叢林的羅湖、福田兩區的大片低地仍在海水之下，或者是潮來潮往的淺海灘塗。

證據就是，經過深圳市文物考古人員 40 多年孜孜不倦地仔細翻找，這片區域內不但沒有發現過任何先秦遺址、遺存，迄今為止發現的最早的古墓葬，還是位於市中心蓮花山西北角山坡、建於南宋淳祐八年（1248 年）的下沙村黃氏一世祖黃默堂墓。這一年，距北宋終結已有 121 年之久。

按照南海海水以每年 70 米至 130 米退出珠江江面的速度計算，此時深圳河的大模樣應該已經出來了，高地、台地上已有零星墾殖，只是海灘開闊，河水恣意流竄。南宋、元兩代，連年戰亂導致的南下移民蜂擁而至，大規模束塘築田之下，深圳河河岸綫急劇收縮。

明清時期，海退加速，吸引了更多拓荒者進入，形成了一個水退人進的正循環。

時間和空間聯手，自然和人工合力，終於將現代地理學意義上的深圳河推進了蜿蜒史冊。

\* \* \*

據目前可考史料，深圳河首次「出鏡」在明初。

研究者的依據是深圳河畔、深圳火車站東側的羅湖村族譜《袁氏家譜》。羅湖村袁氏發源於河南汝南，六百多年前遷至東莞溫塘定居。明洪武元年（1368年），先祖袁彥安屢試不第，遂舉家遷至此地，拓田1700畝，閉門耕讀，成為羅湖村開基之祖。

《袁氏家譜》記錄了多位明初先人的詩詞歌賦，其中「羅溪」一詞反覆出現。把他們詩中的細節描述與現實地貌結合起來觀照，可以確定，羅溪就是當時深圳河畔人家給這條年輕河流取的「小名」。

羅湖村袁氏二世祖袁百良的《卜居》有句「羅溪水長漁歌晚，梧嶺峰高月吐遲」，詩中的「梧嶺」即梧桐山，「羅溪」就是梧桐山腳下的深圳河。三世祖袁漁隱的《攜客遊羅溪作膾》有句「羅溪水長鱸魚肥，同客觀潮坐石磯」；他另一首詩的標題直接就是《遊羅溪》，有句「羅溪峻嶺水還深，上有喬松百尺陰」。後世族人袁皓作《晚興》一詩，一句「梧峰吐月映羅溪，縞帶飄飄赤墈西」，更是帶出了三個當地地名，其中的「赤墈」就是今天金融機構雲集的羅湖區蔡屋圍一帶。

遲至清康熙年間，袁居易撰寫《袁氏家譜序》，仍將深圳河稱為「羅溪」。

明代中後期，深圳河的官方稱謂「滘水」始見於文獻。清康熙本《新安縣志》稱：「滘水，在城東四十里，發源於梧桐、莆隔、龍躍頭諸山，西流曰釗日河，北出曰大沙河，二支分流至滘山合流而西曰滘水，經橫崗山，逶迤四十餘里入后海。」

這裏的「城」，就是新安縣治所在南頭城。西流的「釗日河」、北出的「大沙河」即深圳河的兩條主要支流蓮塘河和沙灣河。「滘山」則是50米高的羅湖山，今已不存。1979年深圳市設立的那年夏天，一場特大洪水來襲，東門老街至火車站一帶低窪城區全部被淹沒。第二

年，深圳市政府決定「愚公移山」，把平羅湖山，用所得的 130 萬立方米土石方填平這片低窪地。羅湖區地勢因此增高了 1.07 米。

原羅湖山地塊上，後來矗立起了一座聲名遠揚的「樓山」，即 1985 年竣工、高 160 米的當時「中華第一高樓」深圳國貿大廈。

## 「深圳」之名源考

「羅溪水長鱲魚肥，同客觀潮坐石磯」「羅溪峻嶺水還深，上有喬松百尺陰」。在深圳河畔人家袁漁隱的眼裏，明代早期原生態的深圳河儼然一條「水長」「水還深」的大河，海潮順著寬闊的河灘直奔上游，徐徐展現漁歌唱晚的羅溪風情。

明萬曆三十年（1602 年）的《廣東通志》記載，彼時深圳河上游至深圳灣后海之間，舟楫縱橫，自東向西密佈麻雀嶺渡、羅湖渡、黃崗渡、下埗渡、白石渡、南頭渡等渡口。這些渡口各有分工，橫水渡以小舟擺渡深港兩岸，長河渡則供貨運大船揚帆出海，遠航環珠江口地區。

意大利傳教士西蒙·佛倫特里經過四年實地勘查，於 1866 年繪製的《新安縣全圖》，是深港地區第一幅使用近代科學測繪技術繪製的地圖。遠比之前以抽象的山水畫形式繪製的疆域圖、地形圖更具科學性、準確性，曾在 1894 年米蘭地圖博覽會等多個歐洲展會上獲獎。

在這份地圖上，深圳河是用雙綫勾畫法描繪的寬闊河道，並在上游的「螺湖」渡旁畫了一艘單桅大帆船，示意可在此乘大帆船出珠江口。在深圳河匯入深圳灣的河口處，標注著英文「high water」（水很深），證明當時的深圳河幹流深受海潮影響，漲潮時海水依然直逼今天的深圳河三岔河口，足以靠泊單桅大帆船。

近現代以來，海水繼續後退，農田魚塘蠶食河灘，大小水庫截斷上游來水，深圳河幹流慢慢變小、變淺、變緩，終成「小河彎彎」，不復舊時模樣。

✳ ✳ ✳

沿河北望，「深圳」的舊時模樣又如何呢？

「圳」，是「甽」的通用規範漢字，客家語，意為「田間水溝」。依照字面意思，「深圳」就是一條深浚河溝。

深圳河的民間叫法曰羅溪，史誌中的官方名稱是滘水，但從來沒有被標注在古地圖上。晚於 1899 年才因「深圳」這個地名而得名，並出現在正式文件和地圖上。

這條「深浚河溝」在哪裏呢？

清康熙本《新安縣志》有這麼一段記載：「惠民橋，在深圳，河溝深浚，凡遇雨潦、潮漲，往來維艱；更有不知深淺，動遭淹溺。康熙二十八年（1689 年），巡檢廖膺寵建造石橋，名曰『惠民』。」

惠民橋是今天深圳市羅湖區人民橋的前身，橫跨的是布吉河，也被稱為清水河。那時的布吉還叫「莆隔」，因兩百多年後廣九鐵路在此設站「布吉」而改名。顯然，「深圳」之「圳」，指的是深圳河的支流之一布吉河。當然，從這個因果關係來看，稱深圳河為深圳的「母親河」也名正言順。

作為地名的「深圳」最早出現在什麼時候呢？

明萬曆元年（1573 年），深港地區新設新安縣，依例每隔數十年會編修一次縣志。不幸的是，明萬曆以降至明亡的新安地方誌書均已散佚。目前存世的最早記載「深圳」二字的史籍，是清康熙二十七年

（1688 年）編修的《新安縣志》。

清康熙本《新安縣志》中三處涉及「深圳」：一是《地理志·墟市》中記有「深圳墟」；二是《兵刑志·墩堡》中記有「深圳墩台」；三是《地理志·梁》中記有「惠民橋，在深圳」。

「惠民橋，在深圳」的定位，明確了今天的布吉河是作為河流的「深圳」；「深圳墩台」「深圳墟」則落實了作為軍事哨所和地名的「深圳」。

墩台是明初衛所軍制下的基層哨所，每墩駐有瞭守旗軍五名。清康熙本《新安縣志》明確記載，康熙七年（1668 年），新安營計劃營造墩台 21 座，後實際建造 12 座，其中就有深圳墩台。康熙十年（1671 年），深圳墩台和五通嶺、大梅沙、小梅沙三座墩台被颱風摧毀，後「俱改作瞭望台，每台設兵十名」。

清嘉慶本《新安縣志·經政略四》的「汛房」一節，載有「深圳汛，把總一員」，而「墩台」一節中，則不再記「深圳墩台」，應該是 18 世紀末、19 世紀初，「深圳墩台」又升格為「深圳汛」了。

縣志記載，當時兵員達千人的新安營「設游擊一員，中軍守備一員，左、右哨千總二員，左、右哨把總四員，外委五員」。把總在明代是個正七品的中層軍官，可統兵 440 人。而在新安營當時下設的六座汛房中，只有深圳汛配備了一名把總。三年後的清道光版《廣東通志》提及深圳汛有把總一員、外委一員、防兵十名、撥兵三十名，儼然是個軍事堡壘了。

史誌以外，古地圖無疑是有說服力的佐證。

目前能見到的最早標注出「深圳」和「深圳墟」的地圖，是製作年代考證為清乾隆年間的《廣東沿海圖》。從圖示來看，此時的「深圳墟」已頗具規模：上面畫了 8 間房子，是圖中新安縣地界房子畫得最

多的地方。

目前存世的最早繪有「深圳汛」的地圖，則是浙江黃岩人陳鎏繪製於清嘉慶年間的《廣東通省水道圖》。該地圖在新安縣城東醒目地標注出了「深圳汛」。清咸豐十年（1860年）繪製的《新安縣水陸塘汛輿圖》，對「深圳墟陸汛」和「深圳墟」的位置做了細緻標注：兩地被布吉河分隔，上有一座拱形橋樑相通，正是清康熙本《新安縣志》中提及的「惠民橋」。結合清同治三年（1864年）《廣東全圖》中的標注，「深圳汛」應該坐落於今天深圳市的筆架山、銀湖山一帶。

＊＊＊

墟，從虛，是為鄉間集市。北宋吳處厚《青箱雜記》載：「嶺南謂村市為虛……蓋市之所在，有人則滿，無人則虛，而嶺南村市，滿時少，虛時多，謂之為虛。」清屈大均《廣東新語》說「粵謂野市曰虛」。時至今日，廣東、廣西、福建等地鄉村集市還多稱「墟」。

在小農經濟時代，從一個聚落，發展成一個有名有姓的自然村落，再進階為輻射周邊的一個墟市，其過程必然漫長。

「深圳墟」及其所依託的「深圳」，這個地方最早什麼時候浮現在歷史長河裏？

清康熙本《新安縣志》收錄的古人文章中曾提及「深圳之名，史籍最早見於永樂八年」。可惜的是，至今為止沒有人找到這本「史籍」，也就無法成為深圳「前世」的證據。

雖然白紙黑字的史籍記載找不到，但結合今天羅湖區老村落的形成歷史，「深圳」這個地名的形成時期上溯至1410年前後的可能性很大。

從北宋末年至元代，戰亂頻仍、全國經濟發展重心南移等多種因素共振，嶺南地區再一次迎來了移民大潮。深圳河兩岸漸次裸露出來的肥沃「生土」成為墾殖熱點。羅湖村袁氏一世祖袁彥安，就是在明洪武元年（1368 年）隨著這股移民大軍，在深圳河畔置田、築室，落地生根。

明代實行衛所軍制，與之配套的還有軍、民、商三結合的屯田制度，東莞守禦千戶所在今天深圳市羅湖區蔡屋圍一帶設有月崗屯。隨著田畝拓墾的日積月累，明代中期，今深圳市羅湖區深圳河及其支流沿岸陸續形成了有譜可考的羅湖、湖貝、向西、黃貝嶺、南塘等十幾個村落。為便於各村莊之間的物資交易，由湖貝村、向西村、黃貝嶺村、水貝村的張姓族人，在一片名為「深圳」的空地上建起店鋪，周邊的羅湖村袁氏，蔡屋圍蔡氏，福田沙頭石廈歐氏、趙氏、潘氏也在這些商鋪周圍聚集貿易，明朝晚期逐漸形成中心墟市「深圳墟」。

深圳墟的地理位置得天獨厚。從香港元朗至惠州、從南頭至沙頭角、從布吉至九龍的三條交通要道在這裏交會。清乾隆、嘉慶年間，深圳墟已是新安縣 36 墟市之首。

《康熙新安縣志校注》中提出，深圳墟位於今東門老街，舊城改造後已毀。深圳墟規制不小，設有四門：東門的位置在今天的解放路和東門中路的交會點，西門的位置大致在新園路與永新路交會處，南門在南慶街尾，北門在深圳中學南邊的沼澤地。

每到農曆二、五、八日的深圳墟墟日，穀行街的農產品交易，鴨仔街的家禽買賣，維新路的小吃雜貨，民縫街的布匹、針綫活計，一應俱全，熱鬧非凡。

## 從寶安縣到深圳市

深圳市的前身是寶安縣，建市之前屬惠陽地區管理。1978 年 8 月 22 日，中共惠陽地委向中共廣東省委報送了一份《關於寶安縣改為深圳市的請示報告》，提出「寶安這個地方將要建成為外貿基地，深圳將建為旅遊區。為了進一步搞好邊防，根據省委的指示精神，經地委常委討論，我們建議把寶安縣改為深圳市。這個市的建制相當於地區級，即低於地委半級，高於縣半級的建制，仍受地委領導」。

官方正式文件中第一次出現了「深圳市」這個名稱。

10 月 18 日，廣東省委常委會會議研究、討論惠陽地委的這份請示報告和省計委起草的《關於寶安、珠海兩縣外貿基地和市政建設規劃設想》。

省委常委會會議的決定是，「寶安縣建立相當於地區級的中等城市，稱為寶安市」。

寶安縣委一班人面對這個結果，提出了自己的考量。

11 月 25 日、12 月 22 日和 12 月 29 日，寶安縣委向惠陽地委和廣東省委分別呈交《關於寶安縣改為深圳市建制的報告》的初步稿、修改稿、再修改稿，連續三次，報告中詳細介紹了寶安縣的基本情況，並根據廣東省對建市的區域的指示精神，建議「名稱叫深圳市」。

在 11 月 25 日的報告初稿中，寶安縣委就鄭重地寫道：經研究，我們認為必須把全縣所轄範圍改為市，名稱叫深圳為好，因為深圳口岸全世界聞名，而寶安縣則很少人知道。

＊＊＊

古地名「納以山水，輔以方位，寄予願望，傳於千年」，包含著深厚的歷史文化積澱，承載著鮮活的家園記憶。在中國人的傳統文化中，地名宜古不宜今，若非重大歷史變遷，不會輕易更改。何況，按字面說文解字，「寶安」二字，其意也是至吉至祥。

蕭規曹隨沿用「寶安市」，功在賡續歷史；與時代潮流共進退改為「深圳市」，勝在緊扣現實。

當時內地封閉日久，而一河之隔的香港卻已是世界級的自由港，亞洲地區的金融、貿易、航運中心，是內地眺望西方世界的唯一一片開闊地。1911 年開通運行、日夜穿梭於深圳河羅湖橋上的廣九鐵路列車，是這個內斂的古老國度與世界串聯的最大「窗口」；深圳河畔的深圳口岸，也因此成了中國舉足輕重的南大門。

20 世紀前葉，中國局勢瞬息多變，經深圳口岸南來北往、各懷心事的中外人士不知凡幾。蒸汽籠罩處，「深圳」這個略顯生僻的名字，成了南下內地人對祖國最後的記憶和北上淘金客對這個國度最初的印象。

伴隨著列車轟鳴，1931 年，駐有深圳火車站和深圳口岸的深圳墟，被設立為深圳鎮。

中華人民共和國成立後，廣九鐵路廣州至深圳段改名為廣深鐵路，深圳鎮內的火車站和深圳口岸成了中國接觸資本主義世界最敏感的前哨。人們可能對實力弱小的農業縣寶安縣知之甚少，地處兩種制度橋頭堡的「深圳」一名卻如雷貫耳。

1953 年，鑒於深圳鎮的區位優勢，人口聚居較多，工商業相對發達，寶安縣政府由南頭遷至深圳鎮。1978 年時，寶安縣人口約 30 萬，深圳一鎮獨佔約 3 萬，是寶安一縣政治、交通、經貿中心。

寶安縣委喊出的這一句「深圳口岸全世界聞名」，絕非虛言。

＊　＊　＊

寶安縣委希望以「深圳」為市名，深圳河南側「香港元素」的分量也相當吃重。

在當時寶安縣委一班人的認知裏，縣改市的終極目標無非就是「搞活經濟」，有工做、吃飽飯。深港兩地自古以來就是一家親，山高水長、割不斷的兄弟情。辦外貿基地、出口加工區也好，建旅遊區也罷，態度最熱切、出手最早的「金主」必定是一衣帶水的香港同胞。把市名改為香港工商界人士熟知的深圳市，把市政府設在宜商宜行的深圳鎮，就是對香港同胞最真誠、最隆重的邀約！

與香港背靠背一起串聯中國近現代史的特殊地緣關係、樸素的市場意識和硬邦邦的現實考量，讓寶安縣委堅信：叫「深圳市」比「寶安市」更有前途。

深圳首任市委書記張勳甫晚年接受採訪時這樣解釋道：「新市的名字為什麼不用現成的『寶安』而要用『深圳』呢？原因主要有三個：一是深圳比寶安更具世界知名度；二是深圳緊靠香港，處於羅湖口岸所在的地方；三是深圳有深水的意思，水為財，意頭好。」

1979 年 1 月 13 日，惠陽地委向廣東省委上報《關於寶安縣改為深圳市建制的報告》，明確提出，「關於寶安縣改為深圳市的建制問題，我們認為，為有利於對外貿易和對外加工工業，同意把深圳鎮改為深圳市」。

惠陽地委態度鮮明，廣東省委樂得從善如流。1 月 23 日，廣東省委發出《關於設立深圳市和珠海市的決定》，最終決定將寶安縣改為深圳市，珠海縣改為珠海市。這兩個市均為省轄地級市，分別由廣東省和惠陽地區、佛山地區雙重領導。

3月5日，國務院下文批覆同意廣東省委的這個《決定》。

「深圳」這個市名終於被「爭」回來了。

寶安縣縣改市最後定名為「深圳市」而非「寶安市」，除了廣東省、惠陽地區、寶安縣因地制宜、因時制宜的周密考量，恐怕也與鄧小平同志的講話不無關係。1978 年 12 月 13 日，鄧小平在中央工作會議上提出「要允許一部分地區、一部分企業、一部分工人農民，由於辛勤努力成績大而收入先多一些，生活先好起來。」《中國共產黨深圳歷史》一書中提及，會上鄧小平「談到主張一部分地區先富裕起來時列舉了深圳等 10 來個城市的名字。這樣，深圳市的名稱也得到與會廣東省委領導人的認可」。

從發展的眼光看，寶安縣委一班人認定「深圳」這個名字更有前途，後來的主政者也明白「寶安」一名的歷史價值。1980 年 8 月 26 日，第五屆全國人大常委會第十五次會議批准在深圳市劃出 327.5 平方公里範圍試辦經濟特區。1981 年 10 月，寶安縣建制恢復，屬深圳市領導。1992 年 12 月，撤銷寶安縣建制，建立深圳市兩個新的市轄區：寶安區、龍崗區。

2001 年 9 月 18 日，深圳黃田國際機場正式更名為深圳寶安國際機場。「寶安」這兩個至吉至祥的漢字，與通達全球的國際機場聯姻，也算是一個「名」盡其用的絕配。

* * *

千年古縣名「寶安」的得失、去留，演繹著自 331 年以來中國歷史風雲激蕩的時代大戲。

澳門大三巴。澳門曾自祖國母親身邊「走失」，成為近現代中國的一則詠嘆調。

第二章

順流逆流

# 中西文明的三岔河口

在歷史上的某一天，一滴雨露從天而降，悄然墜落在今天深圳龍崗布吉海拔 214 米的牛尾嶺南坡的一片樹葉上。然後，一滴又一滴雨露落下。千千萬萬滴雨露匯成細流緩緩流淌，和在羅湖梧桐山西坡的石縫裏已然成潭成溪的雨露匯合，最終沖刷出深溝溪流。這就是今天深圳河最初的源頭。

順坡而下的溪水，勾勒出如今深圳河上游的兩條主要支流沙灣河、蓮塘河。時光一年又一年地逝去，河水穿越唐、宋，直奔元、明，在今天的深圳羅湖文錦渡東南一側的三岔河口合流，河面頓時豁然開朗。受海潮頂托的深圳河水在三岔河口徘徊再三之後，最終向潮聲隱隱的西南方向日夜奔流。

時空流轉，生生不息的中華文明也在元、明之際，抵達了自己的「三岔河口」：是輝煌再造，是浪漫依舊，還是珍珠蒙塵？

讓所有中國人扼腕嘆息的是，在歷史的合力之下，命運安排的恰恰是第三條路。

＊＊＊

清人錢大昕撰聯：有酒學仙無酒學佛，剛日讀經柔日讀史。

曾國藩在致諸弟信中援引說「予定剛日讀經、柔日讀史之法」。所謂「剛日」「柔日」，可理解為讀書人的心境調節：人在精神飽滿的「剛日」宜讀經典，涵養自己的浩然正氣；在精神不振的「柔日」，最好夜讀史事，靜思明理。

可是，當代著名哲學家馮友蘭送給李澤厚的對聯卻說「剛日讀史柔日讀經，西學為體中學為用」，一反前賢說法。

這絕非馮友蘭先生故作驚人之語。

卒於 1804 年的錢大昕，一輩子活在「康乾盛世」的王朝迷夢裏。1872 年離世的曾國藩，雖然親歷了清朝的內憂外患，但作為清朝「中興名臣」，他不願意也不可能前瞻到自己身故後的中華大地如此不堪。學貫中西的當代大儒馮友蘭就不一樣了，他可以把已經演繹完整的中外近代史擺在一起細細比較。

仔細研讀中、歐歷史，對於中國人而言，越接近近代，字裏行間撲面而來的憂憤之情越是非「剛日」所不能承受。

＊＊＊

歐亞大陸是早期人類文明的重要發源地。早在公元前 8 世紀前後，歐亞大陸東、西兩端幾乎同時盛開文明之花：在東亞，燦爛的中華文明諸子百家爭鳴，詩書禮樂百花齊放；在南歐，輝煌的希臘文明在愛琴海邊恣意生長，各種實驗性的政治體制異彩紛呈，荷馬史詩、《幾何原本》流傳千古。

公元前 221 年秦始皇掃滅六國，華夏一統。內部的多民族融合一波接著一波，以漢民族為主體的各民族文化的涓涓細流，匯聚成中華文明的長河，奔流不息。

公元前 146 年，羅馬軍團攻破雅典，希臘文明被羅馬文明接管。兩個古文明合流，成為整個西方文明水流清澈的上游。拉丁字母、羅馬法、發達的城市公共設施、職業化的軍隊，成了羅馬文明的特有標籤。愛倫·坡在《致海倫》一詩中由衷讚嘆：「光榮屬希臘，偉大屬羅馬。」羅馬帝國全盛時期控制著約 500 萬平方公里的遼闊疆域，地中海成為它的內海。

可惜，強大的羅馬帝國被內部的權力之爭動搖了根基。395 年，羅馬帝國皇帝狄奧多西一世將帝國一分為二，交由兩個兒子分治，帝國實力一落千丈。476 年，西羅馬帝國被北方「蠻族」日耳曼人一舉攻滅，取而代之的是日耳曼部族建立起來的一系列國家。歐洲開始進入漫長的中世紀。

\* \* \*

476 年這一年，中國還處於南北對峙的南北朝。僅僅 100 多年後，隋朝一統中國，結束了西晉末年以來中國近 300 年的分裂局面。

隋朝享國 38 年，旋即被大唐接手，中華文明青雲直上。「九天閶闔開宮殿，萬國衣冠拜冕旒。」大唐胸襟萬丈，是向外的舒展，有「萬國來朝」，有海陸兼備的「絲綢之路」。杜甫《憶昔二首》道盡海納百川的盛唐繁華：「憶昔開元全盛日，小邑猶藏萬家室……宮中聖人奏雲門，天下朋友皆膠漆。」

趙宋之世的政治文化屬性則更多地體現為向內的放鬆，是皇權的

主動內收，是對文人士大夫的謙和禮遇，是對士民的體恤寬仁。宋太祖趙匡胤謹守「刑不上大夫」的古制，立下不殺士大夫及上書言事者的國策。終宋一代，知識階層獲得了相對寬鬆的生存環境。社會創新主體的活躍，推動宋朝政治、經濟、科技、文化等諸多領域的發展水漲船高。

有宋一代，中華文明燦若星河。英國漢學家李約瑟總結了中國古代四大發明，即造紙術、印刷術、指南針、火藥。除造紙術是東漢蔡倫改進之外，其他三項偉大的發明在宋代都有重大突破。恩格斯說：「現在已經毫無疑義地證實了，火藥是從中國經過印度傳給阿拉伯人，又由阿拉伯人和火藥武器一道經過西班牙傳入歐洲。」

陳寅恪定論：「華夏民族之文化，歷數千年之演變，造極於趙宋之世。」

\* \* \*

但歷史長流即將進入 14 世紀的三岔河口時，中西文明的升降機卻突然來了一個超級大反轉：來自北方的鐵蹄結束了宋朝的統治。

於悠久的中華文明史而言，入主中原的元朝只有短短的 98 年，但其專制統治對接下來的明代持續產生著影響。

以廷杖為例。廷杖，東漢漢明帝時已見記載。明朝沿襲了元朝的廷杖之刑，並使之擴大化、制度化。

《明史‧刑法志》記載：「廷杖之刑，亦自太祖始矣。」明代一共277 年，這種針對當朝高級官員的法外之刑，居然執行了 500 多次，死傷驚人。

朱元璋坐上龍椅後，擔心「北虜」捲土重來，憂懼日本「倭人」

和避居海上的昔日競爭對手張士誠舊部越海來犯,還害怕「愚民」與「外番」打交道開啟民智,衝擊小國寡民的經濟基礎。

洪武四年(1371年)起,朱元璋頒佈一系列詔令厲行海禁,「禁瀕海民私通海外諸國」「禁民入海捕魚」「今兩廣、浙江、福建愚民無知,往往交通外番私貿貨物,故禁之」,等等。禁令一道比一道嚴厲,意欲徹底斷絕民間海上生產和海外貿易。發展到後來,海禁由禁令變成了法律。《大明律》有載,「……擅造二桅以上違式大船,將帶違禁貨物下海,前往番國買賣,潛通海賊,同謀結聚及為嚮導劫掠良民者,正犯比照謀叛已行律處斬,仍梟首示眾,全家發邊衛充軍。」

朱元璋那些謹守「祖訓」的子孫們變本加厲。永樂皇帝詔令將所有民間海船改裝成平頭船。嘉靖皇帝統治時封鎖沿海各港口,銷毀出海船隻,斷絕海上交通。這些措施嚴重限制了民間出洋航行,也讓中國失去了抓住「大航海時代」的機會。

有明一代甚至出現了戲劇性的一幕:一方面海禁森嚴,一方面倭寇、海盜卻層出不窮。嘉靖年間,東南沿海崛起了以汪直、徐海、鄭芝龍(鄭成功的父親)等為首的一批大型海盜、走私集團。本是內陸安徽人的汪直更是「三十六島之夷,皆聽指揮,擁眾數十萬,稱靖海王」。其實,數十萬嘯聚海上的海盜、走私成員中,只有一小部分是「倭人」,絕大部分是生計無著、無奈「從匪」的東南沿海民眾。


## 紫禁城裏的「孤家寡人」


明亡之際,呈現在歷史學家眼前的是這樣一幅離心離德的社會圖景:中原,饑民在水深火熱中掙扎,農民起義的烽火熊熊四起;北方,清羽翼漸豐,磨刀霍霍,八旗兵鋒直指山海關;東南沿海,生計

無著的漁民、商人無奈據海為盜；京城，皇帝寵信的太監、近臣們一如既往地在擅權、傾軋，有節操的文人士大夫被殘酷排斥、打壓，只能噤聲或退隱山林，剩下的已經「不成體統」的官僚們在瘋狂撈錢；分封諸地，各個品級的王爺在兼併土地、橫徵暴斂，大搞獨立王國；邊塞，裝備截留，軍餉絕收，嘩變將上不絕於途。

巍巍紫禁城裏高高龍椅上枯坐的崇禎皇帝朱由檢，在萬念俱灰之際走向煤山的途中，不知道可曾有過廷杖沉悶地打向大臣肉體的幻聽。

＊ ＊ ＊

明崇禎十七年（1644 年），清軍入關。

一道比前朝更加野蠻、更加瘋狂的專制鐵幕徐徐降落在中華大地。

為什麼說「更加野蠻、更加瘋狂」？用朝堂上的一個細節變化，可以比較形象地說明問題。

朝堂議事，唐朝時君臣都坐著，宋朝時大臣們站著說話。到了明朝，皇權專制日趨嚴酷，但日常朝會大臣們還是無須跪拜。一些德高望重的大臣還有座位，第一次回答皇帝的問話，要站起來回話，第二次被問話時，就可以坐著說話了。《明史》中記載「非大儀，無須跪拜」。

到了清朝，情況就完全不同了。

雍正八年（1730 年），皇帝幹了一件影響深遠的大事。以平定西北羅卜藏丹津部叛亂需要朝廷提升工作效率為由，廢除內閣，設立軍機處。

千萬不要小看這一廢一立，裏面可是大有文章。

秦漢及至元朝實行的是丞相（宰相）制，<u>丞相</u>典領百官，有決定

權和執行權。也正因為這樣，熱衷於皇權專制的明太祖朱元璋廢丞相制，後來明成祖設置內閣。相比前者的獨立和自成一體，內閣沒有單獨的行政系統，僅僅是皇帝用來擴充皇權、抗衡六部的「參謀部」。

明朝前期，內閣大學士官階很低，僅是正五品，最低從七品。內閣的「票擬」也僅僅是提供給皇帝的政務處理建議。當然，皇帝基於對內閣大學士們專業能力的信任，絕大多數時候對他們的「票擬」都會照批不誤。

從制度上講，內閣的施行，讓皇權制約徹底喪失了。

不過凡事都有例外。洪武皇帝朱元璋、永樂皇帝朱棣等人怎麼也不會想到，到了本朝中後期，後人動不動隱居深宮、不理朝政，作為皇帝行政助手的內閣大學士地位被動提升，往往兼任各部尚書或侍郎，加官至一品。

明嘉靖時，熱愛煉丹修仙的明世宗朱厚熜將朝務全部扔給內閣，同時將閣臣的朝位班次列在六部尚書之上。這一變動意味著內閣首輔雖無丞相之名，已實有丞相之權。其中較為著名者，當屬嘉靖時的權臣嚴嵩，專擅朝政 20 餘年。另外，隆慶、萬曆年間，張居正前後當國 10 年，還以昔日帝師的地位、威望，推行「一條鞭法」。

在心機深沉的清雍正皇帝看來，沒有實權的內閣仍礙手礙腳，正一品的大學士地位過於崇高，對皇權仍有潛在威脅。1730 年，他借用兵西北之機斷然廢除內閣，新設軍機處取而代之。

軍機處，由三品以上官員入值為軍機大臣，隨侍皇帝左右，草擬文件，傳達旨意。明朝的內閣至少是皇帝的「參謀部」，清朝軍機處則完完全全就是皇帝的「秘書處」了：明朝內閣尚有「票擬」權力，清朝的軍機處只是皇帝旨意的記錄者和傳聲筒；內閣大學士都是專職官員，也無固定員額和任期，有積累聲望、勢力的可能性，明朝中後期

就先後冒出數位權傾一時，讓皇帝必須依賴又有所忌憚的內閣首輔，而清朝軍機大臣完全沒有這種可能性，因為他們都屬兼職人員，進出軍機處全憑生殺予奪的皇帝的一句話。

軍機處取代內閣，標誌著清朝的皇權專制極大加強。

據《清會典》：「大朝，王公百官行三跪九叩禮，其他朝儀亦如之。」也就是說，朝會時大臣必須給皇帝施三跪九叩之禮。這個制度的推行與軍機處的設立彼此呼應、相互配套：後者負責強化皇權，前者旨在神化皇權。

除此之外，跪叩還根據場景分為三種形式：第一種叫「磕響頭」，就是大臣被皇帝召見、謝恩或其他重要事項時，須摘下頂戴花翎，額頭叩地，叩頭聲必須讓皇帝聽到。由於匍匐在地的大臣很難判斷皇帝有沒有聽到自己的叩頭聲，往往只能往死裏磕。第二種叫「拜摺」，就是大臣寫好上奏給皇帝的奏摺以後，要對著奏摺三跪九叩，才能放進報匣、呈送皇帝。第三種叫「跪奏」，奏對或商議朝政時，大臣必須全程跪著。

「磕響頭」和「拜摺」比較好應付，因為跪的時間都不長。但「跪奏」就比較麻煩，有時候奏對之事特別複雜，又或者皇帝臨朝時心情特別好，就會導致奏對時間過長，很考驗奏事官員的身體素質。

據說，有一次，乾隆皇帝把時年 73 歲的劉于義召至養心殿。年老體弱的劉于義跪得太久了，站起身時，腳下踩住了自己的官袍，重重地摔在地上，當下人事不省，很快就去世了。

打那以後，大臣們形成了「多磕頭，少說話」的默契。皇帝問話時，都儘可能地簡短回答，能少說就少說，能不說就不說，爭取在最短的時間裏完成奏對。

就在元、明時期中華文明因封建專制統治而衰頹之際，歐亞大陸

的西岸歐洲，卻浮現出了文藝復興的束束星辰，召喚著西方近代文明的曙光。

順流逆流，一進一退。三大發明在宋朝取得的劃時代的突破性進展，最終成就的是歐洲人跨洋而來，迫使中國簽下城下之盟的堅船利炮。

如此令人掩卷浩嘆的史書，的確不是「柔日」能讀的。

## 歐洲人來敲門了

但丁、薄伽丘與彼特拉克被稱為文藝復興「文學三傑」。

但丁，恩格斯稱他是「中世紀的最後一位詩人，同時又是新時代的最初一位詩人」。在 1307 年至 1321 年寫就的長達一萬四千餘行的長詩《神曲》中，他隱晦地表達了對蒙昧主義的厭惡，批評教會對人性的摧殘，深刻地揭露了當時的政治和社會現實。

1347 年開始，一場大規模的瘟疫「黑死病」席捲歐洲，至 1351 年有近 2500 萬人死亡，佔當時整個歐洲人口的三分之一。「黑死病」沉重地打擊了歐洲，也引發了教會統治以來最大的信仰危機。

歐洲文學史上第一部現實主義巨著、薄伽丘的傳世之作《十日談》就是描寫這場瘟疫的產物。書中的十位青年男女因躲避瘟疫逃離佛羅倫薩，他們在鄉間停留期間，用唱歌跳舞、輪流講故事打發時間。《十日談》批判宗教守舊思想，主張「幸福在人間」，被後人視為文藝復興的宣言。對應但丁的《神曲》，近代意大利評論家桑克提斯乾脆將《十日談》稱為「人曲」。

薄伽丘的終生摯友、精神知己彼特拉克於 1327 年的耶穌受難紀念日，遇上了讓他一見傾心的勞拉。在此後的 21 年間，他寫了大量愛情

詩，最後和其他抒情詩集成了一本《抒情詩集》。在西方文學史上，還從來沒有人採用這樣具體而豐富的內容，深入表現世俗之愛的情感與思緒。彼特拉克的《抒情詩集》及其仿效古羅馬作家維吉爾的筆法、用純正拉丁語寫成的敘事詩《阿非利加》，不僅使他享譽意大利，而且將其詩名傳揚到了法國。1340 年，承接羅馬元老院榮光的羅馬市議會和巴黎大學同時發出邀請，希望他接受詩人桂冠。最後，他還是選擇了羅馬，這是他的精神之鄉。

1341 年 4 月 8 日，在羅馬青年和元老們的簇擁下，彼特拉克穿著國王所賜的紫袍，走上卡皮托林山的古羅馬神殿，接受詩人桂冠的加冕和高齡元老特菲諾·科隆納所致的頌詞。

1341 年，是中國元朝至正元年。至正，是元順帝的第三個年號，也是元朝的最後一個年號。至正年間，中原地區已是義旗遍插、狼煙四起。27 年後，朱元璋率明軍攻破元大都，完成了專制皇權的交接。

彼特拉克被稱為人文主義之父，也有人把他定位於文藝復興之父，這並不完全因為他的詩名，更被文化史研究者看重的，是他對古典文學典籍的發現、整理之功。在博洛尼亞讀書時，他就四處遊歷，尋訪各地圖書館和古代遺址，盡一切可能搜尋失落於歷史塵埃中的古典文學手稿。他還鼓勵薄伽丘收集希臘古典稿本，並把荷馬史詩《伊利亞特》和《奧德賽》傳播於民間和外邦。

歐洲文藝復興之所以潮起於 14 世紀中葉的意大利，之後才逐浪推向整個歐洲大地，與彼特拉克等先賢身處古羅馬文明的故地，得地利之便率先接觸到古希臘、古羅馬文明的古典文本是大有關係的。

彼特拉克四處演講擴大影響。他稱自己的文藝思想和學術思想為「人學」或「人文學」，以此和「神學」相對立。他大聲疾呼，要讓歐洲迎來「一個古代學術 —— 它的語言、文學風格和道德思想的復興」。

＊＊＊

意大利文藝復興的時代潮流緩慢外溢。14 世紀末，信仰伊斯蘭教的奧斯曼帝國入侵定都君士坦丁堡（今土耳其的伊斯坦布爾）的東羅馬帝國。東羅馬帝國的學者們攜帶著大批古希臘、古羅馬文明時期的藝術品和文史哲書籍，四散逃往歐洲各城邦國家避難，大大加快了歐洲文藝復興的步伐。

在這些古典遺存裏，歐洲人猛然發現：希臘神話和《羅馬史詩》描寫的上古諸神，有血有肉，敢愛敢恨，有膽有識。

古羅馬時期複製的古希臘雕塑家米隆的雕塑作品《擲鐵餅者》表現出來的動人心魄的力和美，讓歐洲人找回了力量之源。

雅典衛城之肅穆，羅馬鬥獸場之狂野，讓歐洲人心神蕩漾：是啊，早在公元前，我們的先輩就在地中海千帆競發，自由自在地耕海，與各地各族開展貿易，金幣在海水裏翻騰……

歐洲文藝復興的交響樂奏響，一次規模空前的知識大爆炸撼動了蒙昧的堡壘。從但丁，到彼特拉克、薄伽丘、馬基雅弗利、拉伯雷，再到哥白尼、伽利略、卡爾達諾、喬托、列奧納多·達·芬奇……一串串響亮人間的名字，閃爍在歐洲的夜空，也照亮了人類的歷史。

＊＊＊

文藝復興人文主義思潮所引發的不僅僅是文藝的百花競艷。在它的鼓蕩下，歐洲宗教改革、現代國家誕生、商業革命、科學革命此起彼伏，互相成就。

東瀕地中海、西臨大西洋的伊比利亞半島上的西班牙和葡萄牙成

了航海探險的先鋒。

克里斯托弗·哥倫布發現新大陸是 15 世紀歐洲航海家開闢全球新航路的先聲。哥倫布是一個天生不安分的人，他生於意大利熱那亞，1478 年移居葡萄牙，曾向葡萄牙國王建議向西航行，以探索通往東方印度和中國的海上航路，未被採納。1485 年，哥倫布移居西班牙。

1492 年，哥倫布終於和西班牙女王伊莎貝拉一世達成一致，並與之簽訂了著名的《聖塔菲協定》：一旦發現新大陸，女王將和他分享成果，除了海軍司令、總督的頭銜之外，他還能得到從處女地運回財產的十分之一。

1492 年 8 月 3 日，哥倫布率船三艘、水手 90 名從巴羅斯港出航，橫渡大西洋，到達巴哈馬群島、古巴、海地等地。此後又於 1493 年、1498 年、1502 年出航，抵達牙買加、波多黎各諸島及中美洲、南美洲大陸沿岸地帶。

哥倫布以為他抵達的新大陸是印度，故稱當地居民為「印第安人」。

哥倫布發現新大陸轟動了西班牙和整個歐洲，西班牙女王並未食言，完全兌現了《聖塔菲協定》承諾許給哥倫布的一切。

哥倫布的成功遠航，讓憋著一口氣與西班牙競爭的葡萄牙國王曼奴埃爾一世坐臥不寧。1497 年 7 月 8 日，出身航海世家的達·伽馬奉國王之命，率領 4 艘小型航船和 140 多名水手，踏上向東探索印度、開闢遠東貿易航綫的航程。1498 年 5 月 20 日，印度西南海岸港口城市卡利卡特的居民，一臉驚訝地看著這群有史以來第一次繞過好望角的歐洲水手。

達·迦馬的探險，成功打通了從歐洲繞過非洲好望角直抵遠東的航綫。隨後，荷蘭人、英國人的艦隊又先後稱霸印度洋和東南亞。尾

隨探險家和艦隊而至的是一撥接一撥的貿易商人、傳教士、海盜等，他們一路向東，向著神秘的中國、日本進發。

美國學者、《世界文明史》的作者伯恩斯和拉爾夫等說：「海外探險航行十分有力地刺激了商業革命……這些航海探險和建立殖民帝國所產生的後果幾乎無法估價。首先，它們使局限在狹隘範圍內的地中海貿易擴展成為世界性的事業。」

地理大發現開啟了一個新時代，不同類型文明之間的激烈碰撞已不可避免。

珠江口外，自然界的海退在加速，來自西方文明的社會性「海侵」卻已呼嘯而至。

## 葡萄牙人與朝貢貿易

1511 年，葡萄牙人攜 18 艘戰艦血洗滿剌加王國（即馬六甲），完全控制了這個亞洲海上咽喉之地。滿剌加國王曾向明廷求救，但未獲理會。

控制了馬六甲，葡萄牙人的目標便鎖定了南海之濱的神秘中國。

澳門街頭至今矗立著一尊「歐維士石像」，紀念的就是第一個到達中國的葡萄牙探險家喬治・歐維士。

明正德九年（1514 年），歐維士奉葡屬馬六甲總督之命，航抵珠江口外的香港屯門灣。儘管屯門鎮官軍不許歐維士等人登岸，但他仍然在船上做成了幾筆交易，獲利頗豐。與官方的拒斥不同，中國商人私下裏很歡迎葡萄牙人的到來，對朝廷的貿易禁令陽奉陰違。為了紀念這次成功的航行，歐維士偷偷溜上屯門，豎起一根刻有葡萄牙王

國國徽的石柱。這是葡萄牙探險家發現一塊所謂無主之地後的通行做法，以示此地屬葡萄牙國王。

　　也是命運弄人，這根探險家專用的石柱日後竟成了歐維士父子的墓碑。先是兒子病死在屯門，被歐維士埋在了石柱之下；1521年，歐維士再次航抵屯門，一個多月後即病逝。同伴柯羅將他的遺體也葬在了那根石柱下面。

　　歐維士於1514年立下的那根石柱像一個隱喻，它是一對父子探險家的墓碑，也是歐洲人撬動古老中國沉重大門的第一個支點。在此後的數百年間，葡萄牙人、荷蘭人、英國人以貿易、軍事、科技為槓桿，輪番上場，終於打通了進入中國的門戶。

＊＊＊

　　1517年，葡萄牙特使皮雷斯和船隊指揮官德‧安特拉德率領8艘遠洋帆船抵達屯門。屯門第三次迎來了葡萄牙人。皮雷斯通過駐防南頭的備倭總兵署（府）向廣州當局知會，他們是葡萄牙國王的使團，要求覲見中國皇帝，請求朝貢貿易。

　　廣州方面久無音訊。皮雷斯不堪漫長等待，徑自帶領三艘帆船溯珠江而上，直抵廣州。

　　皮雷斯乘坐的帆船在廣州靠岸後，又是鳴放禮炮，又是升旗，極力示好。讓他沒想到的是，這套新奇的西洋禮儀，竟被廣東布政使吳廷舉視為有意冒犯，差一點直接將這群葡萄牙人驅逐出境。經皮雷斯反覆解釋，吳廷舉才將他們的要求上報給兩廣總督陳西軒。幾天後，陳西軒下令：鑒於這些番夷「不知禮」，不通中國禮俗，命令他們在廣州城內的光孝寺先好好學習禮儀，然後才有可能覲見中國皇帝。

1518 年，葡屬馬六甲總督增派德‧安特拉德的弟弟西蒙‧安特拉德率四艘軍艦來到屯門，可能是想來為使團壯壯聲威。從結果來看，葡萄牙艦隊並沒有起到什麼作用。

直到 1520 年 1 月，皮雷斯使團被中國官員關門「教育」了兩年多之後，才終於獲得明廷恩准：使團可以進京，帶來的特產按市價折成銀兩；其餘無關船隻、人等，立即退出廣州至屯門等候，軍艦返回馬六甲。

根據《明史》記載，皮雷斯使團能在廣州滯留兩年多，最後獲准進京，有一個特別的中國人起到了決定性作用。《明史‧佛郎機傳》記載：「時有火者亞三者，係中國人，而善佛郎機語，為比萊斯通議。比萊斯得以滯留廣東，未被廣東守臣見逐者，殆為火者亞三夤緣權貴之所致。」這段話裏的「佛郎機」指葡萄牙，「比萊斯」就是皮雷斯，「通議」即翻譯。元張昱《宮中詞》之十八：「近前火者催何急，唯恐君王怪到遲。」所謂「火者」，即宦官，亦泛指受閹的僕役。《明史‧太祖紀二》說：「閩粵豪家毋閹人子為火者，犯者抵罪。」也就是說，一個精通中文和葡萄牙語、名為亞三的中國閹人幫助葡萄牙人用金錢開道，攀附廣東地方上的權貴，才有了有史以來歐洲使團第一次中國之行。

按照葡萄牙人的記載，皮雷斯使團在 1520 年 1 月出發去南京和皇帝見了面。這個皇帝不是別人，正是喜歡到處巡遊的正德皇帝朱厚照。

＊ ＊ ＊

1521 年正月轉瞬即至，皮雷斯使團並沒有被邀請觀禮大祀。不過，對皮雷斯而言，這不是最糟糕的。最糟糕的是，還沒有來得及在

北京和禮遇自己的正德皇帝再見上一面，朱厚照就在南郊大祀時突然大口吐血，不久後溘然長逝。

情勢急轉直下。朱厚照駕崩當日，皇太后就根據群臣意見殺了恃寵而驕的江彬。然後，又以「冒充使者」的罪名將亞三處死。

群情洶洶，不僅讓葡萄牙人的朝貢貿易夢碎，作為一國使節前來「乞見」大明皇帝的皮雷斯也難逃噩運。使團成員之一克里斯多弗‧維埃拉曾於 1524 年寫下一封《廣州葡囚書簡》，其殘卷收藏於里斯本國家檔案館。據該書簡記載，1521 年回到廣州之後，使團共 24 人被戴上刑具下獄。其間，不斷有人不堪重枷鐵鐐而死，或被獄卒鞭打傷重而亡。皮雷斯，並不在幸存者名單上，因此可以肯定已在 1524 年前暴死於廣州獄中。

在屯門灣苦苦等待皮雷斯使團歸來的葡萄牙船隊不肯就此退回馬六甲。1521 年初，廣東海道副使汪來到如今深圳的南頭城，「乃召瀕海之民，激以大義」，整頓南頭水寨和東莞千戶所的兵力，準備以武力擊退葡人。

被稱為中國海上抗夷第一戰的「屯門海戰」就此在珠江口打響。

## 明朝版「師夷長技」

戰事初開，明軍連吃敗仗。明嚴從簡的《殊域周咨錄》說：「海道汪以兵逐之，不肯去，反用銃擊敗我軍。由是，人望而畏之，不敢近。」

這裏說的「銃」，不是後世所指稱的火銃、火槍，而是當時葡萄牙艦船上列裝的新式火炮。汪在《奏陳愚見以弭邊患事》中詳述了「強番佛郎機」的堅船利炮，「其船用夾板，長十丈，闊三丈，兩旁駕櫓

四十餘支，周圍置銃三十餘管，船底尖而面平，不畏風浪，人立之處用板捍蔽，不畏矢石。每船二百人撐駕，櫓多而人眾，雖無風可以疾走，各銃舉發，彈落如雨，所向無敵，號曰『蜈蚣船』。其銃管用銅鑄造，大者一千餘斤，中者五百斤，小者一百五十斤，每銃一管，用提銃四把，大小量銃管以鐵為之。銃彈內用鐵，外用鉛，大者八斤，其火藥製法與中國異，其銃舉放遠可去百餘丈，木石犯之皆碎」。

汪描述的「所向無敵」的「佛郎機船」其實並非葡萄牙人的軍艦，而是在馬六甲徵用、改裝的武裝商船。顯然，明朝海禁政策實施150多年，與海外隔絕，到明中期連堂堂一個海道副使見到「蜈蚣船」都要驚羨不已。

數戰之後，汪觀察到這種船大是大，卻「大而難動，欲舉必賴風帆」，機動性較差。於是在最後決戰時刻，汪決定採用火攻戰術：在風向合適時，將柴火油料裝滿小艇，逼近敵船時點燃，來一個「火燒赤壁」。

至於火器上的差距，神奇地被兩個「火者亞三」式的中國人填平。東莞縣白沙巡檢司巡檢何儒報告，他上年在葡萄牙人船上檢查時，見到了中國人楊三、戴明，兩人在南洋為葡萄牙船隊服務多年，懂得造船、鑄銃、配置火藥之法。汪大喜，即施「用間」之計。在戰後上奏的戰報裏，汪喜滋滋地說道：「……即令何儒密遣人到彼，以賣酒米為由，潛與楊三等通話，諭令向化，重加賞賚，彼遂樂從，約定期夜，何儒密駕小船接引到岸。臣研審是實，遂令如式製造，試驗，果效。」

汪在奏摺中向皇帝坦承，自己最後取勝葡萄牙人，靠的就是「偷師」對方的技術，「後臣舉兵驅逐佛郎機，賴用此銃取捷，殺滅無遺，奪獲伊銃大小二十餘管，比與楊三等所造，體制皆同」。

當年6月的一個暴風雨天裏，中葡兩軍在如今香港屯門灣一帶

決戰。明軍參戰兵力約 4000 人、戰船 50 餘艘，葡萄牙 700 人至 800 人、「蜈蚣船」4 艘。明軍人多勢眾，仿製的「佛郎機銃」火力大增，再施以火攻，終以擊沉敵艦 1 艘、斃傷敵軍約 100 人的戰果結束戰鬥，其餘 3 艘葡軍戰艦敗退馬六甲。

屯門海戰的勝利讓明朝底氣倍增，下令今後明軍水師見到懸掛葡萄牙旗幟的船隻，可以不用層層上報，直接擊毀。

回師南頭城後，汪欣然賦詩一首，末句「回首長歌無盡興，天高海闊月明中」一抒勝者胸襟。因此戰功，汪升任廣東提刑按察使，後累遷為刑部侍郎、都察院右都御史。明嘉靖十三年（1534 年），汪兼任吏部、兵部兩部尚書。明朝廢除丞相制，六部尚書是事實上的最高行政長官。

汪班師前，南頭鄉親提議為其建生祠，被其拒絕。明嘉靖八年（1529 年），汪進京為官，南頭鄉親再次合議立生祠之事，於是將廢學館整修後設為「都憲汪公遺愛祠」。明萬曆元年（1573 年），廣東地區立新安縣，知縣吳大訓、鄉紳吳祚等重修「遺愛祠」，並將其與為新安縣建縣立下汗馬功勞的劉穩一起供奉，改名為「汪劉二公祠」。此後，每年仲春、仲秋上旬的戊日，縣府都會在此祭祀。清康熙二十九年（1690 年），新安知縣靳文謨主持重修，鄉紳捐贈祀田數十畝。該祠前殿於抗日戰爭時期被日軍拆毀，現僅存後殿，1988 年被列為深圳市市級文物保護單位。

＊＊＊

南頭鄉親執意要為汪建生祠，是基於一種樸素的鄉土情懷，認為汪逐退番夷、保衛家鄉的功績配得上這個崇高的榮譽，擔得起鄉親們

的紀念。

從今天的角度遠眺時間長河，汪的最大歷史價值應該是他第一次在行動上實踐了「師夷制夷」，比後世魏源明確提出「師夷長技以制夷」的主張早了 300 多年。更可貴的是，魏源發聲時，清軍已在第一次鴉片戰爭中潰敗，清朝搖搖欲墜，「師夷長技」一說在舉朝喏喏的大環境中確屬警世醒世之言，但也是沒有其他選擇下的無奈之舉了。

汪就不一樣了。他生活的明朝中期，皇權專制愈演愈烈，朝堂上的政治生態逐漸敗壞，保守主義越來越嚴重，海禁綁住了沿海民眾的手腳，這些都是不爭的事實。但是，此時的歐洲仍處在文藝復興後期，正在蒙昧的泥淖裏掙扎以求脫身，首先跑到亞洲來的葡萄牙人更多靠的是海洋民族天生的冒險精神和重商主義，其綜合國力與明朝不可同日而語。屯門海戰後很長一段時間裏，葡萄牙人又在廣東新會一帶海面戰敗，竄至浙、閩，還是屢屢碰壁，一無所獲。至少在汪的主觀理念裏，大明王朝的國威、軍威，舉世無雙，無遠弗屆。

但汪的實際行動說明他擁有大明王朝越來越稀缺的開放、務實精神。他站在戰爭第一綫，領教了「佛郎機銃」「舉放遠可去百餘丈，木石犯之皆碎」的厲害後，沒有蠻幹，去搞殺身成仁式的狂攻，而是自作主張「師夷長技」，對番夷的新式武器進行仿製。

更難能可貴的是，戰爭結束後他給皇帝的奏摺中對「佛郎機銃」做出了高度評價，並不諱言明朝當時的火器已落後於西人，「臣竊佛郎機凶狠無狀，惟恃此銃。銃之猛烈，自古兵器未有出其右者。用之禦敵，用之守城，最為便利」。

此後的一系列表現證明汪絕不是故意誇大敵人的強大來抬高自己取勝的價碼，從而向皇帝邀功。明嘉靖元年（1522 年），西草灣海戰後，汪特地將繳獲的「佛郎機銃」拉到京城，讓皇帝和朝臣們觀摩實

物。明嘉靖九年（1530 年），西北邊患嚴重，汪再次向皇帝上奏《再陳愚見弭邊患事》，認為「當今之計，惟當用臣所進佛郎機銃」，「照依式樣多造佛郎機銃，人人教熟曉銃之法」，裝備沿邊軍鎮。這一次，嘉靖皇帝終於聽進去了，「帝悅，即從之」。

汪還大力倡議建造「佛郎機船」。他認為，「操江雖有船隻，或未盡善，合無照依蜈蚣船式樣，創造數十艘，易今之船。使櫓用銃，一如其法，訓練軍士，久而慣熟，則防守益固」。

汪的良苦用心，引起了後世有識之士的共鳴。明天啟三年（1623年），兵部尚書董漢儒等進言：「澳夷……其大銃尤稱猛烈神器，若一一仿其式樣精造，仍以一教十，以十教百，分列行伍，卒與賊遇於原，當應手糜爛矣。」同年五月，浙江道御史彭鯤化上書：「中國長技，火炮為上。今澳夷遠來，已有點放之人，宜敕當事者速如式製造，預選演熟，安置關外，庶幾有備無患。」

是啊，葡萄牙人千里迢迢送來先進的「佛郎機銃」，為何不順手「拿來」，讓帝國有備無患呢？明朝後期，在這種開放理念的推動下，炮管高倍徑大於 20 的滑膛加農炮「紅夷大炮」（清朝諱「夷」字，改稱「紅衣大炮」）開始投入使用。

明天啟年間，努爾哈赤率八旗精銳攻打寧遠，明將袁崇煥以紅夷大炮轟擊，「每炮所中，糜爛可數里」，努爾哈赤因之受傷，同年去世。繼位的皇太極再次發動進攻，被袁崇煥以同樣的方式擊退。在明廷仿製的西洋大炮一再猛轟下，皇太極終於開竅了，認定「火器攻城，非炮不克」，也開始募集人才組建比明軍規模更大的炮兵部隊。

# 澳門詠嘆調

從明正德九年（1514 年）葡萄牙人歐維士首次抵達珠江口外的香港屯門灣以後，近 40 年時間裏，葡萄牙戰艦和武裝商船在中國東南沿海流竄，始終不得其門而入，無法和明朝開展正常的朝貢貿易，也無法光明正大地登陸屯門，只能在海上幹些偷偷摸摸的買賣。

但在明嘉靖三十二年（1553 年），葡萄牙人居然不聲不響地「竊居」在了珠江口西岸的澳門。

一直以來，歷史是這樣敘述的：1553 年，葡萄牙商隊首領索薩「託言舟觸風濤裂縫，水濕貨物，願借地晾曬」，與廣東官員交涉。時任廣東海道副使汪柏受賄徇私，允許其登岸貿易。

汪和汪柏都出自江南汪氏望族，先後擔任廣東海道副使。但同族長輩汪在海道副使任上立下了不世之功，配享生祠；晚輩汪柏卻做了賣國賊，成了民族罪人、宗族之恥。兩相對比，不免讓後來讀史人唏噓萬千。

近年來，澳門開埠史的研究者把相關國內史誌、文稿和國外檔案、文件抽絲剝繭之後，提出了新的觀點。

先說一說「汪柏受賄徇私說」是怎麼出籠的。

在中文文獻中，此說的始作俑者是明朝萬曆年間《粵大記》和《廣東通志》第三次編修本的作者郭棐。成書於 1595 年的《粵大記》稱：「時佛郎機違禁潛往南澳，海道副使汪柏從臾之。」措辭比較模糊，既沒有提及澳門，也沒有涉及賄賂。從臾即從諛，也就是說，《粵大記》認為汪柏聽信了讒言，讓葡萄牙人違禁到了南澳這個地方。成書於 1602 年的《廣東通志》第三次編修本裏，郭棐又說：「嘉靖三十二年，舶夷趨濠境者，託言舟觸風濤縫裂，水濕貢物，願借地晾曬，海道副

使汪柏徇賄許之。」直言「海道副使」徇賄而許之，但並沒有坐實「舶夷」就是葡人。

值得一提的是，由黃佐歷時三年主修、成書於 1561 年，史學界公認比第一、第三編修本詳盡、準確的明朝《廣東通志》第二次編修本並沒有這條記載。

清雍正九年（1731 年），魯曾煜重修《廣東通志》時，則開始即興「創作」了。他在參考郭棐《粵大記》時把「汪柏從臾之」一語，改為「汪柏受賄從臾之」。一下子就把郭氏所謂的汪柏在濠境（澳門）受舶夷賄賂之說，和汪柏縱容「佛郎機」（葡萄牙人）潛往南澳之說混為一談，炮製出了汪柏收受葡萄牙人賄賂之「新說」。

魯曾煜其言鑿鑿，又記載在《廣東通志》這種地方史誌上，後世論澳門史者受其影響，故多從其說。

＊　＊　＊

晚清以來山河破碎，「天朝上國」被「西夷」圍毆，故民眾以痛打為朝廷打理夷務的所謂「漢奸」為樂，更是無所顧忌地演義汪柏，繪聲繪色，添油加醋。有的甚至以汪柏沒有子嗣為由誣衊汪柏是個宦官，且生性貪婪、刁鑽。在毫無證據的情況下生動、細緻地描述了汪柏收受葡人賄賂長達五年多的詳細過程，意欲坐實汪柏為出賣澳門的千古罪人。

民國時期吳宗慈所修《江西通志稿》之「汪柏傳」是這樣定評他的：「汪柏，字廷節，嘉靖進士。授大理評事，遷光祿寺丞。大學士夏言雅重之，謂柏文學才品俱優，升廣東海道副使。時海上有巨寇何姓者，為一方害，捕擒之。所獲資寶，一無所利。晉浙江布政使，尋

致仕。柏所至風裁自持，淡於嗜慾，所得俸積，盡以均之昆弟。著有《青峰集》。」

其他如王宗沐《江西省大志》（萬曆刻本）、于成龍《江西通志》（康熙刻本）、陳淯《浮梁縣志》（康熙刻本）所記與此大同小異，共同的一點就是對汪柏的才具品行一致持肯定和讚賞的態度：他帶兵緝拿海盜之後，自己沒有從中貪腐一分一毫；他沒有什麼不良嗜好，節省下來的俸祿，都拿出來撫養兄弟。他最後積功升任從二品的浙江布政使，不久後即辭官回鄉，無半點戀棧之意。

汪柏一到廣東，就領軍一舉剿滅了何亞八中外海盜、走私集團。汪柏因此戰功，受到朝廷詔令嘉獎，官升一級，其善戰知兵的名聲也逐漸傳開。1556 年底，浙江倭患日趨嚴重，他轉任浙江布政使司左參政，協助趙文華、胡宗憲指揮平倭。倭寇徐海圍困桐鄉時，汪柏率知縣張冕自湖州勒兵解救，再立戰功。次年浙江倭患平定後，汪柏又升一級，轉任廣東按察使。

二赴廣東後，他「糾官邪，戢奸暴，平獄訟，雪冤抑，以振蕩風紀，而澄清其吏治」，三年後升遷為浙江布政使。

致仕回鄉後，他「退居林下，訓誨子弟，一以人倫忠孝立行，清白為本」。

由此可見，汪柏無論是外出居官，還是返鄉為紳，都是一個有良知、正義感和事業心的傳統士大夫。

試問，這樣清高自許、心懷天下，立志「鞭撻四夷」，渴望「流名百世」，並在扼守海疆時累積戰功、不斷升遷的汪柏，有可能會在出任廣東海道副使的第一年，就和葡萄牙人勾搭成奸、私售疆土嗎？

事實上，汪柏的頂頭上司、主管廣東一省軍務的廣東按察使丁以忠是極力反對讓葡萄牙人上岸並租住澳門的。在丁以忠的眼皮底下，

汪柏即使有心受賄私放葡人入境，也是根本做不到的。

在封建官場，出現上官極力反對、下屬堅持己見並予以落實的情況，有且只有一個可能：汪柏所持的「己見」，是更高「長官」的意思，這個更高「長官」就是皇帝本人。

那麼，皇帝本人怎麼會有這個意思呢？

## 汪柏受賄徇私之辯

有明一代的早、中期嚴格實施海禁政策，禁絕海上民間貿易。但是，專供皇族享受的生意不能停，又不願放下架子和人家痛痛快快地做買賣，於是畸形的商業活動和皇家禮儀捆綁，只講政治面子不談收益裏子的朝貢貿易體系出籠了，即「是有貢舶即有互市，非入貢即不許其互市」。

永樂皇帝朱棣為了證明自己的皇權正統性，銳意溝通域外國家，導演了「鄭和下西洋」，海外諸國「附隨寶舟赴京朝貢」，讓大明王朝二十餘年間消耗了 600 萬兩國庫銀兩。1433 年，不堪重負的明宣宗下令停止大明寶船出洋，銷毀寶船設計圖紙，並縮短貢使在華停留時間，降低來華朝貢使團的接待規格。朝貢貿易隨之蕭條，日趨衰落。到明正統年間，仍然與明朝有朝貢貿易關係的外邦只剩下七個，不及全盛時期明永樂年間的四分之一。

然而，偌大的中國，民間貿易可禁但不會絕。東南沿海的民眾為生計所迫，呼嘯於山海之間，忽而為海盜，忽而成走私團夥，讓明軍疲於奔命。打仗就是打錢，明廷因此耗費巨靡。

正德年間，遠道而來的葡萄牙人又帶來了新的難題：葡萄牙人想加入朝貢貿易體系；明王朝囿於固有的上國思維堅拒不納，在東南

沿海還發生了數次大規模海戰。不過，葡萄牙人想和中國做生意的心思一直不滅，流連在東南沿海。經過多年拉鋸，到正德後期、嘉靖前期，控制了印度洋沿岸和馬六甲的葡萄牙人，事實上已經控制了西洋貨源，也已經事實上和中國人做起了生意。明末清初顧炎武的《天下郡國利病書》就說，正德時番舶「或灣泊新會、奇潭、香山、浪白、濠鏡、十字門，或東莞、雞棲、屯門、虎頭門等處」，幾乎遍佈珠江口兩岸，勢成燎原，其中的「濠鏡」就是澳門。

明朝政府中的一些開明、務實分子，特別是身處中外關係最前綫的廣東地方官員也慢慢明白了：這群船堅炮利的「佛郎機」，是自由貿易的狂熱分子，你越禁他、打他，只會讓更多原本只是想貿易獲利的合法商人變成海盜、走私犯，與倭患、流寇合流，成為大明海疆的永久禍患。

葡萄牙人來華貿易勢不可當，但明廷卻面臨兩難：給葡萄牙人正式開放官方貿易吧，放不下大國面子、跨不過「祖訓」那道坎；放任自流不與之打交道吧，不利於海防，也抽不到稅金，豐厚的貿易紅利白白流進了民間的口袋。

讓人沒想到的是，當朝嘉靖皇帝孜孜以求的一道「神藥」，竟然成了破解這個兩難之局的「藥引」。

\* \* \*

嘉靖皇帝數十年如一日沉迷於修仙煉丹，這款丹藥的關鍵成分之一是唐宋兩代流入中國的龍涎香。龍涎香是抹香鯨腸胃的病態分泌物，大多進自阿拉伯地區和印度。葡萄牙人控制印度洋、盤踞馬六甲，掐斷了這些地區的朝貢路綫，導致龍涎香的進口斷絕。1540 年

前後，宮中所藏耗盡，嘉靖皇帝派宮人秘訪求購，居然十多年一無所獲。1551 年夏天，他只得公開下詔「分道遣人購龍涎香，無得枉道延擾」。但好幾年過去了，皇帝依然沒有看到龍涎香的影子，煉丹大業停滯不前。1556 年時，皇帝大動肝火，《明世宗實錄》記載「上諭戶部：『龍涎香十餘年不進，臣下欺怠甚矣……戶部覆請差官馳至福建、廣東，會同原委官於沿海番舶可通之地多方尋訪，勿惜高價。委官並三司掌印官各住俸待罪，俟獲真香方許開支入。』上姑令記諸臣罪，克期訪買，再遲重治」。

奇蹟發生了：此前十餘年遍尋不獲，皇帝頒下嚴詔、發雷霆之怒後僅三個月後，「廣東布政使進龍涎香十七兩」。

這十七兩龍涎香來之不易，是廣東官員們集體商議後，以每斤白銀一千二百兩，「勿惜高價」從葡萄牙人手中求購而來，其中的一兩三錢居然來自廣州監獄裏的一名葡萄牙人囚犯。顯然，嘉靖皇帝的心頭之好，盡在葡人手中。

嘉靖皇帝瘋了一樣動員全國給他翻找「番舶」、尋購龍涎香的過程和結果，似乎可以佐證一個歷史猜測：1553 年，汪柏從六品的光祿寺丞一下子跨部門擢升為正四品的廣東海道副使，是因為嘉靖皇帝看中了他在金石學上的才具。光祿寺的職責是掌管皇家的祭饗、藥典、酒膳之事，而汪柏在光祿寺供職長達十餘年，對皇家宮藏藥材、香料等物熟稔至極。龍涎香是稀有之物，一般民眾甚至大部分官員一輩子都不曾見過一眼，遑論分辨真假、優劣。讓汪柏出任負責廣東海防、市舶、夷務的海道副使一職，於番夷中搜購龍涎香，對嘉靖皇帝來說，應該是最好的人事安排。

當然，皇帝也知道龍涎香到底掌握在誰手裏，想要汪柏搞定這項頂級重要的皇家私事，肯定也給了他「相機處置」番夷要求正常朝貢

貿易的權力。

廣東布政使搞到的十七兩龍涎香有沒有汪柏的功勞不得而知。但他到任廣東後做的幾件影響深遠的大事，的的確確顯示出他是帶著不足為外人道的懷柔番夷的皇命而來的。

第一件大事是「以夷制寇」。有明一代，唯一被徹底鏟除的倭寇、海盜團夥，就是汪柏統兵剿滅的何亞八中外海盜、走私集團。何亞八是廣東東莞人，早年遠赴南洋經商。嘉靖年間，他糾合包括葡萄牙、南洋諸國人在內的中外武裝海盜、走私集團數千人，在東南沿海大肆劫掠，成為明廷的心腹大患。1554 年 2 月，何亞八一部流竄至廣東海面，汪柏指揮廣東水師分東西兩路追剿，「及於廣海三州環，生擒亞八等賊一百一十九名，斬首二十六級」。不久，其餘部望風披靡，相繼授首，「海島遂平」。何亞八中外海盜、走私集團能被一鼓而蕩之，除了汪柏確有統兵之才、廣東水師將士用命外，葡萄牙商隊首領索薩功不可沒。

既然皇帝說「相機處置」，急於立功的汪柏就「便宜行事」，說動葡萄牙商隊首領索薩參與平寇大計，眼巴巴盼著和明王朝搞好關係的索薩自然一拍即合。汪柏麾下的西路明軍在珠江口以西的新會外海突襲何亞八所部，何亞八率部企圖退至上川島暫避，不料索薩所轄的武裝商船早已嚴陣以待，巨炮如雨落下。遭遇兩路合擊、損兵折將的何亞八所部只好匆忙退向珠江口，結果迎頭撞上嚴陣以待的東路明軍，從而被一舉剿滅。

第二件大事是汪柏依據宋朝遺制創立了「客綱客紀」，「以廣人及徽、泉等商為之」，充當廣東對外貿易口岸的經紀買辦。這個中外貿易規制，就是日後廣州十三行商的起源。如果沒有皇帝的授權，一個小小的海道副使，敢於依據宋朝遺制「創制」，借他一百個膽都不夠使。

第三件大事是趁著雙方合作一舉剿滅何亞八集團的春風，與葡萄牙商隊領袖索薩達成了《中葡第一項協議》。此事記於索薩於 1556 年 1 月 15 日致葡萄牙國王的弟弟路易斯親王的信中，現收藏於葡萄牙里斯本東坡塔檔案館。

這是一個口頭協議，要點如下：一、允許葡萄牙商船來華貿易，前提是他們要完全守法自新。為此，今後來華守法經商的葡萄牙人要正名實：將「佛郎機」一名改為「來自葡萄牙和馬六甲的葡萄牙人」，以示他們和在中國沿海為非作歹、走私抗稅的「佛郎機」奸商不是同類。二、來華貿易的葡萄牙商人必須繳納貨品或其價值 20% 的關稅。三、葡萄牙人必須汲取以往教訓，對上船檢查的中國關防、稅務官員要好好款待和表示高度的禮敬。四、要使這一口頭協議確立並成為有效的條約，必須呈報中國皇帝和葡萄牙國王批准。對此，中國海道副使要求葡萄牙國王派遣一名使節來華，追認索薩作為葡萄牙談判代表的資格證明，以便口頭協議獲得正式訂立。

＊ ＊ ＊

歷史的神道詭秘，對汪柏來說就在於各種因素導致的無法言說。

口頭協議達成後，迄今為止也沒有發現相關的書證、記錄表明葡萄牙國王此後曾遣使來華。索薩本人，除了留下那封信後再無來華記錄，1558 年前後，他在遠航日本的途中，因風暴覆船而亡。

明朝這邊，也沒有留下一字一句皇帝曾下詔批准這一協議的史書記載。

為人君的嘉靖皇帝保持緘默是可以理解的。他夢寐以求龍涎香，也有意解決葡萄牙人的求商難題，自然對汪柏寬勉有加。但當汪柏充

滿開放意味的奏摺擺上朝堂，他面對言官「天朝體面何存」之類的質疑，還是退縮了，玩起了他著名的「不出、不郊、不廟、不朝、不見、不批、不講」的獨門秘訣。

朝廷這種不表態、不負責甚至不記錄的行為，無疑為日後有人演義埋下了伏筆。

實際上，葡萄牙人大量強居澳門發生在 1557 年，汪柏已轉任浙江；葡萄牙人被正式允許合法定居澳門是在 1559 年，汪柏也在浙江布政使任上。如果朝廷覺得汪柏在廣東海道副使任上的舉措不妥，繼任者大可以推倒重來。隆慶元年（1567 年）解除海禁，萬曆元年（1573 年）葡萄牙人開始向明王朝繳納地租，每年白銀 500 兩，由香山縣負責徵收。此時，汪柏已病逝多年，連提拔任用他的嘉靖皇帝也早已歸天。在這樣鐵一般的史實面前，再說讓葡萄牙人上岸、中葡之間開展正常的朝貢貿易不是朝廷的本意，而是汪柏與葡人的私通，實在是無稽之談。

\* \* \*

汪柏大約死於 1564 年前後，沒有留下子嗣。

其實，如果時間靜止在懷柔天下的「天朝」時期，明人郭棐的風言、清人魯曾煜的編排，塵封在一本地方史誌中毫不起眼，只是擁護閉關自守、反對與西方接觸交流的迂腐文人為「主子」隱諱的囈語而已。

此後的數百年間，朝廷在澳門派駐地方官員，依據王朝的法律實施管理，葡萄牙等西人租地居住，按照王朝的規定繳納關稅 —— 明朝對澳門主權、治權、財權一樣不落，打造出了一個繁榮的中西貿易

基地。

但 1840 年打響的第一次鴉片戰爭一把扯下了皇權專制的遮羞布，曾經的「上國」居然向「英夷」割地賠款。清政府的軟弱無能、英國人在香港島的巨大收穫深深地刺激了葡萄牙人。

1842 年，清政府與英國簽訂《南京條約》後，葡萄牙立即派代表與清朝欽差大臣耆英談判，要求豁免地租銀，並由葡萄牙軍隊駐防澳門。1845 年，葡萄牙女王瑪麗亞二世單方面宣佈澳門為自由港。1846年，澳督亞馬留宣佈對澳門華籍居民徵收地租、人頭稅和不動產稅，把原來只對葡萄牙籍居民實行的統治權，擴大到了所有華籍居民；1847 年，葡方拘捕並驅逐中國海關南環關口官員，拍賣關口房屋物業；1849 年，葡方停止向清政府繳納地租銀，葡軍襲擊清廷在澳門的海關公署，強行關閉海關……

一年又一年，葡萄牙人一拳又一腳，生生佔據了澳門。被英國人打丟了魂的清政府一聲沒吭，默默嚥下了這服苦藥。

1887 年，葡萄牙人逼迫清政府簽了《中葡和好通商條約》。條約列明：「定準由中國堅準，葡國永駐、管理澳門以及屬澳之地，與葡國治理他處無異。」至此，澳門自祖國母親身邊「走失」，成為近代中國人的又一個恥辱回憶。

從九龍尖沙咀海濱望向對岸香港島。

# 第三章

## 香港變奏

# 文明升降機

文藝復興、地理大發現和宗教改革之後，歐洲不斷凝聚起新的能量，推動著通向現代文明的歷史車輪。

科學革命雛形漸成。哥白尼在 1543 年出版的《天體運行論》一書中提出日心說，後世把這一事件稱為「哥白尼革命」；開普勒提出地球和其他行星沿橢圓形軌道繞太陽運轉，打破了正圓形軌道的傳統觀念，具有重要意義；伽利略用自製的望遠鏡開啟了天文觀測的新紀元，動搖了舊的宇宙論。

文藝復興滋養下的科學革命又引發了思想革命。弗朗西斯·培根，這位「歸納法之父」，以一句「知識就是力量」震撼世界，發出了啟蒙運動的先聲。

啟蒙運動是近代人類文明史上光彩奪目的一頁。它的發源地，就是日後讓清王朝顏面掃盡的英國。

1640 年，也就是在清兵入關的四年前，以處於社會中下層的小土地擁有者、商人和新興實業家為主要力量的英國資產階級革命爆發。

從一開始，這場革命就是由限制王權專制引發的。

幾經反覆之後，1689 年 12 月 16 日議會通過了《權利法案》。從此，英國確立了議會制君主立憲政體，君主只是象徵性的國家元首，是統而不治的虛君。

英國的議會民主成為一個榜樣、一種示範，促使其他國家紛紛效仿，相繼向現代政體轉型。

啟蒙運動的思潮漂洋過海，傳到了歐洲大陸和美洲。法國的孟德斯鳩、伏爾泰、狄德羅、盧梭，美國的富蘭克林、潘恩、傑斐遜等人相繼成為推動整個西方思想啟蒙的代表人物。

1776 年 7 月 4 日，美國通過《獨立宣言》，這一天後來被定為美國國慶日。這份影響深遠的「宣言」，繼承和發展了天賦人權和主權在民的政治理念，宣佈人生而平等，上帝賦予他們生存、自由和追求幸福等不可讓渡的權利。

1789 年，法國通過《人權宣言》，鄭重宣告：人生來就是而且始終是自由的，在權利方面一律平等。

這場至今仍然讓人回味無窮的啟蒙運動，讓人類社會進入了一個新的文明階段。

啟蒙運動是工業化的前奏。

英國首先掀起啟蒙運動，工業革命也開始於英國。1781 年，詹姆斯·瓦特改進紐科門蒸汽機，使人類獲得了夢寐以求的強勁動力，給西方工業文明裝上了「火車頭」，以空前的速度駛向未來。1807 年，美國工程師富爾頓製成了世界上第一艘蒸汽機輪船「克萊蒙托號」。1814 年，英國發明家史蒂芬孫造出第一台蒸汽機車，1825 年後由蒸汽機車牽引的列車投入鐵路運輸。從此，人類開始在此起彼伏的汽笛嘶鳴聲中，征服陸地與海洋。

德國哲學家康德在他的《答覆這個問題:「什麼是啟蒙運動?」》中說:「啟蒙運動就是人類脫離自己所加之於自己的不成熟狀態。……要有勇氣運用你自己的理智!這就是啟蒙運動的口號。」

在啟蒙運動期間,歐洲人對中國的認識是充滿矛盾的。他們先是根據耶穌會士的片面描述,再加上「託中改制」的形勢需要,一廂情願地把中國想像成一個由皇帝與儒家文人共同治理的、理性的國家,是沒有宗教束縛,沒有教會專權,可以自由思想的綠色天堂。那裏富裕、藝術、平靜、安全。

德國數學家、哲學家萊布尼茨甚至建議西方君主都應該向中國學習,還提出了請中國文人到西方傳經送寶,派西方文人到中國留學,加強中西交流,以便從中產生出「奇妙的和諧」。

有那麼一陣子,就像法國當代中國史研究專家阿蘭·佩雷菲特在其著作《停滯的帝國:兩個世界的撞擊》裏描述的那樣,「整個歐洲都對中國著了迷。那裏的宮殿裏掛著中國圖案的裝飾布,就像天朝的雜貨舖」。

但隨著到過清朝的探險家與商人日益增多,有歐洲學者開始懷疑清朝社會文化、體制的「優越性」。孟德斯鳩更是指責耶穌會士由於輕信而犯了錯誤,並在《論法的精神》一書中對當時中國的專制政體進行嚴厲批評。

曾經對儒家思想十分推崇的伏爾泰也悄悄改變了自己的看法。他在 1755 年感嘆道:「這些中國人,我們歷經千辛萬苦才去到他們那裏,費盡周折才獲准把歐洲的錢帶給他們……這些人卻不知道我們已經在多大程度上超過了他們,落後到連模仿一下我們的勇氣也沒有。我們從他們的歷史中汲取了悲劇的題材,而他們卻不知我們是否有一部歷史。」

當 19 世紀的大門緩緩開啟，率先進入工業社會的英國的遠洋艦隊長驅直入中國海。

* * *

從清順治十三年（1656 年）到清康熙二十三年（1684 年），為了防止東南沿海的反清勢力和據守台灣的鄭成功聯繫，清廷頒佈了五次「禁海令」、三次「遷海令」，厲行海禁。長達近 30 年的時間裏，擁有漫長海岸綫的清王朝儼然成了一個內陸國家。

直到清廷收復台灣、清除了對皇權最大威脅後的 1684 年，康熙皇帝才下令解除海禁，准許沿海民船出海、貿易。1685 年，清廷取消市舶司制度，設立駐廣州的粵海關、駐廈門的閩海關、駐寧波的浙海關、駐雲台山（今連雲港）的江海關，海關正式成為清政府管理對外貿易的官方機構，露出了一絲參與全球貿易的跡象。

新設駐寧波的浙海關發展勢頭很猛，直追粵海關。原因很簡單：以往西洋貨品只能在廣州上岸，然後翻山越嶺進入內陸，價格翻番。如今浙海關直接面向中國經濟的精華之地長江流域。江南自古就是富庶之地，江海通達，成本直綫下降。跳過廣州、直奔寧波而來的歐洲商隊越來越多。為此，浙海關奏請在舟山群島的定海設立榷關公署，作為浙海關的分理處。

1699 年，羽翼漸豐的英國東印度公司派出「麥士里菲爾德號」商船前往舟山。

使用機器大規模生產的毛織品是英國當時主打的來華傾銷商品，在廣州所在的氣候濕熱的嶺南地區顯然並不暢銷，而在寧波港出貨，最合適不過了。同樣，英商求購最多的中國商品是茶葉、絲綢、瓷器

等，而錢塘江水系流經的浙、贛、皖三省本身就是這些商品的主產區。商品只需沿江而下水運至寧波、杭州一綫的內河港口，再轉道海運即可。

「麥士里菲爾德號」和隨後到來的 3 艘英國商船受到當地官商的熱情接待，貿易額豐厚。此後，英國東印度公司派遣商務監督常駐定海，統籌英商在浙貿易事務。1700 年，東印度公司拿出 10 萬多英鎊在舟山投資，同期對廣州、廈門的投資額加起來還不到 7.5 萬英鎊。到 1710 年時，英國每年開赴舟山的商船為 10 艘。英國人對舟山的期望之高可見一斑。

假以時日，慢慢「經營」，在金錢的驅使下，寧波地方官員不是沒有可能睜一隻眼閉一隻眼，讓英國人在舟山群島上「居留」下來。

但，這只是英國人的一廂情願。

## 英國人告御狀

隨著越來越多歐洲商人北上，讓越來越神經質的清王朝，特別是越老越疑神疑鬼的乾隆皇帝如芒在背。不時傳來「英夷」在舟山群島「舟楫如雲」、與江南商人眉來眼去的奏報，不禁讓他想起 1624 — 1662 年間荷蘭「紅毛夷」盤踞澎湖、基隆的往事。

乾隆二十二年（1757 年），在用加重稅的經濟手段仍然撲滅不了洋船的北上熱情之後，清廷索性一紙令下關閉了江、浙、閩三處海關，只剩駐廣州的粵海關繼續營業，是為「一口通商」。乾隆皇帝的聖旨說：「本年來船雖已照上年則例辦理，而明歲赴浙之船，必當嚴行禁絕。……此地向非洋船聚集之所，將來只許在廣東收泊交易，不得再赴寧波。如或再來，必令原船返棹至廣，不准入浙江海口。」不

過，也有史家考證認為，江、浙、閩三處海關並沒有關閉，只是不允許歐洲商人在此做生意，國內貿易，以及和日本、朝鮮等地的買賣還在繼續。

自唐宋以來，廣州一向是我國最重要的商港之一，但在歷史上也只出現過三次「一口通商」。第一次是在明嘉靖 1523 年至 1566 年，共持續了 43 年；第二次是在 1655 年至 1684 年，共持續了 29 年。第三次就是乾隆皇帝這次「精減」口岸，再次讓廣州一枝獨秀。

時間之河已流進 1757 年。這個時候「一口通商」的出現，使中國自閉於世界發展的潮流之外。天朝的崩潰，已是歷史的必然。

實行「一口通商」僅僅兩年後，一個特立獨行的英國商人就讓大清帝國再次聲名遠揚。

這個英國商人叫 James Flint，自取中文名「洪仁輝」，曾在廣州學習中文，據說是英國第一個中文翻譯。他居然別出心裁地演了一幕「告御狀」。

乾隆二十四年（1759 年），天津大沽口外海面突然出現一艘外國商船。岸上的兵丁毫無思想準備，從船上走下來一個紅頭髮藍眼睛的「西夷」。此人聲稱自己是英吉利國四品大員，名叫洪仁輝，要知府穿針引綫讓他告成御狀。這個一頭霧水、對外面的世界一無所知的知府，可能憚於洪仁輝自稱的四品大員身份，竟然將奏狀成功呈送至乾隆皇帝的案頭。

奏狀主要告的是廣州地方官員和「十三行」對外商層層設卡，收取五花八門的稅、費，還長期拖欠貨款，私下勒索，限制外商自由，導致外商面臨「俱已不活」的悲慘境地。

英國人洪仁輝所說的句句是實情。

廣州一直是中國對外貿易的重要窗口。1685 年，「十三行」應運

而生。它是清廷設在廣州口岸的特許經營進出口貿易的洋貨行，是一個具有半官半商性質的外貿壟斷組織。「十三行」因此成為清廷皇家物流中心。皇權專制之下，雖然億萬臣民貧無立錐之地，但帝王的宮廷生活無不奢靡鋪張，地方大員每逢佳節都要挖空心思進獻各地稀有物產以博取皇帝歡心，從而達到加官晉爵的目的。皇家對西洋「奇技淫巧」日漸濃厚的興趣，更是促使廣東巡撫、粵海關監督依靠「十三行」這一組織競相採購西洋物品，以博皇帝一笑。

更為重要的是，從廣東官員歷年進呈的奏摺、清單中可以看到，「十三行」每年上繳稅銀超過百萬兩，其中六十萬兩成了皇室的「自留地」。「十三行」儼然成了「天子南庫」，所以乾隆皇帝說「來浙者多，則廣東洋商失利」，失的可是他皇家的利啊！他斷然封了江、浙、閩三關，「獨寵」廣州，有「夷防」的因素，與錢關係可能更為重大。

「一口通商」政策落實後，兩廣總督府下的官員和「十三行」更是青雲直上。

清廷確立了公行制度，公行對官府負有承保和繳納外洋船貨稅餉、規禮，傳達官府政令、代遞外商公文、管理外洋商船人員等義務，在清廷與外商交涉中起中間人作用。與之相伴隨的是，行商享有對外貿易特權，所有進出口商品都需要他們經手買賣。

這樣一來，「十三行」就不是半官半商了，實質上成了對外貿易的官府衙門，成了大清帝國唯一合法的「外貿特區」。需要說明的是，「十三行」只是一個約定俗成的稱呼，行數並不固定，少則四家，多則二十幾家，全憑商家的實力以及與官府協調的能力。

這種情況下，你就可以想像兩廣總督府下官員和「十三行」為所欲為的情景了，也可以想像洪仁輝狀詞的內容了。

乾隆皇帝看到英國人洪仁輝的「御狀」，看著看著，一輩子講究華

夷之防的他勃然大怒：一、你一個「英夷」蕞爾小邦，通篇狀紙盡合格式，如果沒有與文人私通，怎麼可能做到？二、縱使我底下奴才有錯，你一個「英夷」有什麼資格置喙、喊冤，要求我祭出雷霆之怒？

盛怒之下，乾隆皇帝大筆一揮，批示：「事涉外夷，關係國體，務須徹底根究，以彰天朝憲典。」

大清皇帝親自督辦，案情很快水落石出。粵海關監督李永標嚴重瀆職，其家人和下屬對外商敲詐勒索及貪腐罪行屬實。李永標被枷號六十日、鞭一百，解刑部發落；其涉案家人發配新疆為奴；其餘涉案人員革職的革職，坐牢的坐牢。此前地方官員私立、侵吞的「生活用品稅」等涉稅項目，一律明碼標價，所得款項全部上繳朝廷。

乾隆皇帝認定這份狀紙由熟知本朝公文格式的國人代寫，給欽差大臣的上諭中明令「必有內地奸民，潛為勾引，事關海疆，自應徹底根究」。於是，與洪仁輝聯繫密切，並為其代寫狀紙的四川人劉亞匾被處死。洪仁輝，因其「外借遞呈之名，陰為試探之計」，並「勾串內地奸民，代為列款，希冀違例別通海口」，將之送往澳門圈禁三年，刑期滿後驅逐回國。

兩廣總督李侍堯本有失察之過，但他揣摩透了乾隆皇帝的心思，巧言令色說這件事情之所以發生是外商受內地刁民的蠱惑，建議立法以防外夷「偷窺中國」。乾隆皇帝居然信了，下令頒佈《防範外夷規條》，進一步強化了閉關鎖國的政策：「夷商在省住冬，應請永行禁止也」；「夷人到粵，宜令寓居行商管束稽查也」；「借領外夷資本，及僱倩漢人役使，並應查禁也」；「外夷僱人傳訊信息之積弊，宜請永除也」；「夷船收舶處所，應請酌撥營員彈壓稽查也」。

明清之際，中西文明本就殊道異行，一個向著皇權專制的谷底踽踽獨行，一個朝著現代文明的山峰激情攀登。乾隆皇帝的倒行逆施，

大大加快了清王朝跌入深淵的速度，失去了自我救贖和向外學習的可能性。

若干年後，洪仁輝回到英國，把自己在清朝的遭遇一頓哭訴。一些激進的英國人當時就不幹了，嚷嚷著要用武力手段換取和清朝的平等貿易。要不是喬治‧馬戛爾尼等溫和派議員的調和，說不定第一次鴉片戰爭早在 18 世紀就打起來了。

## 馬戛爾尼失敗之行

1793 年 9 月，英國國王喬治三世派遣的一支約七百人的龐大英國使團，經過長達 11 個月的長途航行後抵達北京。使團名為給乾隆皇帝祝八十壽辰，實為謀求英、中兩國通商。使團正使正是這位喬治‧馬戛爾尼，此前他剛剛促成英國和沙皇俄國簽訂通商條約，在英國國內風頭正盛。副使叫斯當東，斯當東 12 歲的兒子小斯當東作為「見習童子」隨團出使。

馬戛爾尼一行觀見乾隆皇帝。清政府要求使團成員「三叩九拜」；英方則堅持行「英國禮」。最後究竟以什麼禮儀完成這次觀見，成了後世史學家們津津樂道的一樁歷史公案。清朝的官私記載都說英國人是「三跪九叩」了的，英方當事人則說法不一：馬戛爾尼說是「曲一膝以為禮」，斯當東說是「單腿下跪」，小斯當東說是「我們單膝下跪，俯首向地。我們與其他大員和王公大臣連續九次行這樣的禮，所不同的是他們雙膝跪地而且俯首觸地」，使團秘書溫德的說法是「我們按當地方式施了禮，也就是說，跪地，叩頭，九下」。

如果馬戛爾尼使團各人事後講的都是真話，那麼極有可能是清廷難得地為萬里迢迢而來的祝壽人變通了一下，沒有讓使團全體成員通

通「三叩九拜」，而是按照成員身份的尊卑高下，各行其禮。

不管馬戛爾尼使團跪了沒有、怎麼跪的，在承德避暑山莊，時年82歲、自封為「十全老人」的乾隆皇帝在龍椅上瞧著這幫遠道而來的英國人呈上的長長禮單，心情還是很愉悅的。但是，除了這份禮單，使團呈上的還有一份英王喬治三世親筆書寫的國書。乾隆皇帝在了解完國書內容後勃然大怒。

英王喬治三世信件中的主要內容是所謂的「六項請求」：一、准許英國商人在舟山、寧波和天津三處貿易；二、准許英國商人在北京設立一個貨棧，以便買賣貨物；三、在舟山附近海域指定一個未經設防的小島，給英國商人使用，以便英國商船到了該處可以停泊、存放貨物，並允許英國商人居住；四、在廣州附近，准許英國商人有上述同樣的權利以及其他較小的權利；五、從澳門通過內河運往廣州的英國貨物，請予以免稅或減稅；六、粵海關除了正稅之外，免徵其他一切稅收，中國海關應該公佈關稅額例，以便英國商人遵照中國所定的稅率切實納稅。

公允地講，不要說此前剛剛把「西夷」趕出東部沿海、決意讓廣州「一口通商」、懲治過英國人洪仁輝「告御狀」案諸犯的乾隆皇帝，就是當時普通中國人看到這「六項請求」，心裏也會抵觸：這哪裏是請求，倒像是上門要債來了。尤其是第三項，在乾隆皇帝眼裏簡直就是大逆不道之舉。

逐客令立下，使團安排的餘下在華活動包括通商談判在內等被通通取消，10月9日前必須離開北京。離京前，馬戛爾尼好不容易等來了乾隆皇帝給英王喬治三世的回信。這封現收藏於大英博物館、題為《敕英咭唎國王諭》的信件全文976個字，乾隆皇帝居高臨下地要求喬治三世：「爾國王惟當善體朕意，益勵款誠，永矢恭順，以保義爾有

邦，共享太平之福。」又御筆朱批：「天朝物產豐盈，無所不有，原不借外夷貨物以通有無。」這句話，徹底斷送了英國人的通商幻想。

這場兩國間的對話對中國而言是一個極大的凶兆：19世紀前夜，掌握了海洋霸權的新興工業化強國英國用艦隊開道，強行打開各個殖民地的大門，想當然地以為中國也會輕易就範；清王朝統治者則以掩耳盜鈴的方式，躲在一個名曰「天朝上國」的保護罩裏白日做夢，以為自己很強大，是全球共主，對英國的所謂通商「請求」不屑一談，而且更加盛氣凌人。

在激變的時代大潮中，自說自話的二者之間根本沒有平等對話、協商的頻道和空間。全球最強大的英國和自我感覺最強大的大清王朝之間的劇烈衝撞，近在咫尺。

1793年10月，馬戛爾尼使團在通商問題上兩手空空地離開了北京。

但這次花費不到8萬英鎊的中國之旅絕對不虛此行，僅在此行中搞到的幾棵中國茶樹就在後來給他們帶來滾滾紅利。當時英國每年都要花大量白銀從中國購買茶葉，全國上下都希望使團能偷師中國的茶樹栽培和茶葉加工技術，減少對中國茶葉的依賴。於今視之，當時的中國茶樹是國家級重大商業機密，絕對不能讓外人搞到手。可英國使團途經南方產茶區時，兩廣總督長麟居然允許他們選取幾棵優良的茶樹品種帶回國。後來，使團成員丁維提博士將這幾棵茶樹拿到印度加爾各答培育。19世紀70年代後，印度、錫蘭的大茶園遍地開花，中國茶葉的出口價格因此大跌。

馬戛爾尼使團在中國之行中「偷」走的關於中國的第一手情報，更是價值連城。

英國東印度公司主席培林曾寫信叮囑馬戛爾尼，「應放大眼光，以

冀獲得更充實而有用之情報和實際利益」。馬戛爾尼一行不負所託,歸途中對中國的地理環境、經濟狀況、動植物物種、社會組織形態、科技水平、軍事實力、國民心態等方方面面,都進行了深入細緻的考察和記錄。

被底下臣子哄得團團轉的乾隆皇帝根本不了解清朝的家底,還特意指示沿途清軍操演,以期讓馬戛爾尼使團「震撼」於天朝實力、大清軍威。結果適得其反,馬戛爾尼看到的是清軍的腐敗和落後:軍服寬袍大袖根本不利於戰鬥,士兵並未受過嚴格的軍事訓練,所持兵器也大多是刀槍弓矢之類的冷兵器。「有幾個士兵的手裏除了武器之外,還拿著扇子。」在其自述中,馬戛爾尼真的被「震撼」到了,「一旦不幸,洋兵長驅而來,此輩果能抵抗與否?」

沿海見到的脆弱不堪的清朝水師更是讓馬戛爾尼大搖其頭。阿蘭·佩雷菲特在《停滯的帝國:兩個世界的撞擊》一書中,追憶了馬戛爾尼乘坐「獅子號」戰艦回國途中的一段談話:「如果中國禁止英國人貿易或給他們造成重大的損失,那麼只需幾艘三桅戰艦就能摧毀其海岸艦隊,並制止他們從海南島至北直隸灣的航運。」「不管英國人進攻與否,『中華帝國只是一艘破敗不堪的舊船,只是幸運地有了幾位謹慎的船長才使它在近 150 年期間沒有沉沒』。」

馬戛爾尼使團在清朝的遭遇,乾隆皇帝的回信,他本人和斯當東講述的真真假假的中國見聞,徹底統一了整個西方世界的認識。歐洲人從此看到了一個野蠻愚昧、專制腐敗、傲慢自大、外強中乾的清王朝。

馬戛爾尼使團的中國之行,讓歐洲人特別是英國人越來越相信,攻略中國是一場文明對野蠻的討伐,名正言順。

47 年後的 1840 年 4 月 7 日,當英國下議院正在激烈辯論是否應

該向清帝國出兵的時候,當年馬戛爾尼使團中年僅 12 歲的「見習童子」,在中國之行中學會了中文,此後又數次進入中國,成為英國朝野知名「中國通」的托馬斯‧斯當東作了一番演講:「當然在開始流血之前,我們可以建議中國進行談判。但我很了解這民族的性格,很了解對這民族進行專制統治的階級的性格,我肯定:如果我們想獲得某種結果,談判的同時還要使用武力炫耀。」

他的最後結論是:「儘管令人遺憾,但我還是認為這場戰爭是正義的,而且也是必要的。」

下議院最終以 271 張贊成票對 262 張反對票的微弱優勢通過了對華戰爭經費撥款議案。以自給自足的小農經濟自娛自樂的清帝國,迎來了已經完成了第一次工業革命的「英夷」的堅船利炮。


## 舟山與香港


1840 年 6 月,一支由 40 多艘戰艦、4000 多名士兵組成的英國艦隊由孟加拉抵達廣州,封鎖珠江口。此後,他們連克定海、廣州、廈門、寧波、上海、鎮江。1842 年 8 月 4 日,英軍自鎮江抵達南京下關江面。溝通南北漕運的大運河、清王朝的生命綫即將被切斷,乾隆的孫子道光皇帝在戰和兩端搖擺了兩年多之後,徹底喪失了繼續抵抗的信心,決定全面求和。

8 月 29 日,烈日炎炎。一隊清朝官員登上停泊在南京江面的英國軍艦「康沃利斯號」,在荷槍實彈的英軍目視下,在自己國家的土地上,被迫簽署了中國近代史上第一份不平等條約《南京條約》。條約的主要內容有:割讓香港島給英國;賠償英國 2100 萬銀元;開放廣州、廈門、福州、寧波和上海為通商口岸等。《南京條約》的簽訂,導致中

國領土喪失，國民負擔日益加重，且門戶洞開。

英國商人和外交官夢寐以求的東西，終於通過大炮得到了。

英國人撕開血口後，其他列強一擁而上，美國、法國、比利時、瑞典、挪威等歐美諸國排著隊逼迫清政府簽訂條約，均享中英《南京條約》規定的「五口通商」權利。

清末詩人、外交家黃遵憲在悲憤中寫下一首《香港感懷》：「豈欲珠崖棄，其如城下盟。……傳聞哀痛詔，猶灑淚縱橫。」

* * *

歷史在 1841 年對香港開了一個玩笑。如果不是一個叫查理‧義律的英國人的獨斷專行，《南京條約》裏被割佔的應該是舟山群島，而不是香港島。

義律 14 歲就投身英國海軍，最後官至海軍上校，1836 年任駐華商務監督。1840 年 2 月，英國政府任命他的堂兄喬治‧懿律為全權代表和英國遠征軍總司令，他是副手。但懿律來華不久就纏綿病榻，對華戰爭的決策權全數落在了義律手上。

在規劃對華戰爭時，英國人割佔中國土地的首選目標正是英國商人、外交官們心心念念的舟山群島。戰前，外交大臣巴麥尊向義律傳達了內閣的明確要求：奪取「舟山群島的一個島嶼或廈門城」，先打造成軍事行動根據地，再變成貿易基地，永久佔領下去。基於這個戰爭規劃，1840 年 6 月戰爭發動後，英國遠征艦隊只留一部封鎖珠江口，主力迅速北上，在廈門試探了一下以後就直撲舟山群島，定海水師全綫潰敗。7 月 6 日，英軍陸戰隊重兵登陸攻陷定海城並設置民政官，之後遠征艦隊一部直插天津大沽口，逼迫清政府同意在廣州舉行和談。

1月25日，英軍先頭部隊於上午8時15分登陸香港島水坑口（位於今上環）。英國遠東艦隊分支其後抵達，並於該處升起英國國旗，發佈文告宣佈香港島及其所屬範圍內的一切土地、港口、財產或私人設施，全歸女王所專用。2月1日，義律自任「香港行政官」，並發佈《安民告示》，稱「香港已為英國女王版圖之一部分。所有香港本地居民須知，爾等業已成為英國女王之臣民，必須服從女王及其官員，並向其履行義務」。

6月7日，義律宣佈香港為自由港，商人可以「自由進入香港」，「進出口貨品均不必課稅」。

\* \* \*

1841年2月10日，獲悉香港島被臣下私割的道光皇帝暴跳如雷，立即下令對琦善「革職鎖拿、查抄家產」，並下詔向英國宣戰，急調全國兵勇開赴廣州增援，開啟了第一次鴉片戰爭的下半場。

令人意外的是，割佔香港島的戰果傳回英國後，英國維多利亞女王和外交大臣巴麥尊同樣暴跳如雷。女王說，如果不是因為義律的先斬後奏，他們本來可以得到所希望的一切，義律完全違背了給他的指令，試圖接受所能獲得的最低條件。

4月30日，外交大臣巴麥尊將義律撤職，改派璞鼎查為全權駐華公使，到中國主持進一步侵華戰爭。

1841年6月5日，璞鼎查離開倫敦，8月10日到達澳門。這個璞鼎查也是英國皇家海軍出身，因在阿富汗的戰功被封為男爵。他在到中國沿海身臨其境考察了一番之後，竟然也大力支持義律割佔香港島的決定，還下令讓英軍撤出已經佔據了大半年的舟山。

放棄舟山，直接原因是英軍水土不服。1840年7月擊潰定海水師、攻陷定海城一役，英軍無一傷亡。但在駐守期間，英軍居然被當地肆虐的蚊蟲咬得傷亡慘重，死亡人數高達448人，其中218人死於痢疾，91人死於間歇性發燒，70人死於腹瀉。第一次鴉片戰爭可簡單地以道光皇帝向英國宣戰為界綫，分為上下兩個半場，上半場屬試探性質，激烈的戰事集中在下半場。戰後統計，清軍傷亡22790人。全場打下來英軍僅傷亡523人，其中448人竟是被上半場舟山群島上的蚊蟲活活折磨而死。看著如此詭異的傷亡數據，任何一個前綫指揮官都會倒吸一口涼氣，影響他做出是走是留的抉擇。

　　但最根本的原因是，在前綫的艦隊總司令璞鼎查和義律一樣是英國的海軍精英。在評估舟山和香港的戰略價值時，海軍的角度與政商兩界截然不同，甚至與陸軍的判斷也大相徑庭。

　　在英國政客和商人眼裏只有利益。舟山群島位於中國海岸綫的肚臍眼上，背靠中國物產最豐富、人口最稠密、航運最便捷的長江流域。英國人佔據了舟山，等於直接把手伸進了中國人的錢袋子。另外，舟山群島面積遠大過香港島，當然有更大的發展空間和潛力。

　　但遠征艦隊總司令首先考慮的是安全。長期佔據舟山既然對英國來說有巨大的利益，那麼，反過來對中國來說就是不可接受的損失，必然拚力守護，即便這一次被迫讓出，一旦緩過氣來、軍力提升時隨時會發動奪島戰爭。如此一來，英國必須在舟山一帶常備一支強大的艦隊和岸防部隊。這樣的安全成本恐怕是殖民地遍及全球的英國無法承受的，也不符合此次英國艦隊遠渡重洋發動對華戰爭的初衷：打開中國的貿易大門。

　　以這樣的視角來看香港，其安全成本就急劇降低了。連英國的外交大臣都認為香港是「一個一無所有的荒島」，「不會成為貿易中心，

倒是可以用來隱居」，清朝皇帝固然不舒服，但也不會因為失去它背負難以承受之重。

1842 年 1 月，義律在送交給外交大臣巴麥尊的繼任者阿伯丁的報告中提出，與舟山相反，香港島擁有「巨大而安全的港口，豐富的淡水，易於由強大海軍來保護等長處，地域大小和人口狀況都很適合我們的需要」。他認為，從英國東南亞殖民地印度、新加坡北上南海就能快速抵達香港島，以此為據點，能有效地串聯起東南亞與中國、日本之間的聯繫。

1843 年初，義律在向巴麥尊解釋不願意佔領舟山的原因時說道：「對舟山的親身了解，我認識到，與我們以往的偏愛截然相反，它完全不適合我們在中國的目標。航行充滿危險，除了動力汽船之外，其他船隻幾乎無法航行。」

又充分聽取了海軍軍官的意見後，對舟山情有獨鍾、震怒於義律放棄舟山的前外交大臣巴麥尊，相信了義律的選擇是對的：把香港的深水港作為遠東的軍事補給地，能讓英軍把牙齒嵌進中國的土地，讓兩國軍隊的士氣此消彼長。

## 強行登陸尖沙咀

1841 年 1 月 26 日，英國軍隊宣佈接管香港島時，島上人口約 7000 人，散居於 20 多個村落，在統治者眼裏無足輕重。

戰爭下半場，英軍勢如破竹，接連輕鬆拿下東南沿海重鎮、直抵長江下游、掐斷大運河這條清朝南北運輸大動脈的一邊倒的戰況，讓道光皇帝的所有心思都放在了保全大清皇家利益上面，那個遠在天邊的彈丸小島香港島，無聲無息地成了維持大清政權的代價。

古時香港所屬的沙田、大嶼山一帶盛產一種叫「莞香」的上等沉香，運輸所經之處一路飄香。莞香多數先運至九龍半島南端的香埗頭（今尖沙咀），再用小艇擺渡至港島南邊的香港仔（今石排灣），最後換載一種叫「大眼雞」的帆船轉運廣州，行銷北方，遠達京師。香港仔舊圍名字叫香港村。「香港」一名最早見諸明郭棐《粵大記》書末所附的《廣東沿海圖》，在此之前的古地圖上，香港地區多被標為「屯門」。英國人侵佔後將「香港」一名指稱港島，之後推而廣之到整個香港地區，並按當地疍民（漁民）的讀音，拼作「Hong Kong」，成為今日香港地名的英譯來源。

　　1842 年 10 月 27 日，璞鼎查宣佈，「香港乃不抽稅之埠，准各國貿易，並尊重華人習慣」，香港自由港地位正式確立。1843 年 6 月 26 日，璞鼎查宣誓就職第一任香港總督，人稱「開埠港督」。在其任內，他以當時英國維多利亞女王的名字將港島北部新建市區命名為「維多利亞城」，城下「無與倫比的良港」由此被稱作「維多利亞港」。


　　英國人用炮火轟開了中國的大門，無能又自私的清王朝以犧牲主權和人民利益的方式保全了自己的皇權。一紙《南京條約》如同打開了潘多拉魔盒，中國大地上從此群魔亂舞，中國歷史從此進入被列強予取予奪的黑暗近代史。

　　1856 年 10 月，不滿足於第一次鴉片戰爭收益的英法兩國一拍即合組成聯軍，以「亞羅號事件」和「馬神甫事件」為藉口，悍然發動了第二次鴉片戰爭。此時，太平軍、捻軍等農民起義軍已經讓清政府窮於應付。1857 年 12 月，艦、炮愈加精良的 5600 多名英法聯軍在東南沿海攻城略地。

　　1857 年底，英法聯軍攻陷廣州。侵略者意外地在兩廣總督衙門裏

發現了第一次鴉片戰爭結束後簽訂的中英《南京條約》、中法《黃埔條約》、中美《望廈條約》等批准文本。這些 10 多年前簽訂的應由中央政府保管的重要文件居然會在一位地方官員的手裏，讓他們錯愕不已。

歷史真相是：當年簽約的正式文本根本沒有呈送到皇帝手裏。歐美各國收到的由清廷用璽的條約文本，是根據時任兩廣總督耆英的請求，由軍機處將鈐有國璽的黃紙送到廣州，耆英再將其貼在正式文本之上。正式文本尚且如此敷衍了事，更遑論那些由各國鈐蓋國璽的互換文本了。

道光皇帝從來沒有看到過條約的正式文本，他看到的只是難辨真假的抄件，以至於「歷來辦理夷務諸臣，但知有萬年和約之名而未見其文」。倒是英國人將其刊刻成冊滿世界兜售，「民間轉無不周知」。

清朝統治者把自己的頭埋進沙子裏，用這樣一種掩耳盜鈴的方式試圖保留大清皇權的最後一絲尊嚴，換來的是中華大地的艱難呼吸和英法聯軍的馬踏京師。

1860 年 9 月 18 日，英法聯軍攻佔通州。9 月 22 日，咸豐皇帝以「北狩」為名逃往承德避暑山莊。10 月 13 日，英法聯軍攻陷北京，5 天之後闖入清朝皇家獨享的圓明園，大肆洗劫後一把火燒了這座「萬園之園」，大火整整燒了三天三夜。

讓英國人再次驚奇的是，1793 年馬戛爾尼使團作為禮品送來的那些天體運行儀、地球儀、音樂鐘，以及各種新式火炮、槍械都還原封不動地堆在庫房裏，上面落滿了灰塵。於是，他們把這些禮品與搶來的珍寶一起，又都運回了英國。

師夷長技以制夷？其實，「西夷」早就把他們的「長技」，連最新式的火炮都當作禮品送到家門口了。可憐的大清朝廷卻夜郎自大、冥頑不化，一心只想著教化別人，蒙著眼睛走夜路，最終走上了不歸路。

10 月 24 日、25 日，清朝全權議和大臣奕訢與英法兩國分別簽訂《北京條約》。中英《北京條約》、中法《北京條約》的內容基本一致，都是賠款白銀 800 萬兩、准許兩國招募華工出國、增開天津為商埠，稍有不同的是，法國是「任法國傳教士在各省租買田地，建造自便」，英國則是「割讓九龍司地方一區」。

　　英國人筆下的「九龍司地方一區」，具體範圍大體是今天與港島隔著海峽對望的九龍半島南端尖沙咀地區，面積不算大，對英國人來說卻是志在必得的戰略目標。

* * *

　　尖沙咀一帶，第一次鴉片戰爭前就築有九龍炮台。香港島被英國人割佔後，這裏成了海防最前哨。1843 年，清廷以九龍巡檢司取代原先的官富巡檢司，衙署移到九龍寨。1846 年，在時任廣東水師提督賴恩爵的力推下，當地官紳捐款在獅子山下修築「九龍寨城」，8 個月後築成周長 180 丈，由近 2 丈高的城牆圍合的官署、軍事要塞綜合體。九龍寨城內，有大鵬協水師副將駐守。城牆上共配炮 32 門，與寨城前九龍炮台上的 10 門紅夷大炮一起直指維多利亞海峽，讓對岸港島上的英國人如鯁在喉。

　　1857 年 12 月，英法聯軍攻陷廣州並進行了近 4 年之久的軍事佔領，英國駐廣州領事巴夏禮成為實際主政廣州的英方代表。他認為，為香港島安全計，英國應該割佔九龍城所在的南九龍半島。他的主張自然得到英國軍方和政界的強烈支持。侵佔廣州的英軍司令斯托賓齊和駐港皇家工兵辦事處的意見都認為如不佔領此地，就無法防止敵人對香港港口的進攻。1858 年 6 月，英國外交大臣向駐華全權特使額爾

金寫信說：「一旦出現機會，應竭力通過條約從中國政府手中將這些地方割讓給英國政府，至少要割佔香港對面的九龍岬角。」

19 年前發生在香港島的故事再次上演。1860 年 3 月 18 日，英軍第四十四特遣團強行登陸尖沙咀，造成既定佔領事實。19 日，巴夏禮向兩廣總督勞崇光遞交公函，稱九龍半島的混亂給維護英國利益帶來不利，「建議」清廷予以租借。21 日，在英國人武力脅迫之下自己卻兩手空空的勞崇光與巴夏禮簽下城下之盟，同意將這塊地方「永租」給英國，每年租金 500 兩白銀。

同年 10 月，北京淪陷，咸豐皇帝「北狩」，清政府乞和，英國人在可以隨意開價的情況下當然不租了，而是直接拿了。

中英《北京條約》第六款寫得委婉：「……茲大清大皇帝定即將該地界，付與大英大君主並歷後嗣，並歸英屬香港界內，以期該港埠面管轄所及，庶保無事。」「付與大英大君主並歷後嗣」一說意味著此地已被強行割佔，每年 500 兩白銀的租金也泡湯了。

1861 年 1 月 19 日，九龍寨城前舉行了一場滑稽透頂，卻讓所有中國人不忍目睹的「授土儀式」。巴夏禮把一個裝有九龍泥土的紙袋遞給清朝官員，這個人再把這袋泥土交予英國駐香港總督羅便臣。從此，九龍炮台以南的九龍半島包括石匠島（今昂船洲）合 7.93 平方公里領土，就被清廷正式「授予」英國人了。

九龍寨城沒有在割佔範圍內，它仍然是九龍炮台以北廣大地區的管理中心和軍事堡壘。

在廣州發行的英文報刊《中國之友》報道稱，出席「授土儀式」的清朝官員只有新安縣令、大鵬協副將、九龍司巡檢和九龍城一名級別較低的軍官。

$$* * *$$

第一次鴉片戰爭結束後，1842 年中英雙方在英軍旗艦「康沃利斯號」戰艦簽訂《南京條約》時，當年 14 歲的海軍實習生巴夏禮的職責是給海軍指揮官郭富照看「碩大的三角帽和羽毛飾」。一晃 18 年過去了，他成了割佔南九龍半島的核心人物。在清朝官方文件裏，巴夏禮的名字被寫成古怪的「吧嘎哩」。

## 深圳河之名的由來

1861 年 8 月 22 日，年僅 31 歲的咸豐皇帝在英法聯軍槍炮炸響的憂懼中駕鶴西去。慈禧太后登上歷史舞台，開始垂簾聽政，把持清廷最高權力，統治中國長達 47 年之久。在她的巨大陰影下，鬼影幢幢、異象紛呈。大清皇室仿如被命運無情詛咒：同治、光緒、宣統三個皇帝全部絕後；同治皇帝只活了 19 歲，光緒活了 38 歲，宣統倒是活到了 61 歲，只是早在他 6 歲那年，清朝就覆滅了。

同治年間、光緒朝前期，西方列強忙著窩裏鬥，似乎把清朝給忘了，進逼之勢突然消停了。於是，慈禧太后在後宮忙著擇君、抓權、聽政，憂心忡忡的能臣們忙著造槍造炮買戰艦，一時間洋務運動搞得風生水起。互不打擾的滿漢君臣居然搞出了個「同治中興」，攢出了一個被當時的《美國海軍年鑒》評為「亞洲第一、世界第九」的北洋水師。

哪裏知道，所謂的「同治中興」只是清朝瀕死前的迴光返照。

$$* * *$$

1894 年中日甲午戰爭爆發，舉全國之力打造的北洋水師全軍覆沒。清廷讓李鴻章在俯視千年的「倭人」面前，簽下了喪權辱國、後世國人無人不曉的《馬關條約》。

在中國人的理念裏，甲午慘敗是真正的世紀大敗局，是中華國運的滅頂之災。19 世紀中後期，清帝國先後經歷了兩次慘敗，一次敗給了西洋，一次敗給了東洋。如果說，前者還能從對方船堅炮利，我方「器」不如人的說法中找到些許安慰，那麼後者則完全是一種無法迴避的文明失敗 —— 日本向來是中華文化的崇拜者、學習者，但它在短短數十年明治維新、全盤西化後，竟然一舉將「中央之國」掀翻在地。晚清人驚呼的「三千年未有之大變局」，不是因為中國三千年來沒有打過敗仗或者敗得沒有這麼慘，而是臣民普遍性地對清廷統治產生了懷疑，傳統文化面臨著嚴重危機。

甲午一戰，日本躋身世界列強，中國則成了被新老列強瓜分的蛋糕。1898 年 1 月 16 日，法國《小日報》刊登了一幅名為《在中國，國王和……皇帝們的蛋糕》的漫畫，形象地描述了當時的局勢。在這幅漫畫裏，坐在中間代表新列強德國的威廉二世，已經在象徵中國領土和主權的蛋糕上劃下一刀，旁邊代表老列強的英國維多利亞女王持刀與其怒目相對。俄國沙皇尼古拉二世、日本明治天皇、代表法國的頭戴「自由之帽」的瑪麗安娜表情各異，各懷鬼胎，唯有背景板上李鴻章模樣的清朝大臣氣急敗壞，卻束手無策。

1898 年 3 月，法國向清朝提出租借中國南部海岸城市廣州灣（今湛江）用以建立煤棧。英國隨即跟進要求「利益均沾」，對香港界址進行擴展。剛被日本人打斷了腰的清廷哪敢說一個不字，只能「照准」。

當年 6 月 9 日，清廷全權代表李鴻章、許應騤與英國公使竇納樂在北京簽訂《展拓香港界址專條》，俗稱「新界租約」，英國強行租借

九龍半島界限街以北的廣大地區。

《專條》粘附地圖顯示，英國人把環香港地區的235個大小島嶼及其海域都納入了租借範圍，陸地的北界是深圳灣至大鵬灣之間的一條直綫。這一「新展之界」陸地面積約975平方公里，是此前英國侵佔的香港島、南九龍半島的11倍左右，約佔香港地區總面積的90%，海域更是擴大了近50倍。

《展拓香港界址專條》明確新界是「租借」給英國的，租期99年。但條約裏沒有列明租金數額以及如何收取 —— 戴上一頂租借的帽子，只是給清王朝留一點可憐的臉面罷了。

\* \* \*

當年8月初，英國政府便急派時任港英政府二號人物、輔政司駱克趕赴新界勘察，以備隨後的接管、統治之需。月底，駱克結束調查後動身返英，在回英國的輪船上完成了長達31頁、相當於中文3萬餘字的所謂《香港殖民地展拓界址報告書》，於10月8日送呈英國政府。

這份極其翔實的報告書是對新界地區全面摸底調查數據和治理政策建議的合集。報告書甚至拉出了一條建議修築北上鐵路的綫路，這一綫路成為日後廣九鐵路的雛形。

報告書的「水系」中，第一次出現了深圳河的名字。駱克寫道：「水系和山系一樣，分為南北兩個部分。該地北部的主要河流和該地最大的河流是深圳河。深圳河有北、東、南三條支流：北部支流起源於東莞縣和新安縣交界的群山，向西南流，在深圳以西匯入主流；東部支流源於沙頭角海的丘陵，向西流，在深圳以東匯入主流；南部支流發源於大埔墟以北的九龍坑，向西北流，在深圳下游一英里處匯入主

流。所有這些支流都是相當大的山溪，其可貴之處是為流經的耕地提供灌溉的水源，不過，它們沒有商道價值，其水太淺，即使小船也不能航行。深圳河自深圳鎮到河口一段，潮漲時寬 60 到 80 英尺，深 7 到 12 英尺，木船、汽艇均可通航。河口的沙洲有 6 到 7 英尺厚，據說退潮時只有 3 英尺厚。」

駱克的這份報告書是使用「Sham Chun river」（深圳河）這個名稱最早的文獻。

＊＊＊

駱克認為新界北部劃界不能隨意，要充分考慮到今後殖民統治的便利性。他提出，「《專條》粘附地圖標出的邊界綫是一條從海到海的最短的綫，從地圖上計算是十一英里。從深圳灣沿深圳河至深圳，再從該地沿道路至沙頭角海的實際距離大約是十三英里」，直接畫一條直綫作為邊界綫的做法不合理，一是將「以深圳為中心的河谷一分為二」，二是兩國管轄下各村莊之間的用水權之爭將增加治理的難度。他建議：「兩個國家之間引起摩擦最少的邊界，不是有一條寬深的河流，就是有一個構成不同河谷的分水嶺的山脊。新安縣內沒有一條可構成邊界的寬闊河流，但是有可用於此目的的山脊。」

他的主張和港英政府工務局局長奧姆斯比提交的報告不謀而合。後者也反對按照《專條》粘附地圖「人為的簡單直綫」確定北部陸界，而是應主要按照山脈、河流確定「自然界限」。他同樣認為這個「自然界限」的首選不是深圳河，而是新安縣北部群山，即今深圳市梧桐山—銀湖山—塘朗山一綫。

如果這兩個人的規劃果真付諸實施，今天的羅湖、福田和南山區

大部就被打包塞進了今天的香港新界地區了，深圳河也不再是一條界河，深港兩地的近現代史就要全部推倒重寫了。

英國殖民地事務部大臣張伯倫看了駱克的報告書後拍案叫絕，稱它「極有價值，極有意思」，「給英國制定新界政策作了『最大的幫助』」。

憑著這份報告書，駱克拿到了代表英國進行新界北部邊界談判的大權，成了香港拓界「變奏曲」的終結者。

＊＊＊

1899 年 3 月 11 日，新界北部陸界定界談判在香港島舉行。中方定界委員是廣東省補用道王存善，英方代表就是駱克。

談判一開始，王存善主張信守《專條》粘附地圖的約定，駱克則拋出了蓄謀已久的「自然界限說」，提出以從深圳灣起經深圳北面山腳到梧桐山，再迤東到沙頭角以北一綫為界。談判期間，駱克和王存善一起見了時任港督卜力，卜力也向王存善賣力推銷「自然界限說」。在寫給英國殖民地事務部大臣張伯倫的信中，卜力說：「我試圖向他說明，深圳和沙頭角劃入租界範圍內無論對於中國還是這個政府相互都是有好處的。我還向他指出如果是這樣，這些地方仍會向中國人做最大限度的開放，就像目前這樣。但如果這些地方沒有獲得轉讓權的話，租界區裏習慣了依靠這些地方的中國居民便會與之隔離。」

3 月 14 日，王存善轉達了兩廣總督譚鍾麟的意見，「深圳設有炮台，沙頭角是個大墟市」，不能接受英方的方案。應「以深圳河南邊支流為界」。駱克惱羞成怒，威脅說要終止談判。

壓力之下，王存善提出了一個妥協方案，界綫「從深圳河河口直到該河河源，再到沙頭角，將深圳及沙頭角留在中國領土以內」，並表

示這是中方的讓步極限。駱克不依不饒，表示「應以深圳河北為界，將整條河流劃在英方界內」。他再次咄咄逼人地威脅說，如果中方不答應就將深圳的歸屬事宜「留待北京去討論」。害怕多生枝節、陷自己於兩頭不討好境地的王存善就範了。駱克對這一結果洋洋自得，認為通過這次談判英國「完全控制了那條在《專條》粘附地圖上沒有包括在英國租借地內的河流」，「在新的拓展中能夠取得對那條河的完全掌控，對於我來說是滿意的」。

3月16日至18日，雙方到深圳河河源至沙頭角陸地一綫進行勘界。在沙頭角海岸邊敲下一號界碑時，英國攝影師拍下了這歷史性的一幕：身穿深色馬褂的王存善垂肩低首，若有所思。緊挨著他的駱克西裝革履，右手扶在那塊上書「大清國新安縣界」的木質界碑上目視前方，一副志得意滿的樣子。

19日，王存善和駱克在香港島簽訂了《香港英新租界合同》。此前外人一無所知的「羅溪」「滘水」「清河」，第一次以「深圳河」之名現身於官方文件中，作為一條特殊的界河漸為人知。

\* \* \*

簽訂《香港英新租界合同》時，駱克41歲，王存善50歲，他們有諸多相似之處。兩人都是讀書人：駱克熟讀中國傳統經典，既可以用中文和中國官商兩界暢談社會風俗、風土人情，也可以用英語和「中國怪才」辜鴻銘縱論哲學、文學話題。他非常崇拜孔子，1903年訪問曲阜孔府，成了孔府接待的第一位英國人。至於王存善，在近代史上以藏書豐富著稱，其祖父王兆杏建有藏書樓「知悔齋」，經過他的苦心經營，「知悔齋」藏書達20餘萬卷。他們也都是精明人：駱克

1883 年出任港英政府稅收督辦、1895 年掌管地位僅次於香港總督的輔政司；王存善來談判前就是廣東省候補道台、厘金局總辦。能總管一地稅務工作並躋身高官行列的人，必定是精於算計之人。

但是，所在國家國運的盛衰、國力的強弱、最高當局的優劣，決定了他們的個人命運、在談判桌上的氣場，也注定了他們各自的生前命、身後名。

1902 年，駱克官升一級，出任與香港新界同時租借給英國的威海衛行政長官。1921 年退休回到倫敦潛心研究中國文學。同一年，香港灣仔填海造地。港英政府為表彰駱克在香港拓界上的貢獻，將填海區上修築的一條 1700 米長的濱海馬路命名為「駱克道」，沿用至今。

誰都知道弱國無外交，戰場上得不到的談判桌上更別想得到。對於王存善來說，在朝廷已經屈服的情況下，此次新界勘界談判已是必輸之局，區別只是輸多輸少而已。他明白自己只是這個虛弱不堪的王朝的替罪羊、擋箭牌，但人在官場身不由己，他只能背起這口大鍋。讓他鼓起勇氣去直面強勢的英國人的最大支撐，就是晚清官員被洋人反覆敲打後形成的「弱國思維」心理建設。

\* \* \*

生在晚清，何其不幸。1900 年，王存善遷居上海，具體原因、過程不明，但明眼人可想而知。1916 年離世，時人對其新界簽約一事並無褒貶，只以著名藏書家視之。不想 21 年後的 1937 年，軍閥橫行、內鬥不絕的中國再遭日本全面入侵。王存善的兒子、曾任北洋政府財政總長的王克敏，出任日軍扶持的傀儡政權偽中華民國臨時政府行政委員會委員長，成為與汪精衛齊名的大漢奸。1945 年，王克敏於獄中自殺。

香港孫中山紀念館門前的孫中山銅像。一部革命史，首章是香港。

第四章

革命「首章」

## 塵封的新界人民抗英戰

1899 年 3 月 19 日，王存善和駱克在香港正式簽訂《香港英新租界合同》，新界被強行「租借」已成定局。但清朝地方官員卻根本沒有想過要把這個情況通知鄉民，以致新界民眾間流言四起，人心惶惶。

4 月 3 日，港英政府警察司梅含理帶領 6 名錫克警察進入大埔新墟時，被群情洶洶的大埔鄉民圍困，用作升旗典禮的席棚被焚毀。梅含理於混亂中逃出。

7 日，時任港督卜力公佈了英國接收新界的時間表，強硬表態稱將於 17 日舉行正式升旗儀式。

新界鄉民也毫不示弱，針鋒相對，尤其是世居新界西部元朗、錦田、粉嶺等村的鄧、文、廖、彭、侯五大家族於元朗東平社學成立太平公局，推舉名望卓著的鄧儀石、鄧菁士等 42 名鄉紳為領袖，號召各村鄉勇以武力反抗英國人，保家護鄉。在新界鄉民修壘築寨誓與鄉土共存亡之際，深圳沙頭角、皇崗村、東莞雁田等地的同族宗親聞訊後，也組織了數千鄉勇，趕赴新界地區增援。

新界鄉勇的抗英戰鬥正式打響。

4月14日，聚集在大埔新墟的鄉勇再次燒毀了英國人用於舉行升旗儀式的席棚。

15日，以香港軍團印度籍軍士為主的125名英國士兵被派往大埔。途中他們被村民圍困，在一艘英國海軍炮艇發炮轟擊村民陣地之後，才突出包圍。

16日，英軍增援大埔，與梅含理、伯傑所部一起以大炮猛轟村民們的陣地，掩護步兵衝鋒。新界鄉勇頑強抵抗，終因武器低劣，被迫退卻。卜力見英軍初獲勝利，便決定提前一天進行接管，在大埔匆匆舉行了升旗式。

18日，鄧儀石等率領2600餘名鄉勇與英軍激戰於上涌石頭圍。是役，在給英軍造成一定損失的同時，新界鄉勇血流成河，戰歿者遺骸遍佈山野，直至十數年後依舊可見零落白骨。

19日，英軍再增援兵登陸屯門、荃灣，與大埔一帶的英軍主力會合。重壓之下，新界鄉勇寡不敵眾，持續六天的新界抗英戰告一段落。

4月26日，卜力報告抗英運動已全部平息，英國對新界的軍事佔領得以確立。

檢視整個戰鬥過程，扛著梭鏢、抬槍以及僅有的幾門簡易火炮倉促起事的新界鄉勇，面對英軍嚴密部署的正規軍隊的新式步槍和戰艦重炮，雖經奮勇還擊，但終因武器裝備懸殊太大，只能接受被降維打擊的悲慘命運。與其說這是一場戰爭，不如說是一次英國人單方面的屠殺。據統計，本次戰鬥中，中方三千多人犧牲，英軍僅兩名士兵負傷。

新界人民抗英戰的悲壯，表明那個年代的英國，為了所謂自由貿易的擴張，肆意屠殺平民。

或許英國當局也意識到了這個問題，在一定的範圍內下達了封口令，故意淡化甚至「忘記」了這場大屠殺。之後，人們很難從港英政府的官方檔案或深港兩地民間史誌中找到相關信息。

\* \* \*

1899 年 5 月 5 日，英軍進抵新界鄧氏一族最後固守的據點錦田村吉慶圍。吉慶圍是一座建於明朝成化年間的塢堡式圍村，村落出入口設有一扇鑄造於清康熙年間的連環大鐵門。鄧氏一族緊閉鐵門，憑藉高牆深壕與英軍周旋。久攻不下的英軍最後動用重炮將鐵門炸塌後蜂擁而入，拘捕大量反抗鄉民，並將連環大鐵門搶走運至倫敦當作「戰利品」展覽炫耀。直到 1925 年，在錦田民眾強烈要求下，這扇鐵門才從英國尋獲送還故里，成為香港的一件特殊文物。

14 日，英軍推進至新界鄉民最後的抵抗據點元朗。在彈盡糧絕的危局之下，鄧儀石等被迫率眾撤退。此後英軍在新界各處搜捕反抗領袖，頭領之一的鄧菁士被俘後慘遭絞殺。

鄧儀石在鄉黨的幫助下僥倖逃離元朗。《寶安縣志》（1960 年初稿本）記載了鄧儀石離開新界時寫下的悲壯詩句：「河山割裂實堪悲，為避蠻氣始徙岐。太息衣冠文物地，一朝瓦解屬番夷。極目鄉間何處是，茫茫東海去雲浮。滾滾狼煙何日淨，那堪回首九龍灣。」

\* \* \*

駱克妄圖的界綫是新安縣北部的群山一綫。他在 1898 年 10 月 8 日送呈英國政府的所謂《香港殖民地展拓界址報告書》中明言，深圳

墟是新安縣東部的中心城鎮,影響巨大。「讓一個中國城鎮出現在英國領土邊沿近在咫尺的地方,其不利之處在九龍城問題上已經有所體會,該城多年來一直是個無止無休的麻煩和香港及中國政府間經常發生摩擦的源泉。如果允許深圳留在中國領土內,歷史肯定會重演的。」

強佔新界過程中發生的深圳河兩岸宗族子弟抵抗英軍的戰鬥,讓他愈加體會到了以新安縣北部群山一綫為界,一舉拿下南接香港、東臨惠州、北向東莞和廣州,人口 2000 多,輻射周邊 10 多個市集的深圳墟的好處。

駱克和港督卜力大演雙簧戲,以新界抗英鄉民中「有穿號衣者,疑係官兵助民為鬥」為藉口,指控廣東地方官員和九龍寨城駐軍對香港和新界租地協防不力。一個說,如果沒有新安縣地方的默許支持,新界鄉民反抗的力度就不會那麼大,「為了切實保障新界的和平和良好秩序,絕對需要將深圳村劃入租借界內」。另一個則大言不慚地宣稱,據信有一大批暴徒準備從北面入侵新界,因此決定「採取自衛行動」。

1899 年 5 月 16 日,新界硝煙未散,英軍突擊九龍寨城,另一支 2000 人的部隊兵分三路突破清軍小股部隊的防綫,自東而西強佔了距深圳墟二十里的沙頭角,駐英軍二百名,並佯稱在此修築防守炮台,同時佔領了深圳墟及其附近村莊。在深圳墟內,英軍升起英國國旗,還施放了高規格的 21 響禮炮,自鳴得意地宣示深圳墟一帶已是英國的領地。


## 「九龍寨城」,半部香港史

《香港英新租界合同》墨跡尚未乾透,兩個月後英軍就悍然越界,強佔深圳河北岸的深圳、沙頭角等重要墟鎮和九龍寨城。這種食言而

肥、得寸進尺的霸道行徑，就連做慣了軟殼蟹的清政府也實在忍不下去了：按照英國人這樣的強盜邏輯，是不是不久之後就要以東莞為界了？然後是廣州……

總理各國事務衙門立即指示中國駐英公使羅豐祿向英國政府提出強烈抗議，要求其從深圳和九龍寨城撤軍。5 月 21 日，總理衙門大臣李鴻章照會港督卜力說：「中國對此事表現了極大的容忍。英國進軍九龍城，驅逐中國軍政官員，強令中國官兵撤出深圳，懸掛英國旗，如此種種行為出乎意表。」

英國對交還深圳墟等深圳河北岸地區提出了三個無賴要求：一是要求清政府公開宣佈將時任兩廣總督譚鍾麟撤職；二是賠償英國鎮壓新界人民反抗的全部費用 15 萬元；三是在中國同意賠償前，英國應繼續佔領深圳。

6 月下旬，李鴻章與英方代表艾倫賽在北京就深圳墟撤軍問題進行談判，對英方提出的三個所謂「條件」表示非常憤慨，堅決拒絕，談判陷入僵局。

與此同時，深圳人民也一直在堅持抗爭，手持原始武器的鄉勇雖然不能和英軍正面對抗，但沒日沒夜的襲擾、游擊、伏擊，也讓英軍泥足深陷，苦不堪言。

深圳河北岸的下沙村就是其中典型。下沙村村民均為黃姓，南宋時期由黃氏一世祖黃默堂輾轉至此開基立村。其墓在今深圳市蓮花山西北坡，建於南宋淳祐八年，今存九世祖「黃思銘公世祠」始建於明代。黃氏是貨真價實的「老深圳」，保家衛鄉之心赤誠。

下沙村鄉勇的首領叫黃耀庭，原名黃恭喜，綽號「盲公喜」。他少小習武，性格豪爽，仗義疏財，是廣州、惠州一帶有影響力的洪門首領之一。後於 1900 年加入興中會，同年擔任在中國革命史上留下燦爛

一筆的三洲田起義軍的先鋒官。

1899 年春天英軍強佔深圳墟時，適逢黃耀庭自南洋返鄉。他立即召集附近鄉鎮洪門兄弟及當地鄉民商議，伺機打擊英軍。通過一段時間的偵察，他們發現英軍時不時會三五成群地開著汽艇來深圳河河口的紅樹林一帶打水鳥，決定利用地形之利打一個伏擊。

黃耀庭跟弟兄們用竹子做了一批拋石機運到紅樹林裏隱蔽。拋石機藉助竹片的彈力，可將石頭拋擲數十米遠。一天黃昏時分，黃耀庭得知英軍十來艘小汽艇正向紅樹林駛來，立即帶人到紅樹林埋伏。英軍接近紅樹林邊時，黃耀庭下令所有拋石機一起拉動，漫天飛石砸向英軍。英軍猝不及防，傷亡數人，剩下的狼狽逃竄，從此再也不敢踏足紅樹林周邊區域。

新安縣下轄的雁田（今屬東莞鳳崗）鄧氏與新界錦田鄧氏血脈情深，此前就踴躍組織鄉勇赴新界助陣抗英。這一次深圳墟有難，他們再次挺身而出，1000 多名村民簽名宣誓保衛家鄉，10 天之內就組成了一支 3000 多人的民兵隊伍。武進士鄧輔良組織義軍，購置武器，並在雁田村南面望恢嶺上構築工事、修造炮台，阻止英軍北侵，並組織敢死隊成功夜襲英軍在深圳布吉坳的軍營。

雁田鄉民的忠肝義膽震動朝野，被清政府授予「義鄉」稱號。

\* \* \*

佔領深圳墟後的第十天，港督卜力明顯感受到了深圳河北岸民間武裝反抗的壓力。和第一次鴉片戰爭時的義律一樣，會算帳的他開始評估佔領深圳墟的安全管理成本。他在給英國政府的報告中寫道：「從深圳河到東莞一帶是中國最動亂的地方，它是『三合會』總部所在地，

統治這樣一個地區（甚至只及深圳山頭），需要加派軍隊，大量增加警察，⋯⋯要增加很大花費。我認為，現在以河為界最好。」

外交僵局和民間反抗的雙重壓力，以及對向深圳河北岸無限度擴張可能引發列強連鎖反應的擔憂，讓好戰分子們漸漸冷靜了下來。卜力和英國殖民地事務部大臣把球踢給了首相索爾茲伯里，敦促後者在深圳問題上迅速做是走是留的決定。

11月2日，卜力下達了撤軍命令，「女王陛下政府已決定自深圳撤回到先前劃定的界限以內，望著即照辦。應明告兩廣總督，望其保護佔領期間為維持法律與秩序、確保生命財產安全而對英軍表示友好的界外居民。在此等方面若不與本殖民地政府合作，則可能招致再度佔領」。為了掩飾佔領深圳戰略的失敗，英國人臨走時還裝模作樣地挑唆和恫嚇了一番。

11月13日，英軍南渡深圳河撤回新界。

\* \* \*

在深圳本土鄉民的英勇抗爭下，英軍佔領深圳墟等深圳河北岸地區的圖謀破滅，最終鎩羽而歸。但被隔離在邊界綫之外的九龍寨城就沒有這麼好運了。

1898年6月，英國迫使清政府簽訂《展拓香港界址專條》，強租新界，其中對九龍寨城問題作了專門規定：「所有現在九龍城內駐紮之中國官員，仍可在城內各司其事，惟不得與保衛香港之武備有所妨礙。⋯⋯又議定，仍留附近九龍城原舊碼頭一區，以便中國兵、商各船、渡艇任便往來停泊，且便城內官民任便行走。」明確規定九龍寨城仍置於中國政府管轄之下。

1899 年 4 月 16 日，英國正式接管新界後，九龍寨城被港英政府控制區團團包圍，成了清政府在香港地區的「城中之城、界中之界」。駱克在《香港殖民地展拓界址報告書》中記載，當時的九龍寨城城內面積 6.5 英畝，總人口 744 名，其中駐軍 544 人、平民 200 人。此時的九龍寨城已經失去了軍事作用，其「城牆有六個哨樓，現用作家庭住宅」。

但這塊僅僅具備象徵意義、已經失去軍事作用的土地，貪婪的英國人也不想給中國人留下。

5 月 14 日，英國正式下令佔領九龍寨城。16 日，英軍強行進駐寨城，驅逐了城內的中國軍政人員。12 月 27 日，英國政府當清政府的「強烈抗議」如耳邊風，發佈《樞密院關於九龍城寨之訓令》，藉口「中國官員在九龍城內各司其事，已被發現與保衛香港之武備有所妨礙」，並再次派遣軍警開進寨城，剩下為數不多的清朝軍民四散逃走，九龍寨城淪為一座空城。當時，清政府發出嚴正聲明，九龍城寨是中國的領土，管轄權仍屬中國。其後，英方為表示不平等條約「有效」，沒有派兵在此駐紮。

英國人之前數次都成功地用「既定事實」威逼清政府就範，但對於這塊「飛地」，一貫軟弱的清政府卻始終沒有鬆口，一再發出「嚴正聲明」，堅稱「九龍寨城是中國領土，管轄權仍屬中國」。

1900 年，李鴻章同卜力交涉九龍寨城問題。李鴻章義正詞嚴地告知卜力：「清朝永久堅持對九龍寨城的主權與治權，要求英國遵守所簽條約，歸還九龍寨城。」最後的交涉結果是，卜力命令英軍撤出寨城，此後英軍再未入侵寨城。

1912 年中華民國成立。民國政府堅持對九龍寨城的主權、治權。民國時期戰亂頻繁，許多內地民眾逃至九龍寨城避難，在這裏形成了

一個特殊的「內地人社區」。1941 年日軍侵佔香港，將九龍寨城的城牆全部拆除。解放戰爭時，又有眾多內地民眾逃亡至寨城，在原址上建起簡易樓房。1949 年後，中華人民共和國政府繼續重申對九龍寨城的主權與治權，使得港英政府數次放棄了拆除九龍寨城的打算。

在這樣的特殊歷史背景下，九龍寨城成了中方雖有主權卻萬難落實治權，法理上無權進入的港英政府警察想管治卻囿於外交關係畏首畏尾，遠在天邊的英國政府不聞不問不表態的「三不管」地區。

伴隨著深圳河兩岸此起彼伏的社會風潮和香港經濟在 20 世紀中葉之後的騰飛，這塊約 2.67 萬平方米的彈丸之地野蠻生長、自成生態，成了世所罕見的貧民窟。最高峰時，這裏蝸居著 5 萬多人。

外面的人稱之為「黑暗的城市」，在裏面生活的人們則令人驚訝地漸漸形成了自我適應的地下秩序和鄰里相處之道。空間擁擠不堪但社會容量無邊無際的寨城內，難民、逃兵、黑社會分子、底層謀生者各安其命，黃賭毒產業操盤手與香港皇家警察暗通款曲。特別是內地逃港醫生，因為港英政府不承認其行醫資格，只能在此無牌行醫。無牌診所因此成行成市，成了寨城一大特色，其中的無牌牙醫，更是憑藉其質高價低的優勢，獲得了香港低收入群體的集體「追捧」。

光怪陸離的九龍寨城，是一些人的煉獄，也是另外一些人的天堂。

\* \* \*

1984 年《中英聯合聲明》簽訂，明確中國政府將於 1997 年 7 月 1 日對香港地區恢復行使主權，歷史疊加現實之下，糾結經年的九龍寨城改造問題迎刃而解。中英雙方很快達成一致，決定將這座「問題之城」及時清拆，並在盡量保留寨城原有建築物及特色的基礎上，興建

一座「九龍城寨公園」，讓全體港人共享。

拆遷之前，一群日本探索者細緻地繪製了寨城建築細節。香港影視巨星成龍在寨城內拍攝了電影《重案組》，也間接記錄了這段特殊區域的別樣歷史。清拆時，經附近老居民指引，挖出了當年日軍拆除城牆擴建啟德機場時，香港民眾偷埋起來的兩塊位於寨城南門的花崗石石額，其上分別刻有「南門」「九龍寨城」字樣，證明之前香港人口口相傳的「九龍城寨」是「九龍寨城」的誤讀。正式開園時，公園名字就改成了「九龍寨城公園」，成為今天香港著名旅遊景點之一。

九龍寨城被拆除後，一再被香港電影工作者在片場裏重新搭建、佈景，作為向世人講述香港經歷的特殊歷史風雲的絕佳舞台。

九龍寨城是香港的一個特殊存在：它是舊中國國力極度衰弱的一個縮影，它見證了英國對香港地區步步蠶食的入侵過程，它親歷了香港在 20 世紀中葉後夢幻般的騰飛之路，它目送著香港這個百年遊子終於重回祖國母親的懷抱。


## 甲午慘敗，洋務夭折

19 世紀 60 年代，中國和日本這兩個對外閉關鎖國、對內一盤散沙的難兄難弟，在西方列強黑森森的艦炮炮口深淵般的凝視下，不約而同地展開了一場自上而下的自救、自強運動。

1861 年 1 月 11 日，恭親王奕訢會同桂良、文祥上奏《通籌夷務全域酌擬章程六條》，揭開了清朝洋務運動的序幕。

洋務運動的目標是「富國強兵」，「國」富了多少誰也說不清楚，但「兵」在紙面上的強，肉眼可見，尤其是以傾朝之力打造出來的北洋水師，於 1888 年被《美國海軍年鑒》評為「亞洲第一、世界第九」。

1868 年 1 月 3 日，日本明治天皇睦仁頒佈《王政復古》詔書，標誌著日本明治維新運動的開始。

毫無疑問，明治維新的目標也是奔著「富國強兵」這條路去的。但在方法論上，兩項運動有著根本的區別。洋務運動的「師夷制夷」「中體西用」始終停留在器物改良、技術提升的層面上，完全不觸及制度、文化的革新。明治維新則是一場涉及政治、經濟、軍事、司法、教育、社會生活諸領域，具有資本主義性質的全方位改革：政治上進行近代化政治重構，建立君主立憲政體；經濟上推行「殖產興業」，學習歐美技術，融入工業化浪潮；軍事上建立新式軍隊，陸軍參考德國，海軍對照英國，年滿 20 歲的男子必須服兵役 3 年、預備役 2 年，後改為服兵役 3 年、預備役 9 年；司法上效仿西方各國體制，相繼訂立了法式刑法、法德混合式民事法和美式商法；教育上大力開辦新式學堂，實行全民義務教育，提升民眾綜合素質；社會生活上提倡「文明開化」「歐洲化」。

明治維新，讓日本悄悄推開了近代化的大門。

\* \* \*

經過洋務運動和明治維新的塗抹，19 世紀末的東亞地區上空，戰爭彤雲密佈。一個是固守國本、社會經濟上卻迴光返照的老帝國，一個是全面西化、實力噴薄欲出的新興國家。稍具戰略判斷力的人都明白，在如此糾結的地緣環境和時代背景下，中日之間必有一戰。

事實上，日本早就磨刀霍霍了。1867 年，明治天皇睦仁登基伊始，即在《天皇御筆信》中宣稱「開拓萬里波濤，宣佈國威於四方」，矛頭所指，不言而喻。而被西方堅船利炮嚇破了苦膽的清廷，還天真

地以為立志於「脫亞入歐」的日本依然是苦命的鄰居，是可以抱團取暖的夥伴，於 1871 年與之簽訂了兩國之間的第一個條約《中日修好條規》，約定「嗣後大清國、大日本國倍敦和誼，與天壤無窮。即兩國所屬邦土亦各以禮相待，不可稍有侵越，俾獲永久安全」，巴巴地想著與日本的友誼天長地久。

日本對中國侵略蓄謀已久。在明治維新時期，日本就已經制定了以侵略中國為中心的「大陸政策」。1885 年，日本提出了目標清晰的十年擴軍計劃。1887 年，日本參謀本部制定了所謂的《清國征討方略》。日本急於對外擴張，其狼子野心，昭然若揭。

1888 年，日本交叉進行的兩次工業革命進入高潮，意味著日本試圖突破島國資源、市場瓶頸，大規模對外擴張的內在張力已達到臨界點。

1890 年後，日本以前所未有的動作大搞軍備競賽：國家財政收入的 60% 用來發展海軍、陸軍；1893 年起，明治天皇每年從自己的宮廷經費中撥出 30 萬元，再由政府官員薪金十抽其一，補充造艦經費。舉國上下，砸鍋賣鐵，勒緊褲腰帶，近乎瘋狂地支持造艦，為一場蓄謀已久的中日戰爭做最後的準備。

\* \* \*

而清廷北洋水師 1888 年成軍，總噸位 27000 噸，各類戰艦 25 艘，2000 噸位以上戰艦 7 艘。1890 年時，日本海軍總噸位僅 17000 噸，2000 噸位以上戰艦 5 艘。但僅僅兩年後的 1892 年，日本提前完成了 1885 年制定的十年擴軍計劃。到中日甲午戰爭前夕，日本已建立起了一支擁有 63000 名常備兵和 23 萬預備兵的陸軍，包括 6 個野戰師

團和 1 個近衛師團。日本海軍擁有戰艦 32 艘、魚雷艇 24 艘，總排水量高達 72000 噸。

日本人磨刀霍霍，清朝上下卻視香港被英國人割佔的事實於不顧，仍然一廂情願地做著外人「並不利（圖）我土地人民」的春秋大夢。

兩國最高統治者的表現說明了一切：甲午戰爭之前的幾年時間裏，日本明治天皇每年從自己的私庫裏掏錢補貼軍費；慈禧則瘋狂挪用海軍軍費，又為自己的六十大壽挪用從外國借得的戰資，以籌備慶典、整修頤和園。

結果是北洋水師「一出道即高峰」，自 1888 年正式成軍後，就再沒有增添任何艦隻，任由艦艇漸漸老化。與日本新造的戰艦相比，北洋水師的戰艦火力弱、射速慢、航速低。1891 年以後，北洋水師甚至連槍炮彈藥都停止購買了。此消彼長之下，戰前一度號稱「亞洲第一、世界第九」的北洋水師早已被日本海軍全面超越。

＊ ＊ ＊

中日甲午戰爭自 1894 年 7 月 25 日豐島海戰始，終於 1895 年 4 月 17 日《馬關條約》簽訂，中間迭經平壤之戰、黃海海戰、鴨綠江江防之戰、金旅之戰、威海衛之戰、遼東之戰。無論海戰陸戰，清軍都是大敗而歸。

甲午慘敗的原因不一而足。清統治集團為一己之私慾挪用海軍軍費的「竊國」行為，導致清軍特別是最核心的北洋水師軍備不足、戰力低下，是可以用客觀數據準確描述的不爭事實。

據統計，在這場戰爭最關鍵的黃海海戰中，清軍參戰軍艦 10 艘，日軍參戰軍艦 12 艘，北洋水師總排水量 31366 噸、總兵力 2054 人、

火炮 180 門、魚雷發射管 26 架。日本聯合艦隊的相應數據分別是 40849 噸、3630 人、272 門、36 架。從紙面數據上看，雙方實力上有差距，但並不懸殊。不過，比對另外兩項核心數據後，就會發現這一場大海戰的結果早已注定：一個是平均航速，北洋水師是 15.5 節，日本聯合艦隊是 16.5 節，其中的第一游擊隊更是達到驚人的 19.4 節；另一個是艦炮射速，日艦新裝備的速射炮是北洋水師老艦後裝炮的 6 倍。戰艦在無遮無擋的海面上肉搏，誰跑得快、打得猛，誰就是當然的強者。

北洋水師成軍後就馬放南山、止步不前的苦果，被無數置身於沸騰海水的大清水師官兵痛苦咽嚥下，也包括主帥丁汝昌。戰鬥開始不久，北洋水師旗艦定遠艦由於下水 12 年、7 年未修，主炮炮塔被炸毀，丁汝昌負傷，信旗被毀，他拒絕隨從將自己抬進內艙，堅持坐在甲板上督戰。

此情此景，壯則壯哉，悲亦悲矣。

* * *

1895 年 3 月，「頭等全權大臣」李鴻章被日本首相伊藤博文點名到日本馬關（今下關）「談和」。

4 月 10 日，在經過幾輪談判後，伊藤博文拋出日方的最後修正案，條件依然苛刻無比，他冷著臉對李鴻章下了最後通牒：「中堂見我此次節略，但有允、不允兩句話而已。」

李鴻章問：「難道不准分辯？」

伊藤博文答：「只管辯論，但不能減少。」

李鴻章苦苦哀求，均被伊藤博文一一拒絕。

14 日，一心只想著穩住皇權的清廷電令李鴻章遵旨定約。

17 日，垂垂老矣、之前又被日本浪人刺殺負傷的李鴻章，顫抖著手簽下了那份讓他身敗名裂的《馬關條約》。

一紙《馬關條約》，徹底改變了亞洲地區的戰略格局。清王朝承認原來的藩屬國朝鮮獨立，放棄在朝鮮半島的所有權益，同時向日本割讓台灣全島及所有附屬各島嶼、澎湖列島，國際地位從此一落千丈，淪為新老列強隨意鯨吞蠶食的對象。

日本則不僅成功實現了領土擴張，還從中國搶到了兩億三千萬兩白銀的戰爭賠款和價值一億日元的戰利品，一夜之間成為暴發戶，迅速崛起為亞洲第一強國，躋身世界列強行列，成為中國人此後半個世紀的噩夢。

在這場事關中日兩國國運之戰上的完敗，宣告了一度轟轟烈烈的洋務運動的徹底破產。

對於全身插滿管子的清王朝而言，僅憑器物層面小打小鬧的改良而沒有制度層面的改革猛藥，它是絕難走下歷史的病榻的。

## 「百日維新」，虎頭蛇尾

在甲午慘敗的陰影籠罩下，在洶湧的士心民意推動下，在維新派的倉促張羅下，1898 年 6 月 11 日光緒皇帝頒佈「明定國是」詔書，宣佈「變法」。

這次變法史稱「百日維新」，因為它僅僅維持了 103 天，便被以慈禧太后為首的清王朝頑固派扼殺在了搖籃裏。

事實上，這場由康有為、梁啟超等人通過光緒皇帝推動的變法，已經最大限度地照顧到了清王朝的權力和利益，但在清廷頑固統治集

團眼裏，米粒大的權力轉移、損失都是剜骨之痛。他們視為重中之重的第一要務，永遠是如何保住手裏的統治權，而不是這個國家如何富強，社會如何進步，人民如何幸福。在政權與國家、社會、人民的命運之間，他們選擇的永遠是前者。他們寧願割地賠款，也不許社會變革，危及其統治地位，正所謂「寧贈友邦，不予家奴」。

清貴族階層根本就沒有變法的誠意，更沒有追求先進文明的覺悟和能力，結果他們硬是把一次變法圖強的社會實驗，演變成了一場刀光劍影的宮廷政變。

本為維護皇權、改良社會而來，竟是與虎謀皮、反被專制皇權橫架屠刀。「戊戌六君子」之一的譚嗣同，在獄中寫給梁啟超的絕筆書裏悲憤莫名，「各國變法，無不從流血而成。今中國未聞有因變法而流血者，此國之所以不昌也。有之，請自嗣同始」。

在中國兩千多年的君主專制統治歷史裏，難得一見的一場和平改良運動以流血告終，這是一代時代精英的悲劇，也是一個民族的悲劇。慈禧太后控制下的清王朝頑固派殘忍地毀掉了一次提升中華文明，使之浮出水面喘息、自救的機會。如果說中日甲午戰爭的失敗，是外來侵略者把這個腐朽不堪的王朝推向墳墓，「百日維新」的夭折，則是唯利是圖的統治集團親手在自己的棺木上敲下了最後一根鐵釘。1900 年 6 月 21 日向 11 個列強同時宣戰的宣戰書，就是瀕死前的癲狂囈語了。

菜市口變法者的鮮血沒有警醒清朝統治者一絲一毫，反而刺激他們更深地陷入了一種極端昏聵、仇外、殘暴，全面向後轉的狀態。他們毀掉了中國的進步力量和可能的盟友，卻天真地認為民氣可用。

「向十一國宣戰」鬧劇後僅僅二十幾天，英、美、法、德、意、日、俄、奧組成的八國聯軍就佔領了天津，隨即攻陷北京，慈禧太后

等皇室成員狼狽西逃，史稱「庚子事變」。

晚清著名外交家郭嵩燾曾用 12 字歸納晚清外交：一味蠢，一味蠻，一味詐，一味怕。因為愚蠢而行蠻，行蠻不成則使詐，使詐失敗則跪地求和。

「庚子事變」的結果不光是天量的「庚子賠款」，全國人民無端地再度背上重債，還有後續一系列主權的喪失，以及俄國乘機強佔東北。

在最高統治者眼裏，只要專制皇權不丟，最後付出代價的就是輕如螻蟻的萬千子民。

這種極端不負責任的專制皇權思想，也害苦了當時唯一願意、也能夠為清王朝出力的高官群體。在瘋狂的 1900 年，他們裏外不是人：狂妄無邊的「十一國宣戰」前，敢拂太后逆鱗的主和派紛紛伏誅；「庚子事變」後，為失敗背鍋的主戰派人頭滾滾。

新的世紀，新的世界，曾經引領世界的中華文明迎來的卻是愈加濃郁的無邊黑暗。

老舊不堪的中國大地上，到底還有沒有路可走？

有的。就在北京城裏改良主義的星火被無情踩滅後，遠在京城千里之外、清朝的棄地香港，隱隱露出了新道路的曙光。

19 世紀晚期，港島、南九龍半島逐漸發展成一個中西交匯的商貿重鎮，漸漸顯露出了現代城市的雛形。香港人口不斷增長，社會日趨多元，各種思潮匯聚於此，在商業、文化上都呈現出一片欣欣向榮的景象。

清朝的「棄子」、不久前還是新安縣下屬的偏遠海島香港島，在命運無常的操弄下，不經意間成了國內仁人志士觀察、思考、比較東西方文明的窗口。

# 從「醫人」到「醫國」

1879年夏，13歲的孫中山跟隨母親楊氏，自家鄉香山縣（今中山市）翠亨村轉道澳門，搭乘大哥孫眉為他們事先僱好的英國鐵汽船「格蘭號」前往檀香山。

輪船入海，劈波斬浪。第一次搭乘跨海巨輪的少年孫中山「始見輪舟之奇，滄海之闊，遂有慕西學之心，窮天地之想」。少年意氣，那時他還不知道，此後四年的異域生活將在他的人生裏埋下怎樣的種子。

巨輪在茫茫太平洋上航行了25天後，孫中山與母親抵達檀香山。9月，進入檀香山英國基督教聖公會所辦的意奧蘭尼學校讀書。1882年7月，以英語文法考試第二名的成績畢業。當年年底，考入夏威夷最高學府奧阿厚學院。孫中山一度打算在這裏畢業後去美國深造，終因兄弟失和，提前退學回國了。

1883年7月，在海外學習生活了4年的孫中山自夏威夷抵達香港，然後改乘一條中國沙船（一種遇沙不易擱淺的大型平底帆船）回香山縣。

1883年11月，孫中山從香山縣進入香港基督教聖公會所辦的拔萃書院（今拔萃男書院）求學。翌年，轉至香港中央書院（今皇仁書院）。1887年，香港西醫書院（今香港大學醫學院）成立，孫中山成為首屆學生之一，並於1892年以第一名的成績畢業。

在香港西醫書院求學期間，孫中山的革命思想悄然萌芽。他與陳少白、尤列、楊鶴齡等人志同道合，經常相聚一起，抨擊清廷，互訴抱負，自嘲為「四大寇」。

1892年9月，孫中山應澳門鏡湖醫院邀請掛牌行醫，成為這家中醫院的第一位西醫師。孫中山具大醫仁心，遇有赤貧者就醫時，便解

囊相助，行醫不滿三個月便聲名鵲起。不久後，他向鏡湖醫院借錢，自己辦了一家中西藥局，單獨行醫。

不想挫折從天而降。澳葡當局以「凡行醫於葡境內者，必須持有葡國文憑」為由，先是禁止孫中山給葡萄牙人看病，繼而又飭令藥房不得為之配藥，使其行醫事業「猝遭頓挫，雖極力運動，終歸無效」。

無奈之下，他只好轉道廣州、香山等地「遊醫」。世紀之末，國事日益糜爛，孫中山在一年多的遊醫生涯中，歷經坎坷，也對民間疾苦有了更深刻的體察，發出了「醫術救人，所濟有限」的感慨。

\* \* \*

1894 年 1 月，時年 28 歲、血氣方剛的孫中山策劃了一次從「醫人」到「醫國」轉型的實際行動。他一連十天足不出戶，草就了將近八千言的《上李傅相書》（《上李鴻章書》），主張學習歐洲各國的「富強之本」，做到「人能盡其才、地能盡其利、物能盡其用、貨能暢其流」，此為「富強之大經，治國之大本」。

第一個看到這篇《上李傅相書》的是孫中山的摯友和同志陳少白。他在《興中會革命史要》裏回憶說：「他（孫中山）對於藥房也不管理了，就到上海去要把這封信上給李鴻章。我沒有辦法，就讓他去，同時我就替他把兩間藥房收拾起來，交回那些出過股本的人。」為了「醫國」，孫中山把個人的身家豁出去了。

6 月，《上李傅相書》輾轉交到了李鴻章手中。可惜當時中日甲午戰爭陰雲密佈，行將就木的清朝軍政大事全賴李鴻章獨木支撐，根本無暇接見孫中山，只留下一句話：「等仗打完了以後再見吧。」

孫中山大失所望，立即決定轉型。接下來的轉型之路迅疾如風：

10 月初，孫中山抵達檀香山。

11 月 24 日，在檀香山美商卑涉銀行的華人經理何寬的家裏召開了興中會成立大會。何寬、劉祥、李昌等二十餘人出席，孫中山為會議主席。所有興中會會員都閱讀了《檀香山興中會章程》，並高舉右手、向天明誓：「聯盟人某省某縣人某某，驅除韃虜，恢復中國，創立合眾政府。倘有貳心，神明鑒察。」

1895 年 1 月，孫中山返港，準備策劃武裝起義。鄭士良、陸皓東、陳少白、楊鶴齡、區鳳墀等舊日師友，具有強烈反清思想、在香港具有相當影響力的輔仁文社領導人楊衢雲、謝纘泰等人雲集響應。

2 月 21 日，香港興中會成立。幹部會議上決定策劃廣州起義，實施武裝暴動。

……

短短幾個月時間裏，孫中山完成了從改良主義者到革命黨人的蛻變，而且終其一生，矢志不渝。

孫中山的性格、經歷、眼界、際遇決定了他就是那個與歷史和現實對上暗號的完美「醫國」者。

走不通改良主義這條死胡同，矢志振興中華的孫中山最終只能走上革命這條救國的羊腸小道，捨此之外，別無他途。


## 從變法者到保皇黨

康有為自 1879 年到訪香港後，頓興西學之好、改良之念。1882年、1888 年、1895 年他三次赴京。很少有人知道，1888 年他第二次赴京時，就首次上書光緒皇帝，請求變法。但這次上書沒有被採納，反牽連了許多人士。

讓康有為暴得大名的是 1895 年 4 月的第二次上書，史稱「公車上書」。1895 年春，乙未科進士在北京會試後等待放榜時，甲午戰爭中國完敗、《馬關條約》簽訂的消息突然傳來，在京應試的舉人群情激憤，台籍舉人更是痛哭流涕。4 月 22 日，康有為、梁啟超寫成一萬八千字的《上今上皇帝書》，提出「拒和、遷都、練兵、變法」等主張，十八行省舉人響應，1300 多人連署。

「公車上書」雖然失敗，但這個事件被普遍認為拉開了維新變法運動的序幕，感覺危機迫近的光緒皇帝產生了變法的念頭，屢試不第的老舉人康有為也因此魚躍龍門，以維新派領袖的身份登上了近代中國歷史舞台。

之後的歷史短促而清晰：在頑固派的打擊下，「百日維新」夭折，光緒皇帝被軟禁，六君子被砍頭，幸免於難的康有為、梁啟超等維新派主將被清廷通緝、追殺。

倉皇出逃的康有為得到了英國人的全力救援和禮遇。

1898 年 9 月 20 日，康有為潛至天津塘沽，翌日乘坐英國太古洋行商船「重慶號」前往上海。24 日，「重慶號」抵達上海吳淞口，上海道台蔡鈞要求英國駐上海領事協助緝拿康有為。但英方沒有拘捕康有為，他們協助康有為登上英方軍艦「埃斯克號」。9 月 27 日，康有為搭乘的「巴拉勒特號」輪船在英國軍艦護航下起錨前往香港。

9 月 29 日，康有為抵達香港。英國人安排其在中環警署暫住，之後何東把康有為接回家中。

10 月 19 日，康有為乘坐日本輪船「河內丸號」前往日本，次年旅居加拿大，組織「保皇會」，以保皇黨領袖的身份過起了優哉遊哉的流亡生涯。

1899 年 9 月，康有為得悉留居香港的母親患病，遂由加拿大取道

日本回港省親。這是康有為第三次訪港，抵港後住在荷李活道。

1900 年 1 月，康有為離港前往新加坡，後又旅居多地，但他警惕的目光一直盯著香港。一則，他的家人仍在香港居留；二則，香港是他保皇事業的前進基地，也是被他視為「叛國分子」的革命黨領袖孫中山「驅除韃虜、恢復中華、創立合眾政府」的活動大本營。20 世紀頭十年，清政府死而不僵。有心救國的港澳、海外華人則在保皇和革命之間徘徊，香港是保皇黨和革命黨寸土必爭之地，雙方勢同水火。1900 年 8 月 11 日和 11 月 1 日，康有為分別寫信給身處香港的女兒康同薇和港英政府輔政司駱克，希望二人遊說港督卜力採取強有力措施遏制革命黨人在香港的活動。

被清廷通緝的康有為成為港英政府的座上賓，同樣被清廷所不容的孫中山卻被港英政府無情地下了逐客令。

* * *

1895 年 2 月，孫中山在香港策劃武裝起義。後因消息走漏，起義流產，陸皓東被害。孫中山無奈東渡日本，同年 11 月剪辮易服隻身遠赴檀香山。

清廷一方面派人試圖越洋追殺孫中山，另一方面頻頻向港英政府施壓，要求後者制裁孫中山。

一向對清廷不理不睬的港英政府這一次卻相當配合，於 1896 年 3 月 4 日正式下達驅逐令，5 年內禁止孫中山在港居留。此後，港英政府又在 1902 年、1907 年和 1913 年分別對孫中山發出驅逐令。

港英政府對孫中山的驅逐令可不是對清廷的應付之舉。據英國官方檔案記載，1897 年 9 月，孫中山為了試探重返香港的可能性，曾致

信港英政府輔政司駱克：「據若干可靠消息，由於我試圖把我那悲慘的同胞從韃靼的桎梏下解救出來，香港政府已剝奪了我的居留權利。請你告訴我，此事是否屬實？果真如此，我將訴諸英國公眾和文明世界。」10月4日，駱克回覆說：「本政府不願容許任何人在英屬香港地方組設策動機關，以為反叛或謀危害於素具友誼之鄰國。」「凡若所為，有礙鄰國邦交，自非本政府所能容許者。如先生貿然而來，足履斯土，則必遵照一八九六年所頒放逐先生出境命令辦理，而加先生以逮捕也。」

駱克這套說辭虛偽透頂，不值一駁。既然「有礙鄰國邦交，自非本政府所能容許者」，那英國人和港英政府對救助、保護、優待康有為這個清廷通緝要犯如此上心入腦，又該作何解釋呢？

唯一的解釋是：在滿口自由民主人權的英國人眼裏，只有利益二字。

從利益出發，某種意義上說康有為是英國的半個「自己人」——康有為一直鼓吹中國與英、美、日三國合作以制衡俄國，英國當局私底下視之為可以利用的親英人士。

從現實考量，康有為作為保皇黨領袖代表的是清廷統治集團政治力量的一極。彼時光緒皇帝雖被軟禁，但仍坐在君王之位，其代表的維新派勢力也還在，保不齊哪一天保皇派就鹹魚翻身了。到那個時候，以「帝師」自居的康有為就是英國手中的一張中國「王牌」了。

再不濟，維新派政治集團以後始終不鹹不淡，無所作為，但有保皇黨在海外串聯、援助，清朝統治集團內部就始終處處裂縫、纍纍傷口。一盤散沙的中國、鈎心鬥角的清廷，正是當時世界霸主的樂見之局。

與之相反，志在恢復、振興中華的革命黨就完全不對他們的口味

了。革命黨人在香港建立秘密機關、傳播革命思想、宣傳民族主義、發展會黨、團結工友、策動廣東沿海武裝起義，如此種種，顯然不利於港英政府的治理，有損於英資財團的利益。

另外，英國人翻翻自己兩百年來的歷史就明白了，資產階級民主革命成功之後的中國，必定是一隻從睡夢中猛醒的難以駕馭的東方雄獅。精於算計的英國人怎麼可能去善待一個潛在的強勁對手呢？

這就是 19 世紀末 20 世紀初孫中山面臨的絕境：他的革命主張，國內民眾無從聆聽；他的支持者隱沒海外，但他的反對者鋪天蓋地、勢力強大，清廷、保皇派乃至港英政府都欲除之而後快；因為港英政府的驅逐，他只能長年在歐、美、日間的茫茫大海間日夜跋涉、宣講、籌款、購置武器；他為數不多的信眾、同志，只能在港英政府的壓制下長久地隱匿於香港的街巷裏等待民主革命先驅的召喚，然後一遍又一遍義無反顧地衝向濃霧彌漫的海岸綫。

孫中山先生之所以被中華民族奉為偉人，不只是他引導革命黨人最終成就了共和大業，更在於他在漫長的革命生涯裏表現出來的絕境中不絕望、勇於鬥爭、善於鬥爭的革命精神。

這正是中華文明屢次被風雨摧殘後依然繁花綻放的根繫所在。


## 一部革命史，首章是香港


發動武裝起義，人員、經費、武器三樣缺一不可。奉行自由港政策的香港是當時中國最理想的革命根據地：槍支彈藥等軍火物資運送相對容易。革命黨人出入境比較方便。香港擁有當時最先進的國際通信網絡和金融網絡，既便於聯絡海內外革命志士，也利於起義經費的籌措和匯兌。

從 1895 年到 1911 年，孫中山直接策動了 10 次武裝起義，其中的 6 次起義都是以香港為基地發動的。

即便孫中山在被港英政府驅逐、只能遙控指揮的情況下，依然能在香港成功策動 6 次武裝起義，屢敗屢戰、不死不休，與香港愛國知識青年、產業工人的英勇無畏和海外華人的傾囊相助息息相關。

李煜堂父子是香港商人襄助革命的傑出代表。他們不僅出錢、出力，而且本身就是堅定的革命者。

1850 年，李煜堂出生於有海外經商傳統的廣東台山，18 歲時即隨父兄遠赴美洲創業，後回到香港創辦金利源、永利源兩家藥行。1902 年後，李煜堂先後創辦康年、聯泰、羊城、聯保等多家保險公司，分店遍佈國內各口岸及南洋諸島，人稱「保險大王」，成為香港商界巨擘。1894 年到 1906 年，香港中區填海後新建的利源東街、西街，即取自他的金利源、永利源之名。

1906 年，孫中山在香港創辦的革命喉舌《中國日報》因保皇黨人的纏訟陷入被拍賣、停刊的危機，李煜堂慷慨出資承購，由革命黨人馮自由擔任該報總編輯。李煜堂支持該報經費達 6 年之久，一直持續到辛亥革命成功。1910 年，廣州新軍起義失敗，革命黨人受到港英政府的嚴密監視，李煜堂把他的金利源藥材店用作革命黨人的秘密聯絡點。1911 年初至年底南京國民政府成立期間，革命黨人的所有海外匯款都由金利源藥行代為周轉。

1931 年「九一八事變」後，日軍大舉侵略中國，此時的李煜堂已年屆八旬。據他的女婿、資深革命黨人馮自由記述：「每天，他遊走於港商華僑之間，演說至於聲嘶力竭，病幾不起。他募集巨款不少於二百萬元，接濟義軍。因日夕奔走，積勞成疾。然而，臥床間，李煜堂依舊不忘國事，常常詢問日軍侵佔到何處，並囑告當局勿忘東北四

省（東北地區的遼寧、吉林、黑龍江及舊熱河省，抗日戰爭以前合稱東北四省）。」

1936年，李煜堂病逝，民國政府贈以「振興實業，贊助革命；輸財濟餉，籌策匡時」一聯予以褒揚。

\* \* \*

為了破解港英政府的封鎖，孫中山與之玩起了躲貓貓的遊戲。他利用乘坐國際郵輪停泊香港水域的機會，冒著隨時被捕的危險，秘密會晤在港革命黨人，靠前部署革命活動。

1900年6月17日，孫中山偕同興中會首領楊衢雲、鄭士良等，從日本乘坐「煙迪斯號」輪船，抵達香港海面，隨即在輪船旁邊的一艘舢板上，召集香港興中會要員，會商發動惠州三洲田起義事宜（三洲田位於今深圳市鹽田區大小梅沙及坪山區坪山街道之間）。

1902年1月28日，流亡日本的孫中山利用港英政府的驅逐令到期失效之機，潛回香港，入住士丹利街24號三樓的興中會所屬《中國日報》報館。英國人顯然一直緊盯著孫中山的行踪。2月1日，香港英文報紙《德臣西報》以《孫逸仙在香港》為題，披露了孫中山在香港的行踪：「舉世聞名的中國改革家孫逸仙已返回……暫住在士丹利街。」報道一出，港英政府立即做出反應。在英籍警長「奉命諷使」下，4日，孫中山無奈離港赴日。不久，港英政府再度重申對孫中山的驅逐令，為期五年。

1905年10月7日，孫中山與同盟會會員乘坐法國郵輪前往越南。中旬，郵輪駐泊香港海面，原興中會要員陳少白、馮自由、李自重等人專程登船聚議，孫中山親自為他們主持加入同盟會的宣誓儀式。

＊ ＊ ＊

　　時間艱難地指向 1911 年。從 1895 到這一年，已經整整過去了 16 個年頭，但革命躊躇不前，大大小小的起義均以失敗告終。為振奮軍心，1910 年 11 月，孫中山、黃興、趙聲等革命領袖在馬來半島的檳榔嶼召開會議，決定再戰廣州。

　　這是同盟會畢其功於一役的血戰。黃興擔任總指揮，指揮部設在廣州越華路小東營 5 號，離這個指揮部 450 米的地方就是清朝兩廣總督官署所在地。1911 年 4 月 27 日，越華路上上演了悲壯一幕：在軍火支援遲遲未到的逆境下，黃興於傍晚率領 130 餘名敢死隊員直撲兩廣總督府。450 米的路途上，革命黨人前仆後繼。在清兵如雨的槍彈下紛紛倒下的烈士們，無法衝到戰場的盡頭，悲壯地走完了自己短暫而偉大的一生。

　　5 月 3 日，同盟會會員潘達微不顧清政府禁令，以《平民日報》記者的公開身份組織了 100 多人的收屍隊，冒死把散落的 72 位烈士遺骸收殮安葬於廣州郊外的紅花崗。

　　「黃花節晚尤可惜，青眼故人殊未來。」潘達微在寫安葬報告時取黃花雄渾優美、風骨錚錚之意，將「紅花崗」改成了「黃花崗」，此役死難者因此史稱「黃花崗七十二烈士」。據 1932 年統計，此次起義犧牲烈士共 86 人，計有廣東籍 51 人，福建籍 19 人，廣西籍 7 人，四川、安徽、江蘇籍各 3 人，多是各省的世家子弟、青年精英。

　　黃興以淚和墨，寫下了一副沉痛無比的輓聯：「七十二健兒，酣戰春雲湛碧血；四百兆國子，愁看秋雨濕黃花。」

　　孫中山後來在其《建國方略》中這樣寫道：「是役也，集各省革命黨之精英，與彼虜為最後之一搏。事雖不成，而黃花崗七十二烈士轟

轟烈烈之概已震動全球,而國內革命之時勢實以之造成矣。」

革命黨人無休無止的獻身、流淌不絕的鮮血、收攏不及的殘骸,終於敲開了清王朝縮成一團的堅硬之殼。無邊無際的專制鐵幕後面,應和聲此起彼伏。革命,不再是海外華人、港澳同胞和南方諸省孤勇者前赴後繼的犧牲,而是不可阻擋的時代怒濤。

1911 年夏,湘、鄂、粵、川等省爆發保路運動。保路運動在四川省的鬥爭最為激烈,當年 9 月 25 日榮縣獨立,成為全國第一個脫離清王朝的地方政權,把保路運動推向了高潮。

10 月 10 日,新軍工程第八營的革命黨人熊秉坤打響了武昌起義的第一槍,起義軍勢如破竹,不久就控制了武漢三鎮,成立了湖北軍政府,改國號為中華民國。短短兩個月內,湖南、廣東等 15 個省份紛紛宣佈脫離清政府獨立。革命海嘯之下,苟延殘喘的清王朝土崩瓦解。1912 年 2 月 12 日,清帝發佈退位詔書,爛到根上的封建王朝終於被趕下了中華民族的歷史舞台。

\* \* \*

1911 年 12 月 21 日,孫中山乘坐「地雲夏號」郵輪抵達香港,受到專程從廣州趕來迎接的廣東軍政府要員以及香港同盟會、各界團體代表的熱烈歡迎。孫中山自 1896 年首次遭到港英政府驅逐,在 1902 年初秘密登岸、居留香港一週後,差不多相隔了十年之久,才得以重新踏上香港土地。八天後,孫中山被推舉為中華民國臨時大總統。

其時,港英政府在 1907 年第三次頒佈的禁止孫中山在五年內進入香港的驅逐令尚未到期,仍然有效。但辛亥革命即將大功告成之際,身段柔軟的英國人自然「識做」。孫中山在返國途中就接到了英國友人

道森爵士的電報，告知「倘若他在香港等地只短暫停留，英國當局不反對」。港英政府顯然也接到了英國政府的相關指示，派出便衣警探，沿途保護孫中山。

英國人見風使舵的手段真是相當嫻熟。1912 年 4 月，孫中山辭去中華民國臨時大總統後，欲取道香港前往廣州。趨炎附勢慣了的英國人禁止他登岸參加香港各界人士為他舉行的歡迎聚會。同年 7 月 4 日，曾在香港醫院工作並與廣州三合會聯繫密切的 24 歲青年李漢雄，鑒於「英人之暴虐與滿人相同」，憤然開槍刺殺新任港督梅含理。梅含理沒有中彈，但一聲槍響卻引發了他對孫中山等革命黨人的嫉恨。1913 年 8 月 14 日，孫中山領導的討袁之役失利、「二次革命」失敗後不久，梅含理即宣佈奉英國政府訓令，孫中山等革命黨人永遠不准進入香港。

十年之後的 1923 年初，孫中山指揮滇桂粵聯軍佔領廣州，重建護法政府。英國人的嘴臉又變回來了。時任港督司徒拔破例在港督府設午宴款待孫中山，並同港英政府高層出席孫中山在香港大學的演講會。

今昔強弱尊卑各不同，別有一番滋味在心頭。但心懷天下為公之志，顛沛流離數十國、幾十年，與三教九流、中外人等、各式團體、機構、政府都打過交道的孫中山，顯然不會為了個人的得失榮辱掛懷。何況，對自己前倨後恭的僅僅是港英政府，是英國人。香港這片中國的故土，這片土地上的人民，於他個人而言確實影響至深。

在母校香港大學的這次演講中，孫中山飽含深情地表達了香港這片土地對其一生的影響。他說：「我此時無異遊子寧家，因香港及香港大學，乃我知識之誕生地也。我本未預備演說，但願答覆一問題。此問題即前此屢有人向我提出，而現時聽眾中亦必有許多人欲發此問者。我以前從未能予此問題以一相當答覆，而今日則能之。問題維

何？即我於何時及如何而得革命思想及新思想是也。我之此等思想發源地即為香港，至於如何得之，則我於三十年前在香港讀書，暇時輒閒步市街，見其秩序整齊，建築閎美，工作進步不斷，腦海中留有甚深之印象。」

　　革命思想發源於香港，革命行動策動於香港，一部辛亥革命史，香港角色格外搶眼。一直堅守在香港的興中會、同盟會老會員馮自由晚年曾說過這麼一句話：「你打開任何一部近代革命史，第一章就是香港。」

香港東鐵線大學站。東鐵線前身是 1910 年通車的廣九鐵路英段。

# 第五章

## 羅湖橋上

# 百年廣九綫

1911 年，是中國近代史上的轉折之年。也是在這一年的 10 月 28 日，廣九鐵路華英兩段在羅湖橋接軌，廣州至九龍全綫通車。

\* \* \*

早在 1864 年，英國鐵路工程師斯蒂文生來華，在廣泛聽取在華外國人和中國商人的意見後，他建議中國「一開始就決定一個綜合的鐵路系統計劃，使所有的鐵路都按照這個系統建造，這樣，就可避免英國人由於缺乏這種鐵路系統而發生的禍害」。他還提出了一個以漢口為中心，用鐵路幹綫把天津、上海、廣州四大商業中心聯結，並連接寧波、蘇州、福州、佛山等地，經過四川、雲南直達印度的路網計劃。

這個路網計劃裏，就包括「興建一條連接廣州與香港的鐵路」。

但他的建議呈交清政府後，如石沉大海，沒有得到任何回應。

這個結果可想而知。當時的清政府，既沒有能力也沒有意願在

修建鐵路上下功夫，被兩次鴉片戰爭嚇得肝膽俱裂的清朝統治集團早已陷入閉關鎖國的無底深淵。1865 年時，江西巡撫沈葆楨就說：「至鐵路一節，窒礙尤多。平天險之山川，固為將來巨患；而傷民間之廬墓，即啟目下爭端。」總理各國事務衙門也認為：「如開設鐵路，洋人可任便往來⋯⋯於大局更有關係，是以疊經本處力為拒絕。」言下之意，最好讓這個國家交通不便的狀況保持下去，把自己禁錮起來。這樣一來，洋人入侵也就不能「任便」了。

1872 年，同治皇帝大婚，英國商人打算送給中國皇帝一條短距離的鐵路作為賀禮，「藉此使鐵路在中國流行」。在英商已經籌集了 5 萬英鎊築路費用的情況下，清廷還是拒絕了，小鐵路修建計劃最終不了了之。

1874 年，李鴻章上奏朝廷籌議海防，力言「南北洋濱海七省，自須聯為一氣」，為此應學習西方「有電綫通報，徑達各處海邊，可以一刻千里；有內地火車鐵路，屯兵於旁，聞警馳援，可以一日千數百里；則統帥當不至於誤事」。當時主持中樞政務的恭親王奕訢贊同他的意見，卻又表示愛莫能助，說築路一事「無人敢主持」，因為「兩宮亦不能定此大計」。「兩宮」指的就是垂簾聽政的慈安、慈禧兩位太后，即當時清王朝事實上的最高統治者，她們都「不能定此大計」，可見此時此際清朝統治集團內部保守、愚昧習氣之積鬱難消。

但是，變化也在悄悄發生。隨著洋務運動的展開，修築鐵路提高運輸能力成為「剛需」。比如，洋務運動的「代表作」之一 —— 1876年開始勘探的開平煤礦，由於沒有鐵路，就遇到了發展的重大瓶頸。

開平煤轉運至上海，每噸計價約六兩四錢銀子。相比之下，當時從日本進口的煤炭在上海只需六兩每噸。如果使用鐵路運輸，開平煤礦運至天津的優質煤成本將大大下降，轉海運至上海，成本也只有四

兩每噸，不但市場競爭力大增，還能有效自主地解決東南沿海戰艦和商船的燃料供應問題。

＊＊＊

這麼一本明白的賬擺在眼前，清政府不得不同意開平礦務局修築運煤專綫鐵路。

1881 年 11 月 8 日，唐山至胥各莊的唐胥鐵路通車運營，中國總算有了一條自己修建的鐵路。1887 年，唐胥鐵路延修至蘆台，次年又展築至天津，全長達 130 公里，命名為「津唐鐵路」，至今仍作為京哈鐵路的一部分在繼續運行。

1889 年 5 月 5 日，被時代大潮一遍又一遍沖刷後的清廷終於有些開竅了，發佈上諭為修築鐵路開出了一紙通行證：「此事為自強要策，必應通籌天下全域……但冀有益於國，無損於民，定一至當不易之策，即可毅然興辦，毋庸築室道謀。」

＊＊＊

清光緒十四年（1888 年）九龍商民籌劃修築廣州至九龍鐵路，得李瀚章、張之洞讚可，並於十六年（1890 年）對路綫進行了踏勘。

二十四年（1898 年），英國強索此路承築權。中日甲午戰爭後，中國成了列強瓜分的「菜園」，割地、強租、賠款不一而足。中國鐵路的築路權以及附著其上的借款權也成了列強瘋搶的目標，英國政府強勢插手擬議中的廣九鐵路項目。1898 年 6 月簽訂的英國強租新界的《展拓香港界址專條》中，英國人專門開列了一條「將來中國建造鐵路

至九龍英國管轄之界，臨時商辦」的條款，以防其他列強染指。主持新界勘測的港英代表、輔政司駱克在其呈交給英國政府的《香港殖民地展拓界址報告書》中，特地標出了廣九鐵路的路綫圖。在這個英國殖民者看來，只要掌握了築路權，不但能在借款上大獲其利，鐵路開通後，火車通達中國哪個地方，哪裏就是英國攫取利益的膏腴之地。

1898 年 9 月和 1899 年 3 月，英國強迫清政府簽訂了《承辦鐵路合同》和《九廣鐵路草合同》。根據這兩份合同，廣九鐵路全綫的建造權和管理權都被英國人控制。同時，英國人還獅子大開口，合同規定借予中方的築路款以九折交付，也就是說，英方如果借款 100 萬英鎊，中方只能實收 90 萬英鎊，此後 50 年仍以 100 萬英鎊為基數支付高息、償還本金。

1899 年 10 月英國在南非陷入了第二次布爾戰爭的泥潭，無暇落實這個赤裸裸的高利貸項目。廣九商民既無法否決這兩個合同，又嚥不下被英國人巧取豪奪的這口氣，於是呈請當局興建一條廣州至澳門的鐵路以取代廣九鐵路。

被英國霸凌已久的清政府鐵路部門也積極行動了起來。1904 年，清朝鐵路大臣盛宣懷、呂海寰和葡萄牙駐華公使簽約宣佈成立中葡鐵路公司，決定由中葡兩國商人集股籌辦廣州至澳門鐵路。

眼看著就要竹籃打水一場空的英國人坐不住了，終於做出了一定幅度的讓步。經過多輪談判之後，1907 年 3 月，已經被《馬關條約》和《辛丑條約》的天價賠款壓得喘不過氣來的清政府，諭令郵傳部左侍郎兼署外務部右侍郎唐紹儀與中英銀公司簽訂了正式的《九廣鐵路借款合同》。合同規定：英方出借 150 萬英鎊予中方用於修築廣州至九龍的鐵路，以九四折付款，中方實際到賬 141 萬英鎊；年息五厘，期限 30 年，以路產和營業收入作抵押；華段勘測、設計、施工均由英

方總攬，總工程師、總管賬、運輸主任等要職也由中英銀公司派出，只有行車事務由華人總辦主持。另外，合同明確規定「中國將來不另建一路，以奪本路利益」。

這仍然是一個條件極其苛刻的霸王合同，但相比於 1898 年的承辦合同、1899 年的草簽合同，清政府好歹爭回了一點臉面和些許實利。

以羅湖橋為界，廣九鐵路分為華段和英段。35.78 公里長的英段於 1906 年動工，1910 年完工；142.77 公里長的華段於 1907 年啟動，1911 年竣工。全綫竣工後，共有橋樑 78 座，其中橫跨今東莞市石龍鎮東江南支流的石龍南橋由中國傑出的鐵路工程師詹天佑指導設計，是廣東省現存最早的一座鐵路橋，直至 2007 年才因承載等級不足而停用，2013 年被國務院列為第七批全國重點文物保護單位。

廣九鐵路在羅湖村一帶跨越深圳河，於是就有了深港兩地共同的地標——羅湖橋。

## 風雨羅湖橋

羅湖橋的演變史就是一首近現代中國的敘事詩。

明確稱「羅湖橋」的至少有四座。第一座就是 1909 年建成，1911年 10 月廣九鐵路在其上接軌的鐵路橋。這是一座三孔鐵橋，兩端橋孔為 6.17 米鋼槽樑，中孔為 32 米鋼樑。說是鐵路橋，看上去卻像是一座木橋，因為橋面鋪的全部是厚厚的木頭。中孔第二節對應的橋面厚木上用紅漆畫了一條醒目的綫，以示華英兩段分界綫。

第一座羅湖鐵路橋命運多舛，拆了又建、建了又拆。1941 年，駐港英軍為阻止日軍南下香港，將羅湖橋和一部分英段鐵軌拆毀。1941年 12 月，日軍侵佔香港。日軍佔領香港期間，對羅湖橋和廣九鐵路綫

英段進行了重建。1945年抗日戰爭結束前，日軍戰敗撤退時將羅湖橋再次拆毀。

第二座羅湖橋建於1957年，橋長32米、寬12米，通體鋼鐵，橋面不再鋪設厚木。1959年進行了改建，把橋面拓寬至20米。1962年，橋上又加蓋鐵皮篷頂，兩側增設鐵欄杆，並鋪上了人行道。這座鐵路橋一直服役到2003年才正式「退休」。

改革開放後，往返羅湖橋的客流井噴，羅湖橋的擴容勢在必行。1981年，在鐵路橋東側11米建起了一座專供旅客通關的人行橋，羅湖橋成了鐵路橋和人行橋並行的口岸通道。現代化的羅湖口岸聯檢大樓於1985年啟用後，人行橋改造成出入境分離的雙層橋。2002年，人行橋升級改造為裝有空調的無懼風雨的密封式人行橋。

第四座羅湖橋現身於2004年。當時的深圳河，在城建擠壓、泥沙堆積的夾擊下，河道狹窄曲折，排洪能力僅有可憐的二至五年一遇。1957年建成的羅湖鐵路橋橋墩跨度較小，更是成了深圳河的排洪「瓶頸」，急需重建。2003年9月28日，施工人員將1957年建成的老羅湖鐵路橋與橋墩分離，兩個多星期後，老橋被移至香港一側的梧桐河畔作為珍貴的歷史文物永久安置。第二年6月「上崗」的新橋外形結構與老橋完全一致，唯一的變化就是橋墩跨度增加了8米，一舉將深圳河的排洪能力提高到了五十年一遇。

* * *

1911年10月5日，廣九鐵路華段通車。首班列車從廣州大沙頭站駛出，約5個小時後抵達香港九龍的臨時站點。

廣九鐵路在辛亥革命爆發、清王朝覆亡的前夜通車，彷彿是家國

命運的某種暗示：時代在劇變，潮流在鼓蕩，中國，這個古老的國度開始踏上穿山越嶺的現代化轉型的迢迢長路。這無疑將是一個關隘重重、血淚紛飛的歷史進程。這條橫跨深圳河的粵港「親情綫」、內地聯結香港的唯一一條鐵路，也必然要在時代的動蕩不安中，真切地體味中華人民共和國誕生前夕的強烈陣痛。

1923 年，廣九鐵路客運服務在運行了 12 年之後，第一次停擺了。之後開開停停，直到 1927 年底才完全恢復正常運營。廣九鐵路第一次遭遇時代大潮衝擊的背後，是近代中國第一次工人運動高潮，省港產業工人通過兩次震驚中外的大罷工，站上了 1920 年代風起雲湧的中國民族主義運動的前台。

第一次大罷工史稱「香港海員大罷工」，發生在中國共產黨第一次全國代表大會召開後的第二年 —— 1922 年。

第一次世界大戰結束，因戰火而停滯的全球海上貿易再度蓬勃發展起來。作為自由港，香港的轉口貿易立即煥發出勃勃生機，客貨運量迅猛增加，香港各大輪船公司大獲其利，頻頻給工作量不斷加大的海員加薪。但是，被以英國財團為主的外資壟斷的輪船公司只給外籍海員加薪，對為數眾多的華籍海員卻不理不睬。三番五次地被刻意歧視、區別對待後，華籍海員的薪酬僅是外籍海員的五分之一，同工不同酬的現象可謂觸目驚心。

1921 年 3 月，中國工人運動先驅、中國共產黨早期重要領導人之一的蘇兆徵等人在香港組建中華海員工業聯合總會。1922 年 1 月初，海員工會在兩次口頭交涉無果後，正式致函英國太古、渣甸洋行及日、美、荷等國輪船公司，要求從該月起華籍海員月薪增加 30%。

但是，輪船公司負責人碰頭會商後，做出的決定依然是四個字，「不予理睬」。

1月12日，忍無可忍的華籍海員們在海員工會的統一組織下，發動了全港海員大罷工。第一天1500人參加，一週內擴大至6500人。當月底，香港運輸工人舉行同情罷工。華籍海員和運輸工人合力罷工，一下子讓香港五條太平洋航綫和九條近海航綫全部癱瘓。平日船隻首尾相接、千帆競渡的香港，成了毫無生機的「死港」。

　　廣東總工會傾力支持香港工人，第一時間倡議：廣東全省27萬工人每人捐贈一天工資，以供罷工工人返回廣東的日常生活費用。1月13日起，罷工工人開始分批撤離香港。

　　港督司徒拔下達戒嚴令：「不得聯群結隊或手執旗幟、標語、傳單到處遊行；警察出巡，如有被認為可疑的人，任由搜遍全身，不准抗拒，倘有違抗即行拘捕、開槍，格殺勿論；攜帶包裹物件出街，警察有權檢查。」為攔阻罷工工人返回內地，規定「一切離香港的人員，只能攜帶港幣5元，超額者沒收」。與此同時，司徒拔宣佈海員工會為「非法團體」，封閉工會會所，拆除工會招牌。

　　司徒拔肆無忌憚的暴力手段，撕開了英國人多年來為自己刻意編織的「自由、平等、人權」的溫情面紗，激起了全港華籍產業工人的集體義憤。

　　3月1日，全港各業工人聯合舉行總同盟罷工，罷工人數暴增至10萬人以上，香港交通、生產全面停擺。

　　3月4日，一隊罷工工人沿廣九鐵路綫步行返回廣東，途經新界沙田村時，惱羞成怒的英國軍警悍然開槍，製造了死亡6人、受傷數百人，震驚全國的「沙田慘案」。

　　鮮血沒有嚇倒香港產業工人，更多罷工工人跨過羅湖橋，跋山涉水返回內地。與此同時，全國各地工會和各界知名人士紛紛聲援、提供協助，京漢鐵路沿綫各地都成立了援助香港海員組織。剛剛成立的

中國共產黨廣東支部發表《敬告罷工海員》，號召罷工工人「團結一致、嚴守秩序、注重自治、堅持到底」，並在廣州組織成立「香港罷工後援會」，做返粵罷工工人的堅強後盾。

罷工工人和港英當局僵持不下，最後英國政府撐不住了：暴力處置這場由多國輪船公司歧視華籍海員引發的大罷工，不但於國際形象上塌台，還要以犧牲香港這個英國遠東貿易樞紐的整體經濟秩序為代價，實在是得不償失。於是，英國政府電令司徒拔，不要因小失大，迅速妥善解決這場大罷工。

3 月 8 日，司徒拔灰溜溜地簽署了新命令：取消戒嚴令；恢復海員工會，派專人將此前拆下的招牌送還並向海員工會道歉；警署在罷工期間拘捕、扣留的工人一律釋放；撫恤「沙田慘案」的死難者、受傷者；增加華籍海員工資，增幅為 15% 至 30%。

香港海員和工人堅持了 56 天的大罷工取得了勝利。


## 省港風雲錄

1925 年，是中國反抗帝國主義欺凌、謀求民族獨立自決風雲激蕩的一年。

2 月，上海 22 家日商紗廠近 4 萬名工人為抗議日本資本家打人和無理開除工人，要求增加工資，先後舉行罷工。

5 月 15 日，上海日商內外棉七廠資方藉口存紗不足，惡意關閉工廠，停發工人工資。工人顧正紅帶領工友衝進廠內與日商理論，要求復工、重開工資。日商非但不答應，更悍然向工人開槍射擊，打死領頭抗爭的顧正紅，打傷工友 10 餘人，點燃了五卅運動的導火索。

5 月 30 日上午，上海各大、中學校學生 2000 多人分組在公共租

界各馬路散發反日傳單、舉行演講，揭露日本帝國主義槍殺顧正紅、打傷工友的罪行。租界巡捕逮捕學生 100 多人。當天下午，大批憤怒的群眾聚集在南京路老閘巡捕房門口，高呼口號，要求立即釋放被捕者。英國捕頭愛伏生竟調集通班巡捕公然開槍，當場打死十餘人，傷數十人，製造了駭人聽聞的五卅慘案。

至此，中國人民心底鬱積已久的怒火被徹底點燃。從 6 月 1 日起，上海全市開始了聲勢浩大的總罷工、總罷課、總罷市，相繼有 20 餘萬工人罷工，5 萬多學生罷課，公共租界的商人全體罷市，連租界僱用的華人巡捕也響應號召宣佈罷崗。

五卅運動的狂飆迅速席捲全國，北京、南京、漢口、廣州等近 500 個城鎮 1700 萬人直接參加了運動，形成了全國性的反帝高潮。

可憐此時的中國仍是一盤散沙：北方北洋政府各路軍閥輪流坐莊，各自抱著列強的大腿鉤心鬥角、爭權奪利；南方的廣州國民革命政府立足未穩；新生的中國共產黨勢單力薄 —— 這一年，全國在冊黨員僅 994 人。

在這樣的情勢下，帝國主義無所忌憚，從 6 月 1 日至 10 日，又在全國多地多次開槍打死打傷遊行示威群眾數十人。停泊在吳淞口的英、美、意、法等國軍艦上的海軍陸戰隊集體登岸，武裝佔據了上海大學、大夏大學等反抗最為激烈的大學校園。

同時，還採取了更為陰險的從內部分裂統一戰線的策略。他們以召開關稅會議討論增加稅率為誘餌，以停止借款、通匯、航運和電力供應相威脅，指使上海買辦資產階級勾引民族資產階級退出統一戰線。在帝國主義的威脅利誘下，6 月 19 日，上海總商會召集 76 個團體討論開市，上海總商會會長虞洽卿公開聲稱要「單獨對英」「縮小範圍」，還將原工商學聯合會提出的 17 項交涉條件減為 13 條，刪去了其

中的取消領事裁判權、撤退英日駐軍、承認工人有組織工會及罷工的自由等幾項核心條款。21 日，北洋政府派遣邢士廉率軍到上海鎮壓，臨時執政段祺瑞通電「取締煽惑罷工」，電令上海戒嚴司令部解散上海總工會，涌緝該會領袖、中國共產黨早期領導人李立三，並限令各工會一律取消。23 日，上海總商會單方面宣佈停止罷市，還以停發罷工救濟費的名頭挾制工人復工（各地支援罷工的捐款全數由總商會經管）。26 日，上海總商會宣佈無條件結束總罷市。

就在代表民族資產階級上層利益的上海總商會向帝國主義舉起白旗的那一天，具有愛國主義光榮傳統的香港產業工人為聲援五卅運動再次揭竿而起，和廣州的洋務工人一起，發動了省港大罷工。

**\* \* \***

鄧中夏是省港大罷工的靈魂人物之一，在這次舉世矚目的大罷工中展現出了無與倫比的宣傳、組織、戰鬥能力。這場大罷工持續了 16 個月，參與人數高達 25 萬人，其時間之長、規模之大、組織之嚴密，在中國工人運動史上是空前的，在世界工人運動史上也屬罕見。這與鄧中夏的精心謀劃息息相關。

在廣州市越秀南路 89 號，綠樹叢中掩映著一幢淺黃色西式洋房，這裏曾是中華全國總工會總部所在地。

三層小樓一樓是禮堂，二、三樓是辦公室。禮堂樸素開闊，上面三尺講台，下面十餘排條凳，四壁落白，貼著落款為「中華全國總工會省港罷工委員會宣傳部」的宣傳文告。1925 年 5 月鄧中夏從上海南下廣州，正是在這棟小樓裏參加了第二次全國勞動大會。會上成立了中華全國總工會，鄧中夏被推舉為秘書長兼宣傳部長，主持全總的日

常工作。

　　5月底，五卅運動爆發，中共中央廣州臨時委員會和中共廣東區委決定在香港、廣州發動大規模罷工。「大規模」是個約數，究竟能有多大，就要看「操盤人」鄧中夏的謀略了。

## 深圳河畔同胞情

　　1925年6月初，鄧中夏來到香港，聯絡在港的廣東工運領袖楊殷、中共香港特別支部書記黃平和海員工會領導人蘇兆徵等人，開展罷工宣傳、發動工作。但彼時的香港，中共在工人中的力量還比較薄弱，只有黨員十幾名，共青團員三四十名，要在短時間內發動全港數十萬工人、130多個形形色色的工會，談何容易。鄧中夏認為「團結即力量」，全港工團聯合會對港英當局提出直指全港華人心底的罷工要求：「……（二）香港居住之華人，歷來受英國香港政府最不平等條約之殘酷待遇，顯然有歧視民族之污點。全港華工並對香港政府提出之下列諸條件，非達到完全目的不止。計開：甲、華人應有集會、結社、言論、出版、罷工之絕對自由權（中國新聞報立即恢復，被捕記者立即釋放，並賠償其損失）。乙、香港居民，不論中籍西籍，應受同一法律之待遇，務要立時取消對華人之驅逐出境條例，笞刑、私刑等之法律及行為。丙、華工佔香港全人口之五分之四以上，香港定例局應准華工有選舉代表參與之權，其定例局之選舉法，應本普通選舉之精神以人數為比例。丁、應制定勞動法，規定八小時工作制、最低限度工資、廢除包工制、女工童工生活之改善、勞動保險之強制施行等；制定此項勞動法時，應有工團代表出席。戊、政府公佈七月一日之新屋租例，應立時取消，並從七月一日起減租二成五。己、華人應

有居住自由之權，旗山頂應准華人居住，以消滅民族不平等之污點。」

這些要求，既精準對接了香港產業工人的地氣，又說出了所有香港華人壓抑已久的心聲，短短幾天內就贏得了全港工人、工會的普遍擁護。

19日晚，大罷工正式爆發，海員、電車和印務工人率先行動，其他行業工人先後跟進，先後約有20萬香港工人衝破港英當局的各種威脅和阻撓，陸續離港轉赴廣東各地。

21日，廣州沙面租界的3000多名洋務工人也宣佈罷工，集體離開沙面，返回廣州市區。接著，廣州市區的倉庫工人、洋行工人和外國人住宅僱工也紛紛加入罷工隊伍。兩天後，當罷工工人和各界群眾10萬多人舉行遊行示威，經過沙面租界對岸的沙基時，遭到英國軍警和英、法軍艦開槍放炮襲擊，當場死亡50多人，重傷170多人，這就是駭人聽聞的「沙基慘案」。

如今在廣州市荔灣區，有一條以「沙基慘案」發生之日命名的六二三路。離這條道路不遠處，還設立著刻有「毋忘此日」的石碑，後改名為「沙基慘案紀念碑」。每年6月23日，都會有群眾自發前來這裏祭拜。

「沙基慘案」激起了香港、廣州工人群眾更加洶湧的民族憤慨，罷工進一步擴大，到6月底省港大罷工人數已達25萬。

＊ ＊ ＊

大罷工全面展開後，一直在戰鬥第一綫的鄧中夏敏銳地發現了兩個嚴重影響罷工順利進行的問題：第一，香港工人只聽命於各自所屬的行業工會，罷工統一指揮機關全港工團聯合會作為一個臨時、鬆散

的聯盟，很難指揮得動各行各業的工人，根本無法做到一切行動聽指揮；第二，有些工會頭目參加罷工的目的不純，有的純粹是為了獲得一個「愛國人士」的名聲，出工不出力，有的甚至想方設法截留罷工經費。

鄧中夏見招拆招，在海員工會、運輸工會等進步工會的支持下，以每50個罷工工人選出1個代表的方式，組織成立了由800多名代表組成的省港罷工工人代表大會，取代全港工團聯合會成為省港大罷工的最高議事機關。「罷工內部的許多糾紛，都靠代表大會的權威予以解決。」鄧中夏後來在撰寫《中國職工運動簡史》時總結道：「代表大會奠定了此次罷工。這個經驗我們是在這次罷工中第一次取得的。」

省港罷工委員會是罷工的最高指揮機關，每天舉行一次會議，根據代表大會的決定，實施具體事項。

從「罷工工人代表大會」到「罷工委員會」，這個組織體系，無論在形式上還是實質上，都接近一個小型但五臟俱全的政權。

\* \* \*

6月23日在廣州發生的「沙基慘案」，讓鄧中夏清醒地意識到必須擁有工人隊伍自己的武裝力量。他創造性地開展工作，以讓出糾察隊總隊委一職作為交換，取得香港工團總會的支持，順利成立了工人糾察隊。工人糾察隊成立之初就有2000多人，後來又經過多次擴充，成為珠江口兩岸一支不容小覷的工人武裝，使省港大罷工的對抗性增強，除了罷工，還有排貨和封鎖手段。

排貨，說的是罷工委員會根據省港兩地的特殊地緣現實，採取「特許證」制度，提出「凡不是英國貨、英國船及經過香港者，准其直

來廣州」的「單獨對英」原則，作為省港大罷工期間所實行的「中心策略」：集中火力瞄準英帝國主義和港英當局。

7月9日，省港罷工委員會發出封鎖香港的通告，宣佈10日起施行封鎖香港及新界口岸，「所有輪船、輪渡一律禁止往杳港及新界，務使絕其糧食，致其死命」。剛剛成立的工人糾察隊傾巢而出，分赴沿珠江口各海口駐防。隨著工人糾察隊封鎖綫的擴大，東起廣東汕頭，西至廣西北海，南到海南島，千里海岸綫如一張大網罩住了英帝國主義和港英當局的貿易之翅。

＊ ＊ ＊

1925年6月20日凌晨，羅湖橋上再現了1922年香港海員大罷工時的一幕：成群結隊的罷工工人沿廣九鐵路綫北上，跨過羅湖橋，奔赴廣東各地。

省港大罷工開始之前，罷工委員會就派人在深圳河北岸廣九鐵路沿綫設立了多座香港罷工工人接待站，協助罷工工人有序北上。

深圳墟南慶街22號思月書院，就是其中的一座接待站。這是一座已有300多年歷史的傳統嶺南建築，原是水貝、湖貝、向西等村張氏族人為紀念先人張思月而建的一所私塾。1996年深圳東門老街升級改造時，思月書院被拆除，1999年在東門「老街風貌街區」重建，基本保留原建築風格。今天的思月書院既是東門老街歷史博物館，也是省港大罷工的見證者，見證著深圳河兩岸人民的同舟共命、同氣連枝。大罷工開始後，每天有1000多人，前後超過10萬香港罷工工人跨越羅湖橋，憑罷工證在深圳河畔的接待站領取補給後，分赴廣東各地。當時的深圳墟各大小商號和寶安縣鄉民踴躍置辦茶粥、飯菜，接待香

港工友，羅湖、南塘、水貝、黃貝嶺等地居民還紛紛將自己的房屋騰出來，供工友臨時休息、住宿。

在返鄉罷工人員最集中的廣州，罷工委員會幹事局局長李啟漢在國民黨左派領袖廖仲愷的支持下，查封煙館、賭館，借用祠堂、會館，作為罷工工人的食堂、宿舍。在罷工委員會的精心謀劃和廣州市民的無私捐贈下，20 多萬香港罷工工人免費吃住，堪稱是世界工運史上的一大奇蹟，也是這場大罷工能堅持 16 個月的底氣所在。

## 鐵甲車隊的紅色基因

1925 年 7 月 9 日，省港罷工委員會發出封鎖香港的通告後，深圳河沿岸成了罷工工人與英帝國主義及港英當局戰鬥的最前綫。鑒於深港邊境山水相連的特殊性，中共廣東區委派遣後來成為共和國開國上將的周士第，率領鐵甲車隊趕赴深圳河北岸，配合打擊駐軍深圳的司徒非旅，並協助工人糾察隊「鎖死」香港的物資供給。

1924 年 1 月，第一次國共合作形成。11 月，組建「建國陸海軍大元帥府鐵甲車隊」。這個鐵甲車不是公路上行駛的裝甲車，而是鐵甲列車，由一個加裝鐵甲的火車頭拖掛四五節鐵甲車廂在廣州至深圳段和廣州至韶關段的鐵路綫上馳騁南北。鐵甲車隊的裝備在當時是比較先進的：每節車廂兩側開有幾排高低不同的長條形射擊窗口，在車廂內可立姿亦可跪姿射擊，其中一節車廂頂端還安裝了一挺帶有旋轉炮塔的機關槍。鐵甲車隊編制共 136 人，編為 3 個排，隊員按級別分別配備長短槍，每一排再配備一挺手提機關槍，槍械都是蘇聯援助的新式武器。

鐵甲車隊名義上是大元帥府屬下部隊，實際上是中國共產黨直接

掌控的第一支武裝力量。因為，車隊的組建、訓練、調遣、作戰等全部由時任中共廣東區委領導人周恩來、陳延年負責，車隊隊長、黨代表、3個排長等部隊主官也都由共產黨員擔任。

工人糾察隊和鐵甲車隊的到來，讓深圳河第一次出現了中英兩方武裝力量隔河對峙的場景。

位於大鵬灣東岸的沙魚涌是九龍海關下設的一個分關，是港英當局重要的輸港物資通道，負責封鎖這裏的是工人糾察隊第十支隊。1925年10月底，港英當局糾集武裝的民團、土匪和廣州國民政府的叛軍陳炯明殘部1000多人，在駐港英軍大炮、軍艦、飛機的配合下猛攻沙魚涌。周士第率領駐守深圳墟的40多名鐵甲車隊戰士增援，與100餘名工人糾察隊員一起硬扛了30多個小時，激戰10倍於己的敵頑分子。沙魚涌戰鬥雖終因敵眾我寡、軍火無從接濟而失利，隊長周士第身負重傷。但此役中，鐵甲車隊隊員和工人糾察隊員在極端不利的戰局下，不但敢戰，而且善戰，一舉擊斃了敵參謀長、營長各1人，排長5人，敵兵200餘人，極大地震懾了英帝國主義和港英當局，也向世人展示了共產黨領導武裝的剽悍戰鬥力。

中共領導下的鐵甲車隊在大鵬灣畔迸發出來的紅色基因，緩緩流進了人民軍隊發展壯大的長河。

沙魚涌戰後，周恩來趁熱打鐵，以周士第的鐵甲車隊為班底，於1925年11月21日在廣東肇慶組建國民革命軍第4軍第12師第34團。後擴編為第4軍獨立團，葉挺為團長，周士第任參謀長，這就是日後赫赫有名的葉挺獨立團。

\* \* \*

在罷工、排貨、封鎖「組合拳」的連續打擊下，香港社會、經濟陷入一片混亂：公共交通徹底停頓，食品供應短缺、價格暴漲，整個社會運營接近癱瘓狀態。省港大罷工發起時正是盛夏，大批清潔工人撤離香港後，港島街道上垃圾堆積如山，臭氣熏天，香港成了「臭港」。

長達 16 個月的大罷工沉重打擊了英帝國主義及港英當局。事後統計，香港的輸出 1924 年為 881 萬鎊，1925 年只得 470 萬鎊；1924 年到港船隻日均 210 艘，自 1925 年 7 月開始降至日均三四十艘。而罷工一日，便使航業商務平均損失 700 萬元。罷工以來，英帝國主義平均每月損失達 2.1 億元。

與 1922 年的香港海員大罷工一樣，省港大罷工初期，對華人一貫強橫的港督司徒拔又是戒嚴、宵禁，又是各種嚴令、限制，但 20 多萬香港工人的集體撤離根本無法阻擋，面對工人糾察隊發起的經濟封鎖，他更是束手無策。窮極無計的司徒拔居然琢磨著要祭起英國祖傳的法寶：發動戰爭、進攻廣州。1925 年 7 月 27 日，港英當局召開所謂的「公民大會」，以大會名義致電英國政府要求出兵廣州。在英國政府遲遲沒有回應的情況下，8 月 15 日，港英當局再次舉行「公民大會」，再次以大會名義直接致電英國女王和首相，力陳出兵廣州才是解開香港困局的唯一手段。

倫敦終於回電說：「香港困苦，倫敦至深繫念，惟綜觀全域，現時無法出兵。」只答應借款 300 萬英鎊，作為救濟商業之用。

英國政府眼裏的「全域」是個什麼局呢？正是熱衷於戰爭帶來的困局。英國名義上是打成一鍋粥的第一次世界大戰的戰勝國，攫取了不少新的殖民地，但綜合起來看，它卻是徹頭徹尾的大輸家。僅在 1915 年至 1917 年的三年中，英軍損失 170 萬人，英國海上霸主的地

位也一去不復返了。英國的戰爭費用佔國民財富的 32%，由先前的債權國變成了債務國，1919 年，英國向美國借了大約 40 億美元。國際金融中心開始從倫敦轉向紐約，美元在世界貨幣中的地位上升，英鎊地位開始下降。總而言之，英國在一戰中的「慘勝」，使得它在戰後徹底跌下了世界「一哥」的神壇，被昔日小弟美國取而代之。

列舉上述事實，是為了說明省港大罷工期間的英國正為自己嚴重的國內危機焦頭爛額、頭痛不已。本土英倫三島都被大罷工的海嘯所席捲，根本沒有心思和餘力來應對香港的困局。

何況英國人即便有心干涉，今時今日也是有心無力。再怎麼狂妄的英國內閣成員也不敢想像，在這不祥的 1925 年，還可以像兩次鴉片戰爭一樣，英國艦隊橫衝直撞地闖進作為國民革命政府駐地的廣州城，迫使廣東軍民屈服，從而達到為香港解封的目的。

1925 年時的世界格局早已物是人非，當年一觸即潰的大清國早就完了，在以廣州為中心的南部中國，取而代之的是國共合作下生機勃勃的國民革命政府。與此相對應的是，當時的英國因為在一戰中失血過多正虛弱無力。勞師遠征？已是帝國幻夢！

## 香港續寫新篇章

1925 年 11 月 1 日，新港督金文泰上任。此人曾長期在港任職，先後擔任港英當局新界助理田土官、助理輔政司、行政立法兩局秘書、署理輔政司等職。不得不說，在這個敏感時刻派「中國通」金文泰前來香港擔任總督，的確是英國政府的一記高招。

金文泰熱愛中國文化，廣東話、官話嫻熟，還通曉中國詩詞，譯著有《嶺南情歌》等。他還擅長書法，今天香港青山禪院內有一牌坊，

牌坊上「香海名山」四字即為他兩訪青山禪院後所題。詩人泰戈爾訪問香港時，曾評價金文泰是「我在東方遇過最有修養的歐洲人」。

金文泰對華人和中國的態度一向比較溫和。他遊遍中國南方各省，1903 年還曾被派往廣西參與饑荒救濟工作。1912 年香港大學落成啟用，他捐贈了一批珍貴的中國典籍，還為港大的中英文化關係研究課題大力籌措經費。

金文泰到任港督後，認為「要維繫香港的安寧，就有必要和國民政府保持良好關係」，第一時間派出輔政司前往廣州談判解決罷工問題。未幾，又盛情邀請國民黨要員宋子文訪問香港。一番眉來眼去，港英當局和國民政府之間關係打得火熱。

於金文泰而言，他能夠在沒有做任何讓步的情況下，體面地解決導致前任司徒拔黯然去職的省港大罷工「鎖港」難題，最大的原因是他碰巧「遇到了」蔣介石。

1925 年 3 月，孫中山在北京病逝，國民黨各派政治勢力大洗牌，擁兵自重的黃埔軍校校長蔣介石一步步成為軍事強人。蔣介石在 1926 年做的兩件事無形中為金文泰解了套。第一件事情是在 7 月發動了北伐戰爭。就當時的國際形勢而言，國民革命軍北伐要想成功，必須得到列強最廣泛的支持。這個時候緩和與港英當局的關係，藉機示好英國，自然成了蔣介石的一步必應之棋，廣州和香港的親密互動也就成了題中應有之義。

第二件事情是 3 月發生的「中山艦事件」。「中山艦事件」的前因後果其實非常簡單：1926 年 3 月 18 日，有人假傳「蔣校長命令」，通知海軍代局長、共產黨員李之龍調遣中山艦自廣州至黃埔「聽候差遣」。不久蘇聯使團來到廣州，提出要參觀中山艦。於是，李之龍去電請示蔣介石，可否把中山艦調回廣州。

蔣介石接到李之龍來電後滿腹狐疑：此前自己並沒有下過調令，中山艦卻去了黃埔；現在自己人不在黃埔，卻又要求調中山艦去蘇聯使團剛剛抵達的廣州。聯想到與自己貌合神離、明爭暗鬥的國民黨主席汪精衛此前曾三次詢問他是否去黃埔，頓時冒出汪精衛與共產黨合謀、要用中山艦劫持他去莫斯科受訓的念頭。

其實，蔣介石腦海裏杯弓蛇影的「驚天陰謀」，去電李之龍問一下中山艦調往黃埔是何人所命，即可煙消雲散。但他接下來的反應卻是急急忙忙退向自己的據點廣東汕頭，在手下的「點撥」下，又殺回廣州發動兵變，宣佈廣州緊急戒嚴，逮捕李之龍等 50 名共產黨員，監視、軟禁周恩來等中共領導人，包圍蘇聯領事館、蘇聯顧問與汪精衛的住宅，住宅衛兵、省港罷工委員會工人糾察隊武裝也被一併解除。

大隊人馬衝上中山艦時，艦上一眾海軍官兵莫名其妙。事後查實，中山艦調防中確實存在著一個陰謀，但這個陰謀被蔣介石搞成了一個烏龍。給李之龍發公函假傳命令的是黃埔軍校駐省辦事處主任歐陽鍾，一個死硬的國民黨右派分子，所謂的「公函」也是黃埔軍校右派組織孫文主義學會所偽造，目的是挑撥離間蔣汪，破壞國共關係。

以軍隊起家的蔣介石自然深知武裝力量是一把打開獨裁大門的獨一無二的鑰匙。第一次國共合作以來，共產黨在黃埔軍校和國民革命軍中與日俱增的影響力讓蔣介石坐立不安；大罷工中，中共控制的數以千計的工人武裝更是成了他的心頭之患。1926 年 3 月之際，蔣介石固然限共抑共反共之心日熾，但北伐尚未建功，在國民黨和國民政府內也沒有建立起足夠的實力和威望，他還需要蘇聯的軍援和共產黨的支持。

在事件中的過激反應和後續表現也從另外一個角度說明，當時的蔣介石還沒有公然反共反蘇的膽量。所謂的「兵變」其實只維持了小

半天，當發現中山艦並無任何動靜後，蔣介石便忙不迭地解除緊急戒嚴，釋放被捕人員，向周恩來、汪精衛和蘇聯顧問等人賠禮道歉。當國民黨元老廖仲愷的夫人何香凝跑去責問蔣介石時，蔣「竟像小孩子般伏在寫字台上哭了」。

＊　＊　＊

省港大罷工工人糾察隊武裝被蔣介石解除後，大罷工的封鎖招數就失去了一劍封喉的威力。

7月，葉挺獨立團作為先鋒部隊拉開了北伐的帷幕，大批工人糾察隊隊員和罷工工人加入北伐隊伍。與此同時，國民政府與港英當局的勾連愈加熱絡，對大罷工的支持力度也越來越疲弱。生存壓力之下，大批罷工工人無奈返港復工。

由於國民黨蔣介石集團自私自肥行徑的干擾，整整堅持了16個月之久的省港大罷工沒有取得像香港海員大罷工那樣實實在在的戰果。但省港大罷工依然堪稱一場偉大的工人運動：其一，接棒五卅運動，成為20世紀20年代中國在列強超過半個世紀的侵略、欺壓、剝削下民族主義力量總爆發的重要組成部分；其二，1926年全港總人口約71萬，竟然有20多萬香港工人投入大罷工，證明了對國家和民族的認同是香港社會始終如一的民意主流，省港大罷工為中國革命史寫下了光輝一頁；其三，中國共產黨策動的這場震驚世界、讓後來歷任港督談之色變的工運海嘯，為接下來轟轟烈烈的北伐、農民運動和武裝起義，培養、鍛煉了一大批革命骨幹。某種意義上說，省港大罷工給中國命運的未來走向，施加了一股強大的革命「暗勁」。

在大罷工的刺激之下，新任港督金文泰也深刻意識到，要統治具

有如此強烈民族向心力的香港華人，當局必須多多釋放善意，更加重視「中國元素」。大罷工結束前後，金文泰針對香港華人社會做了一系列治理策略調整：政治上，他委任立法局非官守議員周壽臣兼任行政局非官守議員，使之成為香港歷史上首位華人行政局議員。文化上，他批准成立香港首家官立中文學校「官立漢文中學」，後來，該校易名為金文泰中學。1927年，在他的倡導下，香港大學設立中文系，改變了港大只以英文授課的成例。經濟上，金文泰在1926年廢除了新界地區不合理的民田建屋補價增稅政策。又對勞工關係進行了一定的修訂，限制童工的聘用。此外，他還對港島上的貧民區進行重新規劃、建設，並倡導成立醫務衛生署。

## 「大埔淑女號」

1927年，國民革命軍橫掃大半個中國，基本結束了民國建立以來南北對峙、軍閥混戰的亂局。國內局勢相對平靜，西方列強在經濟大蕭條的深坑裏掙扎。中國呈現出民國肇始以來罕見之局。到1937年，中國已擁有3935家現代工廠、1萬餘公里鐵路、11萬多公里公路、12條民航綫路。

在1843年開埠、背靠中國工農業精華之地 —— 長江流域的上海，20世紀20年代末人口增長到300多萬，「在兩次世界大戰之間」一躍成為亞洲最繁華和國際化的大都會。黃浦江邊的「外灘萬國建築博覽群」正一筆一畫勾勒著「東方明珠」的大樣。

背靠內地的香港，轉口貿易獲得了大發展，港英政府的財政收入因此屢創新高，常年維持在2000萬港元以上的高位。香港人口從1926年的71萬穩步增至1936年的近100萬。1936年3月24日，

英國帝國航空提供的第一班定期商業客運航班從檳城飛抵香港啟德機場。此後，陸續有泛美航空的舊金山航綫、法國航空的西貢航綫、中國航空的廣州航綫及上海航綫、歐亞航空的北京航綫等加入，一個國際航運樞紐正在香港成形。

廣九鐵路重啟了。深圳火車站所在的深圳墟的街市，也再次紅火起來。1931 年，人口規模不斷擴大的深圳墟改設深圳鎮。

為了滿足日益增長的高端客戶需求，廣九鐵路增開了中間不停站的特快直通車。1936 年 10 月 14 日，一身銀綠色的「大埔淑女號」特快直通車從九龍總站駛出，僅用時 2 小時 15 分鐘就跑完了全程，順利抵達廣州大沙頭站。「大埔淑女號」內飾為拋光柚木，配置軟墊座椅；車廂一分為二，前半部分為吸煙、酒吧車廂，後半部分是有專人服務的觀景車廂。豪華、特快的廣九直通車受到省港富裕階層的追捧。1937 年初，廣九綫上又增開了一列銀藍色的「廣州淑女號」直通車。

當「大埔淑女號」「廣州淑女號」躍出新界群山馳過羅湖橋，窗外，深圳火車站邊新建的深圳大飯店和深圳墟內鱗次櫛比的數百家大小商行迎面而來⋯⋯

觀景車廂裏的乘客們不會想到，廣九鐵路綫上這樣一個極具「發展中的中國」寓意的場景，將很快會被日本侵略者的鐵蹄無情碾碎。

1950 年，羅湖口岸成為新中國成立後第一個對外開放的口岸。

第六章

烽火連天

## 十四個月的大轟炸

1937 年 7 月 7 日晚，北平，宛平縣城，盧溝橋，無疑是中華民族歷史上最為重要、最為關鍵、最為危急的時點、地點。「七七事變」標誌著中國人民開始全面抗擊日本法西斯侵略。

這場中日兩國之間的生死對決，其爆發與中日甲午戰爭一樣毫無懸念，中日高層對此都心知肚明，吃不準的僅僅是具體的時間和地點。

侵略和戰勝中國是近代日本的既定國策，並將朝鮮作為侵略中國的跳板。1855 年，維新派政治家吉田松蔭將朝鮮和中國列為首要侵略對象。從 19 世紀 70 年代開始，日本開始實施吞併朝鮮的計劃。1910 年，日本侵佔朝鮮半島。1927 年 6 月 27 日至 7 月 7 日的東方會議上，田中內閣制定了《對華政策綱領》，進一步確立以武力侵佔中國的擴張總方針。1929 年 12 月，中國《時事月報》刊載《田中奏摺》，即日本田中首相向天皇上奏的關於東方會議討論決定的對華政策的內容，其中說到「欲征服中國，必先征服滿蒙；欲征服世界，必先征

服中國」。田中奏摺真偽雖尚有爭議，但史學界公認，自東方會議至1945年日本帝國主義的對外侵略，大體上與奏摺所說的方針和步驟是一致的。

根據這個長期的、陰毒無比的蠶食中國計劃：1931年，日本挑起九一八事變佔領中國東北，並一手炮製偽滿洲國傀儡政權；1935年，日本人又策劃「華北五省自治運動」，試圖把華北從中國剝離；1936年，日本關東軍操縱蒙奸德王成立偽蒙古軍政府，再次肢解中國。同年6月，日本天皇批准了新的《帝國國防方針》和《用兵綱領》，公然宣稱要實現控制東亞大陸和西太平洋，最後稱霸世界；同年8月7日，日本五相會議通過了《國策基準》，具體規劃侵略中國、進犯蘇聯，待機南進的戰略方案。自1935年5月起，日本陸續增兵華北，不斷製造事端，頻繁進行軍事演習，華北局勢日益嚴峻。

七七事變前夕，北平的北、東、南三面已經被日軍控制：北面，是部署於熱河和察哈爾東部的關東軍一部；西北面，有關東軍控制的偽蒙軍8個師約4萬人；東面，是偽冀東防共自治政府的保安隊約17000人；南面，日軍已強佔豐台，逼迫中國軍隊撤守。北平郊區宛平縣城外的盧溝橋，作為當時的南北大動脈京漢鐵路的北端起點，成了北平對外聯絡的唯一通道。因此，在日軍攻擊平津、全面侵華的計劃裏，盧溝橋首當其衝。

\* \* \*

七七事變爆發後，國民政府為了方便各國援華物資從香港直接運往內地，利用已建成的黃埔港鐵路支綫路基，從廣州西聯站鋪軌至石

牌附近，將剛剛於 1936 年全綫通車的粵漢鐵路與廣九鐵路聯通。1937年 8 月 20 日，石牌站建成通車，大批急需的戰略物資通過廣九鐵路、粵漢鐵路源源不斷地輸往華中腹地。

對於香港在抗戰初期發揮的重大作用，國際知名歷史學家弗蘭克・邁克瑞在《帝國在華南的衝突：同盟國代理人與日本的戰爭（1935—1941）》（*Clash of Empires in South China: The Allied Nations' Proxy War with Japan, 1935—1941*）一書中如此評價說：「香港是戰爭的一個基礎組成部分，從整體上看，香港和中國南方必須放在一起看，是一個重要軍事區域。從另一個角度看，香港是戰時中國的一個重要城市，它並不是英帝國的一個安靜的前哨基地。」他強調，不能把戰時的香港孤立地看成是英國的佔領地，而應該把它和中國南方看成一個統一的戰區，因為它是該戰區的後勤基地，是支持中國持續抵抗日本的關鍵因素。

對於香港—廣州—武漢這條支撐中國抗戰的補給生命綫，日軍早已虎視眈眈。淞滬會戰剛剛結束，日軍尚在進軍南京的 1937 年 12 月 7 日，日本侵華大本營陸軍部就制定了攻佔廣州的「A 作戰」，攻擊部隊秘密集結於澎湖列島的馬公港，預定於當月的 26 日發起進攻。大戰箭在弦上之際，發生了一件緊急事件，迫使日本叫停了廣州作戰。

12 月 12 日，日本軍機在封鎖長江、圍攻南京的戰鬥中，擊沉了停泊在南京以北長江江面的美國炮艇「帕內號」。同日，日軍還襲擊了停泊在蕪湖長江江面的英國炮艇「瓢蟲號」。日本人百般狡辯是「誤炸」，但事發當日長江江面晴空萬里，目擊者眾多，「帕內號」甲板上還鋪設著巨大的美國國旗，誤炸一說實在難以自圓。國際輿論大嘩，美國派英格索爾上校趕赴倫敦，商討與英國合作對抗日本在亞洲的侵

略問題。雖然，當時孤立主義和綏靖政策大行其道的美英兩國最後接受了日本的道歉、賠償、處分指揮官的舉措，事件不了了之，但日本大本營認為在這個節骨眼上對廣州發動大規模進攻，過於刺激美英國內情緒，極有可能引發兩國干涉。於是，「A 作戰」被日軍暫時擱置，取而代之是慘絕人寰的無差別轟炸。

從 1937 年 8 月 31 日起至 1938 年 10 月 21 日廣州淪陷，日軍對廣州地區的軍民設施和廣九、粵漢、廣三鐵路綫更是進行了長達 14 個月的轟炸。

1938 年 5 月 28 日至 6 月 9 日，日軍出動飛機 340 餘架連續轟炸廣州市區。廣州城內死傷枕藉，今黃華路一帶黃華塘村幾被夷平，當場炸死 100 多人。6 月 14 日，日本駐英國大使吉田茂會見英國反日援華團體「英國援助中國運動委員會」代表時，蠻橫地回應道：「日機迭次轟炸廣州，目的在沮喪中國人民意志。」抗戰勝利後的 1946 年 7 月，該村立碑紀念，上書五個讓人傷感的大字「血淚灑黃華」。

廣九鐵路綫上的關鍵性控制工程石龍南橋於 2013 年被國務院列為第七批全國重點文物保護單位。其舊鋼樑上有多處被日軍轟炸中彈穿孔的痕跡，時至今日仍未被歲月洗去，成了揭露日軍當年暴行的鐵證。


## 「沙頭角孤軍」

1938 年 8 月，攻取華南重鎮廣州再次提上侵華日軍的日程。日軍在制訂進犯武漢計劃時，將進攻廣州一併打包在內。1938 年 5 月 10 日，日軍侵佔廈門，將之作為進軍廣州的跳板。由於船舶運輸能力不足，日本最終決定佔領武漢之後再進攻廣州。7 月，日本認為海軍艦

隊的運力和陸軍兵員已準備就緒，應舉日本全國之力同時奪取武漢和廣州，以徹底打服中國。9月7日，日本大本營御前會議決定進攻廣州，編組第21軍司令部，下轄第5師團、第18師團、第104師團及第4飛行聯隊等部隊；海軍方面出動第5艦隊，包括「加賀號」「龍驤號」「千歲號」等航空母艦，全部兵力達7萬餘人。

借鑒淞滬會戰中出其不意在杭州灣金山衛搶灘，從而一舉將中國軍隊分割包圍的成功戰例，日軍將此次作戰的登陸場選定在惠州大亞灣，而非江防嚴密的珠江口。10月初，日軍在澎湖列島的馬公港再度集結完畢，隨時準備出動。

日軍磨刀霍霍，國民黨軍隊卻大夢不醒。蔣介石和他的軍事委員會成員們自始至終認定廣州毗鄰香港，香港以及以廣州為核心的廣東地區一直以來就是英國的勢力範圍，日本不會不看英國人的眼色而貿然進犯廣州，一廂情願地把嶺南大地的命運託付給了其實已自身難保的英國。

全面抗戰爆發後，國民政府軍事委員會在華南組建了第四戰區，總兵員約11萬人。在武漢會戰打響之前，大部分廣西守軍就被抽調至華中地區參戰，又從廣東抽走了4個主力師，第四戰區只剩下戰力良莠不齊的8萬餘人。

1938年9月7日，就在日本大本營御前會議下定最後決心的當天，時任廣東省政府主席吳鐵城向蔣介石密電，報告日軍擬在攻打武漢的同時「進犯華南，其登陸地帶似將在大鵬灣，現敵已派前駐瑞士公使矢田等到香港籌備南犯計劃，並派艦在該灣海面追毀我漁船，以防其行動為我察覺」。蔣介石置之不理。10月8日，吳鐵城再次急電蔣介石稱：「據香港英軍情報機關消息，敵擬派四師團一混成旅團大舉南犯，或在本月真日（11日）前後發動」。

面對這份時間精確到「真日（11 日）前後」的情報，蔣介石仍舊不以為意，認為這只是日軍襲擾人心、配合武漢會戰的宣傳戰，不僅沒有下達加強廣州防務的任何命令，反而在粵軍主力大半已北調的情況下，要求駐粵最高軍事長官、第四戰區副司令長官余漢謀再抽調一個師增援武漢，「勉抽精兵一師，以保全大局」，還說「只要武漢能守，則粵必無慮」。

　　10 月 9 日，日軍從馬公港起航，於 11 日黃昏抵達大亞灣外海。當夜無風，皓月當空，日軍施放煙幕掩蓋艦隊行跡。12 日凌晨 2 時 45 分許，日軍先頭部隊在數十艘軍艦和 100 餘架飛機的掩護下，在長達七八公里的大亞灣一綫海灘實施強突登陸。當時，守備在灘頭陣地的中國軍隊只有一個新編成的特務營，面對突如其來的優勢日軍，一觸即潰。

　　最高統帥對廣州戰情如此輕慢，第四戰區的備戰自然漫不經心，以至於戰時出現了這樣一幅滑稽的畫面：10 月 12 日凌晨日軍已經在大亞灣登陸，但直到晚上香港、廣州各大電影院的熒幕上還在滾動播放著第四戰區的尋人啟事，尋找那些離開指揮崗位、歡度「雙十節」的中高級軍官，「速速歸隊，迎擊日軍」。

＊　＊　＊

　　國民黨軍隊此後的抵抗乏善可陳。日軍一路長驅直入，如入無人之境，連克惠州、增城防綫，兵臨廣州城下。21 日凌晨，余漢謀、吳鐵城在事先未做任何動員的情況下，帶領廣東省黨政軍機關匆忙撤往清遠，廣州市長曾養甫率所部模範團、自衛隊等西撤高要、廣寧，僅佈置少量部隊防守廣州。21 日下午，日軍僅以戰死 173 人、負傷 493

人的極小代價，大搖大擺地走進了廣州城。

開戰僅僅 9 天，中國南方重鎮廣州城頭就被日軍插上了「膏藥旗」。消息傳出，廣東人民和海外粵籍華人華僑對廣東省軍政當局痛罵不已，「余漢無謀，吳鐵失城，曾養無譜（粵語甫、譜同音，無譜即無用之意）」的譏諷譴語不脛而走。

廣州戰役是抗戰史上極為恥辱的一頁。廣州的快速淪陷，讓整個富饒的珠江三角洲地區根本來不及做出任何應對就盡付敵手，導致抗戰的內外形勢急劇惡化。正在進行的武漢會戰失去了戰略意義，因為會戰發起的核心目標之一就是保障粵漢鐵路的暢通，廣州一失，這個核心目標也已不存，再在武漢拚掉抗日有生力量就得不償失了。國民黨軍隊撤出武漢後，意味著當時中國的七大都市盡數淪於日本人之手，外援進入中國的通道也只剩下山高林密路難行的滇緬公路了。

國民黨軍隊的不戰而退更是玷污了廣州這座孫中山一手打造的革命之城、英雄之城的光輝形象。遠在美國的時任中國駐美大使胡適在發給蔣介石的電報中，幾乎是捏著鼻子寫道：「廣州不戰而陷，國外感想甚惡。」進步的上海《導報》25 日發文《血的教訓》，一針見血地提出：「粵省民眾雖有著光榮的革命傳統，但多年的不良統治，已使這種傳統受到很大的摧殘……更堪痛心的是當局者不但自己不做民眾運動，更害怕而阻礙別人做。」

不過，統帥的誤判、戰場最高指揮官的無能，絲毫不能抹殺廣大中國軍人的報國之志和犧牲精神。20 日，獨立第 20 旅第 3 團第 2 營營長黃植虞率領全營官兵堅守正果鎮白面石村陣地，在日軍飛機、重炮轟擊下不動如山，數次以白刃戰逼退日軍。進攻屢次受挫後，日軍使用燃燒彈焚燒表面陣地，守軍在熊熊大火中依舊頑強抵抗。此次阻

擊戰日軍傷亡近 200 人，第 2 營人員損失高達三分之二。當地百姓感其忠烈，後在當年激戰之地捐建了正果戰役紀念亭。

\* \* \*

廣州戰役結束後，在戰鬥中被打散的中央炮兵連、第 151 師 904 連和虎門衛士隊等 1000 餘人退守深港之間的沙頭角一帶，統一改編成若干營，由團長劉儒任總指揮，繼續抵抗，人稱「沙頭角孤軍」。「沙頭角孤軍」和「上海孤軍」四行倉庫「八百壯士」一起，一南一北組成了國民革命軍抗戰史上的精神圖騰。

在四面受敵的險境下，「沙頭角孤軍」堅守陣地，還曾採用游擊戰術夜襲駐深圳橫崗的日軍兵營。終因寡不敵眾，剩下的 900 多名官兵被迫退入香港新界。港英當局解除了他們的武裝，先後將他們軟禁在九龍馬頭涌難民營和亞皆老街「孤軍營」。駐香港中國軍事代表團團長、海軍中將陳策曾向港英當局提議，武裝「孤軍營」裏的中國軍人抗擊日寇。時移勢易，早已落魄潦倒的英國，自中國抗戰以來與日本人打交道就顯得謹小慎微，竭力避免與昔日的小弟發生衝突，港英當局對陳策的提議不置可否。1941 年 12 月 8 日，日軍突襲香港，九龍即將失陷之際，港英當局才送來左輪手槍 75 支、手榴彈 20 箱，讓「沙頭角孤軍」出營參戰。當時的《星島日報》記載，孤軍「奮勇向敵猛撲，曾建立不少功勳，傳大埔日軍早已慘潰，刻已無敵蹤，其（英軍）得力於孤軍協助者實為不鮮」。香港《大公報》則讚揚孤軍「充分表現我軍傳統的英勇卓絕之作戰精神，使侵犯本港之敵寇為之膽寒」。

10 日青山之役，孤軍為前導，日軍驟然見到猛打猛衝的中國軍

人，以為香港境內有大規模中國正規部隊，狐疑之下暫時退卻。孤軍前推數里後，卻遲遲等不到英軍增援，只得拚力殺出一條血路，經沙魚涌輾轉抵達惠東地區，與大部隊會合。

## 文化名人大營救

從 1938 年 10 月侵華日軍發動廣州戰役，到 1945 年 8 月日本帝國主義無條件投降的 7 年間，深圳河畔、東江兩岸、廣九鐵路沿綫，成了共產黨領導下的廣東人民抗日游擊隊敵後抗戰的最前綫，誕生了一支威震華南的人民抗日武裝 —— 東江縱隊。1945 年，朱德在中共七大所作軍事報告《論解放區戰場》中，將包括東江縱隊在內的華南抗日縱隊和八路軍、新四軍並稱為「中國抗戰的中流砥柱」。

東江縱隊的前身是中共惠寶工委成立的惠寶人民抗日游擊總隊及東寶惠邊人民抗日游擊總隊。抗戰勝利時，東江縱隊已發展到 1.1 萬多人，另有民兵 1.2 萬多人，游擊區總面積約 6 萬平方公里，覆蓋人口 450 萬人以上。

抗戰期間，東江縱隊對日、偽軍作戰 1400 多次，斃傷日、偽軍6000 多人，其中相當一部分戰鬥都是圍繞著阻斷廣九鐵路通運、破壞日軍的「大陸交通綫」為目標，上演了一幕幕廣東版的「鐵道游擊戰」。

東江縱隊最為人津津樂道的戰例，是下轄港九獨立大隊實施的「中國文化名人大營救」。

自抗戰全面爆發特別是皖南事變後，宋慶齡、何香凝、鄒韜奮、柳亞子、梁漱溟、茅盾、夏衍等近千名國內文化名人和愛國民主人士先後從淪陷區和國統區輾轉來到香港，辦報、籌款，推動香港抗日救亡活動。

1941 年 12 月 8 日，日軍強渡深圳河，突襲香港。日軍蓄謀已久，兵鋒凌厲，駐港英軍難以招架，節節敗退。12 月 25 日晚 7 時，時任港督楊慕琦到九龍半島酒店 3 樓的日軍戰鬥司令部，與日軍第 23 軍司令官酒井隆簽署投降書。

　　香港淪陷後，日軍四處搜捕「黑名單」上的抗日分子，並勒令旅港文化界人士限期前往日軍戰鬥司令部「報到」，還在報紙上假借內山完造名義刊登啟事，尋找鄒韜奮、茅盾等人共建「大東亞共榮圈」，甚至在戲院、影院中打出幻燈告示，直接點名夏衍、蔡楚生、司徒慧敏等人前往半島酒店「會面」。

　　這些文化名人和愛國民主人士一旦落入日軍之手，後果不堪設想。

　　萬分危急之際，中國共產黨人毅然肩負起了營救民族文化精英、保存民族文化火種的重任。

＊＊＊

　　在今深圳市龍華區白石龍社區的「中國文化名人大營救紀念館」，兩份電報紙擺放在展示區的顯眼處。旁邊的說明文字顯示，這是 1941 年 12 月 8 日日軍開始進攻香港後，時任中共中央南方局書記周恩來，於一天之內連續發給時任八路軍駐港辦事處主任廖承志的兩封急電，要求他想盡一切辦法將這批困留香港的文化名人解救出來。12 月 9 日、12 月下旬，周恩來又兩次給廖承志發電報，進一步指示營救事宜。

　　電報中，周恩來的指示細緻入微。

　　第一，指明了撤退的方向。在第一封電報中，周恩來指出：「菲律賓將不保。新加坡或可守一時」，上海交通已斷絕，香港人員的退路只

有廣州灣、東江和馬來亞。在第二封電報中，周恩來進一步指示廖承志：「太平洋戰爭爆發，香港已成死港。香港接朋友，如有可能，請先至澳門轉廣州灣，或先赴廣州灣然後集中桂林。」

第二，指示了優先營救對象。周恩來明確指出：「孫、廖兩大人（宋慶齡、何香凝）和柳亞子、鄒韜奮、梁漱溟等」，應先派人幫助他們離港，「一切疏散和幫助朋友的費用」均由我黨在港的存款中開支。並特別提醒，宋慶齡的安危是重中之重。廖承志接報後，第一時間找到宋慶齡，勸說並保護她緊急趕赴啟德機場，搭乘最後一班飛機離開香港。飛機起飛不久，啟德機場即遭日軍攻佔。

第三，要求儘快聯絡其他文化名人和愛國民主人士。日軍進攻香港後，這些人為躲避敵人的搜查不停地搬家。兵荒馬亂之中，要在偌大的港島、九龍地區迅速、準確地找到這近千名營救對象，實在是如大海撈針。

廖承志認定，這些真正的文化人「積習」難改，即使戰火紛飛，仍會流連文化活動場所，而且「只要找到一兩個，就能找到一大批」。港九地區的地下工作者冒著暴露身份的巨大危險集體出動，拿著照片在報社、書店等地蹲守，果然聯繫上了范長江，並通過在《華商報》工作的張友漁打通了人際網。一番尋藤摸瓜之下，營救對象陸續接上了頭。

根據周恩來的指示精神，心思縝密的廖承志等人制定了東、中、西 3 條撤退路綫：東綫，從港島坐漁船出發，途經長洲島、葵涌，撤至沙魚涌、海陸豐地區，再步行到游擊區；西綫，由港島坐漁船偷渡至澳門，再轉移至台山、斗門一帶；中綫，先從港島坐船至九龍，然後從荃灣走青山道，翻越 900 多米高的大帽山，在落馬洲一帶渡過深圳河，進入東江縱隊駐地寶安縣白石龍村（即今深圳市龍華區白石龍

社區），前後行程約 50 公里。

東、西兩綫走水路，看起來比較容易，但沿途常有日軍巡邏艇盤查，還可能遭遇海盜水匪。茫茫海面之上，一旦有失，無可挽回。因此，只能在計劃周詳、萬無一失的情況下動用這兩條路綫，轉移一些腿腳不便、身體較弱的人士。走陸路的中綫雖然山高路遠，卻有熟悉深港地區地形、民情的港九大隊短槍隊一路接力護送，安全係數較高，因此成了這場大營救的主綫。

廖承志做出了一個出人意料的決定：親自探路，為營救行動打好前站，確保萬無一失。恰好這時日軍方面傳來消息，將於 1942 年元旦後疏散數十萬人到內地。廖承志抓住這個絕佳的時機，決定和喬冠華、連貫等人化裝成難民混出香港，探明撤退路綫。

從九龍到落馬洲有兩條路可以選擇：一條是事前規劃的大路，比較便捷，問題是日軍在沿途新設了巡邏隊，一旦遭遇盤查，將前功盡棄；另一條小路比較偏僻，能避開日軍巡邏隊，但戰前駐港英軍為阻擋日軍進攻，在那一帶埋有大量的地雷，同樣危險重重。

權衡再三，廖承志決定以身涉險。1942 年元旦，廖承志同喬冠華、連貫二人躲開日軍的巡邏艇來到九龍，以打麻將牌為掩護仔細研究了撤退路綫中的武裝護送、沿途食宿、警戒以及可能出現的情況，完成部署後由短槍隊護送坐船通過大鵬灣，與等在深圳河邊的東江縱隊游擊隊員會合。

1 月 9 日晚，茅盾夫婦、戈寶權、葉以群等人作為第一批撤離人員，打扮成難民模樣，在港九大隊短槍隊的護送下，沿著事先探好的路綫，長途跋涉百餘里，終於到達深圳河邊。茅盾在《脫險雜記》中寫道：「終於到了茫茫一片的水邊。有渡船，那是平底大木船。我們這一群總共裝了三船。三十多分鐘以後，三條木船都靠了岸；這是寶安

縣屬，是淪陷區。」

化裝成難民的一行人舉著「良民證」，心驚膽戰地通過了河邊日軍哨卡的「點驗」。茅盾說：「過了這『鬼門關』的人們都跑得很快……回頭再一看，呵，後面來的三五位神色倉皇逃也似的奔了來了。他們一面跑，一面向我們揮手喊道：『快走呵，日本小鬼要打人了！』」

\* \* \*

接下來長達 100 多天的時間裏，港九地區的愛國民主人士和文化界知名人士共 300 多人，連同其他方面的人士 800 多人，以及踴躍到內地參加抗戰的愛國青年 2000 多名，被深圳河兩岸的東江縱隊游擊隊員成功營救或接應。這場大營救被茅盾譽為「抗戰以來最偉大的『搶救』工作」。

廖沫沙在《東江歷險長留念》一文中寫道：「把他們從敵人的虎口中安全地搶救出來，這不但是我們黨的一項偉大的功績，而且在歷史上也是空前未有的一次嚴峻、艱巨的大撤退。」

這場堪稱奇蹟的「勝利大營救」為中華民族、為中華人民共和國保存了一大批文化精英，極大地提高了中國共產黨在國內外的威信，對促進抗日民族統一戰綫的發展意義深遠，在中國革命史上留下了濃墨重彩的一筆。

香港導演許鞍華執導的電影《明月幾時有》是對這場大營救的全景展示，裏面的主要人物都是真實存在的。比如，說「加入短槍隊，就沒有想過活著出來」的港九大隊短槍隊隊長劉黑仔，就是深圳大鵬人，原名劉錦進，因長得黑而被稱為「黑仔」。日軍登陸大亞灣後，劉黑仔加入惠寶人民抗日游擊隊。香港淪陷後，劉黑仔是第一批被派到

香港組織游擊隊的成員之一，先後任港九大隊短槍隊副隊長、隊長。

劉黑仔率領的短槍隊在香港神出鬼沒，日軍視之為眼中釘，重金懸賞他的項上人頭。在漢奸特務隊長肖九如等人四處搜查他的下落之際，劉黑仔將計就計，化裝成漢奸隊員，在金龍酒家當場擊斃了正在大擺宴席的蕭九如。電影《明月幾時有》真實再現了這一段「香江傳奇」。

劉黑仔留下的另一個傳奇事蹟，是成功讓美軍飛行員克爾中尉虎口脫險。隸屬美軍第十四航空隊的克爾中尉，於 1944 年 2 月 21 日突襲香港啟德機場時其座機被日軍擊落，跳傘後被港九大隊營救。劉黑仔為了掩護克爾，採取調虎離山之計，派發傳單，鏟除漢奸，搞鬧鬼子老巢，終於將克爾安全送到東江縱隊司令部，後又輾轉送到大後方。

\* \* \*

三年零八個月的日佔期間，主要成員來自香港新界的港九大隊共有 115 名戰士為保衛香港獻出了年輕的生命。

## 蔣介石一退再退

1941 年 12 月 7 日，日軍偷襲珍珠港，太平洋戰爭爆發。翌日，美國向日本宣戰。9 日，中國國民政府發表《中華民國政府對日宣戰佈告》《中華民國政府對德意宣戰佈告》，正式向日、德、意三國宣戰，宣佈在此之前中國與列強簽訂的條約中，一切與這三個國家有關的條款全部作廢。從此，中國不再獨自苦戰日本法西斯。中國人民抗日戰

爭是世界反法西斯戰爭的重要組成部分，是世界反法西斯戰爭的東方主戰場。

1942 年 1 月 1 日，中、蘇、美、英等 26 國代表在華盛頓簽署《聯合國家宣言》，中國與美、英、蘇共同領銜簽字，意味著中國是同盟國家公認的世界反法西斯四大國之一。3 日，同盟國家代表會議為更有效地協調作戰，成立了包含泰國、緬甸、越南等一部分東南亞國家在內的中國戰區，蔣介石任中國戰區盟軍統帥部最高統帥。

1942 年 2 月，應駐緬英軍請求，中國調集精銳部隊第 5 軍、第 6 軍、第 66 軍組成中國遠征軍第一路軍進入緬甸，協同英、緬軍對日作戰，以自身傷亡慘重的代價，成功解救出被日軍圍困的英軍 7000 多人。

從 1931 年算起，中國軍民在孤立無援的情況下堅持抗戰已超過 10 年，這一次又走出國門助戰盟國，成功解救 7000 多名英軍，國人人心大振。國民政府果斷對日、德、意三國廢除不平等條約的行為，使中國人民鬱積經年的民族情感集中爆發，社會各界紛紛呼籲美英等同盟國也要即刻廢除不平等條約、放棄在華治外法權。

蔣介石從中看到了收復香港的希望。

1942 年至 1943 年，蔣介石讓夫人宋美齡以私人身份赴美，多次拜會美國總統羅斯福，希望在中國與同盟國家之間廢除舊約、簽訂新約這件全體中國人民翹首以盼的大事上，得到美國的鼎力支持。

在羅斯福看來，日軍佔領大半個中國的情況下，在華治外法權事實上已經失去了價值，但廢除舊約、簽訂新約在中國人的民族情感砝碼上卻重達千斤。順水推舟答應中國的要求，能讓中國軍隊更加死心塌地，也把日軍重兵死死拖住，減輕美軍在太平洋戰場上的負擔。至於香港，如果能說服英國歸還中國，不但賣了中國人一個天大的面

子，也能使英國在亞洲的殖民體系失去重要的橋頭堡。美國一舉兩得、坐收漁利。

\* \* \*

在之後的談判中，中美很快達成了共識。但當羅斯福把美方的意見告知英國首相丘吉爾後，丘吉爾一點面子都沒給，斷然回應：只能廢除部分舊約，香港的歸屬問題絕不能談判。他強硬表示「決不會放棄任何一塊大英帝國的土地」。英國駐華大使薛穆向中國政府遞交的中英新約條款中，絲毫沒有提及歸還香港一事。他還對外宣稱：英國在香港問題上絕不會發生任何的動搖與妥協。

蔣介石很快妥協了，畢竟眼下抗日戰局仍危如累卵，國民政府的後背還需要美英等同盟國家來守護。打著「維護盟國友誼」的旗號，蔣介石大踏步後退，下令中方代表在談判中只要求英方廢除 1898 年簽訂的《展拓香港界址專條》、歸還租借的新界（當時稱為九龍租借地）就可以了。

面對蔣介石的大讓步，英國人依然無動於衷。在他們看來，將新界歸還中國，港九縱深盡失，等於把香港的後背亮給了中國。當年英國人取得香港地區唱的是「三部曲」，新界是「終曲」，如果拱手把新界還回中國，那就極有可能反轉成為英國失去香港全境的「序曲」了。

中英談判卡住了。蔣介石一度叫中方代表傳話，說如果沒有收回新界的條款，他就不簽字。英方代表則針鋒相對地聲明：中方要是繼續堅持收回新界的話，我們只好拒絕簽訂新約。

僵持不下的局面下，最終又是沒有膽量也沒有實力掀桌子的蔣介

石屈服了，同意了宋子文「抓住時機將可以簽訂的新約簽下，香港之事以後再議」的建議。

1943 年 1 月 11 日，《中英關於取消英國在華治外法權及其有關特權條約》簽訂。與此同時，外交部長宋子文向英國駐華大使提交照會，表示「中國政府保留日後重新提請討論此問題（指歸還新界）之權」。

1942 年 12 月 31 日，蔣介石在日記中透露了他一步步妥協的心路歷程：「對英外交，頗費心神，以九龍交還問題，英堅不願在新約內同時解決，余暫忍之。」「另用書面對彼說明：交還九龍問題暫作保留，以待將來繼續談判，為日後交涉之根據。」「暫忍」到什麼時候呢？「一俟戰後用軍事力量由日軍手中取回，則彼雖狡獪，亦必無可如何。」

\* \* \*

1943 年 11 月下旬，中、美、英三國首腦在埃及開羅舉行旨在規劃戰後國際秩序的秘密會議。蔣介石和丘吉爾這對隔空較量的對手，終於有機會就戰後誰來收復香港的問題，當面交鋒一下了。

開羅會議期間，作為會議發起人的羅斯福努力營造中國與美、英平等相處的大國形象，以便「讓中國繼續戰鬥下去，拖住日本軍隊」。11 月 23 日，羅斯福與蔣介石會晤時，主動提出戰後香港歸還中國並改為國際自由港的議案，交換條件是戰後中國國民政府繼續實行「容納」共產黨的政策，組織「國共聯合政府」。在此條件下，他願意勸說丘吉爾同意將香港歸還中國。羅斯福還在開羅寓所裏和盟軍駐華最高軍事代表史迪威等人談及將香港歸還中國的計劃：「讓我們先在那兒升

起中國的國旗，然後在第二天，蔣介石就會做出一個漂亮的姿態，讓香港成為自由港。這就是處理香港問題的方法！」對此，蔣介石又驚又喜，「同意將香港宣佈為自由港，即請羅斯福向英交涉」。

羅斯福還是高估了自己的影響力，也低估了頑固的丘吉爾捍衛英國遠東利益的決心。

在三巨頭的一次集體會晤中，羅斯福有意挑起話頭，問蔣介石：「你對香港如何打算？」還沒等蔣介石開口，丘吉爾就搶先抗議道：「先生們，請注意，香港是英國的領土。」羅斯福順勢向丘吉爾轉達了蔣介石收歸香港的意願：「香港 90% 以上的居民都是中國人，又十分靠近中國的廣州，應該歸還給中國。」這番話雖然有道理，但顯然沒有什麼震懾力。本以為丘吉爾會就這個問題討論一下，或者討價還價一下，比如退回到此前只收回新界的條件。沒想到丘吉爾油鹽不進，脫口就說道：「只要我還在首相任上，就不想使大英帝國解體。」

蔣介石立即反駁：「過去英國以暴力入侵中國，與清廷所簽訂的不平等條約，國民政府概不承認，戰後隨時可以收回香港。」

中英雙方領導人爭執不下，香港歸還中國之事又一次不了了之。

11 月 25 日下午，此前信心滿滿的羅斯福在茶會上對蔣介石無奈地說道：「現在最令人痛苦者，就是丘吉爾的問題⋯⋯英國總不願中國成為強國。」蔣介石則在當天日記中憤憤寫道：「開羅會議之經驗，英國決不肯犧牲絲毫利益以濟他人。彼對於美國之主張亦決不肯有所遷就，作報答美國救英之表示。其於中國存亡生死，則更不值一顧矣。⋯⋯英國之自私與貽害，誠不愧為帝國主義之楷模矣。」

\* \* \*

1945 年 8 月 15 日，日本宣佈無條件投降，蔣介石「隱忍」已久的「一俟戰後用軍事力量由日軍手中取回」的時機終於到來了。按照遠東盟軍統帥麥克阿瑟發佈的第一號受降令，凡在中國以及我國台灣地區、越南（北緯 16 度以北）之日軍，均應向中國戰區最高統帥蔣介石投降，香港正位於北緯 16 度以北地區。而且在戰爭期間香港地區隸屬於中國戰區，佔領香港的日軍隸屬日本的「中國派遣軍」第 23 軍。該軍司令部就設在廣州，司令官田中久一中將兼任香港佔領地總督。既然日本的「中國派遣軍」總司令岡村寧次已奉命「向蔣委員長投降」，香港日軍也理應如此。

　　於是，蔣介石命令第二方面軍司令官張發奎，將國軍精銳新 1 軍和第 13 軍集結於深圳河北岸的廣九鐵路沿綫，隨時準備接收香港。

　　1945 年 7 月上台的英國新首相艾德禮，全盤承繼了前任丘吉爾的殖民地情結。8 月 18 日，艾德禮致電美國總統，請他指示盟國最高統帥麥克阿瑟將軍，命令日本最高統帥官保證駐香港的日本地方司令官，應在英國海軍部隊的司令官到達香港後，向他們投降。英國政府公然宣稱「香港不應被包含在中國境內，英國在香港擁有主權」，日本宣佈無條件投降當天還緊急調遣一個師規模的英國艦隊從菲律賓趕往香港。

　　一直力挺中國在戰後收復香港的羅斯福，已在這一年的 4 月病逝。5 月德國投降，新任美國總統杜魯門的頭號戰略目標是聯合英國，與蘇聯爭奪歐洲主導權，對英國幾乎是有求必應。杜魯門在與國務卿貝爾納斯商討後，覆電艾德禮，表示「美國不反對由一個英國軍官在香港接受日本人的投降」。杜魯門最後決定，將香港受降權讓予英國，他通知美國軍方：為順利地接受香港地區日軍的投降，「香港已明

確劃在中國戰區之外。」

　　一輩子政治生涯仰美國人鼻息的蔣介石再次低頭了。他於 8 月 21 日致函杜魯門說：「如果正如英國大使所宣稱，您已致電艾德禮首相。為了不使您為難，我提出如下的建議：日本在香港的部隊應向我的代表投降；在受降儀式上，將邀請美國和英國的代表參加；在受降後，由我授權英國部隊登陸並重新佔領香港。」這一番話說明蔣介石完全放棄了收回香港的念頭，連他此前一直堅持的收回新界的打算也煙消雲散了。現在，他只求一個接受日軍投降的「面子」。

　　但美國人連這一點虛幻的面子也不想給蔣介石。杜魯門回電說：「英國在香港的主權是沒有疑義的，倘為投降儀式而發生麻煩，似乎將抵償不了其惡劣影響。」

　　蔣介石看到電文後大為惱火，但美國人的「聖旨」又不敢違抗，最後不得不表示：「願意授權給一個英國軍官，讓他去香港接受日本人的投降，同時派一名中國軍官和一名美國軍官赴香港參加受降儀式。」

　　理應由中國軍人接收香港，一下子成了「授權給一個英國軍官」去接受日本人的投降，這個近水樓台卻不能先得月的外交博弈結果，成了恥辱。按照當時受降的法定程序，國軍精銳新 1 軍和第 13 軍的預先配置，只要下定決心，壓制住英國人的無理要求易如反掌。但在民族大義面前，蔣介石黨同伐異的私心再次佔據了上風。為了獲得美英的軍援，打贏他蓄謀已久的國共內戰，為了藉助美英的海空軍力量將多年退縮在西南地區的國民黨軍隊主力緊急運往東北、華北戰場，他願意放下一個大國首腦所有的尊嚴。

　　8 月 30 日，英國特遣艦隊駛抵香港維多利亞港，迅速蕩平了一部分日軍自殺式的負隅頑抗。海風吹散硝煙之後，英軍看見的是港灣

兩邊一棟棟華人樓宇上飄揚的「中華民國國旗」。苦盼著「王師」南下的香港民眾眼睜睜地看著當年被日軍趕走的英軍，又跑回來接管了香港。

* * *

1945 年 9 月 1 日，英軍司令官夏愨宣佈成立香港軍政府。當天，國民政府軍事代表團飛抵香港，就香港受降和國民黨軍隊「取道」香港北上達成協議。雙方同意自達成協議之日起，到 1947 年 8 月 15 日止，國民黨軍隊可以從廣州開入香港，租借九龍塘部分民居作為臨時軍營，然後乘坐海輪北上。據統計，此後經香港北上的國民黨軍隊超過 10 萬人。

這就是蔣介石在中英交涉香港問題上一退再退，英國人給他的最大「面子」。

## 保持香港繁榮穩定

1949 年 10 月 2 日，即中華人民共和國成立的第二天，中共中央軍委正式下達了發動廣東戰役的命令。葉劍英、陳賡指揮解放軍第二野戰軍第 4 兵團、第四野戰軍第 15 兵團和兩廣縱隊共約 22 萬人，圍殲國民黨軍余漢謀集團。一個多月後的 11 月 4 日，廣東戰役勝利結束，解放了除欽州、合浦（今屬廣西）地區和雷州半島以外的廣東大陸。

當時的廣大人民解放軍基層官兵和不少海外、港澳人士都認為，參加廣州戰役的人民解放軍身經百戰、氣勢如虹，而駐防香港的英軍

只有區區四個旅一萬多人和一小部分海軍、空軍，廣州戰役的戰果肯定會如秋風掃落葉一般席捲華南，捎帶著一舉拿下香港、飲馬深圳河，讓人民解放軍的鋼鐵洪流從「源頭」上一洗中國百年恥辱。

幾個月前發生的「紫石英號」事件更加堅定了他們的觀點。

1949 年 4 月 20 日是人民解放軍渡江戰役的發起日，也是我軍公告要求外國艦船撤離長江作戰區域的最後期限。但在長江江面上耀武揚威了上百年的英國海軍遠東艦隊還躺在歷史的老黃曆裏，做著在中國的內河航道上自由航行的美夢。20 日上午，英國海軍「紫石英號」護衛艦無視禁令，闖入人民解放軍前綫預定渡江江段。人民解放軍炮兵警告無效後果斷炮擊，重創該艦致其擱淺，艦長斯金勒當場死亡。之後，我軍炮兵部隊又將先後趕來救援的英國遠東艦隊的「伴侶號」驅逐艦、「倫敦號」重巡洋艦、「黑天鵝號」護衛艦一一擊退。

7 月 30 日夜，「紫石英號」護衛艦模仿客輪桅燈，偽裝成中國客輪，緊貼一艘順流而下的商船溜出長江口。廣州戰役發生前後，這艘給英國丟人現眼的「紫石英號」護衛艦正停泊在香港維多利亞港，供港人品頭論足。

「紫石英號」事件被普遍認為是英國人「炮艦外交」政策在中國終結的標誌。

但是，當時不少人猜測、期盼的人民解放軍「飲馬深圳河」的場景並沒有發生。事實上，整個廣東戰役期間，負責沿東江兩岸向南進擊的左路精銳野戰部隊最終止步於東莞地區，根本沒有踏足深港地區。因為指揮員接到華南分局第一書記兼廣東省軍區司令員葉劍英傳達的毛主席、周總理的指示是，部隊「不能越過樟木頭一綫」。與香港一河之隔的寶安縣全境基本上以和平解放的形式結束戰鬥。因為當地國民黨軍警此前已宣佈起義，10 月 19 日接管深圳鎮軍政部門和九龍

海關時，先頭部隊是以人民警察和藝術宣傳隊的名義，從規定的部隊駐防最南端布吉火車站乘坐貨運火車慢悠悠地抵達深圳鎮，一槍沒放就順利完成了接管任務，在深圳河北岸升起了五星紅旗。

在此期間，深圳河南岸的香港，舞照跳、馬照跑，港英當局和駐港英軍也沒有表現出焦躁不安或嚴陣以待的樣子，羅湖橋正常通行。

\* \* \*

1949 年初，當人民解放軍在全國戰場上節節勝利、準備揮師南下解放全中國時，中共中央第一代領導集體就開始考慮如何處理香港問題了。1 月 19 日，由周恩來起草、經毛澤東審改的《關於外交工作的指示》發至全黨。《指示》指出：「在原則上，帝國主義在華的特權必須取消，中華民族的獨立解放必須實現，這種立場是堅定不移的。但是在執行的步驟上，則應按問題的性質及情況，分別處理。凡問題對於中國人民有利而又可能解決者，應提出解決。其尚不可能解決者，則應暫緩解決。凡問題對於中國無害或無大害者，即使易於解決，也不必忙著去解決。凡問題尚未研究清楚或解決的時機尚未成熟者，更不可急於去解決。總之，在外交工作方面，我們對於原則性與靈活性應掌握得很恰當，方能站穩立場，靈活機動。」

這一外交方針成為當時處理香港等歷史遺留問題的基石。香港問題是英帝國主義用堅船利炮逼迫清政府簽訂不平等條約的產物，是強權外交的產物，是英帝國主義在華的「特權」之一，是「必須取消」的。但當下香港問題「解決的時機尚未成熟」，故而「更不可急於去解決」。

毛澤東主席的俄文翻譯師哲口述、李海文著述的《在歷史巨人身邊：師哲回憶錄》一書，詳細記錄了 1949 年 2 月毛澤東主席與斯大林派來的代表米高揚之間的談話。談及香港問題時，毛澤東主席明確表示：「目前，還有一半的領土尚未解放。大陸上的事情比較好辦，把軍隊開去就行了。海島上的事情就比較複雜，須要採取另一種較靈活的方式去解決，或者採用和平過渡的方式，這就要花較多的時間了。在這種情況下，急於解決香港、澳門的問題，也就沒有多大意義了。相反，恐怕利用這兩地的原來地位，特別是香港，對我們發展海外關係、進出口貿易更有利些。總之，要看形勢的發展再作最後決定。」

　　長期負責港澳事務的廖承志在接受中央領導人諮詢時，說得更加具體：「要武力解放香港，對中國人民解放軍來說，只是一聲衝鋒號，就能把紅旗插上香港太平山……香港是世界最大的自由貿易港口之一，如果香港暫時留在英國人手中，為了英國自己的利益，它也不會放棄內地這個巨大的市場。這就等於把美國對中國的立體封鎖撕開一個缺口：我們能從香港進口我國急需的物資；也可以利用香港作為我們與世界交往的通道，世界各國兄弟黨同志可以從這裏進來，各國的民間友好人士也可以從這裏入境；另外，香港還可以成為我們了解世界各國情況的窗口，這些深遠的戰略意義，會隨著似箭的光陰，越往以後，越為大家所接受和看清楚。」

＊ ＊ ＊

　　20 世紀 50 年代貫徹的「暫時不動香港」，保持香港的繁榮穩定，和 20 世紀 60 年代逐步形成的「長期打算、充分利用」香港獨特的

地緣優勢，成為我國處理香港問題的既定政策。鑒於香港問題的特殊性，中華人民共和國對港政策不便公開宣佈，只能「暗示」。香港兩家左派報紙承擔了這一特殊任務。

1949 年 2 月 9 日，香港《文匯報》在一篇題為《新中國與香港》的社論中提出：「中國正在進行轟轟烈烈的新民主主義革命，這一革命迄目前為止，從沒有一言一行牽涉到香港，或在理論上將香港如四大家族一樣，列為清算對象，可見假想中的安全威脅決不至於來自中國人民的勝利。中國人民對國內反動政權，不得已而用戰爭解決。至於對外關係，除積極支持國民黨反動政權且始終不放手者而外，決不至無端與其引起嚴重的糾紛。即使有應行修改調整之處，也會先就外交途徑求其解決。」

2 月 17 日，香港《大公報》以《樂觀香港前途》為題發表社論說：「事實上，香港的地位並無什麼危險，它的前途絕不如一些人所想像那樣悲觀。第一，中英關係一向不錯……第二，中國的新政權並無盲目排外的徵象……展望未來，香港應該與中國大陸成立良好的聯繫，儘量發揮其貨物集散交通銜接的作用，使香港得到真正合理的繁榮。」

這兩篇社論以一種非正式的途徑道出了中國共產黨人維持香港現狀、保持香港穩定繁榮的意圖。

4 月 20 日渡江戰役打響，人民解放軍越過長江揮師南下，疑慮難消的港英當局還是在 6 月 14 日制定緊急狀態條例，實施封鎖邊界、特殊區域宵禁、嚴格移民登記等一系列防範措施。深圳河兩岸人民自由往來的歷史就此終結。

為了防止即將打響的廣東戰役刺激港英當局的神經，衝擊香港社會經濟的平穩運行，中共中央通過秘密途徑向港英當局提出三項條件：第一，香港不能用作反對中華人民共和國的軍事基地；第二，不

許進行旨在破壞中華人民共和國威信的活動；第三，中華人民共和國在港人員必須得到保護。只要港英當局能很好地遵守這三項條件，香港就可以長期維持現狀。

這三項條件合情合理，港英當局和英國政府欣然接受香港「暫時維持現狀」。

## 羅湖橋，兩種制度的交接口

歷史發展進程雄辯地證明了，中華人民共和國成立初期「暫時不動香港」和「長期打算、充分利用」，是一項原則的堅定性和鬥爭的靈活性高度結合的戰略決策，是兼顧中華民族長遠利益與眼前利益的現實主義大手筆。

中華人民共和國成立後，以美國為首的西方國家採取敵視態度，美國政府發起不承認中華人民共和國的外交活動，向英、法、荷、比等多國政府發出照會，要求它們與美國保持一致。英國出於維護自己在香港特殊利益的現實考慮，沒有上美國的「賊船」。在中華人民共和國成立後的第三天，英國外交大臣貝文就公開表示，中國政府如能善待英國僑民，英國就可以考慮承認中華人民共和國。1950 年 1 月 6 日，英國政府無視美國的百般阻撓，正式宣佈承認中華人民共和國。英國成為第一個與中國共產黨領導的人民政權發生「事實上的政治與經濟關係」，正式承認中華人民共和國並與敗退台灣的國民黨政權徹底脫鈎的西方大國。

1950 年 6 月 25 日，朝鮮戰爭爆發，27 日，美國總統杜魯門公開宣佈對朝鮮進行武裝干涉，並令美國海軍第七艦隊侵入台灣海峽，爾後又操縱聯合國對中國實行全面封鎖、禁運。新中國的「大門」被鎖

死之際，香港這個「窗口」彌足珍貴。大量戰略物資經香港源源不斷地輸入內地，內地還通過香港進口大量糧食、棉花等基本生活用品，對解放初期穩定華東地區物價、保障供給起到了關鍵作用。

抗美援朝戰爭打出了人民軍隊的軍威，打出了中華文明血脈深處流淌的家國精神，打出了中華民族失落已久的凝聚力和自信心，打出了中華人民共和國的國際威望和地位。中國之國運自此扭頭向上，一如梁啟超在《少年中國說》裏所盼：「紅日初升，其道大光。河出伏流，一瀉汪洋。」華夏大地上歷史性的民族復興漸次展開，香港與有榮焉，更配得勳章。

讓香港「維持現狀」，還使中國在冷戰時期避免過度依賴蘇聯，保證國家、民族獨立自主。中華人民共和國成立前後，毛澤東等中共第一代領導人已經對蘇聯欲將中國變成它的衛星國的企圖有所戒備。這也是當年毛澤東等黨和國家領導人決定在港澳地區「留後門」的一個因素。

果不其然，1958年以「老子黨」自居的蘇聯提出要在中國領土和領海上建立中蘇共有共管的長波電台和聯合艦隊。這些涉及中國主權的要求，當即遭到毛澤東等中國領導人的斷然拒絕。1959年至1961年，中國正處於嚴重經濟困難時期，惱羞成怒的蘇聯單方面撕毀援華合同，撤走全部援建專家，無情逼還抗美援朝戰爭時向其借貸的外債，陷中國經濟社會於水火之間。1969年珍寶島自衛反擊戰爆發後，盛氣凌人的蘇聯更是在中蘇邊境陳兵百萬。在這危急關頭，還是香港讓中國有了迴旋餘地，通過這個僅存的「國際通道」從西方國家進口了大量糧食和物資，為中國人民度過極端困難時期發揮了重要作用。

中華人民共和國成長過程中，每逢重大歷史時刻，香港總能體現

出其特殊的、無可替代的作用和價值，這一切正是得益於當年高瞻遠矚所制定的香港政策。周恩來總理在 1951 年同新華社香港分社社長黃作梅談話時說：「我們對香港的政策，是東西方鬥爭全域的戰略部署的一部分，不收回香港，維持其資本主義英國佔領不變，是不能用狹隘的領土主權原則來衡量的，來做決定的。我們在全國解放以前已決定不去解放香港，在長期的全球戰略講，不是軟弱，不是妥協，而是一種積極主動的進攻和鬥爭……在這種情況下，香港對我們大有好處，大有用處。我們可以最大限度地開展最廣泛的愛國統一戰綫工作，團結一切可以團結的人，支持我們的反美鬥爭，支持我們的國內經濟建設。香港是我們通往東南亞、亞非拉和西方世界的窗口。它將是我們的瞭望台、氣象台和橋頭堡。」

\* \* \*

香港「留下」了，短短幾十米的羅湖橋成了兩個主義、兩種制度的唯一交接口。

1950 年 7 月 1 日，設立於深圳火車站旁、羅湖橋北岸的羅湖口岸獲批，成為中華人民共和國成立後第一個對外開放口岸。此後數十年，羅湖橋在東西風激蕩起伏的歷史煙雨裏，見證了無數南渡北歸人在此駐足，在此一掬清淚，在此熱血僨張。

1952 年 7 月，32 歲的張愛玲自羅湖橋出境，就職於美國新聞署的駐港辦事機構，1955 年以中國專才難民資格獲得美國綠卡，1960 年正式入籍美國。在她的文學作品裏，有過一段通過羅湖橋過境時的細膩描寫。

小說《浮花浪蕊》裏，張愛玲寫到了女主人公洛貞過羅湖橋：「橋

塊有一群挑夫守候著。過了橋就是出境了，但是她那腳夫顯然還認為不夠安全，忽然撒腿飛奔起來，倒嚇了她一大跳，以為碰上了路劫，也只好跟著跑，緊追不捨。是個小老頭子，竟一手提著兩隻箱子，一手攜著扁擔，狂奔穿過一大片野地，半禿的綠茵起伏，露出香港的乾紅土來，一直跑到小坡上兩棵大樹下，方放下箱子坐在地下歇腳，笑道：『好了！這不要緊了。』」

與南下出境者的慌裏慌張、踉蹌而行不同，北上歸國者更多的是遊子的近鄉情怯、赤子的報國激情。

著名學者季羨林在《深圳掠影》一文中記錄了他留學歸國經羅湖橋的激動心情：「讓我憶念難忘的只有一個羅湖橋。因為從國外歸來，過了羅湖橋，就算是走進了祖國的懷抱。我曾幾次在這裏激動得流下眼淚，恨不得跪在地上吻一下祖國的土地。」

1955 年 10 月 8 日，錢學森一手領著 6 歲的兒子，一手提著一把吉他，歷經千辛萬苦之後終於踏上了羅湖橋頭。隨同錢學森一家從美國歸來的是一行 20 餘人的隊伍。前來迎接的中國科學院代表朱兆祥多年後回憶說：「正當我們拿著照片緊張地搜索錢先生一家之時，我的手突然被隊伍中的一位先行者抓住，使勁地握著。我猛轉身，發現對方眼眶裏噙著的眼淚突然掉了下來。」

接上頭後，錢學森也是緊握住朱兆祥的手，激動不已地說道：「這回真的踏上了祖國的土地了。」錢學森一家人的十幾箱行李，被深圳羅湖口岸特批免檢放行，這是新生的中國對這位歸國赤子最真摯的禮遇。歸途中，錢學森夫人蔣英悄悄對朱兆祥說：「他今天說的話，可比過去五年加起來都多。」

1999 年 9 月 18 日，在中華人民共和國成立五十週年之際，黨中央、國務院、中央軍委隆重表彰為中國「兩彈一星」事業做出突出貢

獻的 23 位科技專家，並授予他們「兩彈一星功勳獎章」。在這 23 位「兩彈一星」元勳中，除了錢學森，還有郭永懷、朱光亞、鄧稼先、程開甲、姚桐斌、王希季、吳自良、楊嘉墀、陳能寬等在 1950 年至 1957 年間，先後跨越千山萬水，含著熱淚走過羅湖橋，與 1950 年之前歸國的 11 位科學家一起，組成了人數多達 21 位、陣容豪華的「兩彈一星」元勳「海外軍團」。

　　放棄國外優渥待遇，毅然跨過羅湖橋歸國為新生的紅色中國效力的著名學者、科學家的名單還有一長串：李四光、華羅庚、葉篤正、謝希德、趙忠堯、王淦昌……

廣東東江上游的一個攔水壩。1965年，翻山越嶺而來的東江水一舉消除了長期困擾香港的缺水之痛。

第七章

血濃於水

## 小球推動大球

烽火連天之下，1911 年全綫貫通的廣九鐵路命運多舛。鐵路綫屢經破壞，列車數次被近代中國的時代激流「逼停」。1925 年省港大罷工，廣九鐵路中斷，時斷時續至 1927 年才恢復正常。1937 年全面抗戰爆發後，日軍對廣九鐵路頻繁轟炸。1938 年春，日軍集中轟炸廣九鐵路石龍南橋，該橋多處中彈穿孔。同年 10 月，為阻擋日軍南侵，當地駐軍奉命炸毀石龍南橋兩個橋墩，橋體下陷，廣九鐵路交通中斷。身世浮沉的廣九鐵路，成了山河破碎的神州大地上的一條醒目傷口。10 月 21 日，廣州淪陷後，廣九鐵路華段全綫停運。紅火了十數年的廣九鐵路被戰爭的炮火強行切斷。

1941 年，悲情一幕在廣九鐵路英段再次上演：為防日軍南下，英軍將羅湖鐵路橋及廣九鐵路香港段拆毀，炸毀數公里鐵軌和鐵路設施。廣九鐵路英段的運營也被迫停止。

1943 年底，日軍打通廣九鐵路，連接粵漢、平漢、北寧綫，構成了所謂的「大陸交通綫」。廣九鐵路，這條曾經的中國人民抗戰生命

綫，成了日本侵略者趴在苦難中國軀體上吸血的軍事專用綫。

1945 年 8 月，日本無條件投降前，日軍報復性地拆毀了羅湖橋。廣九鐵路 1946 年才逐步恢復運營。

1949 年 6 月 14 日，在嶺南以北人民解放軍的隆隆炮聲中，港英當局制定緊急狀態條例，實施封鎖邊界、控制人口、移民登記等一系列防範措施。深圳河兩岸人民自由往來的歷史就此終結。

1949 年 10 月，解放戰爭廣東戰役打響後，國民黨軍余漢謀部敗退時，又對廣九鐵路進行了毀路破壞。

1949 年 10 月 14 日廣州解放，廣九鐵路客運直通車暫停運行。這一停，便是漫長的 30 年。此後，廣九鐵路以羅湖橋為界，華段和英段各自獨立運營，華段改為廣深鐵路。南來北往的乘客再也不能舒舒服服地坐在「大埔淑女號」和「廣州淑女號」上一閃而過深圳河，而是必須分別在深圳河兩岸下車，然後手提肩扛著行李跨越羅湖橋，再買票登上廣深鐵路列車北上或廣九鐵路英段列車南下。

不過，直到 1951 年 7 月，廣九鐵路的跨境貨運列車和郵車，依然日夜穿梭在羅湖橋上。

＊ ＊ ＊

1950 年 6 月 25 日，朝鮮戰爭爆發。6 月 27 日，美國海軍第七艦隊侵入台灣海峽。7 月 20 日，美國取消了所有已經核准運往中國物資的許可證。8 月中旬，美國頒佈了一個完全針對中國的《1950 年特種貨物禁止輸出令》，禁止向中國出口包括電訊器材、運輸器材、化學藥品、航海設備等在內的十餘類戰略物資。10 月 25 日，中國人民志願軍正式入朝參戰，「抗美援朝，保家衛國」。到 12 月 24 日，第二次戰

役作戰結束，第二次戰役成為抗美援朝戰爭中戰略意義最為重大的一次勝利，志願軍和朝鮮人民軍合力將戰綫重新推回戰前的三八綫，從根本上扭轉了朝鮮戰局。

1951年5月17日，在美國操縱下，聯合國涌過了對中國和朝鮮實行禁運和經濟封鎖的決議。1952年9月，在巴黎統籌委員會內又增設所謂「中國委員會」，以加強對中國的非法禁運和封鎖。到1953年3月，對中國實行禁運的國家達到了45個。

1951年2月15日，廣東省公安部門宣佈實行邊境管理，往來旅客須憑公安機關簽發的出入境通行證通行。5月25日，港英當局擴大邊境地區宵禁範圍，6月15日，頒佈《1951年邊界封鎖區命令》，宣佈在新界北部設立邊境禁區，進入或逗留禁區者，必須持有港英當局頒發的俗稱「禁區紙」的邊境禁區通行證。

在這樣互相封鎖的情勢下，廣九鐵路跨境貨運列車於當年7月停運。緊接著，廣九鐵路跨境郵運列車也不得不在深圳河前止步，所有郵件必須先用人力挑運過羅湖橋，再裝上英段的羅湖車站列車或廣深鐵路的深圳火車站列車南下北上。

\* \* \*

1953年7月27日，朝鮮戰爭的硝煙在三八綫上漸漸消散，廣九綫上以深圳河為壑的對峙也略有鬆動。10月20日，經外交部、郵電部批准，廣州市郵局租用整節郵政行李車廂，港方則利用英段鐵皮貨卡跨境運輸郵件。

火車重新駛上了羅湖橋，橋上挑夫擔著郵件過深圳河的畫面成為歷史影像。

但，僅此而已。在接下來漫長的、陰雲密佈的冷戰時期，社會主義中國依然被以美英等國為首的西方陣營排斥、封鎖、打壓，深圳河兩岸因此長時間持續著戒備森嚴的狀態。在北方，中國還背負著蘇聯在中蘇邊境陳兵百萬的重壓。中華民族在「自力更生，艱苦奮鬥」的苦難行軍中，深一腳淺一腳地跋涉前行。

到 1960 年代末 1970 年代初，依稀星光下踉蹌趕路的中國人，終於迎來了一縷解除封鎖的曙光。

1969 年 1 月尼克松就任美國總統後，為了擺脫越南戰爭泥淖，改變當時蘇攻美守的戰略態勢，決定採取「均勢外交」，謀求中美關係正常化。當年 8 月，美方託巴基斯坦總統阿尤布‧汗向中國伸出橄欖枝，表達了要與中國和解的意願。年底，中國方面也做出了回應。此後兩年，中美雙方通過巴基斯坦這條渠道小心翼翼地試探著、揣摩著對方的真實態度和底綫。

中美關係「破冰」其實已經萬事俱備，只是欠缺一陣讓雙方都感覺怡人，從而欣然開門的「東風」。

誰也沒有想到，這陣「東風」竟然從日本颳起。

\* \* \*

在 1971 年 3 月底至 4 月初舉行的日本名古屋「第 31 屆世界乒乓球錦標賽」期間，美國隊的格倫‧科恩，在一次訓練結束後鬼使神差地「搭錯車」，登上了中國乒乓球隊的大巴車。格倫‧科恩面對車上的中國人手足無措。最後，還是當時世界乒壇的風雲人物、獲世乒賽男子單打「三連冠」的莊則棟，以一句「我認識你，格倫‧科恩先生，剛剛球打得不錯」，化解了眾人的尷尬。臨別時，莊則棟還送給科恩一

幅繡有黃山風景的杭州織錦。下車時，在場記者拍下了科恩手持織錦和莊則棟並肩而立、笑對鏡頭的一幕。

這幅以「中美接近」為題的照片，出現在日本三大報紙的顯眼版面上，並很快引發了中美雙方的連鎖反應，美國乒乓球隊主動向中國隊提出，希望在世乒賽結束後訪問中國。消息傳回北京，4月3日，外交部和國家体委聯合緊急起草了一份《關於不邀請美國乒乓球隊訪華的報告》呈交中央，認為讓美國乒乓球隊訪華「時機尚未成熟」。6日晚，世乒賽已近尾聲，毛澤東反覆權衡後一錘定音，囑告外交部以電話通知在日中國乒乓球代表團負責人，正式邀請美國乒乓球代表團訪問我國。

10日，在全球媒體的關注下，包括科恩在內的美國乒乓球代表團一行，跨過了深圳河，成了中華人民共和國成立以來第一個訪問中國的美國代表團。

四天後的人民大會堂裏，周恩來總理對著美國乒乓球代表團成員大聲說道：「你們這次應邀來訪，打開了兩國人民友好往來的大門。」

「小球推動大球」的「乒乓外交」，加快了中美「破冰」的步伐。

當年7月9日，美國國家安全事務助理基辛格秘密訪華。1972年2月21日，美國總統尼克松飛抵北京，成為第一個來華訪問的美國在任總統。2月28日，中美在上海發表《中美聯合公報》（「上海公報」），宣佈中美兩國關係開始走向正常化。

中美關係開始走向正常化立即引發連鎖反應。至1976年，與中國建交的國家已由1971年的69個猛增到111個，建立了大使級外交關係，從根本上改變了與美國、日本等主要資本主義國家的關係，為中國後來實行對外開放廓清了道路，拓開了空間。

# 廣九直通車退休

1978 年，中國推開了改革開放的大門，深圳經濟特區成為改革開放的「試驗田」。和深圳經濟特區一河之隔、長期作為中國對外「超級連絡人」的香港，內引外聯的價值愈加凸顯，廣九直通車的重啟呼之欲出。在省港兩地聯動下，1979 年 1 月，鐵道部向國務院提交《關於開行廣州－九龍直通旅客列車問題的請示》，很快獲得國務院「積極進行直通客車的籌備工作，力爭儘快開行」的批覆。3 月 20 日，廣州鐵路局和香港九廣鐵路局代表簽訂通車協議。正式通車日期的敲定細節也充分體現出了中方的開放心態和合作精神。時任港督麥理浩在 3 月下旬訪問北京時表示，希望返回香港時能乘坐首班廣九直通車。他的願望得到了滿足。中斷 30 年之後的首列廣州—九龍直通旅客快車於 1979 年 4 月 4 日開行。當天，廣州火車站舉行首列廣九直通車開行儀式，時任廣東省委第一書記習仲勳、廣州市委第一書記兼市長楊尚昆、港督麥理浩和夫人及香港各界人士應邀出席。上午 8 時 30 分，列車自廣州火車站緩緩駛出，約三小時後駛抵香港九龍紅磡站。

中斷了整整 30 年後，廣九直通車終於又奔馳在南粵大地上。

4 月 15 日，第 45 屆「廣交會」在廣州舉行。大多數採購商的第一選擇便是乘坐這趟歷史感濃郁的廣九直通車。從當年 4 月至 1980 年底，共有 25 個國家和地區的首腦及外交官員在對中國進行國事訪問時，選擇乘坐廣九直通車出入境。1976 年 2 月第二次訪華的尼克松，也乘坐了廣九直通車。不過，此時坐在車上的他，已經是「美國前總統」了。

\* \* \*

跨越深圳河的廣九鐵路自 1911 年開通，長期以來都是香港和內地之間唯一一條鐵路綫。新世紀來臨，第二條粵港間鐵路綫、從地下穿越深圳河的廣深港高速鐵路耀眼亮相。

　　與 100 多年前的廣九鐵路相比，這是一條在廣莞深港四大都市區的山山水水間不斷「上天入地」，創造了諸多歷史紀錄的鋼鐵巨龍：廣深港高速鐵路全長 141 公里，北起廣州南站，往南經沙灣後折向東至東涌鎮，下穿世界首座高速鐵路水下盾構隧道，也是當時中國最長水下隧道、全長 10.8 公里的獅子洋隧道後，由東莞市虎門鎮向南經深圳龍華區直入深圳北站，然後再度進入地下隧道，穿越福田高鐵站，直抵全長 3886 米的穿越深圳河的深港連接隧道。香港段的隧道綫路也比當年廣九鐵路英段更為漫長，一路穿越了金山、大帽山、雞公嶺及米埔等新界中部連綿山區。香港段短短 26 公里鐵路綫的建設工期竟然長達八年之久，總投資高達 853 億港元，平均每公里造價約 32.81 億港元。

　　1911 年通車之初的廣九鐵路，廣州至香港的行車時間近五個小時。1936 年 10 月 14 日開通的「大埔淑女號」創下了九龍至廣州間 2 小時 15 分鐘不停站的最快車程紀錄。1979 年恢復開通的廣九直通車的行車時間約 3 小時。2018 年開通的廣深港高鐵從廣州南站開出，到達香港的核心區域西九龍站的行車時間是 47 分鐘；而從位於深圳城市中心的福田站到達香港西九龍站，只需 14 分鐘。

　　高鐵的速度拉近了空間的距離，「一地兩檢」的創新通關模式也大大節省了旅客的出行時間。配合廣深港高鐵的開通，我國第一次在香港特區內車站設立適用內地法律的內地口岸區。在廣深港高鐵西九龍口岸，一塊寫著「您將進入內地口岸區」的中英文雙語指示牌，高懸在香港口岸和內地口岸的分界區半空，地上是一道醒目的黃色分界綫。在這裏，中外旅客可以一站式辦理所有出入境手續。

* * *

　　廣深港高鐵的出現使廣九直通車的長途軌道客運價值急劇縮水。2020 年 3 月廣九鐵路香港段暫停服務，紅色車頭藍白車身、極具辨識度的廣九直通車自此成為絕響。2022 年 4 月，多家媒體引述香港鐵路公司內部人士透露的消息稱，廣九直通車「可能已經完成歷史使命」，「直通車永久停運的計劃已經進入決定階段，只待官宣」。

　　廣九直通車停運的消息引起了省港民眾的廣泛關注。有人在網上曬出珍藏多年的直通車車票，有人敘述乘坐直通車到香港購買珍妮曲奇、打卡彌敦道的難忘旅程，有人分享直通車上鹵雞腿特有的「中國香港」味道，有人回憶 1997 年 7 月 1 日乘坐「香港回歸第一列」廣九直通車 Z6 次列車，從香港九龍車站駛過羅湖橋時的激情一刻。

　　在中國高鐵技術實現了一日千里的跨越式發展之後，日漸老邁的廣九直通車的退休理所當然。它們的理想歸宿應該是位於廣州市越秀區大沙頭二馬路旁的廣九鐵路紀念園。這裏是百年廣九鐵路華段的起點，兩段共 300 米長的鐵軌停放著不同歷史時期、已在風雨中斑駁的車廂和火車頭，向世人默默講述著百年來中華民族一路跋山涉水、苦難前行的曲折歷程。


## 「三趟快車」串起親情

　　從羅湖口岸沿深圳河幹流上溯約三公里，便是與其在深圳河北岸並肩而立的文錦渡口岸。

　　羅湖橋是深港之間深圳河上的第一座橋樑、第一條通路，羅湖口岸是深圳河上的第一個陸路客運口岸，早在 1950 年 7 月 1 日就成了

深港間第一個也是唯一一個對外開放口岸；文錦渡公路橋則是深港之間深圳河上的第二座橋樑、第二條通路，是深港間第一個陸路貨運通道，是貫通中國南北大動脈的 107 國道的終點所在。

1978 年，文錦渡經國務院批准後，正式對外開放。1979 年，文錦渡口岸開關為國家對外開放口岸，正式與香港直通貨運汽車。在 1989 年底皇崗口岸開通前，文錦渡口岸一直是中國最大的貨運口岸。

對於廣大香港同胞來說，文錦渡不僅僅是一座公路橋、一個口岸，還是他們的「綠色生命綫」。1938 年省港公路通車，九龍關在邊境口設立文錦渡分卡，檢查過往貨物、車輛與人員。海關檔案顯示，早在 1946 年，每天經文錦渡往返深港兩地的貨運汽車就已多達 100 多輛。

中華人民共和國成立特別是抗美援朝戰爭打響後，深圳河兩岸邊境控制驟然收緊。但政治制度上的對立，割裂不了深圳河兩岸人民的骨肉親情，也無法斷絕文錦渡公路橋串聯起的這條香港「綠色生命綫」。一張張老照片定格了當年深港一家親的歷史圖景：1950 年代至 1970 年代中期，因為汽車不能在兩地之間通行，從文錦渡供港的鮮活商品，大的如豬、牛、羊由搬運工人直接趕過橋去，小的如雞、鴨、鵝、水產品等就用手拉車拉過去。

可是，這一幕幕夾雜著辛酸和溫馨的場景，到了 1950 年代末、1960 年代初卻陷入了難以為繼的窘境。

一方面，丘陵、山地佔轄地面積 80% 以上的香港地區，適合漁農生產的低地面積本就少得可憐。此時又適逢香港社會迎來一個千載難逢的歷史性發展階段，工業化、城市化加速，經濟騰飛如箭在弦上，漁農用地不升反降，鮮活商品的本地供給已是聊勝於無的狀態。

與此同時，經濟騰飛前夜的香港人口猛增，由 1949 年時的約 186

萬人突漲至 1959 年時的約 294 萬人。據此推算，香港每天需要供應活豬 7000 頭至 8000 頭、活牛 500 頭至 600 頭、活禽 10 萬多隻，以及大量蛋奶、果蔬、魚鮮等鮮活商品。

囿於當時的物流條件和運輸成本，這麼大量的鮮活商品進口只能倚靠祖國內地。可是，就在香港急需祖國內地加大鮮活商品供給的當口，出現了全國性的糧食和副食品短缺危機，中華人民共和國面臨著自成立以來最嚴重的經濟困難。

在多種因素的作用之下，1958 年至 1959 年初，內地對港澳供應鮮活商品出現困難。1959 年 1 月 6 日，香港貿易工作委員會發來催貨電報：「由於近來我市供貨奇缺，市場已嚴重發生脫節……假設我出口貨源不作合理安排，勢必會造成經濟與政治上的不良影響，特此報請設法增加來貨。」

22 日，新華社編印的《內部參考》上刊登了一則內參，稱「香港副食品絕大部分是依靠內地供應的，最近一個月來，內地對香港供應量銳減，在各階層人士中引起了很大波動」。25 日，毛澤東主席專門對這條內參批語：「此件有用，請印發到會同志們一讀。」周恩來總理對搞好對港澳供應工作做了一系列重要指示，要求「各地凡是有可能，對港澳供應都要負擔一些，不能後退。這個陣地越搞越重要，對港澳供應確實是一項政治任務」。

在黨和國家最高領導人的高度關注下，廣大的華中、華東等地區省份勒緊褲腰帶，紛紛加入對港澳鮮活商品供應行列。但供應戰綫的拉長導致成本急劇攀升，這個成本就是運輸過程中令人觸目驚心的損耗率：內地鮮活商品在貨運火車上基本上要經歷一週以上的跋涉顛簸，嚴重掉膘就不說了，活豬死亡率高達 6％至 9％，活家禽死亡率高達 10％至 13％，活魚死亡率高達 40％至 70％！

一方面是高損耗率下高企的成本，另一方面對港澳鮮活商品供應又必須採用低於國際市場的優惠價格。如此鋒利的價格「剪刀差」下，維持對港澳鮮活商品供應固然是一項「政治任務」，但從長遠來看也肯定不可持續。

在毛澤東主席和周恩來總理的關懷下，1961 年底，對外貿易部、鐵道部在上海聯合召開會議，決定舉全國之力為港澳同胞供應鮮活商品專門開行「專列」。

\* \* \*

1962 年 3 月 20 日，汽笛聲中，一列編號為 751 的列車拉著 30 多節滿載著活豬的車廂，緩緩駛離武漢江岸車站。它的目的地是一千多公里以外的深圳。列車沿途除了幾次加水補給外，沒有停靠，晝夜不歇連續行駛 52 小時，終於披著晨露抵達一個月前才增設的、為深圳火車站分擔貨運業務的羅湖筍崗站。車廂門依次打開，經過口岸部門聯檢、重新編組後，車廂由深圳這邊的機車拉至羅湖口岸，再移交給香港方面的機車。來自荊襄大地的豬肉，以最鮮活的姿態進入港澳市民的「菜籃子」。

這是從內地發出的第一列鮮活商品供港專用快車。

1962 年 7 月，751 次專列運行 100 列之際，鐵道部上交了《關於鞏固和推廣快運貨物列車的經驗》報告。周恩來總理在呈文上批示：「由上海、南京去深圳也應組織同樣的快車。」當年 12 月 11 日，另外兩趟鮮活商品專用快車，分別從上海新龍華站和鄭州北站發出，車次編號分別為 753 和 755。以上三個班次專列「定期、定班、定點」開行，每天把華中、華東地區的平價鮮活商品源源不斷地送上港澳同胞

餐桌上的專列，全稱為「供應港澳鮮活冷凍商品三趟快運貨物列車」，後來被形象簡潔地稱為「三趟快車」。

「三趟快車」一舉解決了此前困擾已久的供港鮮活商品運輸時間過長、損耗率過高的問題。因為是點對點的專列，活豬、活魚等鮮活商品就不會像過去那樣掛在長途貨運列車上走走停停，在長達一週以上的路途中嚴重掉膘，甚至餓死、悶死、病死。1964 年，鐵道部宣佈「三趟快車」為「貨車之首」，要求除特快列車外，所有客、貨車都要為之讓道。另外，專列的車廂還根據各類鮮活商品的特點進行了特殊改裝，並給每節車廂配備了隨車押運員。押運員吃睡在車廂裏，每天給牲畜和家禽餵吃餵喝兩次，保證活魚不缺氧。

1988 年，海關總署在深圳筍崗鐵路口岸設立內地首家出口監管倉庫，各類鮮活商品運抵口岸後直接進入鐵路沿綫的倉庫，經過檢疫、消毒等程序後於次日凌晨轉運至香港。

鮮活商品「優質、適量、均衡、應時」供應港澳地區的原則，至此得到了全面落實。

* * *

進入 20 世紀 90 年代後，內地高速公路網絡迅速發展，現代物流業蓬勃興起，深港公路口岸快速通關模式加速推廣。供港澳鮮活商品的出口逐漸轉向時間更短、成本更低的公路運輸。

鐵軌上的「三趟快車」變成無數趟公路快車。

2010 年 6 月 16 日，河南鄭州北站。車站員工熟悉的鳴笛聲沒有響起，意味著最後一列供港專列 82755 次（即 755 次）停止了運營。

從 1962 年 3 月至 2010 年 6 月，一共 48 個寒暑裏，經深圳筍崗

海關驗放的「三趟快車」達 41100 多列。據測算，這些專列的長度之和超過地球南北極之間的距離。其間，共驗放活豬 9800 多萬頭，活牛580 多萬頭，凍肉 790 多萬噸，雞、鴨、鵝等活家禽數十億隻，以及無法計數的蛋奶、果蔬、魚鮮等。來自內地充足、穩定、平價的鮮活商品供應，滋養了香港幾代人的人間煙火，保證了香港的生活成本長期維持在較低水平，成為香港 1960 年起經濟迅速起飛、新世紀以來社會經濟活力始終不減的幕後英雄。

## 深圳河畔，口岸林立

因為「三趟快車」沉寂了近 30 年的文錦渡口岸，被改革開放的春風再次喚醒。

改革開放初期，赴內地投資辦廠的絕大部分是香港商人，文錦渡口岸作為深港間唯一的公路口岸因而一夜崛起。內地眾多的加工貿易企業進出口貨物時大都首選文錦渡口岸，每天的貨運車流、報關人流滿滿當當，把這個並不寬敞的口岸擠得水泄不通。當時聚集在廣東、福建沿海的很多加工貿易企業，只知深圳有文錦渡海關，卻不曾聽聞統管整個深圳市海關業務的深圳海關的前身九龍海關。

經文錦渡口岸出入境的車輛，1979 年是 9 萬輛，1987 年變成了290 萬輛。如何對暴漲的出入境貨物、車輛實施有效監管，成了文錦渡海關棘手的難題。如果單靠人力一票一票地審核、檢查，幾千個關員也忙不過來。

1987 年，全國海關報關自動化系統在文錦渡海關研發、試點，之後又開發了出入境車輛自動核放系統，海關工作效率指數級提升。

＊ ＊ ＊

改革開放之初如驚濤駭浪一般突然在深港之間湧現的物流、人流，促使深港籌劃興建皇崗—落馬洲大橋、文錦渡新橋和沙頭角橋，並於 1982 年 4 月 30 日簽署《深圳—香港關於增闢兩地之間通道的協議》。1985 年，文錦渡新建一座公路橋，實行出入境車輛分橋行駛。20 年後，作為深圳河治理三期工程的一部分，文錦渡口岸升級改造，深圳河上的橋變成了一座出入境雙向橋。

在此期間，「三趟快車」已逐漸式微，供港鮮活商品的運輸業務被汽車接手，老枝新花的文錦渡口岸再度成為輸港鮮活商品的重要通道，佔比高達 85%，重回它作為香港「綠色生命綫」的本色定位。

＊ ＊ ＊

深圳河伴隨著改革開放的歷史長流緩緩注入深圳灣、匯入伶仃洋，兩岸眾多的對外開放口岸，見證著香港與祖國內地的手越拉越緊。

1984 年 9 月，沙頭角口岸正式對外開放，成為深港間繼羅湖、文錦渡口岸後的第三個陸路口岸。1985 年 3 月，沙頭角口岸建成使用。2005 年 1 月 28 日，沙頭角口岸啟用新建的口岸跨境大橋。不過，沙頭角偏於一隅的地理位置決定了它並不能為羅湖、文錦渡口岸提供很大的疏解作用。

1986 年 5 月，深港間第四個陸路口岸 —— 皇崗口岸破土動工，1989 年 12 月 28 日正式開通，立即取代文錦渡成為中國當時最大的陸運口岸。1990 年代的頭幾年，出境的貨櫃車在市區的皇崗路上大排長

龍，儼然成為深圳經濟特區野蠻生長的一大「風景」。這個困擾深圳中心城區發展的問題，直接催生了廣深高速。1997年廣深高速通車後，貨櫃車逐漸淡出深圳市區。

文錦渡口岸是107國道的終點，皇崗口岸是京港澳高速公路的終點。皇崗口岸的貨運規模力壓文錦渡口岸，形象地展示了社會經濟發展初期「高速」的重要性。

深港間第五個陸路口岸——深圳灣口岸，合著香港回歸十週年的喜慶節拍，於2007年7月1日正式開通啟用。中國公路幹綫網中當時唯一與香港連接的高速公路大橋、全長5545米的深圳灣大橋如長虹臥波，讓廣深沿江高速公路和香港特別行政區10號幹綫公路在伶仃洋上激情相擁。

深圳灣口岸一出場就是光彩照人的「亞洲最大客、貨綜合性口岸」，也是首個採用「一地兩檢」通關模式的內地口岸。所謂的「一地兩檢」就是「聯合辦公、各行其是」：雙方出入境管理人員在同一地點、按各自查驗標準，共同對出入境人員、交通工具和貨物進行聯合檢查，「停一次車，過四道關」。在「一地兩檢」模式下，正常情況下出入境旅客10分鐘內即可過關，客運、貨運車輛也僅需在口岸逗留10分鐘至15分鐘。

2018年，深圳灣口岸創新施行的「一地兩檢」通關模式被廣深港高鐵西九龍口岸複製。兩者相同的是都在「一地」聯合辦公，簡化出入境手續。不同的是，西九龍口岸設在香港九龍地界，深圳出入境管理人員每天要坐高鐵去西九龍車站辦公；而深圳灣口岸設在深圳灣大橋北側的深圳管轄區內，香港方面的出入境管理人員，需要每天坐車到深圳灣口岸大樓裏打卡「做嘢」。

文錦渡口岸的如潮貨運有皇崗口岸和深圳灣口岸幫忙「瘦身」，百

年老口岸羅湖口岸也急需新的深港間旅檢通道為它解壓。皇崗口岸開通第二年就設立了旅檢通道，實行 24 小時通關，但依然難以滿足越來越洶湧澎湃的深港間客運需求。

2007 年 8 月 15 日，深港間第六個陸路通道 —— 福田口岸正式投入使用。深圳河上架起一條嶄新的人行橋樑，北連深圳地鐵 4 號綫終點站，南接香港九廣鐵路落馬洲管制站，福田口岸開通僅一週年，就成功地為羅湖口岸分擔了 1500 萬人次的客流。

羅湖口岸此前一直是深港間客流量最大的陸路口岸，至此終於卸下了重擔。

2020 年 8 月 26 日是深圳經濟特區的 40 週歲生日。這一天的下午 4 時，跨越深圳河上游支流蓮塘河的深港間第七個陸路口岸 —— 蓮塘 / 香園圍口岸正式開通。這個設計旅客通關能力為 30000 人次 / 天的新口岸，南接香港粉嶺公路、香園圍公路和沙頭角公路，北聯深圳羅沙公路和東部過境高速，一舉扭轉了深港之間口岸集中在中、西部的格局，為實現深港運輸「東進東出、西進西出」通關格局打下重要基礎，將深港與粵東、贛南、閩南的跨境運輸連為一體，進一步完善了「粵港澳大灣區」、「一小時生活圈」的佈局。

這七個深港間陸路口岸，自西向東沿著深圳灣 — 深圳河 — 蓮塘河 — 沙頭角河一綫一字排開，和隱藏在地下的廣深港高鐵西九龍口岸一起，宛若八龍戲水，久久為功，在無縫對接中打通深港雙子星城的任督二脈，讓香港特別行政區與內地深度融合的新時代大潮汪洋恣肆，蔚為大觀。

# 東江之源，血濃於水

與深圳河北岸深圳文錦渡口岸對接的是深圳河南岸的香港文錦渡管制站。管制站東側不遠處靠近二岌河口的邊境禁區裏，兩座不起眼的泵房建築掩映在扶疏的草木中。這裏是禁區中的禁區，不要說外地人，就連絕大多數香港本地人也無緣踏足。因為，這裏是東深供水工程對港供水管道的終點——木湖抽水站。

這裏是 700 多萬香港人的生命之源：泵房裏設計泵水量為每天 390 萬立方米的 22 台抽水泵，將佔全港用水量約 80% 的東江原水通過供水隧道或以逐級抽水的方式，從東、中、西三綫進入船灣淡水湖、萬宜水庫、大欖涌水塘儲存，或直接進入港九各大濾水廠，淨化成香港市民日常所需的自來水。

這又是一個內地與香港同胞肩並肩、心連心的溫情故事。

1963 年，為了一舉解決招住香港發展喉嚨的水荒難題，中央人民政府在國家財政極其困難的情況下，斥巨資修出一條「天河」，讓 83 公里以外的東江水跨越深圳、東莞兩地的六座大山，一路「倒流」至香港維多利亞港畔，「東方之珠」因此至今溫潤如玉。

於鹹的「海」而言，香港的條件得天獨厚：三面環海，海岸綫曲折多姿，是不可多得的世界三大天然良港之一。但於淡的「水」而言，香港明顯先天不足，其缺水程度在全世界範圍內也排得上號，完全不足以支撐一個世界級大都會的誕生，更遑論保持長期繁榮、穩定發展。水是生命之源，同樣也是城市發展的根，人類歷史上沒有哪一個缺水的城市可以持續繁榮。

香港地處亞熱帶，年均降水量超過 2000 毫米，照道理講不應該缺水。但香港的「土」質讓它「五行缺水」：佔香港全境 80% 的山地、

丘陵主要由火山岩和花崗岩構成，這樣的地質條件導致香港的土地很難把降水留住，把地表水收集、儲存為地下水，集中在每年 7 月至 9 月的大量降水，統統沿著大河小溪流入大海。在這種情況下，香港只能依靠水塘（水庫）儲水。可是香港的溪流、河谷偏偏又極其短促、狹窄，儲水量有限，可供修建水塘的地點同樣屈指可數。

1860 年，香港人口接近 10 萬大關，靠山澗溪流、水井等自然方式取得的食水不足已初見端倪。港英政府於是開始修建第一個水塘 —— 薄扶林水塘。1863 年，儲水量 200 萬加侖（1 加侖 = 4.546 升）的薄扶林水塘建成，但此時全港用水量已達每天 50 萬加侖，區區 200 萬加侖儲水量成了杯水車薪。於是，薄扶林水塘建成之日就是它的擴建之時。從 1863 年到 1963 年的百年時間裏，香港人口穩步從 10 多萬增長至 350 萬，大小水塘也緊趕慢趕地修建了 16 座，香港全境適宜修建水塘的地點已被一掃而空。但是，香港食用水、生產用水供給的增長，相比於人口和生產力的快速攀升，始終處於計劃趕不上變化的狀況之中。缺水一直是這個新興城市的標籤。風調雨順時節尚可勉強應付，一旦嚴重旱情來襲，全港水荒必至。

1893 年 10 月至 1894 年 5 月，香港大半年內滴雨未下，史稱「香港旱魃」。1902 年香港大旱，每天只有 1 小時供水。1929 年又是大旱，全港 6 個水塘 5 個乾涸見底。1938 年，香港首次實行「制水」制度，民眾只能到街頭公共水管或送水車處排隊接水。1950 年代，深港地區連年乾旱，香港島、九龍城區的缺水問題更加嚴峻。那些年裏，一首童謠傳遍香港大街小巷：「月光光，照香港，山塘無水地無糧，阿姐擔水去，阿媽上佛堂，唔知幾時沒水荒。」

深港本為一體，唇齒相依，香港遭受「水荒」時，深圳地區當然也在承受乾旱之苦，只是因為人口較少、地域較廣，生活用水尚不成

問題，但幾十萬畝農田的灌溉同樣面臨旱災威脅。1959 年 11 月 15 日，在時任廣東省委第一書記陶鑄的支持下，旨在為寶安及香港地區緩解用水緊張的深圳水庫正式開工建設。寶安縣 13 個人民公社兩萬多名社員和解放軍一個團的指戰員進行工程建設大會戰。僅僅 99 天，深圳水庫大壩主體工程即告竣工，贏得了「百日堤壩」的美譽。深圳水庫集水面積 60.5 平方公里，庫容量 4850 萬立方米，為當年寶安縣十大水庫建設中工程量之首。

1960 年 11 月 15 日，廣東省政府與港英當局簽署供水協議，每年由深圳水庫向香港地區供水 2270 萬立方米。1961 年 2 月 1 日，深圳水庫正式向香港供水，正好趕上了 1962 年底至 1963 年 9 月的香港大水荒。

* * *

1962 年底至 1963 年，香港地區遭遇了自 1884 年有氣象記錄以來最嚴重的旱災，連續九個月沒有下過一滴雨。當時，全港水塘裏所有的存水只夠 350 萬民眾食用 43 天。港英政府無奈實行嚴厲的限水措施，從最初每天供水八小時，到每天供水四小時，進而到兩天供水四小時，最嚴重的時候四天才供一次水。

生命之源被老天擰緊了水龍頭後，店舖關門，農田絕收，工廠倒閉。據 1963 年 6 月香港《文匯報》報道，由於缺水，香港織造業、漂染業減產三成至五成，農業損失 1000 萬港元，13 個行業停工減產損失達 6000 萬港元。飲食業大受打擊，數十萬工人的生計受到嚴重威脅。

一開始，港英當局囿於主義之爭和惶恐於香港的供水權被內地控制從而削弱英國對香港的控制力，刻意不北向而望，而是派船到日

本、新加坡等地購買淡水應急，長途跋涉，運費高昂，顯然是遠水救不了近火的應付之舉。如果旱情持續下去，不要說所有用水量稍大一點的工廠會撐不下去，就連 350 萬香港居民的生活用水都會難以為繼。

* * *

香港同胞只能向祖國求援了！絕境之下，時任港九工會聯合會會長陳耀材和香港中華總商會會長高卓雄，代表香港廣大工商業人士和全體香港同胞向廣東省和中央政府急電求援。陳耀材原本是寶安縣人，年輕時赴港謀生。此時的廣東省委書記、省長陳郁參與過省港大罷工，與香港結下深厚的家國情誼。

水是生命之源，而血更濃於水。當時，全國九大商品糧生產基地之一的珠江三角洲地區，用水情況也十分緊張。陳郁接到香港同胞的救急請求後，第一時間做出回應：「為進一步幫助香港居民，可以從廣州市每天免費供應自來水兩萬噸，或者其他適當的地方供應淡水給香港居民使用。」

「其他適當的地方」自然就是深圳水庫了。經廣東省人民委員會批准，深圳水庫除按協議額度向香港供水外，再額外增加每年 317 萬立方米。這個增加的供水額度，已經到了深圳水庫可用水量的極限。

1963 年 5 月，廣東省政府緊急批准港方派船到珠江口免費取用淡水。香港方面隨即派出「伊安德」號運水船駛往廣州黃埔港大濠洲錨地裝運淡水，每次載運一萬多噸。深圳水庫和珠江口增供的淡水，總算解了香港的燃眉之急，勉強止住了香港居民的生產生活在這場大水荒中的持續缺血。

\* \* \*

6 月初，被大水荒的殘酷現實教訓過後的港英當局不再忸怩作態，派代表到廣州與廣東省商討內地供港淡水問題。經過多輪磋商後，雙方初步達成了從距離香港最近的東江引流入港、興建一項跨境、跨流域調水工程的方案。隨後，廣東省一邊上報請示黨中央、國務院，一邊派出省水利電力廳專家實地勘察引水綫路。15 日，中央人民政府發出《關於向香港供水談判問題的批覆》，特別提出「我們已經做好供水準備，並已發佈了消息，而且已在港九居民中引起了良好的反應」。

12 月 8 日，周恩來總理來到廣州視察，廣東省領導向他彙報了東江－深圳供水灌溉工程、簡稱「東深供水工程」的方案和面臨的諸多困難。周恩來總理當場表態：「要不惜一切代價，保證香港同胞渡過難關！」

當時，國家正值國民經濟大調整的當口，全國上下百廢待興，處處缺錢。為使香港早日擺脫水荒危機，中央果斷決定暫停其他部分項目，全力以赴投入東深供水工程建設。

## 東江之水越山來

在中央檔案館保存的一份關於東深供水工程建設的請示報告上，周恩來總理親筆批示：「該工程關係到港九三百萬同胞，應從政治上看問題，工程作為援外專項，由國家興辦，廣東省負責設計、施工。」他還在批示中強調：「供水工程，由我們國家舉辦，應當列入國家計劃。」周總理如此批示是因為他考慮到香港 95% 以上是自己的同胞，

工程自己辦比較主動，不用港英當局插手。

東深供水工程作為國家重點工程，由當時的國家計劃委員會從援外經費中撥出 3800 萬元專款興建。這筆專款在當年確實是「不惜一切代價」的重大投入，當時，我國國內生產總值只有 1454 億元，全年財政收入只有 399.54 億元，東深供水工程一個建設項目，就已接近當年全國財政收入千分之一。

工程於 1964 年 2 月 20 日正式動工。廣東省動員 1 萬餘人投入施工。經過 1 年奮戰，其間先後頂住 5 次強颱風暴雨襲擊，於 1965 年 1 月建成，同年 3 月 1 日供水。

「讓高山低頭，讓河水倒流。」東深供水工程在由南向北流入東江的石馬河河口抽水，然後利用石馬河河道梯級抽水站，將東江水提升 46 米、倒流 83 公里後注入深圳水庫，再通過 3.5 公里長的輸水涵管，輸送到深圳河南岸香港境內。為保障香港居民用水，東深工程每年 10 月 1 日起至次年 6 月 30 日止，每天均衡供水，年供水 6820 萬立方米。

翻山越嶺而來的東江水一舉消除了長期困擾香港地區的缺水之痛。一期工程竣工典禮上，港九工會聯合會和香港中華總商會贈送錦旗，分別是「飲水思源，心懷祖國」「江水倒流，高山低首；恩波遠澤，萬眾傾心」，一言道盡內地和香港人民血濃於水的同胞之情。

＊　＊　＊

1965 年 3 月 1 日後，得到東江水哺育的香港沒有了水資源短缺的後顧之憂，很快進入了快速發展的黃金時代。與此同時，港英政府也開展了「B 計劃」，利用 U 形海灣築壩修造儲水水庫。1968 年，世界上第一座在海中建成的水庫、位於香港新界東部的船灣淡水湖建成，

庫容高達 2.3 億立方米，比此前已經建成的 16 座水塘的庫容總和還多了 1.5 億立方米。1978 年，港英政府又在船灣東南方向的海灣如法炮製修建了庫容高達 2.81 億立方米的萬宜水庫。船灣淡水湖和萬宜水庫這兩座位於海洋中的水庫總庫容超過 5 億立方米，佔香港淡水總儲存量的 87% 以上。至此，香港淡水的供給和儲存可謂綽有餘裕，再也不可能出現什麼「香港旱魃」了。

伴隨著 1970 年代香港工業化、城市化的加速推進和改革開放後深圳、東莞地區經濟的爆發性增長，從 1973 年到香港回歸前，東深供水工程先後進行了三次大規模擴建，年供水能力也增至 17.43 億立方米。

1998 年，廣東省投入 2.8 億元，在對港供水的最後一站深圳水庫入庫口建成全球最大、日處理 400 萬噸源水的生物硝化站。生物硝化站共有 6 條水體淨化通道，每條通道有 14 萬條生物填充料，水體經過填充料時，75% 以上的氨氮和有機物可被吸收，水體淨化效果非常明顯。東江來水全部經過生物硝化站過濾、淨化後再進入深圳水庫、輸往香港。

2000 年，為徹底解決東深供水工程沿綫未經處理的污水流入河道、影響水質，同時適當增加供水量，廣東省投資 49 億元對東深供水工程進行全面改造，將供水系統由原來的天然河道和人工渠道輸水改造為封閉的專用管道輸水，實現清污分流。工程於 2003 年 6 月 28 日完工，年設計供水量增加到 24.33 億立方米。

如今，東深供水工程擔負著向香港、深圳、東莞工程沿綫三地居民提供生活、生產用水的重任。香港用水的約 80%、深圳用水的 50%以上、東莞沿綫八鎮用水的 80% 左右，都是越山而來的東江水。截至 2022 年 4 月，東深供水工程不間斷對港供水已達 277.5 億立方米，相當於 1900 多個杭州西湖的庫容量。「倒流」的東江水以 100 米 3/ 秒的

流量，源源不斷地送進香港新界的木湖抽水站，然後也「倒流」向九龍半島，並通過輸水涵道抵達燈火璀璨、全球人口密度最大地區之一的香港島。

江山日日新。僅僅調運東江水，已無法支撐灣區東部穗、莞、深、港龐大經濟體的持續擴容。在歷經近十年統籌謀劃與科學論證後，國務院、廣東省相繼做出戰略部署，興建珠江三角洲水資源配置工程。該工程西進西江幹流鯉魚洲，東至深圳公明水庫，沿途輸水至廣州南沙擬建的高新沙水庫、東莞的松木山水庫及深圳的羅田水庫，全程百餘公里，穿越珠三角核心城市群。工程設計規模為每年 17.87 億立方米，建設工期 60 個月，總投資約為 354 億元。工程建成後，將實現從西江向珠三角東部地區引水，解決廣州、東莞、深圳的生活生產缺水問題，並為香港提供應急備用水源，為粵港澳大灣區發展提供戰略支撐。在大灣區時代，作為粵港澳基礎設施互聯互通重要一環的珠江三角洲水資源配置工程，將和東深供水工程一起譜寫新的時代篇章。

* * *

今天的香港，約 90% 的鮮活商品、約 80% 的淡水、約 27.58% 的電力來自內地。根據《香港能源統計年刊（2022 年版）》的數據，2022 年，全港 100% 的天然氣和 99.9% 的石油氣均進口自內地；另外，全香港 94.6% 的航空燃油和 30.7% 的輕質柴油、重質柴油與石腦油均進口自內地。

這些內地輸港商品中，東江水無疑是最關鍵的社會經濟運營資源之一。

1997 年 7 月 1 日香港回歸日，香港政權交接典禮上，中國軍事儀仗隊進場。

第八章

紫荊花開

## 「一國兩制」構想解決香港問題

1960 年代末至 1970 年代初，冷戰格局持續風雲變幻，中美關係趨向緩和。1971 年 10 月 25 日，中華人民共和國恢復了在聯合國的合法席位，1972 年 1 月，中國被選為聯合國非殖民化特別委員會委員。3 月 8 日，中國常駐聯合國代表黃華致函特委會主席，鄭重聲明：香港和澳門是被英國和葡萄牙當局佔領的中國領土的一部分，解決香港、澳門問題完全是屬中國主權範圍內的問題，根本不屬通常的所謂殖民地範疇。因此，不應列入反殖民宣言中適用的殖民地地區的名單之內。

中華人民共和國在「恢復在聯合國合法席位」、參加聯合國非殖民化特委會會議之初，就鄭重其事地聲明解決香港和澳門問題「聯合國無權討論」，其原因就在於這個特委會手中的一份名單，對將來香港、澳門順利回歸祖國這個大業，暗藏殺機。

在反殖民主義的漫長鬥爭中，1960 年 12 月 14 日，聯合國大會通過了《給予殖民地國家和人民獨立的宣言》，宣言要求各成員國「在託

管領土和非自治領土以及尚未取得獨立的一切其他領土內立即採取步驟，依照這些領土的人民自由表示的意志和願望，不分民族、信仰或膚色，無條件和無保留地將所有權移交給他們，使他們能享受完全的獨立和自由」。1961 年 11 月 27 日，聯合國大會投票決定成立「聯合國關於給予殖民地國家和人民獨立宣言執行情況特別委員會」，簡稱非殖民化特別委員會。該委員會自成立以來，一直將香港和澳門列入所謂的殖民地名單。

對中國來說，這是一份有「毒」的名單。因為，根據《聯合國憲章》和《給予殖民地國家和人民獨立的宣言》，這份名單上的地區相當於被賦予了對自己前途命運的「自決權」，意味著在這份名單上的香港和澳門有了在某些勢力干擾下宣佈「獨立」的可能性。當時的國民黨代表只是在大會上公開表達了不滿，未能阻止港澳地區被列入這份名單之中。此後，香港和澳門問題經常被非殖民化特委會會議拿出來評頭論足討論一番。這，也正是中國成為聯合國非殖民化特委會委員後，黃華代表第一時間致函特委會主席嚴正聲明「聯合國無權討論」的根源所在。

1972 年 6 月 15 日，特委會通過決議，向聯大建議將香港和澳門從殖民地名單中刪除。11 月 8 日，第 27 屆聯合國大會以 99 票贊成對 5 票反對通過決議，批准了特委會的報告。這意味著香港、澳門的殖民地帽子被摘下，排除了其他國家以及聯合國參與解決港澳問題的可能性，也排除了任何人、任何勢力在港澳地區搞所謂「獨立」「全民公決」的可能性，為日後中英、中葡政府間有關香港、澳門回歸祖國的談判掃清了障礙。

* * *

1979 年 3 月，時任港督麥理浩應邀訪華。試探中國領導人對香港問題的態度和口風，成了他此行的重要目的。當時的英國有人獻計：麥理浩訪問北京時儘量不要試探中國對香港前途的態度，最好只提出土地租期的問題，把未來香港歸宿這個政治層面的問題，模糊成經濟層面的問題，為尋求 1997 年後英國繼續統治香港做好鋪墊。

當月 29 日，鄧小平在人民大會堂接見麥理浩一行。

出乎麥理浩意料的是，賓主就座之後，鄧小平就直截了當地談起了他本來就想著拐彎抹角打探的香港前途問題。鄧小平表示，我們歷來認為，香港主權屬中華人民共和國，但香港又有它的特殊地位。香港是中國的一部分，這個問題本身不能討論。就是即使到了 1997 年解決這個問題時，我們也會尊重香港的特殊地位。

簡明扼要的表態在麥理浩聽來應該是偏積極型的。因為「香港的主權屬中國」是中國人一以貫之的態度，就是「這個問題本身不能討論」的說法有點嚴厲，但一句「尊重香港的特殊地位」讓他浮想聯翩。

「剛才談到香港的未來問題，這一點您講得很清楚，我也明白，但這個問題最終是要由英國政府與中國政府之間來解決。你們的代表也經常講，這個問題在時機成熟時就會解決」，麥理浩按照既定方案，話鋒一轉，「我們現在有一個非常急迫的問題不能等到將來解決。這就是允許一些私人在新界租地的問題。現在申請人每年多到上萬，每月也有成百人。我們頒佈的契約都必須寫明有效期限是 1997 年 6 月以前。」他停頓了一下，看著眼前若有所思的鄧小平，終於說出了他此行的終極目的：「我建議把原來的契約上寫的有效期限『1997 年』去掉，改為只要新界仍然在英國的管治之下，契約依然有效。」

這一通彎彎繞繞後面隱藏著英國人的小心機：新界地區的地契上

標注著 1997 年 6 月以前的有效期，意味著到期後英國自動喪失對新界地區的控制，法理上十分明確；而改為「只要新界仍然在英國的管治之下」這個模糊的時間點，一旦 1997 年以後英國人利用不可預知的手段依舊全部或部分實控著新界地區，契約也就依舊有效。以後再想解決這個問題，就會碰到無數法理上的問題。

鄧小平一眼看穿了這種玩弄文字的小把戲，他右手微微一擺，用他乾脆利落的短句回應道：「在土地租約問題上，不管用什麼措辭，必須避免提到『英國管治』的字眼。」他強調了中國在香港問題上的立場，這個決定權在中國，而不是英國！

面對鏗鏘有力而又舉重若輕的鄧小平，麥理浩一時語塞。

沉默一陣後，麥理浩再次以港人利益糾纏，藉口還是新界地契的期限問題，說是隨著距離 1997 年的時間越來越近，相當多的投資者因土地租期問題產生焦慮情緒，影響香港經濟發展。

麥理浩喋喋不休地試圖以香港經濟發展問題試探中國對香港政策的底綫，但他說的這個問題的確也是廣大香港同胞和香港內外投資者關心的。

鄧小平沉默了片刻，然後字斟句酌地表示：中國政府的立場不影響投資者的投資利益。這就是：在本世紀和下世紀初相當長的時期內，香港還可以搞它的資本主義，我們搞我們的社會主義。就是到 1997 年香港政治地位改變了，也不會影響他們的投資利益。

會見結束前，麥理浩問鄧小平：「我回香港以後對香港人怎麼說？」鄧小平一句話總結：「叫香港的投資者放心。」

＊＊＊

麥理浩此次訪華當然沒有也不可能捕捉到英國人明知無望卻又暗自期待的「情報」：中國人在香港問題上讓步的可能和空間。但從鄧小平口中，也得到了中國尊重香港特殊地位、較長時間裏制度不變的立場。麥理浩將鄧小平的話帶回了香港，經香港各大報紙傳播後，引發港九各界的熱烈反響，極大地消除了一部分人的顧慮和擔憂。

鄧小平關於香港主權問題的嚴正表態，自然被麥理浩帶給了英國政府。但是，人稱「鐵娘子」的時任英國首相撒切爾夫人，還是在1982年登門討論來了。

## 主權問題不是一個可以討論的問題

1982年4月2日，為轉移國內矛盾，阿根廷總統加爾鐵里突然下令出兵收復英、阿有爭議的馬爾維納斯群島（簡稱馬島，英國稱為福克蘭群島）。馬島的地理位置很特殊，距阿根廷南海岸500多公里，離英國卻是萬里之遙，幾乎隔著一個大西洋，而且資源貧乏、人口稀少。全世界的普遍反應是，英國應該會像之前一樣，選擇放棄這塊價值不大的殖民地。畢竟二戰過後，英國海軍實力大減，早已沒了當年日不落帝國的輝煌。

出人意料的是，英國首相撒切爾夫人積極應對，果斷決定出兵。僅僅兩天之後的4月4日，英國竟然組建了由118艘艦艇、340餘架飛機和約35000人組成的特遣艦隊，勞師遠征馬島。

馬島戰爭的爆發，與阿、英兩國政府當時的處境大有干係：加爾鐵里領導的軍政府固然是出於以一場戰爭轉移國內矛盾的打算，當時的撒切爾夫人政府同樣面臨著執政危機。但歸根結底，為了一座萬里之外、鳥不生蛋的馬島賭上國運，只能是全體英國人的共同意志：向

世界證明，英國依然強悍，不容挑釁。否則，撒切爾夫人再強硬、再好戰，也不可能在兩天之內說服議會發動一場萬里遠征，並組建完畢一支大型特遣艦隊。

6 月 14 日，在馬島戰爭進行 74 天後，阿根廷馬島駐軍投降，英國最終打贏了這場被視為冷戰末期規模最大、戰況最激烈的戰爭。

馬島一戰，讓英國成為焦點。全世界媒體都在議論英國的軍威，撒切爾夫人本人的影響力也如日中天，一時間風頭無兩。

9 月 22 日，馬島大勝的慶功酒餘味尚在，撒切爾夫人就頭頂著馬島上空的英國落日餘暉，懷揣著一顆「良苦用心」飛赴北京，與中國領導人鄧小平商談香港問題。撒切爾夫人在其回憶錄《唐寧街歲月》中坦承自己選在這個微妙的時間節點訪華的原因：「1982 年 9 月在我訪問遠東時，英國和我自己在世界上的地位已經因我們打贏了福克蘭群島（馬島）戰爭而與以前大不相同了。但是，如果說我們遭遇了什麼挫折的話，那就是與中國人就香港問題的談判了。」

＊＊＊

1982 年 9 月 24 日上午，人民大會堂福建廳。「鐵娘子」撒切爾夫人和當年被毛澤東笑稱為「鋼鐵公司」的鄧小平，兩位世界級政治家進行了一場火星四射的歷史性外交交鋒。

撒切爾夫人說：「我作為現任首相訪華，看到你很高興。」

鄧小平回答：「是呀，英國的首相我認識好幾個，但我認識的現在都下台了。歡迎你來呀！」

會談一開始，撒切爾夫人先發制人，打出了她的第一張牌，「主權牌」，首先強調：「有關香港的三個條約仍然有效。」

鄧小平寸步不讓，他斬釘截鐵地說道：「主權問題不是一個可以討論的問題。現在時機已經成熟了，應該明確肯定：一九九七年中國將收回香港」。

　　行前自信滿滿、認為香港問題總不會大過馬島的撒切爾夫人顯然沒料到眼前的這個小個子男人會如此強硬，於是她又拋出了一個自以為邏輯上很自洽的立論：中國的現代化事業需要藉助繁榮的香港，而歷史已經證明在英國人管治下，香港實現了持續的繁榮，因此中國應該讓英國在 1997 年後繼續管治香港。

　　這是撒切爾夫人打出的第二張大牌，「主權換治權牌」。

　　鄧小平毫不含糊，當即不卑不亢地回應道：「保持香港的繁榮，我們希望取得英國的合作，但這不是說，香港繼續保持繁榮必須在英國的管轄之下才能實現。香港繼續保持繁榮，根本上取決於中國收回香港後，在中國的管轄之下，實行適合於香港的政策。香港現行的政治、經濟制度，甚至大部分法律都可以保留，當然，有些要加以改革。香港仍將實行資本主義，現行的許多適合的制度要保持。我們要同香港各界人士廣泛交換意見，制定我們在十五年中的方針政策以及十五年後的方針政策。這些方針政策應該不僅是香港人民可以接受的，而且在香港的其他投資者首先是英國也能夠接受，因為對他們也有好處。我們希望中英兩國政府就此進行友好的磋商，我們將非常高興地聽取英國政府對我們提出的建議。這些都需要時間。為什麼還要等一、二年才正式宣佈收回香港呢？就是希望在這段時間裏同各方面進行磋商。」

　　再次碰了軟釘子的撒切爾夫人提出，香港只有在英國的管理之下，才能維持現在的繁榮。如果中國執意收回，那麼對於香港來說，將會面臨一場災難。

這是撒切爾夫人的最後一張大牌,「動亂牌」。

面對這個赤裸裸的威脅,一生中經歷過無數次血與火考驗的鄧小平的回應只是淡淡一笑,「如果在十五年的過渡時期內香港發生嚴重的波動,怎麼辦?那時,中國政府將被迫不得不對收回的時間和方式另作考慮。如果說宣佈要收回香港就會像夫人說的'帶來災難性的影響',那我們要勇敢地面對這個災難,做出決策」。所謂「收回的時間和方式另作考慮」,在政治語言上就是明明白白地告訴對方:如果英國政府一意孤行,那麼收回的方式就不一定和平,時間就不是 1997 年而是在此之前的任何一個時間點了。

1982 年 9 月 24 日的這一場中英領導人會談中一人鋒芒畢露,一人綿裏寓針。中國共產黨人對外交涉堅守底綫、有理有利有節的原則和表達藝術,被鄧小平運用得爐火純青。興沖沖來到北京、深信自己挾馬島大勝之威一定能解決香港問題的「鐵娘子」,沒想到自己一頭撞上的是在鐵馬冰河裏淬火成鋼的「鋼鐵公司」。

經此一晤,撒切爾夫人與中國爭奪香港主權、治權的自信逐漸瓦解,鄧小平劃定的底綫,「主權問題容不得討論」的原則也成了此後中英雙方談判的基石。撒切爾夫人在回憶錄《唐寧街歲月》裏感嘆道:「我們是在同一個不肯讓步,而實力遠遠超過我們的大國打交道。」

1984 年 12 月 19 日下午 5 時 30 分,經過 22 輪談判後,中英雙方終於簽署了《中英關於香港問題的聯合聲明》,正式確認中華人民共和國將於 1997 年 7 月 1 日起對香港恢復行使主權。

# 港島夜雨，紫荊花開

1997 年 6 月 30 日下午 4 時 30 分，末任香港總督離任儀式在位於中環半山的香港總督府舉行。儀式開始前，已在香港任職四年零八個月的「末代港督」彭定康按照慣例要給英國女王寫一封「述職信」。信很快寫好了，但他沒有起身離開辦公桌，而是盯著「總督彭定康」的落款思索再三。

儀式一開始，天空飄起絲絲細雨。總督府草坪上，在名為「日落餘音」的號角聲中，旗手緩步走向旗杆，降下了那面在香港總督府飄揚了百餘年的英國國旗。彭定康面色凝重地看著英國國旗緩緩落下，水滴從他的臉上流下來，也不知道有沒有摻雜淚水。

在彭定康一家黯然離開港督府時，一位英國記者抓拍到了這樣一張照片：他的女兒淚流滿面，妻子在一旁悵然而立，他則伸出左手為女兒拭去淚水。這張定格歷史、「會說話」的照片第二天出現在香港報紙上，並被中外媒體瘋狂轉載。據當時在香港總督府工作的港籍僱員透露，彭定康共有三個女兒，除了照片上哭泣的那個，另外兩個女兒也都流了淚，他們夫婦二人也濕了眼眶。

儀式結束之後，彭定康帶著他的家人最後一次坐上港督專車，繞行花園三周。這是以往歷任港督離任時的「固定節目」，以示留戀之意。或許是情緒過於激動，或許是急於想離開這個傷心之地，專車繞行兩圈後，彭定康就讓司機駛離了港督府。

下午 6 時，英方在香港英軍總部東側廣場上舉行撤離香港告別儀式，英國查爾斯王子、首相布萊爾、外相郭偉邦、彭定康和早已離任的撒切爾夫人一起出席。彭定康在儀式開始作告別講話時，還是絲絲小雨，輪到查爾斯王子講話時，傾盆大雨從天而降，把他的演講稿淋

了個七零八落。時隔多年之後，查爾斯王子依然記得當時的場景，他記得當時腳下的紅地毯全部濕透了，踩上去都能聽見「嘎吱嘎吱」的響聲……他說自己從未在「水中」發表過演說，而且，當時可能沒有人能夠聽清楚他講了什麼，因為雨點打在雨傘上的聲音太吵了。撒切爾夫人日後也曾說過，她對香港回歸前夜的這場大雨記憶猶新，「那一天我傷心極了。但我想不應該再對這個事情發表議論，這會招人厭煩的」。但往事隨風，她很快跳過傷感，反覆強調，英國人要面對現實，不該對香港回歸中國耿耿於懷，因為已經到了「中國接手的時候了」。

這場大雨讓英國人的告別儀式狼狽不堪，很多嘉賓衣履盡濕，不得不中途離場更衣換衫。怡和洋行大班（舊時對洋行經理的稱呼）亨利·凱瑟克離場時因雨大路滑，摔斷了腿骨。撒離香港告別儀式在淒風苦雨中草草結束後，彭定康等一眾英方要員更換禮服前往香港會展中心，參加在那裏舉行的中英香港政權交接儀式。這一天，香港回歸的英方「當事人」之一彭定康因為一場下個不停的雨，前前後後換了三身禮服。

英國人統治香港已 150 多年了，不會不知道香港夏季颱風多發。把時間長、規模大的告別儀式放在室外舉行又不準備防雨預案，唯一的解釋只能是英國人不上心，因為他們紀念的是一個失落的香港。

* * *

6 月 30 日 23 時 42 分，香港會展中心，中英儀仗隊入場，雙方禮號手吹響禮號，中英兩國政府香港政權交接儀式正式開始。23 時 46 分，中華人民共和國主席江澤民、國務院總理李鵬、國務院副總理兼外交部部長錢其琛、中央軍委副主席張萬年和香港特別行政區首任行

政長官董建華步入會場登上主席台主禮台。英國方面同時入場並登上主席台主禮台的是查爾斯王子、首相布萊爾、外交大臣庫克、離任港督彭定康和國防參謀長查爾斯·格思里。

在儀仗隊行舉槍禮後，查爾斯工了講話。他說，香港將從此交還中國，在「一國兩制」的框架下，香港將繼續擁有其明顯的特徵，繼續成為世界上許多國家的重要國際夥伴。

23 時 56 分，中英雙方護旗手入場，象徵中英兩國政府香港政權交接的降旗、升旗儀式開始。

23 時 59 分，英國國旗和香港旗在英國國歌樂曲中緩緩降落。隨著米字旗的降下，英國在香港一個半世紀的殖民統治宣告結束。這時，距零點只差幾秒，全場一片肅穆。1997 年 7 月 1 日零點整，中華人民共和國國旗和香港特別行政區區旗在《中華人民共和國國歌》伴奏下準時升起，標誌著香港終於回到祖國懷抱。

在這個歷史性時刻，無數記者的長焦鏡頭捕捉到了觀禮台上的「末代港督」彭定康。他目光飄忽、神情沮喪，身旁的查爾斯王子若有所思、淚光閃爍。

在香港會展中心附近的「威爾斯親王軍營」，人民解放軍駐香港部隊正式接管香港的防務。中方指揮官譚善愛身姿挺拔，眼神堅定，一字一句、鏗鏘有力地向英方衛隊長埃利斯發出口令：「我代表中國人民解放軍駐香港部隊接管軍營。你們可以下崗，我們上崗。祝你們一路平安！」7 月 1 日 0 時 0 分 0 秒，中華人民共和國國旗也分秒不差地在「威爾斯親王軍營」冉冉升起。

0 時 4 分，江澤民在鑲嵌著中華人民共和國國徽的講台前莊嚴宣告：中華人民共和國香港特別行政區正式成立。這是中華民族的盛事，也是世界和平與正義事業的勝利。1997 年 7 月 1 日這一天，將作

為值得人們永遠紀念的日子載入史冊。

0時50分，查爾斯王子、彭定康一行登上將於當年年底退役的英國皇家「不列顛尼亞號」遊輪，在港島夜雨中離開香港。

* * *

7月1日凌晨1時30分，中華人民共和國香港特別行政區成立暨特區政府宣誓就職儀式隆重舉行。香港特區首任行政長官董建華向來賓隆重介紹了一位特殊嘉賓 ── 鄧小平夫人卓琳女士，現場掌聲雷動。此行，81歲高齡的卓琳來替1997年2月19日逝世的鄧小平完成夙願。香港回歸問題的完美解決者鄧小平生前曾一再表示：我要活到1997年，就是要在中國收回香港之後，到香港自己的土地上走一走，看一看。

一場浸透深港兩地的雨為人民解放軍駐香港部隊壯行。7月1日上午6時整，早已進入集結區域待命的駐港部隊陸、海、空三軍，在東起沙頭角，西至蛇口媽灣港長達幾十公里的陸、海、空域裏，開始向香港邁進。駐港部隊陸軍從沙頭角、文錦渡、皇崗三個陸路口岸進入香港。

文錦渡口岸是駐港部隊進駐香港的主方向。一輛草綠色的卡車率先越過橋上分界綫，車上21名官兵來自「大渡河連」── 一支60多年前在紅軍長征途中攻克天險的英雄連隊。這歷史性的一步，意味著人民解放軍首次踏上了香港這片令國人魂牽夢繞的神聖國土。6時15分，駐港部隊駛經上水馬會道時，受到了手持國旗和特區區旗群眾的夾道歡迎。

# 對決金融大鱷索羅斯

1997 年 7 月 1 日，香港正式回歸祖國，香港各界充滿信心。作為香港股市「晴雨表」的恒生指數也牛氣沖天，一路高歌猛進。7 月 31 日，恒生指數首次突破 16000 點大關。做多恒生指數、做多香港，暢享香港回歸祖國的紅利，成了眾多市場參與者的不二之選。在狂熱的投資氣氛裏，在金錢的喧囂聲中，誰也沒注意到，一隻金融大鱷正在悄然向香港這個當時的亞洲金融中心張開血盆大口。

這隻金融大鱷正是「做空大師」、美籍猶太人喬治·索羅斯。

索羅斯爆得大名於 1992 年的英鎊狙擊戰。此役索羅斯做空英鎊，使得堂堂英國的金融系統幾乎在一夜之間崩潰，經濟大幅衰退，不得不動用價值 269 億美元的外匯儲備，最終還是遭受慘敗。而索羅斯旗下的量子基金淨賺近 20 億美元。1994 年，他又出手絞殺墨西哥比索，讓墨西哥金融體系面臨崩潰。

在媒體的宣傳和自我包裝下，索羅斯和他旗下的量子基金成了資本市場上的神話，並逐漸形成了一個於索羅斯而言名利雙收的循環：他越像個神明，他的發言和狙擊行動就越有影響力、有更多跟隨者，反之亦然。他成了全球資本市場的「黑袍巫師」，虛虛實實的每一句話都可能引發特定地區、特定市場、特定人群的騷動，甚至危機：銀行擠兌，匯市、股市、期市劇烈波動。

1997 年初，美元堅挺，泰國經濟卻開始下滑，出口下降，使得泰銖實際匯率搖搖欲墜。由於泰國實行的是與美元掛鈎的固定匯率制度，泰國政府不得不動用並不豐厚的外匯儲備強行抬高泰銖的名義匯率，從而與不斷下降的泰銖實際價值之間形成了巨大的落差。嗅到血腥味的索羅斯帶領他的國際游資軍團趁勢打壓泰銖。3 月 2 日，索羅

斯攻擊泰國外匯市場，泰銖貶值 60%，股市狂瀉 70%。5 月，泰國外匯市場出現恐慌性拋售。6 月底，泰國外匯儲備失去了繼續干預外匯市場的能力。7 月 2 日，泰國政府被迫宣佈放棄釘住匯率制度，實行有管理的浮動匯率制度。當天，泰銖匯率最低曾達到 1 美元兌 32.6 泰銖，貶值幅度高達 30% 以上。

整個狙擊泰銖過程中，輿論渲染層層推進，做空資本排山倒海，下手快、準、狠，泰國政府和普通投資者完全被索羅斯玩弄於股掌之間。緊接著，在做空集團的猛攻下，印度尼西亞、菲律賓、馬來西亞、韓國、中國台灣地區等地金融市場一觸即潰，如多米諾骨牌一樣紛紛倒下，股、匯雙殺，一蹶不振。最後，連日元也開始下跳，1997 年 11 月，日本四大證券公司之一的山一證券宣佈「自主廢業」。

索羅斯幾乎是以一己之力，無比殘忍中帶著一絲絲炫耀地割開了 1997 年爆發的亞洲金融危機的血槽。

山雨欲來風滿樓。1997 年 7 月時的香港，慶祝回歸的喜慶氣氛尚未消散，一場金融風暴已黑雲壓城。

\* \* \*

外界普遍把香港金融保衛戰的時間定在 1998 年 8 月，但這只是最後的決戰月。事實上，這場沒有硝煙的世紀金融之戰，早在 1996 年就初見端倪了。這一年，索羅斯的手下得力幹將羅德里‧瓊斯及其團隊駐紮在香港。在橫掃東南亞後，索羅斯帶領的國際炒家將目光投向香港，為即將到來的大戰做最後的準備：在外匯市場大量囤積港幣，為日後衝擊匯率「廣積糧」；分散、隱蔽地大量收集恒指成分股 —— 此舉助推恒指從 1996 年的低點開始不斷漲升，引發市場港股投資人的做

多熱情，恒指一再突破新高。泡沫的不斷堆積，神不知鬼不覺地提高了之後「放水」的水位；最後，在期貨市場大量囤積股指期貨空單合約，準備在恒指下跌後再低價買回平倉，落袋為安。因為股指期貨的槓桿非常高，一旦港股大跌，此時埋下的期市空單就能帶來超乎想像的巨額收益。

如果說此前狙擊英鎊的戰術是 1.0 版本，泰銖是 2.0 版本，那麼這一次對香港出手時，索羅斯一夥把暴力做空的技巧玩到了極致。他們精心設計了更為高級的「匯市打壓、股市拋空、期市獲利」的 3.0 版本，三大招數互為依託、相輔相成。扎實有效的前期準備，配合爐火純青的輿論戰，索羅斯在香港回歸當月、恒指高歌猛進之際，自信滿滿地發起了攻擊。

1997 年 7 月開始，以索羅斯為首的國際炒家陸續拋售 465 億港幣。1998 年 1 月和 6 月，國際炒家又分別拋空 310 億、78 億港幣。在這三次大規模投機性拋售下，港幣匯率受到嚴重衝擊。1997 年 8 月 8 日，港股正式開啟下行通道，恒生指數和期貨市場指數下瀉 4000 多點。一如索羅斯所計劃的，香港匯、股、期三市在國際炒家的立體攻擊下，陷入「三殺」困境。

要破這個危局，關鍵在匯率。為了捍衛港幣匯率，香港金融管理局的應對之法是加息，以提高市場利率的辦法大幅提高借貸港幣的成本，從而逼退國際炒家。另外，香港金管局制定新規，對反覆通過流動性機制向國際炒家借出港幣的銀行，收取懲罰性高息。如此一來，隔夜拆借利率從 9% 狂颷至 300%，港幣一時奇貨可居。

主導推出這個規定的是香港金融界風雲人物、香港金管局創立者任志剛。此前，他靠加息這「一招鮮」，曾多次擊退做空港幣的國際炒家，被人戲稱為「任一招」。

但這一次他再度祭出這個拿手絕招，效果卻大不如前。高昂的拆借成本雖然暫時阻擋住了空頭的進攻勢頭，但也讓正常借貸需求被誤傷，嚴重傷害了實體經濟和對香港經濟舉足輕重的樓市，各大銀行門口出現了一條條擠兌的人龍。伴隨著非常規加息導致的存款利率上升，再加上國際炒家精心炮製的大量利空消息，投資者紛紛從股市抽資，恒指因此跌跌不休，樓市風雨飄搖，港人怨聲載道。

　　任志剛的加息「一招鮮」對付打游擊戰騷擾式的國際炒家非常有效，但用來對付穩扎穩打構築戰綫、資本實力超乎想像、志在必得狙擊香港金融市場的索羅斯一夥，效果就不盡如人意了。

＊ ＊ ＊

　　如此拉鋸一年左右後，1998 年 8 月 5 日，索羅斯率領國際炒家捲土重來，匯市、股市、期市三路齊發，發起全面立體攻擊，打算一戰終結香港金融市場。

　　國際炒家通過媒體放出消息，大肆渲染人民幣即將大幅貶值的空頭氣氛。人民幣承壓更讓香港金融市場雪上加霜，港股一瀉千里。8 月 10 日，恒生指數跌破 7000 點心理大關，11 日跌破 6800 點，13 日跌破 6660 點，與一年前 1997 年 8 月 7 日的最高點 16673 點相比，大跌超過 1 萬點，無數港人的財富被洗劫一空。

　　西方輿論戲稱「香港已成為國際投機家的提款機」。

　　國際炒家進一步叫囂，「恒指跌破 4000 點指日可待」。這一叫囂委實讓香港上下不寒而慄。因為，一旦恒生指數跌破 4000 點，就意味著全香港財富將蒸發 2/3，大多數港人將墜入破產的深淵。

　　面對索羅斯無休止、飽和式的立體攻擊，任志剛陷入了兩難：如

果管制外匯，港股必定「自由落體」，無底可尋；如果放任不理，任由國際炒家喊打喊殺，港幣必定大幅貶值，作為香港經濟社會發展基石之一的聯繫匯率制度就將崩潰，一年前泰銖貶值血淋淋的悲慘一幕就將在港島上演。

在這個令港島窒息的 8 月上旬，時任香港財政司司長曾蔭權與任志剛等人徹夜難眠，商討對策，最後做出的艱難決定是：港股和匯率一個也不能少，放棄任何一個，香港都要萬劫不復。但是，在生死存亡的危急關頭，要想同時守住匯、股兩市，「任一招」之類的技術手段肯定是不靈了，必須打破禁忌、祭出大殺器 —— 動用外匯儲備，與索羅斯一夥對決。

\* \* \*

14 日，恒生指數依然以跌勢開盤。就在心灰意冷的股民以為當天仍將毫無意外地單邊下跌時，市場上突然冒出一股神秘力量，悄然吞下無數拋盤。在這股神秘力量的帶動下，恒生指數一掃此前陰霾，開始節節攀升，當天反彈 564 點，漲幅高達 8.47%。

事後復盤，索羅斯在此次狙擊香港之役中可謂算無遺策、招招致命，到 1998 年 8 月 14 日前，他的計劃事實上也得到了完美的執行，全面勝利眼看著就唾手可得。但他可能犯下了一個人被神化後最容易犯的錯誤：輕敵。這一天恒指能大漲 8.47%，說明國際炒家的重兵集結在匯市，港股上的火力明顯不足。這個佈局出於索羅斯的兩個誤判：一、他認為憑香港 900 億美元左右的外匯儲備，面對兵精糧足的國際空頭勢力，只能單綫作戰，不可能同時救匯市、股市，那麼匯市就是主戰場，港股只能退而求其次；二、作為一個純粹的資本獵手，

他無法理解中華民族的義利觀，無法體會內地和香港基於地緣、血緣的同氣連枝之情，不能意識到中國保護剛剛回歸的遊子香港的堅強意志，不認為中國有勇氣拿出近 1400 億美元的外匯儲備和國際炒家豪賭一把。因為一旦落敗，後果不堪設想。

他低估了香港和站在香港背後的中央政府保衛香港金融安全的決心，也低估了中國隱藏的資本實力 —— 在香港，有無數實力雄厚的國企央企可以在中央政府一聲令下後全力以赴、破釜沉舟。

8 月 14 日，臉色凝重的曾蔭權在任志剛和時任香港財經事務局局長許仕仁陪同下召開新聞發佈會，公開宣佈香港特區政府將同時進入股市和期市，在股票、期指渠道上全面迎擊炒家，尤其是要托住股市，絕不能讓炒家在看跌的期指上撈錢。

同日 19 時，時任總理朱鎔基在中央電視台《新聞聯播》中發表講話，鄭重表明：「中央政府全力支持香港，將不惜一切代價確保香港作為亞洲金融中心的地位毫不動搖。」

## 1998 年金融保衛戰

事實上，在這場金融大戰開打之前，中國政府早就向索羅斯等國際炒家發出了警告。

1997 年 9 月下旬，世界銀行和國際貨幣基金組織第 52 屆年會在香港召開，朱鎔基和索羅斯都參加了大會。朱鎔基嚴正表示：「中國將堅持人民幣不貶值的立場，承擔穩定亞洲金融環境的歷史責任！」

這一番話，實際上給索羅斯傳遞了一個明確的信號：不要打香港的主意。

次年 3 月 19 日，履新中華人民共和國總理的朱鎔基專門在記者

招待會上鄭重表態：「如果在特定情況下，萬一特區需要中央幫助，只要特區政府向中央提出要求，中央將不惜一切代價維護香港的繁榮穩定，保護它的聯繫匯率制度。」

\* \* \*

1998 年 8 月 14 日後，香港特區政府全面動用外匯基金和土地基金，同時進入股市和恒生指數期貨市場，儘可能多地吃下拋盤，拉升恒生指數。同時，禁止股票託管銀行和有關大機構向國際游資出借股票現貨。

不過，面對「政府軍」的主動出擊，國際游資很快穩住了陣腳。他們認為，憑藉此前橫掃東南亞、東亞多國積累的，足以打垮這個世界上絕大多數經濟體的美元籌碼，加上從歐洲幾大基金緊急借來的援兵，十天之內，足以擊潰香港。

接下來的幾天，多空雙方你來我往，攻守互易，恒指陷入震蕩行情。但不知不覺間，恒生指數被推高了 1100 多點。

26 日，距恒生指數期貨結算日還剩兩天，香港金管局打算略施小計，一探對方虛實。當天 15 時 8 分，金管局一改常態，突然撤銷所有股票和期指買盤，反過頭來主動賣空恒生指數期貨。國際炒家立馬跟風，短短兩分鐘內，恒生指數急挫 160 點，恒生指數期貨下跌近 300 點。香港特區政府立即回頭望月，大手吃進股票和恒生指數期貨，收復了失地，當天恒生指數微跌了 0.71%。不過，這一來一回也測出了國際游資的水的確深不見底，接下來的關鍵兩天惡戰難免，港資、中資必須全力以赴守住陣地，否則後果難以預料。

27 日，國際炒家不知道是出於超級自信還是給自己打氣，竟公然

宣稱「香港特區政府必敗」。索羅斯這種以某個公司或個別人的名義公開向一個政府下戰書的舉止，可謂聞所未聞、史無前例。或許受這一事件影響，當天全球股市表現極差，美、歐、拉美、亞洲股市全綫大跌。恒生指數 33 隻成分股一開盤就遭到空頭強力打壓，第一個 15 分鐘內賣盤高達 19 億港幣。收市前 15 分鐘，戰鬥更是進入白熱化，一家外資券商竟以每股 15 港幣的價格集中拋售 1 億股「香港電訊」，被嚴陣以待的香港金管局一口吃下。最終，恒生指數報收 7922 點，比上一個交易日上漲 88 點，香港股市成為當天全球唯一一個上漲的股市。

28 日，香港金融保衛戰迎來決戰時刻。

這一天是恒生指數期貨的結算日，也是索羅斯領銜的國際炒家做空恒生指數的關鍵日子，「食粥」「食飯」在此一舉。一早，香港天文台發佈雷暴預警。位於港島中環的香港聯交所和香港期交所即將颳起的一場金融風暴，更讓 600 萬港人揪心不已。

中國人民銀行和中國銀行兩位副行長坐鎮香港前綫，要求在港的全部 24 家藍籌、紅籌上市公司必須全力以赴回購股份，支持香港特區政府的「護盤行動」。

數據顯示，國際游資賣出的恒生指數期貨合同的盈虧平衡點約是在恒生指數 7500，也就是說，恒生指數 7500 點是香港特區政府和國際炒家決戰的生死綫。恒生指數期貨的結算價為這天每隔五分鐘恒生指數報價的平均值，因此，要抬高結算價，迫使國際炒家虧損離場，就必須讓恒生指數全天保持相對高位。這也意味著，國際炒家砸下的空頭盤子，香港特區政府必須全盤接下。

上午 10 時整，恒生指數以 7865 點開盤。香港特區政府對 33 隻恒生指數成分股全部按計劃設下重兵防守，面對氣勢洶洶、排山倒海般的拋盤，兵來將擋、水來土掩，一股不剩、照單全收。僅僅過了五分

鐘，大盤成交額就突破了 50 億港幣。一上午，成交額就突破了 400 億港幣，是平時全天成交額的數倍。

短暫休市後，下午市場上突然衝出一隻賣盤力道強勁的歐洲基金，兩分鐘內，恒生指數暴跌 300 點。為了守住陣地，香港金管局動用了一切可以動用的港幣，平均每一分鐘，都是巨量港幣和美元的對決。

收市前，國際炒家集中彈藥，向恒生指數最重磅的成分股「滙豐控股」發起猛攻。據當年為香港金管局操盤的中銀國際證券有關負責人回憶，那天，只是為了防止「滙豐控股」下跌 0.5 港幣，港方就動用了 300 億港幣之巨。因為，「滙豐控股」只要下跌 0.5 港幣，恒生指數就要下跌幾十點。

在「滙豐控股」攻守白熱化的關鍵時刻，中資援軍也發起了最後的反衝鋒，開始對國際游資拋售的現貨、期貨進行無差別收購。中船重工、中石油、北方工業、中國華能、中國郵政儲蓄……它們有一個共同的名字：中華人民共和國的國有企業。

下午 4 時，港股終於休市，結束了歷史上最漫長的一個交易日。這一天，港股交易額達到了前所未有的 790 億港幣。恒生指數定格在 7829 點，恒生指數期貨則以 7851 點結算。與 8 月 13 日之前香港特區政府入市前的點位相比，這一結算價足足上漲了 1169 點，漲幅高達 17.55%，也大大超出了空頭 7500 點左右的成本綫。

全球矚目的香港金融保衛戰，香港特區政府守住了。當晚，曾蔭權宣佈：「在打擊國際炒家，保衛香港股市和港幣的戰鬥中，香港特區政府已經獲勝！」回歸祖國不久的香港，成了多年來在金融戰上所向披靡的空頭大師索羅斯的「傷心嶺」。

據統計，在 1998 年 8 月 28 日恒生指數期貨交割日前的 10 個交

易日中，香港特區政府動用了約 1200 億港幣的外匯儲備，以至於在這一年，香港的外匯儲備首次出現負增長。當時戰況之慘烈，由此可見一斑。

＊ ＊ ＊

千帆駛盡回眸望，仍是初少年。一年多後的 1999 年 12 月 6 日，香港恒生指數重新突破 16000 點，標誌著殘酷的香港金融保衛戰業已煙消霧散，香港人的財富保住了，香港的繁華保住了。

可以說，是中央政府的堅定承諾和實際行動幫助香港特區政府消除了「自由市場」和「市場的不自由」之間的糾結，頂住了包括香港在內的世界輿論的壓力，消弭了國際炒家施加於香港金融市場的惡意攻擊。

如果說，抗美援朝戰爭是中國的軍事立國之戰，那麼，1997 年至 1998 年以香港為最前綫的金融保衛戰，就是中國在世界金融市場上的「首秀」。某種意義上說，也是中國金融安全的「立國之戰」。

公　告
凡帶有照相机、电子計算
器、新手表、收录机等重点
物品的旅客，須在入镇前向
海关申报，否則捡拿处理。
　　　沙頭角海關

由此入鎮

香港沙頭角中英街關口，等候進入中英街的人群。

第九章

一河同源

## 一河兩岸，同村同宗

1898年，英國強迫清政府簽訂《展拓香港界址專條》。第二年訂立《香港英新租界合同》，英國強租「新界」。香港拓界的終曲唱完，深圳河一綫自此成為深港兩地的分界綫，河兩岸的耕地山林和自然村落被人為地一分為二。

不過，不管是《香港英新租界合同》，還是譚鍾麟和鹿傳霖共同發佈的《兩廣總督譚暨廣東巡撫鹿佈告》，及時任香港總督卜力發佈的相關佈告，都表達了一個共同的意思：仍准兩岸人民往來深圳河。事實上，從1899年沙頭角勘界到中華人民共和國成立前夕，深港邊界的民間往來基本是自由開放的，兩岸原住鄉民自由穿梭於深圳河上，無論是墾荒種地、下河捕魚，還是探親訪友、趕墟買賣，一如既往。

1949年10月，寶安深圳一帶得到解放，當時中華人民共和國採取了「暫時不動，維持現狀」的對港政策，但港英當局擔心中華人民共和國的革命活動影響到香港，威脅其殖民統治，於1950年6月在深圳河南岸架設鐵絲網，並在邊界地區實行宵禁。

1951 年 2 月 15 日，廣東省宣佈即日起「封鎖河口」，往來香港的人員須持公安機關簽發的「通行證」，統一在羅湖口岸出入境，其他沿海沿邊地區一律禁止通行。

　　中方整頓深圳河北岸邊防，不僅僅是對英方架設鐵絲網的對等反應，也是對日漸緊張的邊境局勢的防控。1950 年時，滯留、安插在香港的國民黨反動勢力屢屢越境製造事端，不但空襲擊中深圳火車站油庫，還製造了驚動中央政府的「隔岸村慘案」：一個六人徵糧工作小組，在寶安縣西鄉隔岸村被國民黨特務集體殘殺。

　　1951 年 6 月 15 日，港英當局在新界北部設置禁區、實施嚴密封鎖，目的是「提供一處緩衝區，以方便保安部隊能夠維持香港與內陸的邊界完整，及促進打擊非法入境及其他跨境罪行」。進入或逗留邊境禁區者，必須持有港英政府簽發的「禁區紙」。到 1962 年時，新界北部的邊境禁區面積高達 28 平方公里，涵蓋了元朗東部和新界北區北部的大片地區。邊境禁區外圍設有圍網，沿深港邊界則架設了一道高不可攀的鐵絲網，與鐵籬笆、碉堡、警署和其他軍用設施一起組成了一條戒備森嚴的邊防綫。

　　邊境禁區裏的村莊既是「邊城」，又是「圍城」。

　　與此對應，深圳河北岸也開始設立「安全保護區」。這片保護區東起大鵬灣，西至茅洲河，南起深圳河，北至山廈，東西長 91 公里，南北縱深最大達 19 公里。進入這個「安全保護區」，須分別持「邊防通行證」通過「邊防綫」，持「特許證」進入「禁區綫」。「安全保護區」最南端距深港邊境 50 米至 100 米的區域，劃有一條「警戒綫」，由鐵絲網、邊防哨卡和一條兩米寬的簡易巡邏公路組成。

　　自此，深圳河、蓮塘河、沙頭角河南北兩岸，兩道聳立對峙的鐵絲網，阻止了深圳香港兩地邊民的自由往來。

＊　＊　＊

　　從寶安縣到東莞縣，從東莞縣到新安縣，再回到寶安縣，縣名雖然不斷變換，但深港兩地始終同屬一縣。從內地陸續遷來的客家人在深圳河兩岸墾荒繁衍，開枝散葉，從來沒有想過自己的母親河會在1899年成為一條界河。英國人駱克在地圖上大筆一揮的結果是，不但將這個河名誤作「深圳河」，還讓河兩岸的不少耕地和村落成為「飛地」。但深港兩地山水相依的自然風貌無法割裂，同宗同源的血脈親情無法切割。因此，半個世紀以來，兩岸鄉親並不以河為界，依舊涉水往來耕作自己的祖地。檔案資料顯示，1954年時，深圳地區的15個自然村共擁有深圳河以南、位於香港新界地區的土地4006.99畝；新界地區的12個自然村154戶鄉親，則擁有深圳河以北的土地489.39畝。1950年代至1960年代，架設起來的重重鐵絲網也得尊重歷史、承認現實，給兩岸村民跨越深圳河耕種留出一些「口子」。

　　這些口子，就是專門為深圳河兩岸居民就近過境、從事漁農業生產留出的特殊通道。從深圳河口到鹽田27公里的邊防綫上，至今仍有沙嘴、新沙、皇崗、羅芳、赤尾、長嶺等過境耕作口在正常運作。不過，伴隨著深港兩地社會經濟相繼騰飛，深圳河北岸的土地基本被城市化了，洗腳上樓後的深圳鄉民從事農業生產的也日漸稀少。伴隨著各大現代化深港口岸的相繼興建，近些年來，過境耕作口基本上成為深圳河兩岸鄉民探親訪友、節慶祭祖的專用通道，大部分耕作口一天見不到幾個人。

　　儘管使用價值在逐年降低，但「人在口在」，即使哪一天真的停止使用了，其中的一個必然會以歷史文物的形式被永久保護。因為，過境耕作口的存在，標誌著深圳鄉民依然在香港新界擁有「自留地」，代

表著在深圳河兩岸湧動的血肉親情源遠流長、永不停歇,意味著在特殊的封鎖歲月裏,這裏曾經上演過一場場特別場景下的悲歡離合。

如果真有那麼一天,過境耕作口成了歷史名詞,要選擇其中一處作為歷史文物保護起來,向後人講述這一段光怪陸離的深港兩地隔離史,蓮塘村、長嶺村、西嶺下村、坳下村等地居民過境的「長嶺過境耕作口」應該是不二之選。

「長嶺過境耕作口」在深圳這頭連著長嶺村(今天的羅湖區蓮塘街道長嶺社區);香港新界一側對應的叫蓮麻坑村。在這兩個村之間,一幕穿越百年的悲喜劇,道盡了梧桐山麓、深圳河畔層層鐵絲網背後的人間滄桑。

* * *

清康熙本《新安縣志》載有「蓮麻坑村」,證明蓮麻坑村至少在300多年前就已形成。據《沙頭角蓮麻坑葉氏族譜》記載,康熙四十九年(1710),葉氏二十世祖葉達波、葉達濱兄弟自觀瀾松園廈遷居至蓮麻坑村,購田置宅,拓荒墾殖。數百年來,在深圳河水的滋養下,葉氏一脈枝繁葉茂,子孫滿堂。隨著蓮麻坑村裏其他大姓陸續外遷、沒落,最終「外來戶」葉氏一姓獨大,異姓只剩劉姓一戶。

深圳河北岸的蓮塘一帶擁有較大片的沖積平原,經過蓮麻坑村民的累年墾殖,逐漸變為肥沃水田。根據香港學者阮志的《中港邊界的百年變遷:從沙頭角蓮麻坑村說起》,清同治年間蓮麻坑村村民已在深圳河北岸的長嶺、徑肚至伯公坳一帶開墾土地約 1000 畝,其中水田約 400 畝,山坡地約 600 畝。從蓮麻坑到深圳河北岸一帶耕作需要步行半小時以上。在 1865 年前後,村民葉昌穎、其兒子葉成永及從美國回

來的華僑葉成翹，在長嶺村建起臨時耕作用房，以為田間休息、農忙時過夜，儲藏農具、種子之用。久而久之，建屋漸多，人丁興旺的蓮麻坑村葉氏便在深圳河北岸「開墾」出了一個長嶺村。

蓮麻坑村與長嶺村葉氏同出一祖宗、同飲一河水、同耕一塊田、同說一方言（客家話）、同祀一祖祠（祖祠在蓮麻坑村，至今仍存）、同信關公、觀音、土地伯公。多年來，凡清明、重陽春秋兩祭和春節、元宵節團圓飯，兩村都互派代表參加。

連接蓮麻坑村和長嶺村的是一座「長命橋」。清代時為石橋，有兩個橋墩，橋面用三條麻石並排鋪成。此橋是蓮麻坑村民到長嶺村耕種和前往深圳墟「投墟」的必經之路。這也是 1950 年代深港邊境封鎖後，「長命橋」能成為過境耕作口的根本原因。1978 年內地實行改革開放，長嶺村過橋耕作新界「自留地」的村民迅速增加，到香港新界地區購置副食品、日用品的隊伍也越來越多，狹窄的石橋不敷使用。兩村村民共同出資出力，僅用 3 個月時間，就在當年 5 月建成了一座長 7.6 米、寬 4 米，可供汽車通行的水泥橋。

蓮麻坑村和長嶺村原本是一個村，卻被突然變成界河的深圳河一分為二，莫名成了身份各異的「境內外」，最後更是被鐵絲網阻隔，村民只能通過戒備森嚴的過境耕作口日出而作、日落即歸。在深圳河畔，這種「兩地同村」的現象當然不是孤例，但蓮麻坑村和長嶺村無疑是一個典型樣本。


## 明月何曾是兩鄉

清同治年間才衍生出來的長嶺村，在深圳眾多的古村落中寂寂無聞，但它的「母體」蓮麻坑村卻堪稱「香港名村」。在香港現存 700

多個村莊中，蓮麻坑村是第一個擁有志書的村，2015 年由香港史學專家劉蜀永、文史學者蘇萬興主編的《蓮麻坑村志》公開出版，其簡體字版入選「中國名村志」。這個偏遠村落裏發生的故事和葉氏優秀子弟的事蹟，是新界史、香港史、香港與內地關係史裏的精彩篇章。

要說蓮麻坑村葉氏一族，最著名的莫過於辛亥革命元老、曾擔任中國同盟會暹羅（泰國）分會會長的葉定仕。

葉定仕 1879 年出生於蓮麻坑村一戶貧民家庭，在族譜上是蓮麻坑葉氏第八代。16 歲時，葉定仕被「賣豬仔」到暹羅曼做裁縫學徒。出師之後，手藝高超的他受到暹羅王室成員的追捧，還與一位公主成了婚。1905 年之後，葉定仕承包了暹羅陸軍軍服的生產，一躍成為當地最有影響力的僑領之一。

在暹羅名利雙收的葉定仕始終心繫祖國。1907 年，中國同盟會暹羅分會在孫中山親自主盟下成立，葉定仕等 18 人成為第一批會員，不久後葉定仕被推舉為會長。他在暹羅開辦「振興書報社」，作為聯絡華僑、宣傳革命、籌集經費的陣地。1910 年，同盟會暹羅分會組織光復雲南的武裝起義時，18 名同志被當地警方逮捕。葉定仕利用自己的政商資源全力營救，被捕同志最後悉數脫險，他自己卻付出了慘重的代價：暹羅當局撤銷了他的陸軍軍服生產承包權。但葉定仕矢志不移，不惜傾家蕩產支持革命。孫中山在南方領導十次武裝起義，暹羅、越南華僑捐款數額最大，葉定仕功不可沒。

1911 年廣州黃花崗起義失敗消息傳來，葉定仕通過「振興書報社」招募了 300 多名暹羅華人回國，繼續革命。武昌起義勝利後，廣西軍政府授予葉定仕二等勳章，以表彰他對革命的重大貢獻。此後，葉定仕又積極響應孫中山領導的倒袁運動。1915 年倒袁運動失敗，葉定仕被廣東地方當局通緝，無奈返回蓮麻坑老家避難。

與波瀾壯闊的青壯年時期相比，葉定仕的後半生漸趨平淡之境，但他愛國憂民之心未改。1935 年，他精心撰寫了一份東南亞華僑社團贊同的《振興中華實業計劃》，次年親自前往南京上書國民政府，「建議政府為四萬萬同胞的民生大計著想，推動該計劃」。忙著「追剿」紅軍的國民政府未置可否，草草將他打發回家。1941 年底香港淪陷，日軍實行嚴酷的糧食管制，葉定仕一家老少六口人每天僅獲配給一斤米度日。1943 年，日軍侵佔港島兩年後，年老體弱的葉定仕在貧病交加中離開人世。

1908 年，葉定仕第一次返鄉省親時，按照他崇拜的孫中山先生位於今廣東中山翠亨村的故居式樣，建造了一座中西合璧的兩層三開間小樓。當年滿懷革命激情、一次次毀家紓難的他可能沒有想到，自己會終老於偏僻家鄉裏自成一統的小樓之中。2009 年，香港特區政府宣佈葉定仕故居為法定古蹟，並撥款 700 萬港元進行修葺。2011 年，辛亥革命 100 週年之際，葉定仕故居正式對公眾開放。當年年底，蓮麻坑村民集資修建的新界鄉村第一座孫中山銅像在葉定仕故居門前落成。

革命領袖和元老就這樣穿越百年時空，相逢在幽幽晚風、靜靜山林之間，葉定仕泉下有知，定會為葉氏後人的知心之舉頷首而許。

* * *

客家人聚居的香港新界地區，繼承了客家漢子的「硬頸」底色：前有 1899 年鄧氏一族領銜的新界人民抗英戰，結果讓人悲痛難抑；後有蓮麻坑村葉姓子弟主導的針對日本侵略者的「三打礦山」，最後大功告成。

蓮麻坑一帶盛產鉛鋅礦。1925 年，「中國留學生之父」容閎的長

子、畢業於美國耶魯大學和哥倫比亞大學的礦業專家容覲彤獲港英當局批准，在蓮麻坑使用當時世界上最新式的技術設備採礦。容覲彤苦心經營之下，蓮麻坑礦場共開設了 6 條礦道，總長達 2100 米，每個月生產 1500 袋礦石，每袋 40 斤，由九廣鐵路運送至九龍，所產礦石遠銷海外。

香港淪陷時期，日軍霸佔了這個有戰略價值的礦場，強徵蓮麻坑村及附近鄉民採礦，當時才 14 歲的蓮麻坑村鄉民葉維里、葉盤嬌、葉煌青也未能幸免。3 個天不怕地不怕的小夥子不堪忍受日軍的奴役和欺壓，合謀決定炸掉礦山。

1943 年 10 月初的一個夜晚，3 人爬上蓮麻坑村後山，悄悄靠近半山腰的 8 號洞。這個洞的左側就是炸藥倉庫，他們撬開大門，拿出一卷導火索接上炸藥。正當他們拉著導火索往門外走的時候，不小心踢到了地上的空罐頭盒。頓時，警報聲大作，日軍瘋狂射擊。3 人來不及點燃導火索，只得快速下山逃逸。

不久，葉維里越過深圳河，輾轉北上來到位於今天深圳橫崗一帶的游擊區，加入廣東人民抗日游擊總隊（東江縱隊前身），成為一名抗日戰士。

1944 年 3 月的一個月夜，葉維里和游擊隊員黃偉帶領 200 多名民兵，從 5 公里外的黎圍村向蓮麻坑礦山進發。他們制服了 3 名放哨的印籍僱傭兵後，打開倉庫搬運物資，計劃搬空後將倉庫一舉燒毀。但民兵們在搬運物資時不慎驚動了駐防在半山腰的日軍，在日軍機槍的掃射下，裝備簡陋的民兵只能撤離。

1945 年 2 月，葉維里秘密潛回蓮麻坑，繪製了詳細的礦山地圖。東江縱隊第二支隊第三大隊經過周密計劃，由大隊長曾春連率領葉維里等 200 多名戰士，在月底的一個深夜直撲蓮麻坑礦山。經過一番

激戰，守礦日軍被擊潰，游擊隊將可以攜帶的物資全部運走之後，將礦山設備、倉庫、汽車等採礦設施付之一炬。大火整整燃燒了七天八夜，遠在港島都能看到蓮麻坑礦山上的沖天火光。

1947 年，盟軍法庭在香港審判日本戰犯時，沙頭角日軍憲兵部軍曹中島德造供稱，蓮麻坑礦山在此次遇襲之後，再也無法運作。

由蓮麻坑村鄉民葉維里引發、東江縱隊戰士和民兵實施的在日寇鐵蹄之下「三打礦山」的壯舉，不要說在廣九地區，就是放在中華民族全民抗戰的大畫卷中，也是一抹重彩。

少年英雄葉維里此後南征北戰，於 1965 年任職於廣東省民政廳，1979 年外派香港工作，1989 年離休。1999 年至 2013 年擔任東江縱隊、粵贛湘邊縱隊香港老戰士聯誼會會長兼老戰士之家主席。

蓮麻坑村裏，與葉維里同一時期參加革命的還有葉定仕的兩個兒子葉青茂（原名葉理山）、葉瑞山，兄弟倆分別參加了東江縱隊和粵贛湘邊縱隊。抗戰勝利後，葉青茂隨東江縱隊主力北撤煙台，先後參與豫東戰役、濟南戰役和淮海戰役，1949 年隨第四野戰軍南下解放廣東，榮立三等功一次。中華人民共和國成立後，葉青茂榮獲三級解放勳章和獨立功勳榮譽章，1953 年至 1978 年，歷任空軍高級航空學校訓練處（師級）空軍戰術教員、主任教員、教研室主任、副處長、處長等職，1978 年調任政治學院第二軍事教研室軍兵種教研組組長，1982 年離休。

當年北上的革命少年，歸來已是花甲老人。可讓葉青茂萬萬沒有想到的是，自己會成為一個特殊的望鄉故事的主角：因為參軍長期離鄉，他沒法拿到長居當地的居民才可以申請的跨境耕作證件，無法踏上那座短短的「長命橋」，回到故鄉蓮麻坑村，祭掃父母的墳墓。葉青茂最後選擇定居在長嶺村，想要和蓮麻坑村親戚見面，就由堂嫂帶

話，與親人約定時間，大家站在長命橋南北兩端隔著鐵絲網「喊話」。

1976 年後，香港在邊境耕作口的封鎖稍稍放鬆，蓮麻坑村親人可以走過長命橋，到橋頭北端中方邊防檢查站接待室和他短暫會面。

「青山一道同雲雨，明月何曾是兩鄉。」1997 年 7 月 1 日香港回歸祖國，在長嶺村裏等待了 15 個年頭的葉青茂，終於可以踏上闊別 50 多年、魂牽夢繞的故鄉蓮麻坑的彎彎山路⋯⋯

## 深圳河口，收放不易

在長嶺村西南，沿著深圳河順流而下，行不多時便是另外一個「過境耕作口」——羅芳過境耕作口。其所在地羅芳村，即今天的羅湖區黃貝街道羅芳社區。

這是深圳河三岔口東側小沖積平原上一個頗有歲月厚度的自然村落。史載，羅芳村始建於元末，因羅、方二姓聚居而成，故而合二姓為村名曰「羅方」。此後，侯、陳、姚、張四姓陸續遷入。羅芳村村名歷史上多次出現同音異字的情況，清嘉慶本《新安縣志》稱其為「羅坊」，20 世紀 20 年代的《廣州日報》稱之為「螺坊」。中華人民共和國成立後，正式的文字材料多用「羅芳」一名，並沿用至今。

今天的羅芳村已「名不副實」。羅芳村的戶籍人口中，只有侯、陳、姚、張四姓，其中陳姓為第一大姓。創村二姓中的方姓，因子嗣不盛，至清代其香火已不傳；改革開放後，村內僅存兩座羅姓祖居，並無羅氏後人定居——作為曾經的羅芳村創村第一大姓，他們的後裔到底去了哪裏？

答案非常夢幻：在困苦的 20 世紀六七十年代，他們成群結隊地偷偷穿越深圳河，然後在河對面的香港新界打鼓嶺腳下自己的自留地上

聚落而居，再建了一個村，名字也叫羅芳村。

香港羅芳村又叫絞寮村，所謂「寮」，其雛形正是當年羅芳村民過境耕作時，用茅草、竹木搭建起來用於農忙時節休息、臨時過夜的小棚屋。這個寮字，很傳神地揭示了香港羅芳村短短數十年的形成歷史。

一條深圳河，兩個羅芳村，這種舉世罕見的現象只能出現在一個絕無僅有的特殊年代。1950年代末至1970年代末，在社會現實的逼迫下，廣東省委、寶安縣委一次又一次嘗試著「開放河口」，但一波波的逃港風潮，又一次次把打開的門縫砰然關上。

*＊＊

1985年，剛到深圳工作不久的作家陳秉安在採訪中偶然接觸到了幾位當年逃港者的後代，一個人、一個家庭在不由自主的時代大潮中如蓬漂泊時脆弱和堅硬之間的巨大張力，促使他下決心打撈失落年代裏的歷史真相，重現這段塵封已久的深港舊事。20多年間，陳秉安收集了大量資料，採訪了數百名大逃港的親歷者和見證者。

2010年7月，借相關檔案公開之機，他的長篇紀實文學《大逃港》由廣東人民出版社出版。該書上架後，毀譽兼至。陳秉安慨然回應道：「如果我不寫下它，歷史，將留下一頁空白。」

2014年，中共中央文獻研究室和中共四川省委組織、指導的電視劇《歷史轉折中的鄧小平》熱播。同名傳記也於當年出版，被列為新聞出版廣電總局紀念鄧小平誕辰110週年重點圖書，並入選中宣部、中組部向黨員幹部推薦讀物。《歷史轉折中的鄧小平》再現了當年逃港潮，以及習仲勳復出主政廣東、治理逃港的歷史風雲。

在接受《環球人物》雜誌記者專訪時，陳秉安說：「從對待這段歷

史的態度變化，可折射出政府執政理念的變遷。」

根據陳秉安的研究，歷史上出現過四次大規模的逃港潮，分別是1957年、1962年、1972年和1979年，主要來自廣東省，波及湖南、湖北、江西、廣西等全國12個省（區）、62個市（縣）。

＊　＊　＊

各個階段逃港的主體不同，對應的是不同的時代背景。中華人民共和國初期的逃港者以舊政權殘留人員和所謂的「地富反壞分子」居多。《香港年報》記載，中華人民共和國成立前後的幾年間，有超過75萬名來自內地的民眾湧入香港。不過，這只是此後大規模逃港潮的預演。1957年、1962年兩次大規模逃港潮，源於「反右」「大躍進」等政治運動疊加自然災害而引發，以廣東省農民為主。1972年那一波大逃港的主體，則是看不到返城希望，在上山下鄉的風潮中心灰意冷的知識青年。1979年大逃港事件，則是由一則「伊麗莎白女王誕辰時香港邊境將大放三天」的謠言引發的烏龍事件，來自全國多地的7萬民眾在假消息刺激下湧向深港邊境，最後近3萬人到達香港。

＊　＊　＊

1957年春，粵北水災，大批災民南逃。一時間廣州、深圳一帶壓力增大，偷渡外流風潮悄然抬頭。

當時，粵港兩地實行對等限制入境。如果廣東方面嚴控這些偷渡者，就會出現讓以陶鑄為首的廣東省委左右為難的局面，即「本來香港殖民者限制入境是人民與香港殖民者的矛盾，反而造成我們與人民

群眾的矛盾尖銳化」。

6月，時任寶安縣委書記王志向廣東省委呈遞報告，認為應該對這些人從寬對待，報告還提出一個建議：「目前國內尚不能完全消滅災荒和失業，我們既然不能包起來，去香港打工這條路就不應該堵死。」

廣東省委很快肯定了這個報告，決定放寬出境赴港政策，允許寶安縣群眾自由選擇沿邊、沿海的適當地方出境打工，進行小額貿易。

這是中華人民共和國成立以來，內地第一次對出境赴港實行「放寬」政策。廣東省公安廳接著列出的放寬範圍更包括「珠江口以西靠近澳門地區，包括廣州、佛山、珠海等 11 個縣市」。

由於保密措施不夠嚴密，消息提前泄露，使得「放寬」政策未能有序、平穩、有針對性地展開，廣東省內各地群眾短期內蜂擁匯集至寶安，導致當地秩序大亂。兩個多月時間裏，內地外流香港勞動力多達 6000 餘人。

面對深圳河對岸短時間內湧過來的滾滾人潮，港英當局迅速表態反對，英國政府還向北京發出「照會」。中央政府因此要求寶安縣委從速反映情況。就這樣，倉促間拋出的「放寬」政策在施行不到 4 個月後就被無奈收回。

## 1960 年代深圳初試開放

1961 年 5 月和 6 月，陶鑄兩次到寶安縣檢查工作，實地調研後深刻認識到，適當放寬邊防對搞活地方經濟大有好處。他指示寶安縣委要「利用香港，建設寶安」。

1961 年 6 月，寶安縣委向廣東省委呈遞報告，申請允許組織群眾將本地數量眾多卻不怎麼值錢的稻草出口香港，以換取緊缺的化肥等

農資。時值中央對國民經濟實行「調整、鞏固、充實、提高」八字方針，以迅速恢復、提高國內工農業生產，這份報告當即獲得了廣東省委的批准。

7月，廣東省公安廳在陸豐召開沿海各縣公安局局長會議，重提「放寬」群眾出港條件：「在毗鄰港澳的惠（惠陽）、東（東莞）、寶（寶安）等六個縣市，允許一些人從固定的幾個有武裝的、非正式開放的口岸出港。」

在8月13日召開的寶安縣邊防工作會議上，時任縣委第一書記李富林自我檢討「剝奪了群眾下海過境生產的權利」。不久，1957年逃港潮後一度受限的過境耕作重新恢復，在香港新界4000多畝農田的產出，除了完成國家任務，多出來的可以在新界就地售賣，換取內地緊缺的生活必需品，改善生活。

8月底，寶安縣委又打了一份報告，申請對港實施「三個五」政策，即允許當地居民「每月去港不超過5次，每次每人帶出農副產品價值不超過5元，帶入物件重量不超過5市斤」。9月25日，廣東省委回覆：可以根據「管而不死，放而不亂，既有利於國家，又有利於群眾」的原則進行管理，適當放開小額貿易；但為了規範起見，深圳地區邊防綫外的生產大隊不得直接進行小額貿易，規定沙魚涌、文錦渡、羅湖、沙頭角、沙頭、蛇口和大鏟七處為小額貿易進出口特定地點。

僅僅是如此有限的開放，就讓寶安縣嘗到了甜頭。時值困難時期，寶安縣卻取得了大豐收，1962年，糧食產量224萬擔，創造了歷史最高水平，全縣總收入達到創紀錄的3233萬元人民幣。正是在1962年前後，「財大氣粗」的寶安縣在深圳鎮先後興建了當時全國一流的深圳戲院、新安酒家、華僑大廈等深圳地區早期三大地標性建

築，代表了當年深圳地區時興的三大文化 —— 影劇文化、飲食文化和旅遊文化。深圳戲院吸引了許多國家級的藝術團體前來演出。新安酒家樓高四層，裝飾古色古香，還安裝了中央空調，鋪設了紅地毯，這在當時內地縣級城鎮絕無僅有。華僑大廈則是一家涉外酒店，專門用於接待東南亞華僑。

可惜的是，深圳地區在 1960 年代初有限度開放帶來的黃金發展期，沒能百尺竿頭再進一步。

＊ ＊ ＊

1962 年 3 月，廣東省多地出現大饑荒。廣東省邊防工作會議決定把「來往香港審批權」由縣公安局下放到公社、大隊。把去香港的審批權力下放到公社、大隊。

於是，廣東省內不少縣、市的民眾紛紛拿著公社、大隊開具的證明，湧向深港邊境，全國其他省（區、市）的逃荒隊伍也聞風而來。從當年 4 月 26 日開始到 7 月初，超過 10 萬人次的外流群眾成群結隊湧入寶安縣，直指深圳河邊境綫。史稱「六二大逃港」。

與 1957 年一樣，事態的急劇惡化已經超出廣東省的控制範疇，如大軍南下的逃港狂潮引起了國際社會的強烈關注。在周恩來總理的指導下，從 1962 年 5 月 22 日開始，廣東省從各地抽調萬餘名官兵，把被港英當局遣返回來、滯留在邊境的外逃群眾遣送回鄉，同時在通往邊境的交通要道和前沿主要地段設立堵截收容站。從 5 月 22 日至 7 月 8 日，共遣送了 5.1 萬多名外流人員回鄉。

「六二大逃港」風潮在政府有關部門的報告中平息了。

在此次大規模逃港潮的衝擊下，邊境封鎖再度收緊。1963 年初，

廣東省委全面開展「打擊投機倒把」運動，寶安縣好不容易撕開了口子、見到了成效的對港小額貿易被叫停。1964 年 10 月 1 日，寶安縣委決定，沿深港邊界進出口通道，除探親者外，禁止過境耕作人員攜帶物品進出耕作口。

深圳河北岸第一次試驗性開放和搞活經濟政策就此偃旗息鼓。

## 內參大膽，特區初見

1961 年秋冬之際，廣東省公安廳邀請《人民日報》記者、軍事組組長連雲山到深港邊境採訪，目的自然是通過他的客觀報道向中央反映逃港潮的根本原因。

回京後，連雲山根據自己在深港邊境的所見、所聞、所思，先後寫了四篇內參，涉及四個方面內容：一、香港的真實情況。二、大逃港的深層次原因。責任不在寶安縣，也不在廣東省委，是我們政策上的問題。三、重新認識香港的問題。四、解決的具體措施：建議沿沙頭角河—深圳河—深圳灣一綫劃出一個縱深 50 公里的區域，設立特別政策優惠區，取消統購統銷，實行自由貿易制度，爭取物價與香港大致相等。

這四篇從未公開發表過的內參，堪稱我國新聞界最早、最優秀的調查性報道之一。要知道這是在 1961 年，在當時的政治環境裏，大談香港的富裕情況，一針見血地直指大逃港深層次的原因是政策問題，可謂是振聾發聵之舉，其所承受的政治壓力是今天的我們難以想像的。

更加難能可貴的是，作為記者，連雲山發現問題之餘不忘解決問題，創造性地提出了設立特別政策優惠區的設想。其大膽程度，足以寫入中國改革開放史。也許正是這個原因，連《人民日報》也不敢把

他的內參貿然上送，而是建議他「到新華社找找人」。

熱血、耿直的連雲山真的去找了新華社內參組組長夏公然。

夏公然在其回憶文章中也提到了此事：「是用手抄件送上去的。當時可能只送了小平同志一人，通過他反映到總理處。」

內參送上去後到底會有怎樣的連鎖反應呢？連雲山和夏公然急切地等待著。一晃半年多過去了，還是音訊全無。不過，一些改變靜悄悄發生了。

夏公然在回憶文章中還說，內參送上去後，國內的情況發生了變化，「從這以後，相關政策悄悄開始鬆動，記得當時總理對出逃的難民有一個放寬不究的批示。」如果夏公然所述屬實，周恩來總理這個指示，就不僅「放」了整天琢磨著「開放」的李富林等寶安縣委一班人「一馬」，也「放」了陶鑄等一批支持適度對港開放的廣東省委領導「一馬」。

鬆動還體現在一些具體的國家經濟政策上。「最能看出政策變化的，是內地通過香港買糧食一事。」夏公然在回憶文章中提出，「自從政策允許從香港進口糧食後，國內的饑荒得到了一定程度的緩解。」

但以上種種變化畢竟只是夏公然的個人理解和一家之言。1977年發生在廣州珠島賓館的一幕，印證了連雲山這四篇內參的真正價值所在。


## 一河之隔，兩個世界

1977年7月17日，中共十屆三中全會一致通過《關於恢復鄧小平同志職務的決議》，決定恢復鄧小平中共中央委員、中央政治局委員、常委、中共中央副主席，中共中央軍委副主席，國務院副總理，

中國人民解放軍總參謀長的職務。這是鄧小平一生「三落三起」中的第三次復出。

當年11月11日至20日，鄧小平視察廣東，這是他復出之後的視察首站。11月17日，廣東省委第一書記韋國清和廣東省委書記王首道等向鄧小平作彙報。廣州珠島賓館會議室裏氣氛有些壓抑，廣東省委領導將逃港外流問題作為惡性政治事件向鄧小平作了詳細彙報。鄧小平靜靜地聽完，沒有流露出一絲訝異之色，而是用十分平靜的語氣肯定地說道：「這是我們的政策有問題。」又說：「此事不是部隊能夠管得了的。」他繼續說道：「生產生活搞好了，還可以解決逃港問題。逃港，主要是生活不好，差距太大。」鄧小平還再次提及「政策問題」，他說：「看來最大的問題是政策問題。政策對不對頭，是個關鍵。」

最後，談到華僑和口岸問題時，鄧小平交代廣東的同志說：「你們的問題相當集中，比較明確，要寫個報告給中央，把問題分析一下，什麼是自己要解決的，什麼是需要外省和中央解決的，看來中心的問題還是政策問題。」

在此之前，鄧小平從未到過深圳；中華人民共和國成立後，他也沒有踏足香港，最多從新聞報道和彙報材料上獲得一些關於深港邊境的信息。剛剛復出的鄧小平對逃港外流問題的根源和解決方案如此篤定，如此胸有成竹，很有可能，15年前連雲山通過夏公然專報給他的四篇內參，在他心中留下了難以磨滅的印象，而且深以為然。

他的這一番話，也為廣東探索試辦經濟特區埋下了伏筆。

\* \* \*

1978 年 4 月，習仲勳被中央委以重任，主政廣東。他曾在國務院協助周恩來總理工作長達十年之久，兢兢業業，盡職盡責，受到周恩來總理的高度稱讚，被譽為國務院的「大管家」。這個任命傳遞出來的政治信息不言自明：黨中央寄希望於習仲勳同志，為中國改革開放事業探路。

1978 年 7 月上旬，習仲勳到寶安縣進行了為期三天的考察調研。陪同考察的南方日報社原副總編輯張漢青回憶說，當時寶安這邊「四季常青，沒有菜吃。靠著江河湖海，沒有魚吃。那確實那邊（香港）建得很繁華，我們呢，很荒涼，冷冷清清⋯⋯所以習（仲勳）書記看了以後很難受」。

當習仲勳在沙頭角中英街看到幾塊石頭把一條窄窄的街道一分為二，兩邊卻貧富懸殊時，對時任寶安縣委書記方苞說：「沙頭角怎麼搞上去，你們要優先考慮。一條街兩個世界，他們那邊很繁榮，我們這邊很荒涼，怎麼體現社會主義的優越性呢？一定要想辦法把沙頭角發展起來。當然，全縣其他地方也要加快發展、促進平衡，但是要優先考慮沙頭角。」

陳開枝日後回憶說：「寶安和香港一河之隔，相去甚遠。當時流傳四句話：青年跑光，土地丟荒，幹部難當，老年心慌。深圳羅芳村一年平均收入 134 塊錢，新界羅芳村一年平均收入 13000 港元。習仲勳看了很難受，受到很大的觸動，促使他思考怎麼搞經濟。他同意我們的分析，贊同我們放寬邊境政策的建議。香港缺乏勞動力，那就把加工工業引過來，但是需要中央放權。」

方苞回憶說：「他作風踏實，不做表面文章，剛到就說：『我不要聽彙報，下去看。』三天看了社辦企業，也看了剛引進的『三來一補』企業，到農村基層幹部家家訪，還與偷渡人員交談。在去沙頭角

的路上，他看到公路旁兩個農民被銬住。他問我，為什麼把人家抓起來？我說是邊防部隊抓的。從沙頭角回來已是晚上 7 點多，天已黑了，還沒吃飯。他堅持找到那兩個偷渡者了解情況。偷渡者說：『肚子吃不飽，分配收入低，聽說香港一個月可以賺幾百塊錢，我想到香港去。』」

「習書記事後跟我們說，只要有港澳這種特殊地區存在，而我國『四化』又未實現，就會有外逃問題。他同意我們提出的恢復邊界農民民間小額貿易、擴大過境耕作、調整數萬畝水稻田改種蔬菜出口、改進國營外貿公司經營出口若干弊病等建議，並要求我們『說辦就辦，不要等』。」

這不容置否的七個字，一下子打開了寶安縣委一班人糾結經年的心防。

* * *

1978 年 4 月，受國務院委派，國家計委和外經貿部組成的「港澳經濟貿易考察組」會同廣東省有關部門到香港、澳門調研，並形成《港澳經濟考察報告》。《報告》提出：可借鑒港澳的經驗，把靠近港澳的廣東省寶安縣、珠海縣劃為出口基地，力爭經過三五年努力，逐步將其建設成為「具有相當水平的對外生產基地、加工基地和吸引港澳同胞的遊覽區」；同時，《報告》認為，依托港澳發展經濟需要寶安和珠海有適應的行政體制，建議把兩縣「改成兩個省轄市（相當於地級市）」。

1979 年 3 月 5 日，國務院下文批覆同意將寶安縣改設為深圳市，以寶安縣的行政區域為深圳市的行政區域，屬中共廣東省委和中共惠

陽地委雙重領導。第二天，深圳市委市政府就下發了《關於發展邊防經濟的若干規定》。《規定》的主要內容是：一、恢復和發展邊境貿易；二、積極開展補償貿易，發展以出口為主的種養場；三、引進外資投資設廠，來料加工裝配；四、擴大過境耕作，允許過境耕作人員收集境外廢舊物資免稅進口，交境內供銷社或工廠翻新加工出售。

與此同時，廣東省政府正式批准深圳市調減 5 萬畝水稻田面積，調減 600 萬斤公購糧任務。調出來的田用以挖塘養魚和改種蔬菜，並允許深圳市根據香港市場需求，在本市糧食自給的前提下，自主擴大改種面積，省裏將根據實際改種面積調減糧食徵購上調任務。

＊ ＊ ＊

好像壓在彈簧上的一隻大手突然鬆開，深圳河北岸的這塊土地，創富激情如航空母艦上的艦載機彈射起飛，火星四濺。

截至 1978 年，深圳這邊的羅芳村已有 540 多個青壯年跑到了深圳河對岸的香港羅芳村，留下的 200 多名村民基本上是跑不了或者不想跑的老弱、婦孺，以至於農忙時節，需要機關工作人員幫忙，人稱羅芳村是「機關小農場」。

1978 年這一年，深圳這邊的羅芳村人均年收入與香港那邊的羅芳村人均年收入差距接近百倍。要知道，當時的港元貴過人民幣，羅芳村的人均年收入在寶安縣各鄉村中的排名還算是比較靠前的。

同一村子人，守著同一條深圳河，收入差距如此令人匪夷所思的根源就在於開放和封閉之間的落差。羅芳村在深圳河北岸的 350 畝山坡地，明明適合種植蔬果，然後在鮮活商品匱乏的香港就地高價出售，卻硬是被改造成了水田。一入盛夏，村民們時不時就得從深圳河

裏抽水灌溉。如此勞民傷財之舉，讓對岸香港羅芳村的鄉親們深感痛惜。

《關於發展邊防經濟的若干規定》發佈後，昔日由集體掌管的農田分田到戶，羅芳村裏幾戶腦子靈光的村民當年就把自己名下的田地全部改種了蔬菜。在深圳只值幾毛錢一斤的應季蔬菜，挑到深圳河對岸的集市，價格瞬間就跳升到了 20 多港元。第一茬小白菜上市後，這幾戶村民就成了令人羨慕的萬元戶。第二年，羅芳村村民把深圳河南北兩岸所有的地塊都種上了蔬菜。之後的幾年裏，隨著深圳經濟特區的建立，村裏又建起了 3000 多平方米廠房大搞「三來一補」。到 1989 年，羅芳村人均收入 8096 元人民幣，是深圳經濟特區成立前最高一年的 57 倍。

三十年河東三十年河西，不少逃港的羅芳村村民紛紛申請返鄉。經有關部門批准後，一批在香港沒有穩定工作的村民又跨過深圳河，回到了深圳這邊的羅芳村。

深圳街頭的鄧小平改革開放宣傳畫。

第十章

潮湧南海

## 改革開放，終成共識

千年來名不見經傳，總長僅 37 公里的深圳河，被 19 世紀中葉以來弱肉強食的歷史潮流無情地裏挾著，緩緩流進了驚濤拍岸的 20 世紀，宿命般地成為風雲變幻的中國近現代史的記錄者。

有一種觀點，說是中華人民共和國前 30 年實行「閉關鎖國」。其實，實際情況並非如此。之所以出現封閉、半封閉狀態，並非自大、愚昧所致，而是絕境中的自我堅持；既是在紛繁複雜的國際環境中中華民族堅決追求獨立自主的結果，也是中國人不畏強權，不重蹈躺下、趴下、跪下覆轍的手段之一。

事實上，早在 1950 年代初，周恩來總理就曾指出：在我們這樣經濟文化落後的國家，關起門來進行現代化建設是不行的。必須在自力更生的基礎上，「向一切國家的長處學習」，開展廣泛的經濟技術交流和合作。他多次指出，資本主義制度我們不學，「資本主義生產上好的技術，好的管理方法，我們是可以學的」；「我們跟西方國家改進關係，在政治上是和平，在經濟上是貿易」。在這一精神指導下，從

1952 年在莫斯科舉行的國際經濟會議上，中國代表團同西歐各國的與會人士就有關經濟技術合作問題進行接觸開始，到 1957 年中國已同包括英國、法國、比利時、意大利和荷蘭等主要資本主義國家在內的，世界上 82 個國家和地區建立了經濟貿易關係，並同其中 24 個國家簽訂了政府間貿易協定或議定書，並進口了許多經濟建設急需的物資和設備。

　　1957 年，在周恩來總理倡導下創立的「廣交會」（中國進出口商品交易會），就是中國在被以美國為首的西方陣營圍堵的風雨如磐的歲月裏，向世界高高豎起的一面開放旗幟。周恩來總理曾說過，「一年兩次的『廣交會』是在我們被封鎖的情況下不得已搞的，我們只好請人家進來看」。

　　從 1957 年至 1977 年，「廣交會」出口額由 0.87 億美元增長到 32.23 億美元，進口額從 1958 年的約 0.33 億美元增長到 1977 年的 10.14 億美元。「廣交會」是中華人民共和國成立以來絕無僅有的一個具有連續性的對外經濟交往平台，它從創建之日起，就是一種制度，一種戰略。「廣交會」在廣州發展 60 多年，不僅從一開始就極為深刻地影響了全國的對外經濟交流形態，也為廣東地區日後成為改革開放的「排頭兵」，埋下了歷史伏筆。

　　1963 年 6 月，在中蘇分道揚鑣的特殊時代背景下，我國第一次從日本引進了當時世界上較為先進的維尼綸成套設備。此後，又從英國、法國、聯邦德國等資本主義國家進口了石油、化工、冶金、礦山、電子精密儀器和機械等 84 項成套先進設備和技術。

　　「文化大革命」期間極左思潮盛行，與資本主義國家和地區開展經貿合作、引進先進設備技術被攻擊為「崇洋媚外」「爬行主義」。1972 年 4 月，周恩來總理在接見「廣交會」代表時，詳細詢問了中國台灣

產品加工出口的情況，了解到中國台灣吸引外資搞出口加工廠，出口迅速增加，他說：「為什麼台灣能搞，我們搞不了？」

1973 年，在與美國大通銀行董事長的談話中，周恩來總理特別肯定了時任中國台灣地區副領導人嚴家淦利用外資做生意、搞貿易的那一套做法，「他（嚴家淦）知道一些國家市場的需要，然後他在台灣搞加工廠，出口商品。比如，他知道在加拿大、美國、拉美、日本、歐洲市場上需要一些什麼商品，他可以加工，搞出來後花樣更新、色彩更好。引進美國、日本和其他國家的資本。進口原材料，然後加工，專門供出口。他還在台灣高雄劃了一個像香港一樣的自由港，不收稅。這樣，台灣的貿易額就大了。」

中華人民共和國成立以來，鄧小平是周恩來總理長期、主要的副手，政治上雖經起落，但始終是中國經濟領域的撥亂反正者、搞活派。

1978 年 12 月，中共十一屆三中全會召開。全會衝破了長期以來「左」的錯誤和嚴重束縛，決定將全黨的工作重點和全國人民的注意力轉移到社會主義現代化建設上，並且提出了改革開放的任務。鄧小平成為黨的第二代中央領導集體的核心，引導中國人民走上了改革開放的光輝大道。

* * *

大凡重大的歷史轉折，剛一亮相時不免石破天驚、震撼人心，其實都是歷史和現實的內在邏輯已推石上山，只待偉人下定決心、一鼓而捷。「文化大革命」結束，痛定思痛。此其時也，中央高層實行改革開放的決心已然下定，尤其是對外開放，他們思考的已經不是「要不要」，而是「怎麼搞」。

風從海上來。

1978 年這一年，中央層級的領導幹部紛紛跨過一度緊閉的國門，經受發達國家經濟建設領域「歐風美雨」的洗禮。

「文化大革命」後期，我國在外交領域趴著一堆舊賬。這一時期，各國領導人來訪挺多，我國領導人回訪卻很少。「文化大革命」結束後，對外國事訪問正常化第一時間提上日程。1978 年是中國領導人出訪的高峰年份，這一年，全國人大常委會副委員長、國務院副總理以上的 12 位中國領導人先後訪問了 51 個國家，同時也接待了 30 多個國家的領導人來訪。密集的中外互動，讓封閉日久的中國人漸漸看清了，外面的世界很精彩。

除了按照國際慣例進行對等國事訪問「回禮」之外，從 1978 年上半年起，中國政府頻繁派出科技、經濟考察團赴西方發達國家和港澳地區進行考察、訪問。當年 1 至 11 月，經香港出國和去港澳考察的人員多達 529 批、3213 人。

這些考察團被稱為中國即將開始大規模改革開放的「先遣隊」，其中以谷牧副總理率領的中國政府經濟代表團，於當年 5 月出訪法國、聯邦德國、瑞士、丹麥、比利時等歐洲五國影響最大。這是中華人民共和國成立以來第一次由一位國務院副總理率團訪問西方發達國家，20 多位代表團成員都是中央和部分省市主管經濟的負責人。高層對這次出訪高度重視，出訪前鄧小平多次接見、聽取彙報、提出要求。考察團在歐洲大開眼界，回國後，谷牧在多個場合感嘆不已：我們跟西方差距太大了，真是讓人感到咄咄逼人啊。

這次對歐洲五國的定向考察，也讓谷牧等代表團成員深刻認識到了中國對外開放的巨大潛力和價值。地大物博、人口眾多的中國，對於資本、技術和產品急於尋找出路的西方發達國家而言，具有極大的

吸引力。訪問期間，歐洲五國政府和民間團體都表達了同中國加強經濟合作的強烈願望，都爭著要和中國做生意。在法國，谷牧與法國總理巴爾會談，事先準備先談政治，巴爾一見面就聲明：政治問題我不談，只談經濟問題，政治問題總統談。結果會見法國總統吉斯卡爾‧德斯坦時，雙方還是談經濟問題，根本沒有涉及政治。知道中國缺資金，所訪歐洲五國異口同聲，主動表示願意提供貸款，而且是「借多少給多少」。

考察團回到北京後，鄧小平專門約見谷牧聽取考察情況後，當場拍板：一是堅決要引進外資和外國的技術，二是首先跟外國借錢，三是立即就做。

6 月 30 日，中央政治局召開會議，專門聽取谷牧的考察彙報，當時的黨和國家主要領導人都參加了會議。會上，谷牧把考察情況梳理成三個重要結論：一是「二戰」後，西方的經濟得到長足發展，主要得益於採用了現代科技，勞動生產率水平很高，現代化水平也很高；二是西方資本出現嚴重過剩，需要給資金和技術尋找出路，他們生產的商品也迫切需要尋找銷路，中國市場潛力巨大，西方人非常看好我們；三是像吸收外資、國與國之間搞合資等是國際上通行的做法，我們完全可以借鑒，歐洲的發展，給了我們一個啟示：大凡發達國家，都是善於利用他國長處。

這次會議開了近 8 個小時，黨和國家主要領導人都作了重要發言，最終形成了這次出訪外邊的情況看得比較清楚了，也講明白了，該是下決心採取措施實行的時候了的共識。

# 經濟特區的孕育

1978 年 10 月 22 至 29 日，鄧小平對日本進行國事訪問，這是中華人民共和國成立後國家領導人首次訪問日本。

訪問期間的所見所聞，讓鄧小平強烈感受到了中國和發達國家之間的巨大落差。當他聽說日本汽車廠的產能是中國長春一汽的幾十倍時，脫口而出：「我懂得什麼是現代化了。」

按照慣例，黨的三中全會召開前，會先開討論經濟議題的中央工作會議。十一屆三中全會前的 1978 年 11 月 10 日至 12 月 15 日在北京召開「規模很大，規格很高」的中央工作會議，歷時長達 36 天。

特殊時期，偉人再一次發揮了關鍵作用。鄧小平果斷提出：應該在討論經濟工作之前，首先討論一下全黨工作重點轉移的問題。這一提議得到了中央政治局大多數常委的支持。

12 月 13 日下午，鄧小平在中央工作會議閉幕會上作了《解放思想，實事求是，團結一致向前看》的重要講話，不僅提出並回答了中央工作會議與會者關注的事涉歷史轉折的一系列根本問題，為中央工作會議作了總結，而且為十一屆三中全會提供了指導思想，因而它實際上成為十一屆三中全會的主題報告。

「一個黨，一個國家，一個民族，如果一切從本本出發，思想僵化，迷信盛行，那它就不能前進，它的生機就停止了，就要亡黨亡國。……如果現在再不實行改革，我們的現代化事業和社會主義事業就會被葬送。」鄧小平的閉幕式講話振聾發聵，在中華民族何去何從的歷史性時刻，指明了前進方向，成為改革開放的宣言書、動員令，引起了廣大與會代表的強烈共鳴。於是，已經宣佈閉幕的中央工作會議又延續了兩天，集中學習、討論鄧小平的閉幕式講話。

由於中央工作會議上作了充分準備，12 月 18 日至 22 日召開的黨的十一屆三中全會，全面糾正了「文化大革命」中及之前一段時期的「左」傾錯誤，徹底否定「兩個凡是」的錯誤方針，高度評價關於真理標準問題的討論，停止使用「以階級鬥爭為綱」的錯誤口號，做出把黨和國家工作中心轉移到社會主義現代化建設上來、實行改革開放的歷史性決策。

12 月 25 日，《人民日報》發表社論，直擊人心：「從今以後，只要不發生大規模的外敵入侵，現代化建設就是全黨的中心工作。其他工作包括黨的政治工作，都是圍繞著這個中心工作，並為這個中心工作服務的。」

以十一屆三中全會的勝利召開為標誌，1978 年，中國實現了具有深遠歷史意義的偉大轉折。

\* \* \*

1979 年 3 月 5 日，國務院同意廣東省將寶安縣改為深圳市，珠海縣改為珠海市，並在《國務院關於寶安、珠海兩縣外貿基地和市政建設規劃設想的批覆》中罕見地勉勵廣東省委：「凡是看準了的，說幹就幹，立即行動，把它辦成、辦好。」

4 月，十一屆三中全會後的第一次中央工作會議召開，討論全黨工作中心轉移後如何解決國民經濟比例嚴重失調的問題。

中南組召集人、廣東省委第一書記習仲勳在發言中明確提出：「有一個問題提出來，三中全會報指出：『現在我國經濟管理體制的一個嚴重缺點是權力過分集中，應該有領導地大膽下放，讓地方和工農業企業在國家統一計劃的指導下有更多的經營管理自主權』……廣東鄰近

港澳，華僑眾多，應充分利用這個有利條件，積極開展對外經濟技術交流。這方面，希望中央給點權，讓廣東先走一步，放手幹。……『麻雀雖小，五臟俱全』，作為一個省，是個大麻雀，等於人家一個或幾個國。但現在省的地方機動權力太小，國家和中央部門統得過死，不利於國民經濟的發展。我們的要求是在全國的集中統一領導下，放手一點，搞活一點。這樣做，對地方有利，對國家也有利，是一致的。」

最後，他直截了當地向參加會議的中央領導同志提出建立「貿易合作區」的設想，即在毗鄰港澳的深圳市、珠海市和重要僑鄉汕頭市劃出一塊地方，單獨進行管理，作為華僑、港澳同胞和外商的投資場所，按照國際市場的需要組織生產。

看到中央沒有明確反對，福建省委也乘機提出，福建華僑也很多，又面對台灣，希望中央比照廣東，對福建省也實行特殊政策，在廈門建立出口加工區。

廣東、福建兩省的建議引起了中央領導的高度重視。時任廣東省委副書記王全國回憶說：「給常委彙報以後，習仲勛同志又帶著這個意見給小平同志彙報，就講到廣東提出要實行特殊政策靈活措施嘛。這時小平同志原話這樣講：『對，辦一個特區，過去陝甘寧邊區就是特區嘛！中央沒有錢，你們自己去搞，殺出一條血路來。』」

7月15日，《中共中央、國務院批轉廣東省委、福建省委關於對外經濟活動實行特殊政策和靈活措施的兩個報告》正式下發，決定在深圳、珠海、汕頭、廈門試辦特區，使之發揮優越條件，抓住有利國際形勢，先走一步，把經濟儘快搞上去。

這就是著名的「中發〔1979〕50號」文件。50號文件明確提出，特區的管理原則是，「既要維護我國的主權，執行中國的法律、法令，遵守我國的外匯管理和海關制度，又要在經濟上實行開放政策」。

10 月初，鄧小平針對廣東改革開放事業做出明確指示：「廣東省委放手搞，不要小手小腳，只要不喪權辱國，能夠把經濟快點搞上去，就放手搞。深圳、珠海劃兩塊地方，就叫特區好。將來台灣回來，香港搞回來，也是特區。過去陝甘寧也叫特區，是我們中國的地方就是了。」

10 月 31 日，廣東省委書記吳南生主持召開出口特區工作座談會，討論研究創辦特區的有關方針、政策和做法。這次會議也特別討論了特區名稱問題。鄧小平定下特區之名，大家都很振奮，但是叫什麼特區呢，又頗費腦筋了。好巧不巧，這時候從北京傳來了反對者的聲音，說「陝甘寧是政治特區，不是經濟特區」。反對者的聲音，啟發了與會者的思路：那就叫「經濟特區」吧！上報中央後，中央領導人也同意了，覺得這名字不錯，很貼近中央試辦特區的初衷。

1980 年 5 月 16 日，中共中央、國務院做出關於《廣東、福建兩省會議紀要》的批示，正式將「出口特區」定名為內涵更為豐富的「經濟特區」。批示提出：「一年來的實踐證明，中央決定廣東、福建兩省在對外經濟活動中，實行特殊政策和靈活措施，是正確的。兩省工作有很大進展，成績是顯著的。」

8 月 26 日，第五屆全國人民代表大會常務委員會第十五次會議決定，同意在廣東省深圳、珠海、汕頭和福建省廈門設置經濟特區，批准了《中華人民共和國廣東省經濟特區條例》。四大經濟特區正式走上中國改革開放世紀大劇的歷史舞台。

《紐約時報》敏銳地捕捉到了經濟特區成立背後湧動不息的改革開放的「中國大潮」，它第一時間發文評論：「鐵幕拉開了，中國大變革的指針正轟然鳴響。」

# 袁庚與「蛇口模式」

波瀾壯闊的歷史轉型大潮中，總會在偶然和必然條件的交織中閃現「手把紅旗旗不濕」的時代弄潮兒。在穿越中國歷史的航程中，他們的個人奮鬥與家國前途相輔相成、彼此成就，演繹出動人的個人與時代共振的命運交響曲。

已過花甲之年的老革命袁庚，就是不期然間被時代大潮衝進了深圳經濟特區發展的大舞台中，並在其中的「蛇口模式」重要樂章中，擔負起了「領唱」的重任。

袁庚，原名歐陽汝山，1917 年 4 月 23 日出生於現在的深圳大鵬鎮水貝村。1939 年 3 月 27 日加入中國共產黨，同年參加惠寶人民抗日游擊隊，為避免連累家人，隨母親姓，改名袁更，解放初期因在出國護照上誤寫為袁庚，將錯就錯，一直沿用。1944 年，袁庚 27 歲時奉調至東江縱隊司令部工作，8 月，東江縱隊成立聯絡處，袁庚任處長，負責對日軍的情報工作。1945 年 9 月，被臨時授予上校軍銜，派往香港與英方就港九游擊隊撤離九龍半島問題進行談判，擔任東江縱隊駐港辦事處第一任主任。1946 年 6 月，隨東江縱隊北撤至山東煙台，後來編入三野部隊，先後參加了南麻臨朐戰役、昌濰戰役、濟南戰役、淮海戰役。1949 年，兩廣縱隊成立炮兵團，袁庚任團長，先後參加解放廣東境內大鑊島、三門島等沿海島嶼戰鬥，11 月奉調至中央軍情部參加武官班受訓。1950 年 4 月，奔赴越南援越，任胡志明的情報和炮兵顧問。

1952 年，袁庚被外派至印度尼西亞，任中華人民共和國駐雅加達總領事館領事。1959 年至 1961 年，歷任中央調查部一局二處處長、副局長。1966 年 6 月至 1967 年 5 月，抽調至外辦、僑委、外交部、

交通部等單位組成的接僑辦公室工作。

歲月如流在穿梭。

22 歲血氣方剛時正式踏上革命道路，轉戰南北、中外，51 歲春秋鼎盛之際卻橫遭厄運，7 年時光蹉跎。到 1975 年重新走上工作崗位、出任交通部外事局負責人時，袁庚已經 58 歲了。通常來講，他的職業生涯也走到暮年了。

開天闢地的 1978 年改變了一切。這一年，不但整艘「中國號」航船轉向改革開放的深藍水道，也讓袁庚等一大批老革命的事業人生，迎來了「霜葉紅於二月花」的第二春。

1978 年 6 月，時年 61 歲的袁庚受時任交通部部長葉飛委派赴香港調查，起草了一份《關於充分利用香港招商局問題的請示》。10 月，袁庚被任命為交通部所屬的香港招商局常務副董事長（董事長由交通部副部長兼任），主持招商局全面工作。

袁庚的深圳出身、東縱往事、香港經歷、東南亞足跡，為他執掌香港招商局加持了諸多地利、人和因素。

對袁庚而言，還有一個人和因素不可忽視，這個人就是曾生。1975 年袁庚恢復工作、出任交通部外事局負責人時，葉飛是交通部部長，曾生任交通部副部長。1978 年 10 月，袁庚出任香港招商局事實上的一把手，幾個月後的 1979 年 2 月，葉飛調任海軍第一政委、海軍黨委第一書記，全面主持海軍工作，曾生接任交通部部長直至 1981 年離休。曾生的家鄉是今天的深圳市坪山區石灰陂村。曾生和袁庚不但有深圳同鄉之誼，還是後者的直接領導：1939 年袁庚投身革命時，加入的正是曾生領導的惠寶人民抗日游擊總隊。1943 年底，曾生創建東江縱隊並擔任司令員時，袁庚先是在東江縱隊司令部任職，後被委以重任，擔任司令部聯絡處處長。1945 年 9 月，袁庚被臨時授予上校軍

衛，擔任東江縱隊駐港辦事處第一任主任。1947 年 3 月，以北撤至山東的東江縱隊為基礎組建兩廣縱隊，司令員依然為曾生，袁庚則是縱隊炮兵團團長，先後參加解放廣東境內沿海島嶼戰鬥。直到 1949 年 11 月，袁庚奉調至中央軍情部參加武官班受訓，才從此脫離軍事戰鬥序列，走上了情報、外事工作崗位。

屈指算來，袁庚一入伍就在曾生手下南征北戰，歷練了整整 10 年，成長足跡遍及深圳河兩岸、大江南北，並一再被委以重任。可以想見，曾生對袁庚的能力、品質和個性是了然於胸的，是充分肯定的。不少回憶文章提到 1978 年 10 月袁庚執掌香港招商局，有曾生的力挺之功。這個伯樂與千里馬的故事或許可以在接下來的三年得到佐證：1979 年後，袁庚在深圳灣畔的蛇口半島上左衝右突，頻頻衝擊中國改革開放初期無處不在的「深水區」和「無人區」，招致各種懷疑、詰難和攻訐。但在此期間，無論毀譽、不管成敗，曾生始終和袁庚站在同一個戰壕裏，成為後者在改革開放新戰綫上衝鋒陷陣的堅強後盾。

之所以要在這裏不厭其煩地介紹袁庚的生平、經歷，是因為年屆 61 歲的他接手的是全中國獨一無二的央企 —— 香港招商局。在這個被譽為中國「天字第一號」的民族企業身上，流淌著中國百多年來社會經濟領域生生不息的革新自強的血液，如何使之在新時代裏償張，是一副沉重而又光榮的歷史重擔。

## 富國強兵，輪船招商局

在香港有四家由國務院國資委和中央金融機構領導的中央企業，塊頭大、產業廣、實力強，人稱駐港「四大央企」，分別是招商局集團、華潤集團、中國旅遊集團和中國光大集團。

以企業存續的年頭來計算，中國光大集團是不折不扣的小字輩。1983 年，正是中國改革開放的早春時節，國務院根據時任全國政協副主席王光英的建議，決定在香港再開一扇窗口，當年 8 月 18 日，光大集團應運而生。作為中國金融業的龍頭企業之一，光大集團已在紐約、倫敦、新加坡等地設立了分支機構，形成了全球化的佈局。截至 2022 年 6 月末，光大集團總資產達到 6.9 萬億元人民幣，位列 2022 年《財富》世界 500 強第 210 位。

中國旅遊集團有限公司暨香港中旅（集團）有限公司的前身是中國早期銀行家陳光甫於 1928 年 4 月在香港設立的中國旅行社香港分社，最早可追溯至 1923 年 8 月 15 日陳光甫在上海商業儲蓄銀行設立的旅行部。1954 年港中旅移交中央人民政府，先後隸屬中華人民共和國華僑事務委員會、國務院僑務辦公室管理。1999 年，按照「政企分開」的精神，港中旅歸由中央直接管理，成為國務院國資委監管的 53 家特大型國有重要骨幹企業之一。集團匯聚了港中旅、國旅、中旅、中免等眾多知名旅遊品牌，是唯一一家以旅遊為核心主業的央企。截至 2022 年底，集團總資產超過 2100 億元人民幣，員工超過 4.5 萬人。

2018 年 12 月 18 日，建築高度 392.5 米的中國華潤大廈在深圳市后海金融總部基地正式啟用，成為當時深圳最新的地標性建築之一。根據這座超級大廈的酷炫外形，它被賦予了直插未來雲霄的別名「春笋」。

1938 年，一個名叫楊廉安的無錫商人在香港干諾道上設立了一家採買南北雜貨的小店舖，註冊資金 3 萬港元。每當街坊問起店舖的名字，楊廉安便會用無錫方言回道：「廉安行！」由於在無錫方言裏，「廉安」二字與「聯和」諧音，大家就自然而然地認為，這個「聯和行」就是楊廉安的個人小舖頭。

干諾道上的鄰居們做夢也想不到，這個店名將錯就錯的小小聯和行，是站在明處的八路軍駐香港辦事處放在市井裏的秘密交通站。這個白白胖胖、斯斯文文的小店主楊廉安，不是別人，正是中國共產黨早期領導人博古（秦邦憲）的親弟弟秦邦禮。秦邦禮來港前一直在上海、無錫、汕頭等地開設商鋪，商舖同時也是聯絡站，為黨中央籌集經費、傳遞情報、護送幹部。秦邦禮深得老一輩革命家陳雲的賞識，其在參加蘇聯青年共產國際第六次代表大會時特意帶上秦邦禮一起與會，會後還安排他和自己一同進入列寧學校學習。

　　秦邦禮是天生的商人，通過他的巧手騰挪，八路軍駐香港辦事處在香港採購了大量前綫急需的戰略物資，並為內地籌集、輸送了大量的錢款。與此同時，大隱隱於市的聯和行生意做得風生水起，日後香港許多商界巨擘，如霍英東、包玉剛等，都是從這個時候和共產黨開始有了往來。秦邦禮的潛伏水平也屬一流，在國民黨頑固派發動第二次反共高潮之後，八路軍駐香港辦事處遭到國民黨特務的破壞，聯和行依然無鋒無芒地運轉如常。

　　到了解放戰爭時期，聯和行生意已經越做越大，分號無數，涉獵多個行業，旗下甚至擁有幾艘大輪船，已經成為一個在亞洲地區叫得響的集團化大企業，聯和行這個小店舖式的名字已經裝不下它的大身板。1948 年 12 月 18 日，聯和行進行改組、擴大，更名為華潤公司。「華潤」之名有「中華大地，雨露滋潤」之意。之後，為了方便統一管理，實現規模化效應，中共中央將在香港的 16 個貿易機構都併入了華潤集團，成立香港貿易委員會，由秦邦禮擔任委員會主任，同時兼任華潤公司董事長。

　　抗美援朝戰爭期間，華潤公司這個紅色資本機構利用自己在自由港香港的特殊渠道，採購了大量戰略物資，而後通過自己的地下網絡

和香港愛國商人轉運至祖國內地。這個機構為突破西方陣營的全面封鎖、取得抗美援朝戰爭的偉大勝利和鞏固中華人民共和國社會經濟的安全，做出了特殊貢獻。

1952年，華潤公司隸屬關係由中共中央辦公廳轉為中央貿易部（今商務部）。1983年，改組成立華潤（集團）有限公司。2003年，歸屬國務院國資委直接監管，並被列為國有重點骨幹企業。今天的華潤集團儼然是個產業巨無霸，業務涵蓋大消費、綜合能源、城市建設運營、大健康、產業金融、科技及新興產業六大領域，下設25個業務單元，兩家直屬機構，實體企業3077家，在職員工37.5萬人。截至2022年底，總資產規模高達2.3萬億元人民幣，實現營業收入8187億元人民幣，淨利潤642億元人民幣，位列當年《財富》世界500強第70位。華潤集團旗下的著名品牌有雪花啤酒、三九藥業、太平洋咖啡、東阿阿膠、江中、華潤電力、華潤燃氣……

但強悍如華潤集團，其歷史底蘊之深厚、其傳奇色彩之斑斕，仍然不及招商局。

因為招商局是「中國民族工商業的縮影」，人稱「百年招商局，半部近代史」。

＊　＊　＊

1872年，紫禁城。一場洋務派與守舊派之間的激辯正在朝堂上演。

事情的起因是這樣的：1860年代，洋務運動初起之際，鑒於「西人專恃其槍炮、輪船之精利，故能橫行於中土」的判斷，出於穩固海疆計，整理水師、設局造船成為早期洋務派領袖們的目標。被英國的

戰列艦當頭棒喝的清廷也稱此舉「所見遠大」，破例動用閩海關四成結款資助。李鴻章、曾國藩、左宗棠等洋務派重臣創立了金陵機器製造局、江南機器製造總局、福州船政局。1869 年，洋務派頂著壓力，終於造出第一艘軍艦「萬年清號」，朝廷很滿意，也暫時堵住了守舊派的刁難。但僅僅過了一年，1870 年第三艘新船下水時，原本與洋務派同聲共氣的清廷突然來了一個 180 度大轉彎，轉而暗戳戳地支持起了守舊派。

究其根本，清廷突然變臉無非一個錢字：隨著新艦陸續下水、編列成軍，朝廷突然發現，造艦是一個財政無底洞，所費比預想中多太多，才知道一艘戰艦造好後，還要投入巨量的維護和給養費用。原計劃五年撥款不超過 300 萬兩造船 16 艘，但造出第六艘船時，經費就已超支 340 萬兩。雄心勃勃的「設局造船」計劃陷入了成船日多，經費動用更巨的弱國強軍必然遭遇的怪圈。

1870 年，為緩解朝廷撥款壓力，福州船政局只得將其第二艘輪船撥給相對富庶的浙江省使用，經費由後者承擔。

閩、滬船廠的困境給了反對派以口實。1872 年，內閣學士宋晉上書清廷關閉閩、滬船廠，稱其「名為遠謀，實同虛耗」。此人為道光年間進士，官至戶部侍郎，以「懂經濟」著稱於世，他的「重炮」進攻火力足夠凶猛。宋晉說，造船本就是為了對付洋人，但如今跟洋人握手言和了，造船還有必要嗎？而且，就算船造出來了，也無法比洋船厲害，打起來能保證勝利嗎？時任福州船政局主管沈葆楨憤怒地反駁道：西洋人造船有百十年經驗，中國人造船只有數年，當然技不如人，但學生可虛心向老師學習，難道學生不如老師，就乾脆不學了？

也是在這場朝堂辯論中，胸懷一腔自強救國熱血的洋務派主將李鴻章，吐出了那番廣為人知的肺腑之言：「三千餘年一大變局也……士

大夫囿於章句之學，而昧於數千年來一大變局，狃於目前苟安，而遂忘前二三十年之何以創巨而痛深，後千百年之何以安內而制外。」

憂憤之餘，晚清「柱石之臣」李鴻章也深切地意識到了，洋務運動如果一直單純地停留在「自強」、靠朝廷撥款創辦純輸血性質的官辦軍事工業，終歸要走向無源之水、無本之木的末路。為今之計，只能放下官架子，動員全社會，借用股份制，創辦能自我造血的民營企業以「求富」，假以時日，達至自強求富的終極目標。

1872 年 6 月 2 日，李鴻章上書總理衙門，陳述以輪船招商籌辦新式輪船運輸業之利，「使洋人不得專利於中國」。17 日，總理衙門批覆：「遴諭有心時事之員，妥實籌維。」20 日，李鴻章再度上書總理衙門《籌議製造輪船未可裁撤摺》，堅決反對裁撤閩、滬船廠，強調「國家諸費皆可省，惟養兵設防、練習槍炮、製造兵輪船之費萬不可省」，否則「國無興立，終不得強矣」。另外，如果兩船廠「苟或停止，則前功盡棄，後效難圖，而所費之項，轉為虛糜，不獨貽笑外人，亦且浸長寇志」。在李鴻章力陳利害之下，8 月 2 日，總理衙門奏准清廷：船政不停，由李鴻章、沈葆楨妥籌辦理。

李鴻章的「妥籌辦理」，就是創辦輪船招商局。

## 涉江浮海，半為招商

在當時中國內憂外患的困境中，李鴻章看到，輪船招商是求富的七寸、救民的急所。首先，輪船運輸業利潤豐厚，以當時長江上第一家外資輪船公司旗昌輪船公司為例，從上海至武漢一趟跑下來，就能賺回輪船造價的 70%。其次，1871 年初華北饑荒，李鴻章急調賑災糧北上，不料外國商船藉機漫天要價，關鍵時刻被人擺了一道，讓他深

感掌握航運業的重要性。此外，辦船運還能解決社會問題，當時國內傳統的平底沙船又小又慢，在大洋船的衝擊下，無數沙船業主歇業破產，陷入赤貧，為苟求生計，紛紛淪為海盜水匪。如能發展民族船運業，吸納這些沙船流民，將有效減少社會不穩定因素。

李鴻章在複雜時局下遊刃有餘的「權變」之術，不但保住了洋務派的心血之作「船政」，還為近代民族工商業的發展開闢出了一塊新天地。

1872 年 12 月 23 日，李鴻章正式向清廷奏呈《設局招商試辦輪船分運江浙漕糧由》。在這份奏摺中，他申明成立招商局的目的是承運漕糧和與洋商分利，同時提出了「官督商辦」的體制構想，即商人出資，官府監管，資本照歸商人所有，按公司章程管理，盈虧自負，「官總其大綱，察其利弊，而聽候商董等自立條議，悅服眾商」，可以理解為半官半商的股份制企業。它解決了當時的一大難題：官府有權沒有錢，民間有錢沒有權，將兩者融合，即可以互惠互利。

由於前期準備充分，李鴻章又是千裏挑一的晚清擅長解決問題的專家兼寫奏摺的高手，3 天後清廷就「准奏」了，12 月 26 日因此成為招商局集團的生日。招商局成立之初，李鴻章從戶部借來 20 萬兩銀子作為啟動資金，為表大力支持，他化名「李積善」，入股 5 萬兩。

1873 年 1 月 17 日，上海洋涇浜南永安街 9 號（今中山南二路，近河南路）人頭攢動。在今天群樓林立的上海外灘最矮的那幢三層樓裏，輪船招商局正式開張。大門口，一面大清官船專用的三角龍旗和一面總理衙門特許使用的行業旗幟 —— 招商局專用的雙魚旗在凜冽的寒風中飄揚。招商局雙魚旗底色為紅，上繡兩條相顧游弋的藍色鱗魚，寓意招商局輪船在江海中如魚憑躍、年年富餘。它的出場伴隨著一連串無可爭議的第一：中國近代第一家民族工商企業、第一家股份

制企業、第一家船運企業。

　　輪船招商局創立後，在晚清四大買辦之「三大」——唐廷樞、徐潤、鄭觀應，還有「中國商父」盛宣懷的巧手運作下，迅速組建起了由 4 艘海輪組成的中國第一支蒸汽動力商業船隊。

　　1873 年 1 月，招商局的第一艘輪船「伊敦號」首航香港，開闢了中國第一條近海商業航綫。7 月，開闢天津、鎮江、九江、漢口等北洋航綫和長江航綫。8 月初，招商局輪船首航日本神戶、長崎，開闢了中國至日本的第一條遠洋商業航綫。年底，招商局相繼開闢了南洋諸島、美國夏威夷和舊金山、英國倫敦等遠洋航綫。中國近代民族航運業跨出了艱難的第一步。

　　1873 年招商局成立時僅有 4 艘輪船，到 1876 年時增加到了 11 艘。其間，相繼設立了天津、廣州、香港等 19 個分局，從洋人手中搶回了不少市場份額。除開闢近、遠洋航綫外，招商局還在上海浦東、虹口等地自置碼頭、棧房，並在沿江、沿海主要港口建設自用碼頭，設立分局。當時國人運貨、出行，多搭乘招商局局輪，「招商局」成為近代中國響噹噹的民族企業品牌。

　　開業四年後，招商局又成為兩個轟動上海灘的重大事件的主角。1877 年 3 月 1 日，招商局先以 222 萬兩白銀的價格，一舉購併了稱霸中國江海十餘年的最大外國航商——美國旗昌輪船公司，將其船隊以及遍佈漢口、九江、寧波、天津等地的碼頭、貨棧、洋樓全部納入囊中，包括在上海首屈一指的金利源碼頭。這是中國民族工商企業第一次收購外商資產，創造了歷史。

　　經此一役，招商局船隊增加到 30 多艘，與英商怡和、太古呈三足鼎立之勢，外輪壟斷中國江海航運的時代一去不返。《申報》熱情洋溢地評論道：「從此國家涉江浮海之火船，半皆招商局旗幟。」

緊接著，招商局又在資本市場和價格競爭中雙管齊下，迫使當時聲名顯赫的英國怡和、太古兩家輪船公司，與之簽訂相對平等的「齊價協議」，大長了蹣跚起步中的中國民族工商業志氣。

　　作為中國近代民族工商業的絕對先驅，招商局以一己之力，構建出了中國近代民族工商業蓬勃發展的獨特生態，依托自己的航運業「基本盤」，招商局投資、孵化出了一連串環環相扣的工商業態，如一束束璀璨星光，串聯起了近代中國民族工商業的燦爛星河：第一家大型煤礦企業「開平礦務局」、第一家保稅倉棧「上海關棧」、第一家保險公司「仁和保險公司」、第一家商業銀行「中國通商銀行」、第一家用機器生產的棉紡織企業「上海機器織佈局」、第一條專綫鐵路「唐胥鐵路」、第一家鋼鐵煤炭聯合企業「漢冶萍煤鐵廠礦公司」、第一家外貿公司「肇興公司」、第一條專用電話綫「天津大沽碼頭到紫竹林棧房電話綫」，另外，還投資、捐辦了近代中國第一所現代大學北洋大學堂（今天津大學前身）、新式學堂南洋公學（今上海交通大學前身）、吳淞商船學校（今大連海事大學和上海海事大學前身）……近代中國工商業的探路者招商局，始終走在一條荊棘叢生的長路上，每多前進一步，撲面而來的是更加遼闊的曠野，盛開著更加繁茂的野花。

　　1901 年李鴻章病逝於北京，謚號「文忠」。這位與曾國藩、左宗棠、張之洞並稱為「中興四大名臣」，但自嘲晚清「裱糊匠」的「李中堂」李大人，一生心力盡付於風雨飄搖中扶大清王朝這座大廈之將傾，經歷了無數旁人無緣體味的風霜雨雪，背負纍纍不堪其重的歷史毀譽。

　　晚年時，李中堂的心境不可名狀，悲喜莫衷一是。

　　不過，成功創辦招商局顯然被他視為人生中至為難得的華章。在致劉秉璋（字仲良）信中，素來老成持重的李鴻章曾罕見地寫了這麼

一句：「輪船招商，實為開辦洋務四十年來最得手文字……各國無不讋服，謂中國第一好事。」

寫此信時，距離輪船招商局成立還未滿一年。

* * *

1872 年 12 月 26 日，招商局在上海灘扯起了中國工商業近代化的大旗，一系列的開放、創新之舉讓它在迴光返照的晚清末期盛極一時。奈何世事常常如夢，往往所託非人，它為之「自強」「求富」的清王朝恰恰是時代的棄兒，中華民族進步道路上的絆腳石。在民主、立憲已然明牌的浩蕩時代潮流中，自私、短視、愚昧的清王室依然滿腦子做著家天下的春秋大夢，假意立憲、暗中集權，盡收天下之資卻不肯放權分毫於社會。維新不成，革命暴起，最終落了個被橫掃出局的可悲下場。繼之，軍閥混戰，外禍連連，徒然給中國社會的近代化轉型留下了一鍋嚼不爛、嚥不下的夾生飯。

作為晚清洋務運動僅存的碩果，招商局這艘「輪船」，不得不在中國近代化轉型的急風暴雨中尋找棲身的港灣。

辛亥革命後，招商局的基本體制發生急劇變化，官督商辦的模式隨之解體。1912 年 3 月 31 日，招商局在上海張園召開第二次股東常會，成立了新一屆董事會，伍廷芳被推選為董事會主席。自此，招商局進入了完全商辦時期，改稱為「商辦招商局輪船公司」，後又稱「商辦招商輪船有限公司」。

自成立以來，招商局一直是中國航運業的中堅力量。

1937 年和 1938 年，為延緩、阻止日軍溯長江西進，招商局以民族大義為重，在江陰、龍潭、馬當等長江要塞江面上自沉輪船 24 艘，

包括千噸輪 7 艘，佔當時招商局船舶總噸位的 40%。其以玉石俱焚的悲壯姿態，展示了近代工商業先驅的民族氣節。

此後的抗日進入持久戰，招商局又在川江開闢航綫，實行水陸、水空等多形式聯運，支援抗戰。但其運力被日軍摧毀了 2/3 以上，航綫與業務均極度萎縮，連年虧損。

1948 年下半年，解放戰爭中人民解放軍摧枯拉朽、國民黨軍節節敗退的戰局已定。敗退中的蔣介石反動統治集團急令招商局的大江輪全部南撤。渡江戰役後，招商局 80% 以上的輪船和 1/3 的人員被強遷至台灣。1949 年 5 月 27 日，上海解放，隨後上海市軍事管制委員會接管招商局。之後，隨著全國各地陸續解放，招商局的分支機構全部被人民解放軍軍事管制委員會接管。

1949 年 9 月 19 日晚，招商局「海遼號」接令從香港赴汕頭運兵去舟山。航行途中，全體船員連夜油漆船體以作掩護，輾轉菲律賓巴林塘海峽，在驚險、艱難的九天九夜航程後，順利駛入大連灣，成為招商局第一艘在境外宣告起義的海輪。

為紀念「海遼號」起義，中國人民銀行將「海遼號」圖案印在 1953 年版人民幣 5 分幣正面右側，流通 34 年。

1950 年 1 月 15 日晨 8 時，香港招商局時任經理湯傳篪、陳天駿率領全體員工及留港的 13 艘海輪共 600 多人宣佈起義，並在年底將 13 艘起義海輪全部安全駛返廣州，周恩來總理專門為這一壯舉致電祝賀。

1949 年至 1950 年，招商局共有 17 艘海輪船員起義，其中 15 艘成功返回祖國，成為中華人民共和國成立初期一支重要的水上運輸力量。

# 上海灘—香港島—深圳灣

1950 年 4 月，招商局在上海的招商局總公司被改組為國營輪船總公司。1951 年 2 月，又更名為中國人民輪船總公司，並與交通部航務總局合併，其分支機構同時更名。之後，中國人民輪船總公司與天津國外運輸公司合併組成中國海外運輸公司。1955 年，中國海外運輸公司改稱為中國租船公司，併入中國對外貿易運輸公司。招商局沿江沿海分支機構先後演變為沿江沿海各省市港航機構，成為中華人民共和國航運業和港口業的基石。

1970 年代，隨國民黨遷台的台灣招商局因經營不善退出歷史舞台，百年招商局僅剩下在香港的一根獨苗。在中國近現代史左衝右突的激流沖刷下，招商局的大旗從大江大海的上海灘漂流到了華洋交織的維多利亞港。

1951 年，香港招商局被交通部授權保留原名，成為中央人民政府在港全資國有企業，並以招商局母體的名義，以原香港分局留存的 340 多萬港元資產繼續開展經營活動，和華潤集團等駐港企業一起，為中華人民共和國建立之初衝破西方陣營的禁運和封鎖立下了汗馬功勞，並在 1965 年和 1972 年相繼成立了友聯船廠、海通公司，為內地和香港國輪提供修理、進口備件等服務。

從 1964 年開始，招商局利用身處香港的地利之便，受交通部委託，協助內地有關部門利用貸款買船。至 1969 年底，中國遠洋船隊 1/3 的船舶通過招商局利用貸款購買，招商局對中國遠洋船隊的壯大和發展外貿做出了特殊貢獻。

到 1970 年代末，曾經自成生態、集中國近代工商業業態之大成的招商「帝國」也已鉛華洗盡、粉黛不施，核心經營項目只剩下作為「二

傳手」為內地貸款買船、買零配件，所有的家當只有一個倉庫、一個修船廠和一幢辦公樓。

檔案資料顯示，當時香港招商局總資產僅剩 1.3 億港元，早已不復當年之壯。

更讓人憂心的是，在「文化大革命」後期受內地「左」的思想影響，曾經的中國民族工商業先驅變得老氣橫秋，當年縱橫捭闔的商業嗅覺和商戰銳氣也已喪失殆盡。

喚醒神龍，以何為號？

在中國現代化轉型史上留下濃墨重彩的 1978 年如期而至。

當年 6 月 27 日，交通部在國務院會議上提出充分利用下屬香港招商局的議題。時任部長葉飛彙報說，現在國家對設在香港的招商局利用得很不夠。交通部計劃今後要通過招商局，充分利用香港的資金、技術，來為國家的社會主義建設服務。利用招商局的有利條件，在香港籌建一個航運公司，實行單獨經營、單獨核算，為國家賺取外匯。除了經營海上運輸外，還可以在香港建設修船廠、浮船塢、鋼絲繩廠、尼龍纜廠和配件廠，發揮香港這個陣地在資金、技術、管理方面的優勢，既為國家海運服務，又把生意做到境外去，為國家賺外匯，擴大再生產。

主持會議的時任中共中央副主席、國務院副總理李先念當即回應道：「毛主席以前講過，我們對香港是『長期打算，充分利用』。現在『長期打算』是長期打算了，就是沒有『充分利用』。交通部開這個頭是好的。」

當月底，時任交通部外事局副局長袁庚受命赴香港摸底招商局的經營狀況。

＊ ＊ ＊

香港干諾道西 15 號招商局大廈裏的員工們很快領教了情報專家袁庚的信息搜集手段：61 歲的袁庚到香港沒幾天，就像擰緊了工作發條的壯年漢子，連軸轉，挨個找工作人員談話，一天兩個，雷打不動，剩餘時間就在香港各處溜達。幾天下來，招商局大廈附近的藥行、米舖、雜貨店、水果攤老闆的名字、經營狀況、每月盈利，都被他摸了個門兒清。

與五年前出任香港招商局辦公室主任梁鴻坤一次掏心窩子的談話，更讓他愁眉不展。那一天，袁庚剛起了個頭，問他如何評價目前的招商局，一身正氣、一直渴望著在香港為祖國社會主義建設事業出一把力的梁鴻坤沒有絲毫遮掩，一下子把當時招商局存在的問題和背後的根源掀了個底朝天：「我認為招商局沒有什麼出息，根本幹不了事情！也發揮不了什麼作用！我們這裏是包吃包住，把你包起來，一個月再發你幾百塊錢，大家都在吃公家的，上班沒事可幹，你看我我看你，這個狀態很糟糕。我來了五年多，覺得很悲觀……只能這樣可憐地守攤子。守攤子有什麼用？」

梁鴻坤接著說：「這些年來，我們眼睜睜地看著董浩雲、包玉剛靠買船起家搞航運，不斷發展，成了船王，我們怎麼就不能發展自己的船隊？」

在梁鴻坤看來，除了組建船隊大搞海外航運外，船舶維修、拖船、油漆、拆船等船運配套業務，招商局都可以幹。

1950 年招商局起義時，擁有輪船 15 艘，而後來的「東方船王」包玉剛這時只有兩艘船。但到了 1978 年，包氏家族已經擁有 2000 萬噸的船隊，而招商局卻一條船也沒了。

聽完梁鴻坤一番掏心掏肺的「牢騷」，此時僅僅是交通部先遣調研人員的袁庚也不便做出確定的答覆。沉默良久，袁庚只能籠統地回答說：「招商局可以做的事太多了，先幹吧，下決心幹起來！」

＊＊＊

一圈深入細緻的調研下來，闊別香港 30 年的袁庚迅速找到了主場感覺。想當年，日本戰敗後，他以東江縱隊港九大隊上校的身份被派往香港與港英當局就港九游擊隊撤離九龍半島問題進行談判，成功說服當時的英軍駐港總司令哈科特上將同意東江縱隊在香港設立辦事處。這個駐港辦事處，就是後來新華社香港分社的前身。這段革命年代的「香港往事」，讓袁庚平添了在和平時期重振招商局雄風的莫大信心。

袁庚認為，招商局如今的困境也是政策上出了問題。這麼多年來，對招商局的管理一直套用內地國企管理的「計劃模式」，罔顧招商局作為駐港企業的特殊身份，使之在激烈的市場競爭中處處落於下風，居然在香港經濟社會騰飛的百年難遇的黃金時期，不可理喻地不進反退。

事實上，招商局成立伊始開闢的第一條航綫就是滬港客運航綫，並早早就設立了香港分局。經過幾代人的辛勤耕耘，招商局在香港一度根深葉茂，人脈、資源、商譽、影響力厚積廣種。當下雖然光芒不再，但動能不足、勢能猶在，身價不再、身份仍在。中央政府只要稍微給一點點自主權和特殊政策，招商局這朵眼看著就要枯萎的花，必定能再度香飄天涯。

基於這個基本判斷，袁庚認準招商局要得到「充分利用」「把生意

做到境外去」，發展成為一個多元化的大型跨國集團公司，必須做到兩條：一、必須擴大船舶的修造業務，而不是單純做內地買船的「二傳手」；二、必須增加中流作業的能量，擴大招商局在國內航運業務的輻射力。「中流作業」是香港這個專業的國際轉口貿易自由港特有的貨櫃裝卸方式，即大型集裝箱母船不進碼頭，而是停泊在香港海上錨區，然後直接在船上分派貨櫃，負責船邊作業的中流倉公司則調派俗稱「橫雞靈」、裝有起重能力為 40 噸的單杆吊的方躉船，同時在母船兩側完成集裝箱海上過駁作業。珠三角地區有大量的躉船參與這種作業，極大地提高了香港轉口貿易的效率。

要擴大船舶的修造能力和增加中流作業的能量，必須有合適的場地來建設一個後勤服務基地或加工區。但在當時工商業高度發展、寸土寸金的香港，找到一塊價廉物美的工業土地難比登天。不僅繁華地帶的地價僅次於日本東京銀座，郊區工業用地要價也高達每平方米5000 港元以上，絕非囊中羞澀的招商局可以承受。

不過，袁庚留意到，由於招商局的總部設在香港，所屬船舶可以直接進出香港碼頭，在內地與香港之間往來非常方便。他由此萌生了在與香港一河之隔的寶安縣建立一個出口加工基地的大膽想法。

袁庚的這一靈光乍現，讓再創百年招商局輝煌的獨闢蹊徑之舉與深圳經濟特區的探路之旅，奇妙地相遇在中國改革開放偉大事業的十字路口。

本當離休頤養天年的袁庚本人，人生的價值空間也被訇然打開。往後餘生，絕無虛度：他不但是讓中國第一家民族工商企業再度鼓帆遠航的優秀「船長」，還成了改革開放「蛇口模式」的探索創立者，中國現代化轉型進程上的拓荒者、引航員。

1993 年，深圳蛇口的汽車廠。蛇口曾被外媒盛讚為中國的「希望之窗」。

第十一章

「蛇口模式」

## 特區「開山第一炮」

由袁庚起草、交通部黨組討論通過的《關於充分利用香港招商局問題的請示》於 1978 年 10 月 9 日呈交黨中央、國務院。在對外開放尚在中央高層領導人之間醞釀討論，思想解放尚在理論策動之時，這份出自袁庚之手的《請示》堪稱石破天驚，徹底突破了「一無內債，二無外債」的計劃經濟固有觀念。《請示》表示招商局要「放手大幹」，今後的經營方針是「立足港澳，背靠國內，面向海外，多種經營，買賣結合，工商結合」，「爭取五年至八年把招商局發展成為綜合性大企業」，而所需建設資金來源則「本著自力更生的精神，不向國家要投資」，而是「向銀行貸款（包括向外資銀行抵押貸款）；也可試行發股票和有價證券，多方設法吸收港澳與海外的游資……」。

除了允許向外資銀行舉債外，招商局還要了「就地獨立處理問題的機動權」「可以一次動用當地貸款 500 萬美元從事業務活動」等權力。

時代弄潮兒之間奇妙的化學反應產生了。10 月 12 日，報告呈交僅僅過了三天，李先念就作了批示：「擬同意這個報告。只要加強領

導，抓緊內部整頓，根據華主席『思想再解放一點，膽子再大一點，辦法再多一點，步子再快一點』的指示，手腳可放開些，眼光可放遠些，可能比報告所說的要大有作為。」很快，黨中央、國務院其他領導同志也一一圈閱並批准了這份報告。

1979 年 1 月 6 日，廣東省和交通部聯合向國務院上報了《關於我駐香港招商局在廣東寶安建立工業區的報告》，提出：經過中央、廣東省、交通部招商局的一系列交涉、規劃、商談，初步選定在寶安縣南頭半島建立招商局工業區。

關於工業區選址，袁庚多年後很實在地說，他首先想到的是他的家鄉深圳大鵬。「但是，大鵬離香港還是遠了，中間隔著海，風浪很大，不合適。」在寶安縣境內多次踏訪後，最終選定了南頭半島。「香港過來才一個小時，元朗過來僅半個小時，而且有建港條件。」

1979 年 1 月 31 日，時任交通部副部長彭德清和袁庚一起赴京向李先念和谷牧彙報。彙報到最後，袁庚從文件夾裏拿出一張《香港明細全圖》，指著地圖請李先念看，說：「我們想請中央大力支持，在寶安縣的蛇口劃出一塊地段，作為招商局工業區用地。」李先念仔細審視著地圖，當場用鉛筆在地圖所示的寶安縣南頭半島的根部畫了兩條杠，說：「就給你們這個半島吧！」

這張地圖保存在深圳蛇口的招商局歷史博物館裏，兩條鉛筆印記至今清晰可見。兩條杠以南的土地大約 36 平方公里，差不多是整個南頭半島的全部面積。

老一輩無產階級革命家李先念大開大合畫下的兩條杠，一下子震住了素來以膽大著稱的袁庚。「面積太大了，以當時招商局的實力根本無法開發這麼多土地。」袁庚回憶說。最後，袁庚代表招商局只要了南頭半島最南端名為蛇口的小幅土地，面積約 2.14 平方公里。

後來有人重提此事，說當初招商局沒有把整個南頭半島要下來是一個「歷史性的遺憾」。袁庚不這麼認為，他說：「這不是我們想不想要的問題，而是一個敢不敢要的問題。我們在一片荒灘上，開發一平方公里總投資將近一億元。如果我們一開始就搞上幾十平方公里，這筆幾十億的債留給誰來還呢？」

確定好工業區地塊後，李先念鄭重其事地對彭德清和袁庚說：「交通部就是要把香港外匯和國內結合起來用，不僅要結合廣東，而且要和福建、上海等連起來考慮。」又說：「我想不給你們錢買船、建港，你們自己去解決，生死存亡你們自己管，你們自己去奮鬥。」

他現場在報告上作了批示：「擬同意。請谷牧同志召集有關同志議一下，就照此辦理。」

就這樣，袁庚代表招商局從提出在毗鄰香港的寶安縣「建一個對外開放的工業區」設想到考察選址，擬寫報告，廣東省革命委員會、交通部會簽，再上報國務院批准，僅僅費時一個多月，可見當年推進對外開放的緊迫形勢，也足見袁庚起草的報告主題貼近國內現實，方案緊扣時代脈搏。

1979 年 1 月 31 日獲批的招商局蛇口工業區就此捷足先登，比同年 3 月 5 日國務院批准廣東省寶安縣改為深圳市早了一個多月，比 1979 年 7 月 15 日中發〔1979〕50 號文指出「關於經濟特區，可先在深圳、珠海兩市試辦」的決策早了約半年，比 1980 年 8 月 26 日深圳等四大經濟特區正式建立早了約一年七個月。

顯而易見，蛇口工業區的先行啟動，是中央做出創辦經濟特區決策的一個前奏。蛇口工業區實際上是國外和境外所搞的出口加工區，屬世界經濟特區開發管理的一種模式。因此，中國改革開放史研究者普遍把蛇口工業區納入經濟特區的範疇，並由此引申出這樣一個觀

點：蛇口工業區實際上就是中國創辦的第一個出口加工區。

\* \* \*

1979 年 7 月 8 日，蛇口工業區基礎工程正式破土動工。南頭半島南濱、虎崖山下響起爆破聲，以改革開放「開山第一炮」、中國改革開放「啟幕樂章」「第一聲號角」的歷史定位，載入中華民族世紀崛起的光輝史冊。

\* \* \*

「蛇口試管」的探索、試驗、突破，也理所當然地成了深圳經濟特區這塊改革開放「試驗田」所收穫成果的有機組成部分。

\* \* \*

「問我航程有多遠，一八七二到今天」，這是著名詞作家閻肅代表作品招商局之歌 ——《問我航程有多遠》的開篇第一句。

2004 年 9 月 6 日，招商局歷史博物館在深圳市南山區蛇口沿山路 21 號美麗的大南山腳下正式開館。

博物館門口立有兩座雕塑。其一名為《鐵錨》，立於 2007 年。前端刻有銘文曰：「招商局，創於晚清，歷經民國，已逾百年。其間開風氣、領潮流，兩創輝煌。值今創造第三次輝煌之際，築基樹錨，陳固歷史，既喻銘篆先賢之意，更寄啟勵今儕之望。」其二是《闖與創》，表現的是一位女性掙脫束縛、奮力欲飛的形象，詮釋了一代中國人心

向未來、敢闖敢試、敢為人先的時代精神。

晚清時節，招商局高擎自強、求富大旗，在王朝餘輝中初創輝煌。最為難能可貴的是，它以一己之力構築起了近代中國工商業萌芽、生長的獨特生態，投貪、孵化出一系列「近代中國第一家」企業圖譜，打破了外國資本對中國江海航運的壟斷，引領中國近代民族航運業走向世界。

1978 年以來，招商局在袁庚及繼任者帶領的招商人的不懈努力下，乘改革開放之浩蕩春風，扶搖而起，在深圳灣畔創造輝煌。

1993 年 3 月，袁庚從招商局常務副董事長任上離休，那一年，他 76 歲。袁庚在任的 14 年裏，招商局總資產翻了 117 倍。一個百年企業在他的改革哨音中重新蘇醒，再度風帆鼓蕩。2016 年 1 月 31 日，袁庚辭世，享年 99 歲。這一年，招商局總資產達到了驚人的近 7 萬億元人民幣。

截至 2022 年底，招商局集團總資產規模達到 12.4 萬億元人民幣。2022 年度，招商局營業收入 767 億美元，位列《財富》世界 500 強第 152 位，集團旗下招商銀行以 710 億美元的營業收入排在第 174 位，如果將二者合併計算，其在《財富》世界 500 強排名將位列前 50 位。

今日之招商局，是當之無愧的「第一央企」。


# 第一代標杆企業

同治十一年（1872 年），盛宣懷在《上李傅相輪船章程》中寫道：「中國官商久不聯絡，在官莫顧商情，在商莫籌國計。夫籌國計必先顧商情，倘不能自立，一蹶不可復振。」謀商情、籌國計，是《新時

代招商局信條》的第一條，代表了招商局這家中國民族企業先驅的國家自覺。從 1872 年至今，150 多年歷史的招商局，幾經變遷，幾次改名，「招天下商，通五洲航」，唯「招商」二字未曾改變。這是招商局的榮耀，也是中國人的不朽傳奇。

與百年前輪船招商局自造近代中國民族工商業生態圈，在中國的近代化之路上升起點點星光異曲同工的是，百年後重新出發的招商局一路乘風破浪，以航運業為錨，在國內外搭建起港口、物流、基礎設施、金融等相關產業共生共榮的業態，成為點綴中國現代化大道的叢叢鮮花。

招商局「第 29 代實際掌門人」袁庚遠比晚清「柱國之臣」、輪船招商局的創始人李鴻章幸運。在清王朝搖搖欲墜的 19 世紀末期，朝廷軟弱無力，保守派四處掣肘，民間鴉雀無聲，洋務派就像大時代汪洋上一支航向混沌不明、彼岸模糊不清的孤獨船隊，不斷有船掉隊，不斷有船返航，不斷有船傾覆。輪船招商局恰似晚清「裱糊匠」李鴻章靈光一閃繪出的一抹淺藍，終究洇不透清王朝那漫天的昏黃底板。王朝傾覆，中國陷入連綿不絕的戰亂之中，輪船招商局隨之星散，風流總被雨打風吹去。

20 世紀末期，中國的政治穩定、經濟轉型，是袁庚等改革開放闖將們如魚得水的黃金時代。

這種無法言說的幸運和可遇不可求的時代紅利，從李先念大筆一揮畫出約 36 平方公里土地，讓袁庚做改革開放「試管」的豪情中，即可管窺一二。儘管有種種疑惑和詰難，但在新的國內外形勢、新的時代要求下，改革開放這條長路是中國必須要走的。中央政府堅決支持各地各領域的務實突破、理性試錯。唯一的問題是怎麼走，誰帶領哪個地區或哪個領域邁出第一步？

袁庚從現實角度考慮，最後只要了 2.14 平方公里。招商局蛇口工業區的設立，讓他從此擁有了一間有一定自主權、麻雀雖小，五臟俱全的改革開放「實驗室」，在「計劃外」探索一片相當於一座小型城巿的區域的現代化運營。招商局閃爍著近現代百年中國企業的星光，在今天的人們已略感遙遠的 1978 年，終於匯入了中國改革開放的燦爛星空。20 世紀 80 年代蛇口工業區向改革開放荊棘地帶的搶灘進攻，正是深圳經濟特區「試驗田」乃至全國改革開放事業破浪前行的近景特寫。

＊　＊　＊

　　1978 年 12 月 26 日，袁庚乘坐「海燕 8 號」交通快艇，從香港招商局中環碼頭出發，在蛇口公社水產碼頭靠岸。這段 27 海里、1 個多小時的航程之後，蛇口正式登上中國現代化歷史的中心舞台。

　　巧合的是，106 年前，輪船招商局正是誕生在這一天。

　　1979 年 7 月 8 日，與香港只隔著一道海灣，卻在特殊年代成為邊防禁區的蛇口海岸，響起了改革開放的「開山第一炮」；20 日，蛇口工業區作為我國第一個沒有納入國家計劃，沒有國家撥款，自籌資金、自擔風險的工業區正式運作。

　　在蛇口工業區，人們驚喜地看到了久違的速度和激情。不到兩年時間，招商局就在曾經的荒灘上完成了整個工業區的基礎工程和公用設施建設。1981 年，工業區所屬的蛇口港一期工程竣工並投入使用，兩年後成為我國正式對外開放口岸。

　　1981 年，時任港督麥理浩訪問蛇口，眼前的景象讓他有所觸動，說：「在香港，要完成目前蛇口這樣的規劃，也要四年半時間，而你們

只用了兩年多的時間。」

1982 年，招商局又投資興建了我國第一個中外合資港口深圳赤灣港。

與此同時，1980 年初，還是一片大工地的蛇口工業區向全世界敞開大門招商引資，邊建設邊引資，為剛剛起步的中國對外開放事業探路。當年 1 月，招商局和丹麥寶隆洋行合資組建中國國際海運集裝箱公司。在袁庚的提議下，公司採取了董事會領導下的總經理負責制，並聘請丹麥人莫斯卡擔任首任總經理。袁庚當年此舉可謂是第一個吃螃蟹，而且在守舊人士眼裏簡直是冒天下之大不韙。

一次新聞發佈會上，香港《明報》記者尖銳提問：「你在蛇口搞的是資本主義還是社會主義？」

袁庚毫不避諱，巧妙回應：「我們共產黨搞社會主義的目標是為了國富民強。過去因為沒搞好，內地很窮。」隨後，他話題一轉，現場招商：「爭論（主義）是無用的，我們不能讓人民繼續過苦日子。內地已經打開大門，歡迎大家去考察去投資，希望大家看準機會，一同發財。」

袁庚這一番務實誠懇的現場表態，給躍躍欲試要和大門正徐徐打開的中國「一同發財」的各個國家、地區的外商們，做了一個效果很好的廣告。外商紛紛湧入蛇口工業區。

1981 年 9 月，全球塑料玩具巨頭凱達玩具廠宣佈，在蛇口投資 1600 萬美元建設員工多達 1200 人的出口加工基地，成為改革開放後進入內地的第一代港資「大廠」。

1982 年 6 月 14 日，響應國家南海石油開發戰略，經國務院批准，由招商局牽頭，深圳市供地，華潤集團等部分駐港央企聯合發起成立了中華人民共和國第一家股份制企業「中國南山開發股份有限公

司」。旗下上市公司「南山控股」，是中國第一家物流地產 A 股上市公司及國資規模最大的高端物流園區開發運營商，現已投資運營超過 80 個智慧物流園區和特色產業園區。

6 月 28 日，在袁庚的鼓動與支持下，香港商人馬燦洪、陳惠娟夫婦與蛇口工業區合資開設了內地第一家經營出口商品並收取外幣的「購物中心」，實際上就是內地第一家免稅品商店。店面由一個集裝箱改造而成，僅供出入境人員在此購物。原先擔心一天賣不出一瓶汽水，結果開張才五天，就收回全部 50 萬港元投資，第一年利潤近千萬港元。

1983 年，蛇口「開埠」短短四年後，投產啟動 90 多家企業、130 多個外資項目、投資額 10 多億港元，工業區實現製造業總產值超過 2.2 億元人民幣。面向世界的開放，帶來的是蛇口工業區由荒灘野地快速變身為繁榮建成區的奇蹟。到 1992 年，蛇口人均生產總值已高達 5000 美元，堪比當時風頭正勁的「亞洲四小龍」。

招商局蛇口工業區的創新生態逐漸養成，一批治理模式多樣、所有制混合的本地企業脫穎而出，成為深圳經濟特區乃至全國的創新企業名片。

1985 年 10 月，全國第一家由企業創辦的保險機構「蛇口社會保險公司」成立。1988 年 3 月，經中國人民銀行批准，蛇口社會保險公司轉型成為中國平安保險公司。最終在當年的招商局蛇口工業區勞動人事處幹部馬明哲手中，一躍成為中國三大綜合金融集團之一和全球大型的金融服務公司之一，名列 2022 年《財富》世界 500 強排行榜第 25 位。

1987 年 4 月 8 日，招商局蛇口工業區在內部結算中心基礎上，創辦了中國境內第一家完全由企業法人持股的股份制商業銀行 —— 招商

銀行。

1987 年 9 月，寓意「中華有為」的華為公司以民間科技企業身份創立於蛇口工業區，註冊資本 2.1 萬元人民幣、員工 14 人，主要業務為代理中資控股的香港康力投資有限公司的 HAX 小型模擬交換機。從一家生產用戶交換機（PBX）的香港公司銷售代理起步，最終大器晚成的任正非夙願得償，華為一路高歌，成為今天中國高新技術企業的標杆和自主創新的樣本。

1989 年，張思民從中國國際信託投資公司總部辭職，在蛇口的三間民房裏開始籌建海王集團。

……

2022 年《財富》世界 500 強中，有 11 家深圳籍企業入圍。其中，從 20 世紀 80 年代的招商局蛇口工業區走出來的優秀企業佔據了 3 席，分別是名列第 25 位的中國平安、名列第 96 位的華為公司和名列第 174 位的招商銀行。作為孵化器的招商局名列第 152 位，算在中國香港地區名下。

2022 年《財富》中國 500 強中，上述中國平安、華為公司和招商銀行都在前 100 名之內，籍貫落在蛇口的還有名列第 84 位的中集集團、名列第 87 位的招商局蛇口、名列第 306 位的海王生物以及名列第 405 位的招商證券。

因此，最初面積僅為 2.14 平方公里的蛇口工業區被譽為「單位面積培育知名企業最多的地方」。

像袁庚這樣的奠基型改革闖將和招商局、華為公司、中國平安、招商銀行、中集集團、海王生物等深圳經濟特區標杆型企業，是蛇口的驕傲，是深圳的幸運，也是中國的財富。

# 蛇口模式，希望之窗

美國著名城市理論家劉易斯·芒福德在《城市發展史》一書中說：「城市的主要功能是化力為形，化能量為文化，化朽物為活生生的藝術形象，化有機的生命繁衍為社會創新。這都是城市能夠發揮的積極功效。」這句話非常經典，但重點卻在接下來的這一句：「然而若沒有制度創新，若不能首先有效支配現代人類掌握的巨大能量，這些積極功能就無從發揮。歷史上同樣是先有制度創新，然後一些發展過渡的大型村落、碉壘、營寨，才靠這些制度安排逐步轉化為環繞一個核心、高度組織化的社會文明構造，讓城市誕生於世。如今我們急需的，同樣也是這種強大的制度安排。」

1979 年到 1984 年的 5 年間，招商局蛇口工業區在各項制度革新上創造了 24 項全國第一。這些制度創新凝聚而成的「蛇口模式」，成為當時中國探索現代化建設和改革開放道路的不二秘籍。

因此，蛇口被盛讚為「希望之窗」。黨和國家領導人密集視察招商局蛇口工業區。1980 年 12 月 13 日，時任中共中央總書記胡耀邦在北京接見袁庚。1981 年 4 月 14 日，時任國務院副總理萬里視察蛇口工業區，聽取袁庚彙報後，很高興地說道：「你們幹得很好，就照這樣幹。」來得最勤的是當時主管經濟體制改革的國務院副總理谷牧，前前後後到訪蛇口 19 次。1994 年 7 月 28 日，谷牧為慶祝招商局蛇口工業區創辦 15 週年題詞：「中國改革開放的排頭兵。」

\* \* \*

「蛇口模式」為中國其他地區推行改革開放奠定了重要的理論及實踐基礎。

敬畏人事、天道，遵循法則、規律，成為袁庚在一窮二白的蛇口工業區創造發展奇蹟的終極武器。

人，永遠是第一位的。

1980 年 3 月，袁庚擔任招商局蛇口工業區建設指揮部總指揮，他在蛇口工業區人才問題上實行「擇優招僱聘請」，在有關省、市、院校通過考試招聘人才；試行「幹部凍結原有級別，實行聘任制」；實行基本工資加崗位工資加浮動工資的工資改革方案，基本奠定了與市場經濟相適應的分配方式。

1981 年 12 月 8 日，被譽為蛇口「黃埔軍校」的招商局蛇口工業區企業管理培訓班第一期正式開學，以吸收、消化國外先進管理思想，培養工業區自有人才。與此同時，64 歲的袁庚不辭勞苦，親自到各大高校登門求賢。

曾任招商局蛇口工業區辦公室主任、免稅公司經理、招商局科技集團董事長的顧立基，就是袁庚費了不少心思才從清華大學挖來的，他原本的分配單位是旱澇保收的上海市紡織局。

讓顧立基又驚又喜的是，他在管委會辦公室秘書任上只幹了一年，第二年就當上了主任，而原來的主任則成了副主任。「這樣的做法在蛇口之外簡直無法想像。」

多年後，顧立基還清清楚楚地記得，當年袁庚曾對他說過的關於體制下「人」和「事」的一個比喻：蒲包裹的一堆螃蟹，螃蟹的腿你鉗著我，我牽制著你，誰都別想動，誰都動不了。希望在蛇口那個地方闖出一條路來，改變「你牽制我、我牽制你」的現狀，大家一起往前走。

「蛇口模式」很快激起了迴響。1981 年 5 月 27 日至 6 月 14 日，時任國家進出口管理委員會、外國投資管理委員會副主任兼秘書長、黨組成員，後擔任中共中央總書記的江澤民，協助時任副總理谷牧主持召開了廣東、福建兩省和經濟特區工作會議，最後形成了《廣東、福建兩省和經濟特區工作會議紀要》。這個文件為四個經濟特區的全面建設統一了思想，提供了具體指導。比如，經濟特區企業職工一律實行合同制，企業有權自行招聘、試用、解僱，就是這個文件提出來的。

1981 年 11 月 23 日，江澤民受國務院委託，向第五屆全國人大常委會第二十一次會議作關於授權廣東省、福建省人民代表大會及其常務委員會制定所屬經濟特區的各項單行經濟法規的決議的說明。他介紹了深圳市尤其是蛇口工業區引進外資和經濟發展的情況，指出儘快制定和頒佈經濟特區的各項單行經濟法規，已成為當務之急。

\* \* \*

改革開放「試管」裏培育出來的制度創新——「蛇口模式」被中央政府吸納、優化。在蛇口改革開放實踐中提煉出來的「時間就是金錢，效率就是生命」「敢為天下先」「空談誤國，實幹興邦」「技術至上，質量第一」「知識就是財富，信息就是生命」等新觀念、新口號，像是一陣陣新思想、新理念的颶風，引領中國改革開放風氣之先，蕩滌著無數國人的心靈。

而那句最終內化為招商局乃至深圳城市基因，激發了無限想像力和創造力的標語「時間就是金錢，效率就是生命」，更是成了 20 世紀末響徹神州大地的時代呼聲，成為中國改革開放偉業標誌性的口號之一。

# 時間就是金錢，效率就是生命

多年以後，袁庚回憶說，蛇口工業區初創時親歷的兩件事引發了他的思考，給了他創造「時間就是金錢，效率就是生命」這個經典標語的靈感。

一個是「三天利息」事件。

袁庚到香港後，1978 年 10 月花 6180 萬港元買了香港中環干諾道上的一座 24 層大樓，是他入主招商局後的首單。第一次交訂金，付支票 2000 萬港元，那天是星期五，港商要求招商局方面下午 2 時儘快到律師樓把相關手續辦好。拿到 2000 萬港元支票後，港商迅速鑽進了一直沒有熄火的轎車，一溜煙走了。後來袁庚才弄明白，原來香港銀行都在週五下午 3 時停止營業，到下週一才開門迎客。2000 萬港元如果在周五下午 3 時之前沒有存到銀行賬戶上，這個港商「資本家」就要白白損失三天的利息將近 3 萬港元。

對方這種商業化的思維模式，讓初來乍到的袁庚感嘆不已：觀念與改革相輔相成，要使改革取得成功，觀念的轉變很關鍵。

另一個是「4 分錢超產獎勵」事件。

招商局蛇口工業區第一個工程項目五灣順岸碼頭破土動工。承建單位交通部四航局在趕運土方時，一開始沿襲過去的做法，實行 8 小時工作制，一天一輛車的考核運輸量是 20 至 30 車土。班組工人除 36 元固定工資外另有獎金若干。但所謂的獎金並不與實績掛鈎，也基本固定，由車隊隊長評定為差距極小的三個等級，每人按月發放 5 元至 7 元，起不到一丁點激勵作用，每天的作業量柱狀圖高度基本不變。

10 月，四航局工程處為了趕工期，決定把每天的基礎工作量提高到 55 車，除基本工資外，每車可以額外獲利 2 分錢；超過 55 車的則

每車「重獎」4 分錢。工人們的幹勁一下子上來了，普遍做到了一天一輛車運 80 至 90 車土，最高紀錄居然達到了 131 車，比之前的正常工作量提升了好幾倍。

「4 分錢超產獎勵」刺激了運輸工人的勞動積極性，也「刺激」了以恪守平均主義為己任的某些人的敏感神經，認為這是反社會主義的「物質刺激」「獎金掛帥」，於是向上級舉報。1980 年 4 月，上級有關部門以「糾正濫發獎金的偏向」為由，勒令四航局停止實行超產獎勵制度。這樣一來，工人們的積極性一下子斷崖式回縮，每人日均運土量又回到了 20 多車的老樣子。

袁庚去現場調研，有工人實實在在地告訴他說：「如果不實行獎金制度的話，我保證沒有一個人願意多幹，拖就是唯一途徑。」

當著工人們的面，袁庚當場表態：「想辦法，獎金制度一定要執行。」

隨後，點子特別多的袁庚不僅向交通部、國務院進出口管委會、廣東省委特區管理委員會等四處遞交報告反映，還請新華社記者來實地調查，寫了一篇題為《關於深圳市蛇口工業區碼頭工程停止實行超產獎，造成延誤工期，影響外商投資建廠》的內參，直送中央。7 月 30 日，胡耀邦批示：「請谷牧同志過問一下此事……看來我們有些部門並不搞真正的改革，而仍然靠作規定發號施令過日子。這怎麼搞四個現代化呢？」谷牧迅速批示：「……既實行特殊政策，交通部、勞動部這些規定在蛇口就完全可以不實行……」

8 月 1 日，也就是中央領導人批示兩天後，「4 分錢超產獎勵」宣佈重新實行。因為這個以分為單位的超產獎勵，五灣順岸碼頭的一項工程得以提前一個月完工，為國家多創產值達 130 萬元，工人的獎金只佔他們多創產值的 2%。

發生在香港老闆和蛇口工人身上的兩個「金錢故事」，讓袁庚真切地感受到了內地在經濟發展理念上的因循守舊，和發達地區之間在市場意識上的巨大落差。時間、效率觀念已在香港老闆的血液裏流淌，而蛇口的「4 分錢超產獎勵」事件的最終解決，完全是基於中央領導人特殊途徑和蛇口工業區特殊地位的個案處理。今後的蛇口和隨後跟進改革開放的其他地區，一碰到新舊政策、理念、認識打架的問題就要上書中央、訴諸媒體，這樣的社會進步方式絕非正常。唯有影響、改變普遍性的社會思潮、觀念，自下而上地更新廣大幹部群眾頭腦，才能從根本上消弭守舊思想於無形，才能光明正大地鋪開春和景明的中國改革開放藍圖。

　　在改造思想、影響觀念這樣的經世大業上，以袁庚所處的位置，可以做點什麼？

　　他想到的是在自己掌管的一畝三分地上，以中國人普遍接受的口號、標語的方式，掀起一場「蛇口模式」思想風暴。

* * *

　　1981 年 3 月下旬的一天，袁庚在蛇口工業區幹部大會上提出了六句口號：「時間就是金錢，效率就是生命，顧客就是皇帝，安全就是法律，事事有人管，人人有事管。」這六句口號得到大多與會者的贊同，但會上也有人對「顧客就是皇帝」一句提出異議，認為共產黨人不應標榜「皇帝」。

　　會議結束後，蛇口工業區副總指揮許智明找到旅遊文化服務公司總經理，安排美工在一塊三合板上用紅油漆寫上前兩句標語「時間就是金錢，效率就是生命」。

這塊劃時代的標語牌第一次在蛇口豎立起來了。

果不其然，在平均主義和「大鍋飯」仍是社會常態的 20 世紀 80 年代初，這條標語如同「衝破思想禁錮的第一聲春雷」「劃過長空的第一道閃電」，迅速引爆了社會輿論，巨大的爭議席捲而來。一些人以「主義」開道、上綱上綫，厲聲指責蛇口在宣揚「拜金主義」，袁庚比資本家還狠，既要「錢」又要「命」。

壓力之下，第一塊標語牌面世僅三天，便被拆除丟進倉庫。

11 月底，袁庚給招商企業管理培訓班的學員上課，再次談到這句口號，在培訓班學員中引發熱烈回應。在這次講課過後的一個星期天，譚築熙等六名培訓班學員在當時蛇口最熱鬧的商業街上再次豎起標語牌：「時間就是金錢，效率就是生命，事事有人管，人人有事管」。

1983 年，蛇口工業區宣傳處製作了比前兩塊大許多倍的巨幅的標語牌，豎立在蛇口港務公司門前。

新標語牌上再度變回「時間就是金錢，效率就是生命」這兩句。

1984 年 1 月 25 日，得知第二天鄧小平要來蛇口視察，袁庚於下午 4 時特地從香港趕回蛇口，在囑咐相關工作人員落實接待工作後，又交代許智明和時任蛇口工業區辦公室副主任余為平通知工程公司連夜加班，在深圳市區拐進蛇口的必經之路上埋水泥柱子，把「時間就是金錢，效率就是生命」做成大塊標語牌掛上去。

袁庚還特別強調了一句：「我要讓首長路過時看到這個標語牌。」

許智明希望他能夠慎重些，這個標語一直以來有爭議，萬一……

袁庚很乾脆地打斷他的話頭：「沒有萬一，有萬一也要幹。」

工程公司連夜趕工，重做了一塊五六米長的巨型標語牌，鐵皮板上是 12 個醒目大字：時間就是金錢，效率就是生命。

＊＊＊

當天下午，一向殺伐果斷的袁庚心細如髮地安排著迎接首長視察的諸般大小事宜。這個面對質疑、反對聲音時動不動就說「我們願意接受實踐法庭的審判」「要是失敗了，放心，我領頭，我們一起跳海去」的革命者、改革者，在這一天表現出了罕見的鐵漢柔情，激動中有些緊張，堅定中有些忐忑。

也難怪袁庚的心情起伏，畢竟，第二天，蛇口工業區和深圳經濟特區作為改革開放的「試管」和「試驗田」，即將迎來期中大考。

## 開往南方的列車

1984 年 1 月 24 日上午 10 時 5 分，從北京開來的專列緩緩駛入廣州站。早已在此迎候的廣東省主要領導同志登上專列，希望把小平同志和王震、楊尚昆等陪同領導接去珠島賓館休息。已屆八十高齡的鄧小平不顧舟車勞頓，堅持要先去深圳，在廣州至深圳的列車上聽取廣東省委有關負責同志的彙報。

他說：辦特區是我倡議的，中央定的，辦得怎麼樣，是不是能夠成功，我要親自看一看。

鄧小平急著踏上一直以來只在地圖、文件上見到的深圳，迫切地要在這片紅土地上實地檢驗一下試辦經濟特區三年多的政策成色。他對自己倡議設立的經濟特區是寄予厚望的，但「特區四子」有沒有為中國現代化事業及時破題、有沒有為改革開放事業「殺出一條血路來」？是收還是放？人居京城、光聽彙報，無法讓他踏實放下一顆始終懸著的心。

這三年多,「中國號」經濟特區建設熱火朝天,人們的觀念和行動在舊有的體制模式上脫胎換骨,經濟社會發展一日千里。尤其是走得最快的深圳經濟特區,到 1983 年已和外商簽訂了 2500 多份經濟合作協議,成交額達 18 億美元。與 1978 年相比,1983 年深圳工農業總產值增長 11 倍,財政收入比辦經濟特區前增長 10 倍多,外匯收入增長 2 倍,基本建設投資比 1949 年至 1979 年 30 年的總和增加約 20 倍。

但在具體實踐中,中央給予廣東、福建兩省的特殊政策和靈活措施的空間不斷受到各部各門、條條框框的限制擠壓。

社會上甚至黨內圍繞經濟特區的非議、改革開放的爭論此起彼伏、雲譎波詭,莫衷一是。一些人把經濟特區工作上的一些失誤無限放大,上綱上綫到「新條件下階級鬥爭」的高度。轟動一時的是,1982 年上海某大報先後發表了《舊中國租界的由來》《痛哉!〈租地章程〉》兩篇文章,從舊中國租界的形成談起,借古諷今,矛頭直指袁庚為招商引資將土地出租給外商,曲筆影射蛇口工業區是「新時代的租界」。

1982 年初有關部門呈交給中央的一份調查報告,對深圳做出了這樣令人瞠目的結論:「外資充斥市場,宗教迷信活動加劇,淫穢物品大量流進,暗娼增多,台灣反動宣傳加緊滲透,港台電視也佔領了陣地,特區幾乎成了不設防的城市。」

一些老幹部到深圳參觀後將當時廣東、福建等沿海地區走私活動猖獗的鍋全甩給了深圳,說經濟特區成了走私通道,「除了天空飄揚的國旗外,深圳已經見不到紅色」。還有人給中央寫信說「深圳 80% 的幹部爛掉了」。

1982 年 2 月,中央書記處召開廣東、福建兩省座談會,專題研究打擊走私販私、貪污受賄問題。重壓之下,時任廣東省委第一書記任仲夷向中央作了他參加革命以來的第一次檢查。

廣東特別是深圳的一綫幹部群眾感覺顧慮重重，壓力很大，說這樣的「冷空氣南下」，讓人不知所措、不寒而慄，「還不如就地躺下」。

另外，在黨內高層，對經濟特區發展的快慢、急緩也有各種各樣的聲音。有些老同志表態要「謹慎一些」。更多的是強調「穩」，不能猛衝猛打，而是要不斷總結經驗，步子穩一點，把事情辦好。

黨內有不同聲音，社會輿論撕裂。這種狀況，嚴重不利於「團結一致向前看」，不利於中國現代化事業的奮起直追，亟待鄧小平這位改革開放的總設計師在充分調查研究的基礎上，明辨是非，公正裁決，一錘定音，敲定航向。

\* \* \*

從大歷史的角度看，還有三個深層次原因促使鄧小平在 1984 年的早春，踏上開往南方的列車，親自到經濟特區「走一走，看一看」。

第一個深層次原因，到 2000 年全國工農業年總產值，要比 1980 年翻兩番，這是黨的十二大向全國人民和全世界的莊嚴承諾。鄧小平對此看得很重。

1983 年春季，他就翻兩番問題專門視察了江、浙、滬等地，證實了這些地方沒問題。回到北京後，他提出各地都要有具體落實規劃，沿海地區要比內地多翻一些，這樣全國才能拉平。在這種情況下，他自然更加關注改革開放的前沿陣地廣東。3 月 2 日，他在同中央幾位負責人談話時說：現在的問題是要注意爭取時間，該上的要上。最近香港有個報道，說廣東的速度放慢了，是什麼原因？我們有些同志對開放政策仍是有顧慮的，也要加以注意。

在 1983 年 6 月 30 日舉行的中央工作會議上，鄧小平指出：翻番

不能實現，搞得不好，有可能改變十二大的決議。那就嚴重了！這不但在國內是個政治問題，在國際上也是個大的政治問題。

鄧小平提出，在當時資金短缺的情況下，速度要快，就要借外債，就要充分利用外資。而特區恰恰是利用外資的窗口。所以，鄧小平急於親自調研廣東實現翻番的條件，看看經濟特區利用外資能不能為全國的發展提供資金、模式和經驗。

第二個深層次原因，與解決香港問題的政治需要有關。

從 1983 年 7 月至 1984 年 9 月，中英關於解決香港問題的會談共舉行 22 次，最終形成了中英政府關於香港問題的聯合聲明和 3 個附件。鄧小平視察特區正是在中英關於香港問題的談判期間。鄧小平設計的解決香港問題的關鍵路徑是創造性的「一國兩制」「港人治港」和香港保持原有的資本主義制度和生活方式「五十年不變」。

怎麼讓香港同胞相信這個「五十年不變」？答案其實很簡單：在 1997 年香港回歸之前，一河之隔的深圳經濟社會發展水平能接近香港，並能保持長期的繁榮和穩定，就是最簡單明瞭的一顆定心丸。

鄧小平此行直奔深圳「摸底」，顯然與正在談判中的香港問題解決方案息息相關。

第三個深層次原因來自鄧小平深思熟慮後急於付諸實踐的另一個世紀大構想：建設有中國特色的社會主義。

1984 年 6 月 30 日，鄧小平會見前來參加第二次中日民間人士會議的日方委員會代表團時，首次闡述了建設有中國特色的社會主義道路的構想：「……貧窮不是社會主義，更不是共產主義……我們歡迎外資，也歡迎國外先進技術，管理也是一種技術。……我國是以社會主義經濟為主體的。社會主義的經濟基礎很大，吸收幾百億、上千億外資，衝擊不了這個基礎。吸收外國資金肯定可以作為我國社會主義

建設的重要補充，今天看來可以說是不可缺少的補充。」他最後指出：「如果說構想，這就是我們的構想。我們還要積累新經驗，還會遇到新問題，然後提出新辦法。總的來說，這條道路叫做建設有中國特色的社會主義的道路。我們相信，這條道路是可行的，是走對了。」

鄧小平1984年南方視察時，對深圳表達出來的強烈興趣，多少有現場掂量一下這個吸收外來資金、技術和管理模式的「小範圍、小地區」，到底可以為建設有中國特色的社會主義提供多少能量的深層考慮。

## 一眼入腦，一見傾心

1984年1月24日下午3時許，深圳迎賓館6號樓2樓會議室。廣東省和深圳市的一眾負責同志團團圍坐在一臉嚴肅的鄧小平和隨行的楊尚昆、王震等中央領導同志旁邊，屏息靜氣，期盼著聽到從老人家嘴裏說出的勉勵或讚許之詞。

時任廣東省副省長、深圳市委書記、市長梁湘逐一介紹市委班子成員後，接著就簡要地向鄧小平彙報了深圳試辦經濟特區以來在引進外資、基本建設、體制改革等方面的成績。最後，他說：「辦特區是您老人家倡議的，是黨中央的決策，深圳人民早就盼望您來看看，好讓您放心，希望得到您的指示和支持。」

梁湘這一番話，「引導」鄧小平開口定調的意圖一目了然。與會眾人熱切的目光齊刷刷地望向鄧小平。

鄧小平之前在聽梁湘彙報時還偶爾插話、提問，比如聽梁湘彙報說經濟特區缺乏專業人才時，他立即指出：深圳要辦一所大學。這所大學要由華僑和外國實業家，用西方科學與管理的辦法來辦。教員請外國學者來當，請外籍華人來當校長。而此刻他卻十分嚴肅地端坐

著，不說話。

會場一片肅靜。

梁湘再次懇切地說：「請小平同志給我們作指示。」

鄧小平平淡地接話道：「我這次來，主要是看。要講呢，我回北京再講。」他用手指了指自己的腦袋說：「你們講，我聽，都裝進腦子裏頭了。」

說完，會議冷場了好幾分鐘。梁湘用目光徵詢了中央和省委其他領導的意見後，只得宣佈會議結束。

下午4時10分，鄧小平一行乘車一路察看深圳經濟特區的建設情況，然後登上當時剛建好的深圳市區制高點、22層的國際商業大廈頂樓天台俯瞰深圳市容。鄧小平靠近半人多高的天台圍牆，從各個方向眺望正在節節生長的羅湖新城，似乎是在以眼前實打實的建設場景一一驗證之前梁湘在會議室裏聽到的抽象數據 —— 深圳經濟特區建立三年多，工業總產值從6000萬元增長到7億多元，財政收入從2000萬元增長到3億多元；開建了55條總長85公里的大馬路，60多座18層以上的大樓。隨著生活水平的提高，隱藏在梧桐山叢林裏的逃港者一夜之間全消失了，邊境、社會比較穩定……他若有所思，看得很久，看得很細。早春料峭，時近黃昏的天台上凜風勁吹、寒氣逼人，陪同人員幾次要給他披上大衣，都被一直 立遠眺的鄧小平一一推開。

他指著西北角馬路對面的一幢被腳手架和安全網包裹著的建築工地問梁湘，那幢樓要建多少層？得到的回答是，那幢樓叫國際貿易中心大廈，設計要求建53層，頂部設有旋轉觀光圓形大廳，是目前國內最高，也是施工難度最大的建築工程。

他收回目光，說了一句：「我都看清楚啦。」

25日上午10時，鄧小平一行來到深圳河畔的漁民村，在村黨支部書記吳柏森家裏做客。吳柏森向鄧小平彙報說，改革開放以來，這

個地處深圳河與布吉河交匯處有名的「逃港村」發生了翻天覆地的變化。利用與香港新界一河之隔的有利地理條件和深圳經濟特區建設的熱潮，漁民村靠水吃水大力發展水產養殖，組建船隊車隊為建設工地運送沙石磚料，引進港資開辦「三來一補」企業。1979 年人均收入達1900 多元，居全省農村之冠。1981 年，全村戶戶收入過萬元，成為深圳乃至全國第一個萬元戶村。1982 年，村裏還為村民們統一籌建了新住宅，33 棟米色別墅式兩層小洋樓拔地而起。每棟面積 180 多平方米。村裏當時流行的「三大件」洗衣機、電冰箱、電視機，全村家家都有。吳柏森還自豪地亮了家底：「今年我家每人月收入超過 500 元。」坐在鄧小平旁邊的女兒鄧榕怕聽力不好的父親聽不清，大聲說道：「老爺子，比你的工資還高哪。」

告別漁民村時，鄧小平沉思著說：「全國農村要達到漁民村這個水平恐怕要 100 年。」有陪同人員表示異議，認為用不了那麼長時間。鄧小平卻堅持說：「我們國家大，情況複雜，至少要到本世紀末，還要再努力奮鬥 50 年時間。」

一些黨史研究專家認為，1984 年的漁民村見聞在迫切希望中國人民富裕起來的鄧小平心中留下了難以磨滅的印象，看到了中國農民實現共同富裕的希望。

1985 年 10 月 23 日會見美國時代公司組織的美國高級企業家代表團時，鄧小平說：「一部分地區、一部分人可以先富起來，帶動和幫助其他地區、其他的人，逐步達到共同富裕。」1986 年 3 月 28 日會見新西蘭總理朗伊時，他又說：「我們的政策是讓一部分人、一部分地區先富起來，以帶動和幫助落後的地區，先進地區幫助落後地區是一個義務。」1986 年 8 月 19 日至 21 日在天津視察時，他的先富幫後富、最後共同富裕的思考更加清晰：「我的一貫主張是，讓一部分人、一部

分地區先富起來，大原則是共同富裕。一部分地區發展快一點，帶動大部分地區，這是加速發展、達到共同富裕的捷徑。」

在「共同富裕論」基礎上，鄧小平於 1987 年一針見血地指出「貧窮不是社會主義」，這個論斷成為中共黨史上的重要口號之一。當年 4 月 26 日，鄧小平在會見捷克斯洛伐克總理什特勞加爾時說：「搞社會主義，一定要使生產力發達，貧窮不是社會主義。我們堅持社會主義，要建設對資本主義具有優越性的社會主義，首先必須擺脫貧窮。」

這個口號，既是對「文化大革命」中「四人幫」一夥「寧要貧窮的社會主義和共產主義，不要富裕的資本主義」謬論的根本性否定，又是後來關於社會主義的本質是「解放生產力，發展生產力，消滅剝削，消除兩極分化，最終達到共同富裕」這一論斷簡潔而深刻的概括性表述。

\* \* \*

1984 年 1 月 26 日上午，袁庚終於盼來了日思夜想的首長。在蛇口工業區辦公大樓前，袁庚發表了極其簡短的歡迎辭，隨即提出請求首長與全體接待人員合影留念。鄧小平微笑著答應了。

在蛇口工業區大樓 7 樓，袁庚向鄧小平彙報蛇口工業區建設以來的成就後，鄧小平沒有給出任何評價，而是走到窗前，指著蛇口港碼頭問袁庚：「這個碼頭什麼時候建成的？能停靠多少噸位的船？」袁庚回答說：「1979 年春天創辦工業區的第一項工程就是移山填海興建碼頭。我們花了近一年時間建成 600 米的碼頭泊位，現在已使用快四年了，可停靠 5000 噸以下的貨船。與香港互通的航班客輪，也已營運了兩年了。」

鄧小平說：「你們搞了個港口，很好！」

隨後，鄧小平提出，想要出去看一看。

袁庚最關心的一件事尚未著落，急切之下他攔在鄧小平面前，說：「小平同志，請再給我五分鐘。」

鄧小平看著袁庚滿臉欲言又止的樣子，笑了笑，點點頭：「沒關係，我們等會兒再看。」

袁庚又滔滔不絕地講了 20 多分鐘。「幾年來，工業區由客商獨資或合資興辦了 74 家企業，其中 51 家已經投產，14 家工廠開始盈利，已擁有 5000 多名員工。企業職工工資水平已超過澳門。」最後終於憋不住了，索性直奔主題，「小平同志，我們提出了一個口號，叫作『時間就是金錢，效率就是生命』。不知這提法對不對？」

可能他事先已聽聞了鄧小平在市裏聽完彙報後不講話、不表態的訊息，於是不等鄧小平回答，緊接著就自顧自地說道：「不知道這個口號犯不犯忌？我們冒的風險不知道是否正確？我們不要求小平同志當場表態，只要求允許我們繼續實踐試驗。」

他這個既挑起話頭又不需要首長直接作答的說話藝術，使得鄧小平和在場的人都笑了起來。

在眾人的笑聲中，女兒鄧榕大聲對鄧小平說道：「哦，我們進來的時候在路上看到了，是塊標語牌上寫的。」

鄧小平點點頭，在眾人關注的目光中緩緩地說了一個字：「對！」

在當時的語境下，這個「對」字可以有兩種理解：一、這個「對」字只是回答女兒的話，是對路上看到了這個標語牌的肯定回應；二、這個「對」字表達了鄧小平對這句標語的認可。

後來發生的一系列事實證明，第二種理解更接近鄧小平當天的心意。

\* \* \*

在視察了與港資共同投建的華益鋁廠後，袁庚邀請鄧小平一行到尚未全面開業的「海上世界」做客。「海上世界」是一艘船，可也不只是一艘船那麼簡單。它的前身是法國總統戴高樂親自剪彩下水的專用豪華遊輪，原名「安塞維利亞號」，1973 年入中國籍，改稱明華輪。廖承志 1979 年率團訪日時，還曾坐過這艘船，後來才被拖至蛇口，改為旅遊專用的「海上世界」。

　　這天正好是中國的傳統節日「小年」，鄧小平在明華輪上表現得興致勃勃，午飯時接連喝了三杯白酒，在女兒的一再勸阻下才作罷。主桌旁邊，文房四寶早就準備停當，海上世界股份有限公司總經理王潮梁不失時機請求鄧小平題詞。

　　鄧小平也不推辭，拿起飽蘸墨汁的毛筆，問：「寫什麼？」王潮梁說：「海上世界。」

　　他屏息凝神，潑墨揮毫，一氣呵成寫下四個大字「海上世界」，博得滿堂喝彩。

* * *

　　幾天後，袁庚在蛇口工業區幹部會議上傳達鄧小平視察情況時，如釋重負地說道：「就像我們在大海上漂浮了很久，突然抓住了救命稻草，小平的到來對我們意義重大。」

　　1984 年夏天，蛇口工業區接到上級通知，趕製一輛彩車參加中華人民共和國成立 35 週年國慶巡遊。在彩車即將完工之際，袁庚決定把「時間就是金錢，效率就是生命」這句口號打上去。

　　10 月 1 日，北京天安門廣場舉行了盛大的至今讓人津津樂道的閱兵式和群眾遊行。鄧小平檢閱部隊並發表講話，他指出：「當前的主要

**328**

任務，是要對妨礙我們前進的現行經濟體制，進行有系統的改革。同時，要對全國現有的企業，進行有計劃的技術改造。要大大加強科學技術研究工作，大大加強各級教育工作，以及全體職工和幹部的教育工作。全黨和全社會都要真正尊重知識，真正發揮知識分子的作用。這樣，我們就一定會逐步實現現代化。」

深圳市參加國慶遊行典禮的彩車有兩輛，深圳經濟特區和蛇口工業區各製作一台。蛇口工業區彩車上的口號分別是「時間就是金錢，效率就是生命」和「蛇口經濟特區好」。後者，是當年駛過天安門廣場的唯一一輛企業彩車。

當蛇口工業區大型彩車徐徐駛過天安門廣場時，彩車上翻動的標語「時間就是金錢，效率就是生命」透過電視屏幕進入億萬國人的眼簾和心底。它不再是一部分守舊派心目中的「異端邪說」，而是一道擊碎守舊思想枷鎖的閃電。

日後媒體評述 1984 年國慶遊行時說，這個口號的反響之大，僅次於北京大學師生在當年國慶巡遊中打出的另一個著名口號「小平您好」。

後來，那塊袁庚下令連夜趕製、鄧小平視察蛇口工業區時目睹過的「時間就是金錢，效率就是生命」標語牌，被中國人民革命博物館永久收藏，永志紀念。

40 多年改革開放史，某種意義上說就是一部思想解放史。「時間就是金錢，效率就是生命」這句標語承載的不只是 20 世紀 80 年代改革開放大潮初起時的激情和熱血，也表達了那個特殊年代新舊兩種社會思潮火花四濺的激烈碰撞，成為一個時代的共識。

深圳等四大經濟特區乃至整個中國現代化和改革開放事業此後高歌猛進，這句讓人一眼入腦、一見傾心的標語，功莫大焉。

深圳蓮花山公園上的鄧小平像。

# 第十二章　東方風來

# 1984 年：厚重無比的題詞

1984 年 1 月 26 日下午 2 時許，鄧小平一行乘海軍炮艇，離開深圳蛇口港，前往珠海唐家灣軍港。

此時，在蛇口港送行的袁庚難掩心中喜悅。因為首長在視察蛇口工業區的整個過程中，雖然沒有對自己最希望老人家當場表態的「時間就是金錢，效率就是生命」這句口號做出明確表態，但至少沒有否定、反對的意思，也沒有表現出絲毫的不悅。對此時此刻身處風口浪尖上的袁庚來說，首長的不表態其實就是一種表態：支持他繼續「試驗」。小平同志在「海上世界」心情大好、欣然揮毫，更是讓袁庚的內心湧起一陣如釋重負的感覺。

但在和袁庚一起送行的梁湘等深圳市主要負責同志心中，卻湧起一陣陣淡淡的失落之情，夾雜著絲絲不安：

在得到鄧小平視察深圳的通知後，期盼已久的深圳市領導高度重視，不但在接待上做了精心安排，還在鄧小平下榻的桂園別墅辦公台上，早早準備了筆墨、一卷上好的宣紙，希望老人家在考察過程中有

感而發，寫下點什麼。可是，直到鄧小平一行所乘炮艇駛向珠江口的浩淼煙波之中，這卷宣紙上仍是一片空白，不著隻字。

\* \* \*

1月29日上午，陪同鄧小平一行視察的時任廣東省委副秘書長關相生，從珠海給梁湘打來電話說，應珠海市領導的請求，「小平同志今天給珠海經濟特區題了詞，叫『珠海經濟特區好』」。

這個消息引起深圳市部分領導的疑慮：小平同志在珠海題了詞，在深圳卻默不作聲，是不是對深圳有看法，認為深圳沒搞好？

梁湘沒法說什麼，只能給大家鼓勁：「也許我們的工作與黨中央的要求還有距離。珠海題詞了，很好呀。我們應當向人家學習，不可氣餒，更不可胡思亂想，自尋煩惱。」

不過，鄧小平在珠海題詞的事實，也給梁湘提了個醒：在攸關深圳經濟特區聲譽和前途的重大時刻，可不能靜觀其變、順其自然，而是應該像珠海一樣主動出擊、請求題詞。小平同志第一次親赴經濟特區視察，首站就是深圳，表揚也好，批評也罷，怎麼樣也要對深圳經濟特區有個說法。

梁湘連夜緊急召開常委會會議，指定時任市委常委、秘書長鄒爾康負責此事。鄒爾康權衡再三，決定委派這幾天全程負責鄧小平一行在深圳日常生活、視察行程安排的市接待處處長張榮，第二天一早就趕去廣州珠島賓館，「請求鄧小平為深圳經濟特區題個詞」。臨行前，市領導們還專門草擬了幾個題詞內容，諸如「深圳特區好」「大鵬展翅」「總結成績和經驗，把深圳經濟特區辦得更好」等，以備不時之需。

多年後，鄒爾康回憶說：「沒想到張榮去了廣州後，兩天都沒有

結果，我們在深圳望眼欲穿。」2月1日，正是農曆大年三十。當天上午，10點左右，鄧小平散步之後來到會客廳，小平同志看到張榮還在，然後就問：「還沒回去過年？」鄧楠說：「你沒給題詞，人家哪有心思過年？」小平走到早已擺好筆墨和宣紙的桌子旁，很快就揮毫寫下：「深圳的發展和經驗證明，我們建立經濟特區的政策是正確的。」並把落款的時間寫為「1984年1月26日」，也就是他離開深圳的那一天，這充分證明小平同志一直在心裏醞釀此事，早已是胸有成竹。

* * *

回京後，2月24日上午，在景山後街家中，鄧小平同幾位中央負責人談話時，和盤託出了他心目中的經濟特區定位。他說：「最近，我專門到廣東、福建，跑了三個經濟特區，還到上海，看了看寶鋼，有了點感性認識。我們建立經濟特區，實行開放政策，有個指導思想要明確，就是不是收，而是放。特區是個窗口，是技術的窗口，管理的窗口，知識的窗口，也是對外政策的窗口。從特區可以引進技術，獲得知識，學到管理，管理也是知識。特區成為開放的基地，不僅在經濟方面、培養人才方面使我們得到好處，而且會擴大我國的對外影響。」

他再次講起讓他印象深刻的「深圳速度」。「這次我到深圳一看，給我的印象是一片興旺發達。深圳的建設速度相當快，蓋房子幾天就是一層，一幢大樓沒有多少天就蓋起來了。那裏的施工隊伍還是內地去的，效率高的一個原因是搞了承包制，賞罰分明。深圳的蛇口工業區更快，原因是給了他們一點權力，五百萬美元以下的開支可以自己做主。他們的口號是『時間就是金錢，效率就是生命』。」

他特別指出：「廈門特區地方劃得太小，要把整個廈門島搞成特區。……除現在的特區之外，可以考慮再開放幾個港口城市，如大連、青島。這些地方不叫特區，但可以實行特區的某些政策。我們還要開發海南島。」

他還說：「如果將來沿海地區搞好了，經濟發展了，有了條件，收入就可以高一點，消費就可以增加一點，這是合乎發展規律的。要讓一部分地方先富裕起來，搞平均主義不行。這是個大政策，大家要考慮。」

## 1992年：春風去復來

鄧小平1984年經濟特區之行，帶著問題去，拿著方案回。與幾位中央負責人談話，統一了思想，提振了信心。1984年3月26日至4月6日，中共中央書記處和國務院聯合召開沿海部分城市座談會，與會同志建議廈門經濟特區擴大至全島，進一步開放14個沿海港口城市。南通與連雲港本來沒有列入名單，時任江蘇省省長顧秀蓮聞訊趕來，經她提議並報請國務院領導同意，最後被增列其中。

3月28日，袁庚受邀作重點發言，詳細介紹蛇口工業區改革開放的成功經驗、示範效應。中央辦公廳將袁庚的發言刊登在第七期《簡報》上，並附上一個特別說明：請有關領導同志各自決定此件傳閱範圍。

散會後，余秋里對袁庚說：「你為共產黨爭了一口氣。」這天傍晚，王震告訴袁庚：「總理說，你的每句話都是尖銳的。」

大會正式結束時，鄧小平接見參加座談會的全體同志。他在中南海懷仁堂前的草坪上，說了這樣一番話，令人回味無窮：「搞這個開放

啊，關鍵是每一個地方的人，什麼人領導，是一個明白人，還是個糊塗人，有沒有勁頭的人……要選明白人當家。這是很重要的一條。」

6 月 4 日，「第一期沿海部分開放城市經濟研討會」在深圳市西麗湖度假村舉行。分管開放城市與經濟特區工作的谷牧副總理在總結中突發驚人之言：「我今天正式宣佈，中央批准袁庚同志作為我的顧問。」袁庚大感意外，被谷牧點名站起來亮相時顯得有些手足無措。谷牧解釋說：「對外開放這一條，我沒有他的知識多，所以非請他當顧問不可……」

＊＊＊

1984 年 10 月 20 日，中共十二屆三中全會一致通過《中共中央關於經濟體制改革的決定》。

中共十二屆三中全會通過了關於經濟體制改革的決定，實際上是提出了社會主義市場經濟的問題，只不過表述帶有鮮明的時代色彩，說是「有計劃的商品經濟」。這是中國改革開放時代大潮的分段投影。社會主義市場經濟體制的真正確立，還得要鄧小平他老人家再次來到深圳河畔，為中國現代化和改革開放事業再吹一次號角。

＊＊＊

一首名為《春天的故事》的歌曲，當年一經推出即響徹長城內外、大江兩岸。歌詞作者蔣開儒時年 57 歲。

《春天的故事》發行後，成了中國改革開放事業的代名詞，其手稿被收藏在深圳博物館。2007 年 10 月 24 日，「嫦娥一號」繞月探測

衛星發射升空，在太空播放了這首歌曲。「春天的故事」還被命名為中華人民共和國成立 50 週年、60 週年慶典群眾遊行方陣中一個方陣的陣名。

吸引蔣開儒南下深圳、開闢人生第二春的長篇通訊《東方風來滿眼春》，1992 年 3 月 26 日首發於《深圳特區報》，作者是時年 51 歲的該報副總編輯陳錫添。此文一出，舉國媒體轉載，人人爭而閱之，可謂「一紙風行，名動京華」，成為中國新聞史上的名篇傑作。

載入史冊的《東方風來滿眼春》和《春天的故事》，不約而同以「春天」為眼 —— 1992 年 1 月至 2 月間，以一個普通黨員的身份發表南方談話的黨的第二代領導集體的核心和中國社會主義改革開放和現代化建設的總設計師鄧小平，打開的正是生生不息的「中國春天」。


## 東方風來，南國春早

鄧小平 1992 年南方談話之前的中國，正站在一個事關國運的十字路口。何去何從？大地寂靜無聲，似乎在等待領路人登高一呼後的群山回應。

放眼全球，其時社會主義在世界範圍內的實踐突然響起尖銳的煞車、倒車聲，激起了陣陣愁雲慘霧。1989 年東歐劇變，波蘭、羅馬尼亞、匈牙利等一系列東歐社會主義國家改旗易幟；同年，美國宣佈對華全面制裁，西方陣營對社會主義中國的禁運、封鎖捲土重來，外資紛紛撤離。1991 年 8 月 19 日凌晨，塔斯社播發蘇聯副總統亞納耶夫的命令：蘇聯總統戈爾巴喬夫因健康原因已不能履行職務。四個多月後，蘇維埃社會主義共和國聯盟最高蘇維埃舉行最後一次會議，曾經如日中天的蘇聯一夜崩盤。

西方世界歡呼雀躍、彈冠相慶。美籍日裔政治學者弗朗西斯·福山聲名鵲起，他提出的「歷史終結論」似乎得到了完美的現實印證，成為一時之顯學。

環顧國內，突變的國際風雲如一股來自西伯利亞的寒流，吹皺了一池春水。極左勢力開始抬頭，認為當下的中國「放得太開」，認為中國再改革開放可能就要滑向資本主義的深淵，停止改革開放、關起門來穩定意識形態的說法甚囂塵上。有人甚至提出了嚴重偏離「一個中心、兩個基本點」基本路綫的「以反和平演變為中心」的「雙重任務論」。社會上悲觀情緒蔓延，懷疑「紅旗能扛多久」的大有人在。舉國上下舉棋不定、「左右」為難。十一屆三中全會後形成的改革開放共識陷入破裂，能否再造和重建改革共識，成為橫亘於中國大地的一道嚴峻課題。

1992 年，鄧小平南方談話時的親歷者、時任廣東省委副秘書長陳開枝回憶說：「可以這樣說，在 1992 年初之前的一段時間裏，在小平『南方談話』的時候，整個中國無論在政治方面，還是在經濟方面，都處於一種低谷的狀態，籠罩著一種沉悶、壓抑、疑慮、無所適從的氣氛，這是很不正常而（且）令人擔憂的。」

在這樣的政治氛圍裏，許多改革開放措施因此停滯不前，經濟發展速度急劇下滑，GDP 增長率從 1984 年 15.2% 的高峰，回落至 1990 年 3.8% 的低谷。1991 年，中國 GDP 只有 3795 億美元，僅相當於美國的 6.15%、日本的 10.7%；人均 GDP 為 333 美元，更是連美國、日本的零頭都不到。

1990 年開始編製「八五」計劃時，鑒於當時嚴峻的國內外形勢，時任國家計劃委員會主任、黨組書記鄒家華認為：「要把困難想得嚴重一些，以立於不敗之地。在訂計劃時要留有充分的餘地，把計劃編得

小一點。」

　　對這個「八五」計劃，已經退出一綫但對中國前途和命運的思考永不退休的鄧小平站在歷史發展的制高點，提出兩點疑慮：一是發展速度問題，他認為，「強調穩定是對的，但強調得過分可能喪失時機」；二是關於計劃與市場的關係。事實上，1987年召開的黨的十三大已經提出了「國家調節市場，市場引導企業」，這種說法被認為距「社會主義市場經濟」的提法只有一步之遙。但兩年之後，中央的表述依然是「計劃經濟與市場調節相結合」。

　　在蘇聯解體前四個月，也就是1991年8月20日，鄧小平在同幾位中央負責人談話時，明確講道：「堅持改革開放是決定中國命運的一招。……總結經驗，穩這個字是需要的，但並不能解決一切問題。……特別要注意，根本的一條是改革開放不能丟，堅持改革開放才能抓住時機上台階。」

　　他極富遠見地提醒同志們，當今時代，危機四伏、危中有機，發展為王、唯快不破。他充滿激情地說：「現在世界發生大轉折，就是個機遇。我們不抓住機會使經濟上一個台階，別人會跳得比我們快得多，我們就落在後面了。」

＊　＊　＊

　　20世紀80年代初，鄧小平已是世界上最具有影響力的政治家之一。當英國培格曼出版公司準備出版他的文集並請他作序時，他滿懷深情地寫道：「毛澤東主席說過這樣的話：『國際主義者的共產黨員，是否可以同時又是一個愛國主義者呢？我們認為不但是可以的，而且是應該的。』我榮幸地以中華民族一員的資格，而成為世界公民。我

是中國人民的兒子，我深情地愛著我的祖國和人民。」

鄧小平強烈的民族自尊心自信心，充溢在《序言》的字裏行間。他說：「中國人民將通過自己的創造性勞動根本改變自己國家的落後面貌，以嶄新的面貌，自立於世界的先進行列，並且同各國人民一道，共同推進人類的正義事業。」

熱愛人民，是鄧小平一生最深厚的情感寄託。

對黨、對國家、對人民抱有大愛的鄧小平，決定再次登上開往南方的列車，在距離大海和春天更近的地方登高一呼，輸出自己對世界競爭、合作潮流的歷史洞察和堅持擴大改革開放的時代願景。

\* \* \*

鄧小平的 1992 年南方談話以《在武昌、深圳、珠海、上海等地的談話要點》為題，收錄在 1993 年出版發行的《鄧小平文選》第三卷終卷篇。小平同志十分看重《鄧小平文選》第三卷。當年文稿編定後，他多次表示：「大功告成」「算完成了一件事」「這是個政治交代的東西」。

鄧小平南方談話要點，要數在深圳時最集中、最尖銳，也最「流行」。

\* \* \*

非常幸運，筆者正是 1992 年 1 月南下深圳，在一家報社工作，至今仍清晰地記得 1 月 19 日那一天的上午，接到一個讀者的「報料」電話：「鄧小平來深圳了！」我不禁問：「你怎麼知道的？」他非常興奮

地說：「我剛才看見了，在國貿大廈。」

　　後來，我了解到鄧小平確實是那一天來到了深圳，影響整個改革開放進程的「南方談話」，其中一部分就是那天上午在深圳國貿大廈53層旋轉餐廳裏說的，歷史記載著這個時刻。

　　1992年1月19日上午9時，鄧小平抵達深圳迎賓館桂園。千里迢迢，舟車勞頓，廣東省、深圳市負責人勸他老人家好好休息一下。但是，鄧小平卻毫無倦意。他說：「到了深圳，我坐不住啊，想到處去看看。」

　　車子緩緩地在市區穿行，所見所聞，讓鄧小平興奮不已。事後，他談及南方之行觀感時感慨萬千：「八年過去了，這次來看，深圳、珠海特區和其他一些地方，發展得這麼快，我沒有想到。看了以後，信心增加了。」

　　9時35分，鄧小平來到國貿大廈參觀。在53層旋轉餐廳，鄧小平俯瞰日新月異、氣象萬千的深圳市容，興奮異常，話如泉湧。他神情激動地告訴陪同的廣東省、深圳市有關領導：「要堅持黨的十一屆三中全會以來的路綫、方針、政策，關鍵是堅持『一個中心、兩個基本點』。不堅持社會主義，不改革開放，不發展經濟，不改善人民生活，只能是死路一條。基本路綫要管一百年，動搖不得。」

　　在談話中，鄧小平強調要多幹實事，少說空話。他說，會太多，文章太長，不行。老人家指著窗外的一片高樓大廈說，深圳發展這麼快，是靠實幹幹出來的，不是靠講話講出來的，不是靠寫文章寫出來的。

　　時任深圳市接待辦主任李羅力回憶說：「當小平同志來到53層的國貿大廈的旋轉餐廳，看到深圳繁華景象時，神情立刻激動起來。他簡單地聽了深圳市委書記李灝的幾句彙報，就一改往日沉默寡言的習

慣，開始滔滔不絕地講起後來對我國產生重大影響的『南方談話』。小平同志一直在講，講了四五十分鐘甚至一小時，而且情緒很激動，手指微微發顫，不停地用手指表達自己的情緒。小平同志在旋轉餐廳講了很多話。可以肯定地說，『南方談話』中至少六成的內容，都是在國貿大廈旋轉餐廳發表的。」

1月22日下午3時10分，鄧小平在迎賓館破例接見了深圳市有關負責同志，並再一次作了較長時間的重要講話。他說：「改革開放膽子要大一些，敢於試驗，不能像小腳女人一樣。看準了的，就大膽地試，大膽地闖。深圳的重要經驗就是敢闖。沒有一點闖的精神，沒有一點『冒』的精神，沒有一股氣呀、勁呀，就走不出一條好路，走不出一條新路，就幹不出新的事業。不冒點風險，辦什麼事情都有百分之百的把握，萬無一失，誰敢說這樣的話？一開始就自以為是，認為百分之百正確，沒那麼回事，我就從來沒有那麼認為。」

1月23日，鄧小平在時任廣東省委書記謝非等陪同下前去珠海經濟特區。

車子到達蛇口港碼頭。下車前，李灝對鄧小平說：「您這次來，深圳人民非常高興。我們希望您不久（後）再來，明年冬天來這兒過春節。」

鄧小平下車後，同送行的深圳市主要負責人一一握別。他向碼頭走了幾步後，突然想起來了什麼，又轉過頭來，向李灝等人說了一句：「你們要搞得快一點！」


## 在中國的南海邊寫下詩篇

「低速度就等於停步，甚至等於後退。要抓住機會，現在就是好機

會。我就擔心喪失機會。不抓呀，看到的機會就丟掉了，時間一晃就過去了。」

「改革開放邁不開步子，不敢闖，說來說去就是怕資本主義的東西多了，走了資本主義道路。要害是姓『資』還是姓『社』的問題。判斷的標準，應該主要看是否有利於發展社會主義社會的生產力，是否有利於增強社會主義國家的綜合國力，是否有利於提高人民的生活水平。」

「計劃多一點還是市場多一點，不是社會主義與資本主義的本質區別。計劃經濟不等於社會主義，資本主義也有計劃；市場經濟不等於資本主義，社會主義也有市場。計劃和市場都是經濟手段。」

……

1992 年鄧小平南方之行，不管是在出行首站的武昌火車站月台上，還是在深圳、珠海、上海等三個主要地方，他像一位日夜操心孩子前程的慈父一樣，不停地說呀說。說爭論姓「社」姓「資」沒有意義，說當下中國的發展機會難得、稍縱即逝，說大家要「搞快一點」，否則「時間一晃就過去了」。

途中，他連列車臨時停靠休息的機會都不放過，不厭其煩地給途經地區黨政主要領導人大敲邊鼓。

1992 年 1 月 30 日，途經江西鷹潭車站時，他勉勵江西省委負責人說：「我對江西是有感情的」，你們一定要「思想更解放一點、膽子更大一點、放得更開一點、發展更快一點」。

2 月 20 日，列車返京途中停靠南京車站休息時，鄧小平對江蘇省委負責人再一次表達了他的殷切希望：有條件的地方「搞快一點」，「要抓住時機，把經濟搞上去，步子可以快一點。我現在就怕喪失時機」。

　　早在鄧小平一行南下前的 1991 年 6 月，中央辦公廳就給廣東省委和深圳市委同時發出通知：「小平同志要到南方休息，請做好安全接待工作。」打前站的鄧小平辦公室副主任張寶忠將軍更是明確告訴深圳方面說，小平同志此次前來，只為休息，希望深圳的同志能配合小平同志做到以下幾個「不」，即不聽彙報、不作指示、不講話、不合影、不題詞、不吃請、不見報；除了中央媒體的隨行記者外，廣東省和深圳市只許一家電視台和一家報紙跟隨拍攝、記錄；另外，所有陪同參加接待的人員包括省市主要領導，一律不許錄音、不許拍照；等等。

　　但這幾天來，除了不題詞、不吃請、不見報，「七不」的前「四不」已經被小平同志自己打破了。他淡淡憂慮中帶著飽滿熱情的侃侃而談，讓地方同志們感到既振奮提氣，又疑惑叢生：老人家這次來南方真是「只為休息」嗎？

　　尤其是他在深圳國貿大廈、深圳迎賓館接見市有關負責人和蛇口至珠海船上分別作了一個小時左右、緊扣時局的長篇談話後，對當下政治風向、社會輿論環境最為感同身受的深圳市委有關負責人首先坐不住了，當面向鄧小平請示要求做正面報道，但被老人家以「不破這個例」否決了。

　　鄧小平此次南方之行行程是嚴格保密的。但老人家喜歡下基層、接觸群眾，因此小平同志此次在深圳、珠海兩個經濟特區和上海市視察時，其行程事實上處於半公開狀態。

　　1 月 20 日，香港無綫電台記者給時任深圳市委宣傳部外宣處處長、市政府新聞發言人黃新華打來電話，希望能證實鄧小平是不是正在深圳視察，並發表了重要講話。黃新華當然不便明說小平同志的行

止，但也沒有斷然否認，而是耐人尋味地回答說：「深圳經濟特區是鄧小平同志親自倡導建立的，黨和國家領導人經常來深圳走走看看，視察工作是很正常的事情。」

時任珠海市委書記、市長梁廣大，膽子大、點子多，人送諧號「梁膽大」。他的想法是，既然按照規定本地報紙不能刊發，那就主動出擊，聯繫港澳地區媒體，讓這個大新聞「出口轉內銷」吧。2月12日，他找來時任珠海市委宣傳部副部長彭冠和《珠海特區報》攝影記者何華景，讓他們找出一些代表性的照片來，次日，邀請香港的《文匯報》《大公報》和澳門的《澳門日報》社長來到珠海，把選出的照片交給他們自由發揮。

過了幾天，那些照片被整版刊登在這三家報紙上。這也是鄧小平此次南方之行最早的公開報道。《大公報》的配文非常引人注目：「鄧小平鼓勵大膽改革，稱誰不改革誰下台。」

《大公報》等港澳媒體的報道深深刺激了擁有主場之利的《深圳特區報》同人，編委會充分討論後，決定撰寫系列評論員文章，不提鄧小平到了深圳，甚至連「鄧小平」三個字都不提，只把他的講話精神及時傳達出去。

2月20日，《深圳特區報》頭版刊發署名為「本報編輯部」的「猴年新春八評」的首評《扭住中心不放》。此後，每兩天發一篇，一共八篇。這八篇評論文章除在香港媒體同步刊載外，《人民日報》《光明日報》《經濟日報》也聞風而至，有選擇地進行了轉載。其中，《人民日報》轉載了其中的四篇，受到國內外輿論的廣泛關注。

鄒家華副總理看到《人民日報》轉載的這四篇評論文章後，立刻致電深圳方面，要求把《深圳特區報》刊發的「猴年新春八評」所有文章傳真過去。當時，鄒家華正在緊鑼密鼓地組織起草政府工作報告。

「猴年新春八評」，部分公開了鄧小平在深圳時的談話精神，但只聞隱約其聲、不見神韻其人，終歸失卻了珠玉鏗鏘的震撼力道。「這麼重要的視察和講話不報道，那老人家來深圳幹什麼？」《深圳特區報》編委會絞盡腦汁，想要推出一篇形神兼備的記錄鄧小平在深圳視察時一言一行的長篇通訊。

黨和國家領導人的相關報道，從來都不是哪家地方新聞單位可以首發的。躍躍欲試的《深圳特區報》編委會，只能一邊做深圳市委領導的工作，一邊等待中央或者省委機關報首開先河。

他們很快盼來了「春風」。

3月22日，廣東省委機關報《南方日報》發表了通訊《鄧小平在「先科」人中間》，報道了鄧小平於1月20日上午視察深圳先科激光電視有限公司一事。這篇報道篇幅不大，但《深圳特區報》編委會卻「理所當然」地認定：信號彈已經打出來了，時機到了！

3月26日，一萬多字的《東方風來滿眼春——鄧小平同志在深圳紀實》長篇通訊在《深圳特區報》頭版刊出。之後，全國各地地方報刊相繼轉載，但北京方面卻沒有什麼消息。3月30日《光明日報》終於轉載，《深圳特區報》一干人等長舒了一口氣。

這天早上，載有《東方風來滿眼春》一文的《光明日報》擺上了鄧小平辦公室的案頭。據說，老人家閱後「非常高興」。當天，鄧小平辦公室給新華社有關負責人打電話，要求發通稿。

當天晚上，新華社全文轉載，中央電視台全文播放，還配上了鄧小平南方談話時的畫面。第二天，包括《人民日報》在內的全國所有報紙都頭版轉載。此時，可以用八個字來描述：舉國矚目，全民爭閱。

鄧小平南方談話引爆民間輿論的同時，堅持、擴大改革開放的最大公約數在中共黨內迅速形成。1992年2月28日，經中共中央和小

平同志本人親自審閱，鄧小平南方談話被作為 1992 年中央第 2 號文件下發，要求儘快逐級傳達給全體黨員幹部。

一個全黨全國全民萬眾一心的中國改革開放新時代，拉開了嶄新的大幕。

在 10 月召開的黨的十四大會議上，全黨第一次在改革開放目標、模式上達到了意見完全一致：建立社會主義市場經濟體制，加快改革開放和現代化建設步伐，是 20 世紀 90 年代的中心任務。會議提出，到 2000 年前國內生產總值每年增長 8% 至 9%，高於「八五」計劃提出的 6% 的指標。

在家裏觀看電視直播的鄧小平對家人說道：「我應該為這個報告鼓掌。」

五年計劃，是我國國民經濟計劃的重要部分，屬長期計劃，主要是對國家重大建設項目、生產力分佈和國民經濟重要比例關係等做出規劃，為國民經濟發展遠景規定目標和方向。「八五」計劃即第八個五年計劃，1991 年至 1995 年我國國民經濟和社會發展計劃。

從實際執行情況看，「八五」計劃是中華人民共和國成立以來執行得最好的五年計劃之一：經濟體制改革取得突破性進展，國民經濟市場化社會化程度明顯提高，社會主義市場經濟體制逐步建立。

「八五」計劃收官的 1995 年，國內生產總值達到 57733 億元，在 1988 年比 1980 年翻一番的基礎上，在 7 年時間裏又翻了一番。相應地，貧困人口由 20 世紀 80 年代的 8500 萬人，銳減了整整 2000 萬人。

其間，國內生產總值年平均增長 12%，是同時期世界各國中經濟增長較快的，也是中華人民共和國成立以來經濟增長速度最快、波動最小的時期。

＊ ＊ ＊

1988 年，美國《世界報》月刊 5 月號，評選鄧小平為 1978 年至 1988 年十年風雲人物，認為他是「最代表時代精神的社會人士」，鄧小平的改革「可能使這個世界上人口最多的國家在 21 世紀變得前所未有的繁榮和強大」。

美國著名中國問題研究專家、哈佛大學教授傅高義在其出版於 2011 年的《鄧小平時代》一書中評論說：「鄧小平身上有著一種超乎尋常的能量。雖然鄧小平身材矮小，但擔任最高領導人的他在房間一露面，就能展現出奪人的氣勢，自然而然地成為眾人矚目的中心。有不止一位觀察家說過，他似乎能給房間帶來電流。」「中國並不是必然會出現一位鄧小平這樣的政治家，他出現了，並且改變了中國，這是中國的幸運。」

相比之下，閃耀在 18 世紀古典時代星空之上的德國大作家歌德，在其《歌德自傳》中的一段人間體悟，更具詩情畫意，也更值得敬獻給即將迎來 120 週年誕辰的一代偉人鄧小平：

「同時代的偉大人物可比於空中的巨星。當他們在地平綫上出現的時候，我們的眼便不禁向他們瞻望。如果我們有幸能分享這種完美的品質，我們便感到鼓舞和受到陶冶。」

## 從畫像到銅像

1992 年 6 月 28 日清晨，一幅高 10 米、寬 30 米，題為《小平同志在深圳》的鄧小平巨幅畫像，在深圳市中心區深南大道與紅嶺路十字路口西北角、荔枝公園東南出口豎起，深圳市委大院近在咫尺。

畫像極具表現力：雲蒸霞蔚中，身著淺啡色夾克衫的鄧小平右手微揚，目視前方，盡顯偉人指點江山的風采，彷彿正在向眼前川流不息的人民囑咐著什麼。圍繞著人像的是新建的羅湖高層建築，最突出的那座就是與小平同志結下不解之緣的國貿大廈。

　　東西向橫貫深圳市羅湖區、福田區、南山區，全長 25.6 公里的深南大道被視為深圳「名片」，也是這座年輕、現代城市的最佳展示櫥窗。

　　從鄧小平畫像沿著深南大道西行約 400 米，深圳市委大院門前、深南大道中間綠化帶的鮮花叢中，矗立著一尊名為《孺子牛》（也稱《拓荒牛》）的雕像：一頭筋肉畢現的壯牛，頭抵地面、四腳後蹬，竭盡全力向前拉扯身後的腐朽樹根。這座雕像落成於 1984 年，形象地展示了深圳人民艱苦奮鬥、勇往直前的「拓荒牛精神」。2010 年，「孺子牛雕塑」被深圳市人民政府公佈為第五批深圳市文物保護單位。

　　1993 年 7 月，位於鄧小平畫像和《拓荒牛》雕像之間的深圳博物館老館（古代藝術館）門口，又立起一座名為《闖》的雕像：一個健碩的巨人張開雙臂用力推開大門，寓意衝破傳統體制束縛，銳意改革開放。

　　深南大道短短 500 米內有這三處藝術地標，三點一綫、相互呼應，集中展示了深圳經濟特區騰飛的「基因密碼」。

　　鄧小平畫像落成，一石激起千層浪。敏銳的香港中國通訊社率先以《深圳街頭豎起大幅小平宣傳畫》為題進行了報道。緊接著，港澳各大媒體及海外的美聯社、路透社等 30 多家媒體競相報道。

　　20 世紀最偉大的攝影師之一、時年 69 歲的法國攝影家馬克·呂布機緣巧合下漫遊至深圳，用他的經典黑白鏡頭定格了 1992 年深圳盛夏街頭這幅具有鮮明時代感和濃郁中國風的巨幅宣傳畫。世界級大攝

影家的鏡頭，讓更多海外人士記住了「Shenzhen」，這個略顯拗口的中國新興城市的名字。

鄧小平畫像吸引了全世界的眼光，自豎立以來，每年吸引上百萬來自世界各地的遊客前來參觀，與這位中國改革開放事業的總設計師「合影留念」。

* * *

鄧小平畫像一共有過四個版本。隨著時代變遷，這四個版本畫像的細節和寓意，也在悄悄切換。

1992 年第一版畫面的原型是鄧小平當年在深圳仙湖植物園參觀時的一張照片，所配文字取自他南方談話中的名言：「不堅持社會主義，不改革開放，不發展經濟，不改善人民生活，只能是死路一條。」

1994 年第二版畫面上，鄧小平身著淺灰色中山裝，慈祥地凝視著前方，底下是深圳市秀麗的山海景色和透迤起伏的青山長城。標語則變更為 1984 年鄧小平第一次視察深圳時的題詞：「深圳的發展和經驗證明，我們建立經濟特區的政策是正確的。」

1996 年第三版畫面上，此前的火燒雲改成了藍天白雲。鄧小平將他高瞻遠矚、和藹可親的目光投向深圳現代化的建築群，身邊是青草綠樹和鮮艷的杜鵑花。畫面上方的標語則換成了 14 個大字「堅持黨的基本路綫一百年不動搖」，象徵著深圳人民開拓創新、二次創業的決心。值得一提的是，這個版本的畫像採用了當時先進的電腦合成噴繪技術。

1997 年 2 月 19 日，鄧小平逝世，畫像前成了深圳市民悼念小平同志的一個聚集地。無數市民自發地湧向那裏，放滿了層層疊疊的花

圈、花環和鮮花。黃花白菊皆含淚，寄託著深圳人民對偉人的無盡哀思。

2000 年 8 月 26 日，深圳經濟特區建立 20 週年紀念日，數萬名市民懷著感恩之心，陸續來到鄧小平畫像前獻花、留影，致敬偉人。

第四個版本出現在 2004 年 8 月 15 日，標語沿用第三版。相比前三版，這一版畫面面積更大。最大的變化是鄧小平身後的深圳景色，從左至右分別羅列了 20 世紀八九十年代至 21 世紀深圳各階段的標誌性建築，如國貿大廈、地王大廈、市民中心等，突出深圳是一座快速發展的現代化海濱城市。

這次改版還在原畫像位置上後移了 35 米，擴大了畫像前廣場空間，以便瞻仰者拍攝取景時，可以很輕鬆地把畫像背後的深圳城市天際綫納入畫面。

\* \* \*

鄧小平畫像豎立之初，受當時技術條件限制，在深圳地區猛烈的日曬雨淋下，畫像表面幾個月就會龜裂、脫落，不得不每半年更換一次。當時滕文金作為深圳雕塑院院長，經常要去市裏彙報工作。1994 年的一天，一位市領導問他，有沒有辦法讓這幅舉世矚目的畫像不用每年畫兩次？滕文金脫口而出：「那太容易了，做個雕塑，兩千年不變。」

沒過多久，鄧小平銅像被列入深圳市委、市政府的重要議程。滕文金肩負起了鄧小平銅像的具體籌備工作。

1994 年底，滕文金聽說任教於中央美術學院雕塑系的老同學白瀾生剛做完一件鄧小平塑像，被有關單位收藏了，便去北京找他要了一

套雕塑的照片。深圳市有關方面研究後認為可以此作為鄧小平銅像的創作基礎。

不過，滕文金總覺得老同學創作的塑像，表現的是鄧小平 90 歲時的站立形象，「力量感」方面值得商榷。

他的夫人喬紅找到了大學校友、鄧小平的長女鄧林。鄧林講了父親很多生活上的細節，其中提到父親走路時步子又大又快，家人們有時趕不上。這讓滕文金聯想起了鄧小平 1992 年南方談話時說過的一段名言：「改革開放膽子要大一些，敢於試驗，不能像小腳女人一樣。看準了的，就大膽地試，大膽地闖。深圳的重要經驗就是敢闖。沒有一點闖的精神，沒有一點『冒』的精神，沒有一股氣呀、勁呀，就走不出一條好路，走不出一條新路，就幹不出新的事業。」

滕文金靈光一閃：對，小平同志的銅像就用「步子要大，而且要快」的動感形態，既能體現敢闖敢試的時代精神，也符合小平同志的生活習慣、個性特點。

塑像從「站姿」改為「走姿」的創作思路，獲得了鄧小平家人的一致贊同。最後議定，人物形象的原型取自 20 世紀 80 年代的鄧小平。滕文金說：「因為鄧小平理論是 20 世紀 80 年代形成的，理論是用腦袋思考出來的，而形象主要指的是臉部的特徵。他的姿態是從容、瀟灑的。這種從容在雕塑上表現為眼角、嘴角比較開放，耳朵往上。」軀體結構對應的原型則來自鄧小平於 1963 年自莫斯科返京在首都機場留下的一張照片：從機場出來時，小平同志一路帶風，走向前來迎接的周恩來總理。

三稿之後，滕文金、白瀾生、劉林、楊金環等創作者在北京中國人民革命軍事博物館一起完成了銅像放大工作。整個製作過程，歷時三個年頭。

2000 年，中央決定將這位世紀偉人的銅像安放在極具象徵意義的深圳中心區蓮花山山頂。當年中央電視台一則題為《中國首座鄧小平銅像即將在深圳落成》的報道說：「……銅像早在 1994 年就已開始興建，原本打算在香港回歸之際讓鄧小平親眼目睹，但 1997 年春天鄧公不幸辭世，因此，已建成的銅像遂在深圳雕塑院默默地度過了 3 年時光。有關專業人士日前對銅像進行了清洗和修整，並將其運往蓮花山山頂。目前銅像正在安置中。」

　　2000 年 11 月 14 日下午，鄧小平同志銅像揭幕儀式在蓮花山山頂隆重舉行。在熱烈的掌聲中，時任中共中央總書記江澤民拉動緞帶，緩緩揭開了覆蓋在銅像上的紅色綢布。展現在人們面前的，是身穿風衣的小平同志神采奕奕地朝著正南方闊步前進的矯健身姿。

　　深圳蓮花山鄧小平銅像是全國第一座中央領導揭幕以城市雕塑形式豎立的鄧小平雕像。這尊青銅鍛造的塑像高 6 米，寬 2.84 米，重約 6 噸，坐落於深圳蓮花山山頂廣場上。

＊ ＊ ＊

　　順著大步行走形象的鄧小平銅像的前方舉目遠望，深圳河兩岸風光一覽無遺，北岸深圳中心區的鋼鐵森林和南岸香港新界的連綿青山盡收眼底。

　　銅像的北側是一塊長達 13 米、高 4.35 米的花崗岩石牆。石牆北面鐫刻著鄧小平 1984 年視察深圳時的題詞：「深圳的發展和經驗證明，我們建立經濟特區的政策是正確的。」

　　石牆南面，則是小平同志刻在全體中國人民心底的真誠心聲：「我是中國人民的兒子，我深情地愛著我的祖國和人民。」

位於香港島的中環，是香港重要的商業及政治中心。

第十三章　重逢有時

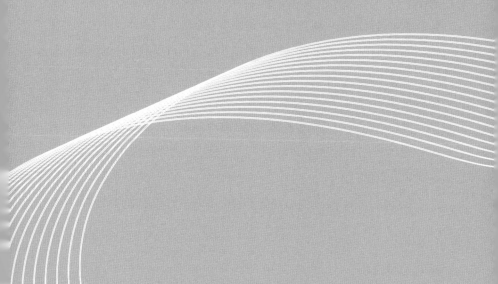

## 維港兩岸，華人星火

意大利建築大師、「新理性主義」理論和運動倡導者阿爾多・羅西在 1966 年出版的《城市建築學》中提出，城市是眾多有意義的和被認同的事物的聚集體，它與不同時代不同地點的特定生活相關聯。

城市是集體記憶的所在地。阿爾多・羅西認為，一個城市的建築，可以分為標誌和母體兩大類，前者是指標誌性建築，後者是指佔全城 80％ 的普通建築。城市是由它的標誌和母體組成的，後者多指城市居住建築形態。雖然標誌與建築看似格格不入，然而在實際生活中，建築的任一元素都能詮釋其本身的特性，可以納入標誌範疇。可以說，城市本身就是人們的集體記憶，就像記憶一樣，它與物體和地點相關聯。

1943 年，在考慮修復被戰火摧毀的下議院時，時任英國首相溫斯頓・丘吉爾也發出了類似的感慨：「我們塑造我們的建築，而後我們的建築又重塑我們。」

多年來，神經學家與心理學家獲得了充足的證據來支撐阿爾多・

羅西和溫斯頓·丘吉爾的觀點。譬如，我們已經了解，建築與城市能夠影響我們的身心健康，而我們大腦海馬區中特殊分化的細胞，能夠適應我們居住空間的幾何綫條與排列。

也就是說，對一個特定城市來說，評判一座建築是否足夠偉大，是否堪稱地標建築，不能僅只考察它的高度以及形狀和材料是否具有獨特性，還要考察它對所處城市居民的心理暗示和行為塑造力。

* * *

現代意義上的深圳城建史，只有短短的 40 來年。它跑步進入現代化大都市的成長過程與中國現代化和改革開放事業波瀾壯闊的時代進程環環相扣，各個歷史發展階段的地標建築不斷湧現，家喻戶曉。

1980 年代蛇口的「時間就是金錢，效率就是生命」標語牌、國貿大廈、上海賓館、中英街、深圳大學、深圳火車站、華強北、大劇院；1990 年代的鄧小平畫像、地王大廈、世界之窗、東門老街；2000 年之後的蓮花山鄧小平銅像、市民中心、深圳書城中心城、京基100、平安國際金融中心、中國華潤大廈（春筍）、前海「灣區之光」摩天輪……每一座不同年代的城市地標建築，都承載著深圳在不同發展階段的現實突破和歷史選擇。其「行為塑造力」潛移默化地融入市民日常生活，成為新老深圳人銘刻於心的集體記憶的一部分。

深圳城市地標的特殊性在於，是以深圳市的幾何中心蓮花山及福田 CBD 為中軸綫，自東向西緊貼著廣義的深圳河流域北岸，即沙頭角河—上游蓮塘河和沙灣河—深圳河幹流—深圳灣—后海和前海，面向香港新界，一字排開。

鄧小平畫像第一、二版創作者之一的陳炳林清晰地記得，有關部

門要求「設計時特別要把畫像面部朝向香港」。鄧小平銅像安裝時，同樣要求面向正南方。

深圳城市的密集「南向」，自然也有山水形貌、土地稟賦的內在要求，但一城之建築精華幾乎全部臨深圳河而立的原因不單於此。

1980 年代初，人稱「省尾國腳」的深圳之所以能成為中國改革開放的第一塊「試驗田」、第一批「排頭兵」，有一個不可或缺的地緣因素：一河之隔的香港，流浪了一個半世紀即將歸來的遊子，正處在鮮衣怒馬的黃金歲月。

剛剛誕生的深圳何其有幸，和香港相逢在它的好景時節。

＊＊＊

1841 年 1 月 25 日，英軍先頭部隊登陸香港島上環水坑口。開埠後的近 30 年間，在當時眼高於頂的世界霸主「大英帝國」的眼裏，輕輕鬆鬆從清政府手中搶來的香港，只是一個優秀的深水良港，是它體量龐大的遠東地區殖民體系中的一個商貿支點。英國給香港的戰略定位是轉口貿易，轉運鴉片和苦力是香港早期的核心業務。1847 年，香港出口總值約 22 萬英鎊，其中鴉片出口值佔比 86.5%。1847 年至 1857 年的 10 年間，從香港運載華人勞工前往古巴的英國航船累計達 26 艘，運輸華人勞工超過 9600 人。

查閱香港歷年人口統計數據可以發現，19 世紀 50 年代香港人口經歷了一次激增過程，即由 1853 年的近 4 萬人，猛增至 1861 年的 11 萬餘人。這主要是受兩方面因素作用的結果：一是 1848 年後，美國和澳大利亞先後發現金礦，中國內地勞工經由香港前往新、舊金山（繼美國舊金山後發現金礦的澳大利亞墨爾本市，被華人稱為「新金山」）

的人數每年均達數萬，其中有一小部分人因各種原因滯留在香港；二是 1851 年太平天國起義爆發，來港避難的人急劇增多。

1860 年代初，人口超過 10 萬的香港，已略具近代城市的雛形。

1870 年代，香港開始以公開拍賣的方式，開發剛剛從清政府手中強佔來的南九龍半島西部。西九龍的道路不少以中國省份或者城市的名稱命名，如廣東道、南昌街、東莞街等，反映了當時民間力量已逐漸進入港九地區參與城市開發，也昭示了內地不同省份的華人資本、勢力開始顯山露水。

自開埠至 19 世紀下半葉，香港形成了以維多利亞港為中心，南岸商業、北岸軍事的城市格局。不過，對廣大華人來說，這時候的香港並不「香」，只是「歐洲人享受、華人受苦」的地方。

這半個多世紀裏，華人佔據著香港人口的絕大多數，但一應政治、經濟權力全部被英國人掌握。政治方面，港英當局高官和行政、立法兩局議員長時間只准英國人出任。經濟方面，英商壟斷了香港的經濟命脈，大型英資銀行、其他洋行的高層，不少還被任命為行政、立法兩局議員，成為香港事實上的「官商」。1850 年，英商大衛·渣甸和約瑟·艾德格被任命為立法局非官守議員。1896 年，怡和洋行總經理艾溫和大地產商遮打出任行政局非官守議員。香港，成為港英當局官僚和英商財團的掌中之物。社會生活方面，英國人在香港推行帶有種族隔離色彩的政策。比如，在港島上實施「分區而居」的政策，大致上港島的中央部分和半山區域屬歐人區，東西兩端為華人區。時至今日，港島半山仍被港人視為所謂的「高尚區域」。司法方面同樣「華洋有別」，多以清朝法律處理華人案件，洋人案件則以英國法律為準。

為壓服華人，香港自 1843 年開始實行宵禁，後又六次頒佈相關條

例。宵禁時間或有伸縮，具體細節略有不同，但在針對華人且嚴厲執行這一點上則始終如一。華人在宵禁時段如需外出，必須攜帶油燈或燈籠以資識別，同時須持有俗稱「燈紙」或「夜紙」的通行證，以供警察隨時截查。犯禁者會受罰款、拘禁、鞭笞等刑罰，警察更可隨意擊殺逃避截查之華人。

這種帶有嚴重種族歧視色彩的「夜行制度」，一直延續至 1897 年 6 月才正式廢止，持續了 55 年。

《香港史》記載，19 世紀 70 年代中葉，英國攝影師詹姆斯·湯姆森對歐洲人在香港奢華的生活方式「感到震驚」。另有一位崇尚平權的柏德小姐則向媒體控訴說：「在香港，你不時能看到歐洲人用手杖或傘柄毆打苦力。」

1870 年代的「苦力」，只會是華人。

\* \* \*

香港的華人華商胼手胝足 40 年後，於 1880 年代逐漸崛起壯大，成為香港經濟社會一股不容忽視的力量。1881 年，時任港督軒尼詩對立法局議員說：香港稅收「華人所輸，十居其九」。在這樣的背景下，港英政府日漸倚重華商、華人精英，以助管治。洗德芬、何東、陳賡虞、吳理卿、關心焉、劉鑄伯、何福等知名華商領袖，以東華醫院這個華人民間的權力中心為平台，與港英政府交相往還，一方面幫助港英政府有效管治華人社會，另一方面也提升了華人群體的社會地位，改善了貧苦華人的境況。

軒尼詩任內，廢除了一些歧視華人的制度，允許華人在港島中環購置土地及經營業務、削減針對華人的刑罰等。1878 年，保良局在軒

尼詩和華商團體的支持下成立。保良局初期旨在遏止拐賣婦孺惡行，
並為受害者提供庇護及教養等，屬典型的為華人社會底層群體「兜底」
的良心機構。

## 風雨過後，彩虹將至

1880 年，也是這位政治色彩上相對中性的軒尼詩港督打破慣例，
委任伍廷芳為香港立法局首位華人非官守議員。

伍廷芳是中國近代史上不可多得的「華人之光」，其行跡之多變、
經歷之豐富、建樹之顯赫，令人眼花繚亂。

伍廷芳，祖籍廣東新會，1842 年出生於新加坡，後隨父親回國定
居廣州芳村，13 歲時進入香港聖保羅書院讀書。1858 年，伍廷芳本
著「喚醒中國靈魂」「矯正外人錯誤觀念」的初心，和近代著名報人黃
勝一起創辦了《中外新報》。《中外新報》是近代中國人最早自辦的報
紙。1874 年，伍廷芳自費留學英國倫敦大學學院（一說為倫敦林肯法
律學院），並於 1877 年取得法學博士學位，成為近代中國第一個法學
博士。1877 年 5 月，伍廷芳被香港律政司菲利普·佐治延請，成為在
香港執業的第一位華人律師，並被港英政府選任為考試委員。1878 年
12 月，伍廷芳被港督軒尼詩正式委派為太平紳士，開華人擔任太平紳
士之先河。伍廷芳在港先後工作 20 餘年，為香港華人群體的利益呼號
奔走，以其學識之淵博、仁愛之熱忱，「儼然為華人之代言人」。

1882 年，伍廷芳在為華人爭取權益時，與港英當局發生衝突，離
港北上，又在潮起潮落的中國近代史中開啟了一段光影零亂的外交生
涯，並與本書中提及的近代大事和風雲人物一一交集。

他先是進入總理各國事務衙門轄下、由李鴻章主持的洋務差委

局，參與對外交涉事宜，自此成為李中堂的得力助手。1893年，因辦差有功，清廷賞從一品封典。1896年，伍廷芳被清廷特命為駐美國、西班牙、秘魯和古巴四國公使。任內，他主持同墨西哥簽訂了中國自第一次鴉片戰爭以來與外國的第一個平等條約《中墨通商條約》。1911年3月，伍廷芳當選為輪船招商局董事，受命改革局務，但終因同僚掣肘而未果。當年10月10日，武昌起義爆發，各省聞風而動。寓居上海的伍廷芳受到革命激流推動，「外觀大勢，內審輿情，首聯諸名流，電請清帝退位」。10月19日，南方光復各省在武漢一致推舉伍廷芳為民軍總代表，同袁世凱派來的代表唐紹儀進行談判。1912年元旦，中華民國臨時政府成立，伍廷芳被中華民國臨時政府正式任命為司法總長。2月12日，清帝退位，南北議和告成。同年4月，孫中山宣佈辭職，伍廷芳辭去司法總長一職，退居上海。此後，在孫中山組織護法運動、在廣州建立軍政府期間，伍廷芳緊隨左右，歷任要職。1922年6月23日，伍廷芳在廣東省醫院病逝，享年81歲。家人遵其遺願，為其進行火葬，其墓位於廣州市越秀區孫中山紀念碑的東面。

臨終前兩日，伍廷芳在與來訪的美國記者艾德娜・李・布克（中文名寶愛蓮）的談話中，仍以斷斷續續的話語表達對共和制度的摯信：「請告訴我在美國的朋友們，對中華民國還是要抱長遠的眼光，不能操之過急。千里之行始於足下，前路多艱，因為萬事開頭難，但憲政終究會勝利，中國也必將走向真正的共和，而非徒具共和之名。這可能非一朝一夕能見效，但最終一定能夠實現。一軍之將或可敗，但一個發展進步中的正確思想，則永遠不敗。軍閥分子永遠不可能廓清共和國之父孫中山的理論。孫博士的思想必將長存。」

華人領袖真正取得政治地位，則要到伍廷芳擔任太平紳士48年後的1926年。這一年，迫於「省港大罷工」爆發後香港華人反抗港英當

局情緒的高漲，港英政府行政局首次設立了華人非官守議員席位。當年，1874年第三批留美幼童、東亞銀行創始人之一的周壽臣成為香港行政局首位華人非官守議員，並獲封為英國爵士。今天香港島南區的壽臣山及香港藝術中心壽臣劇院皆是以他的名字命名。

* * *

1860年代到19世紀末，作為轉口貿易自由港的香港發展平平。最直觀的表現是人口增長緩慢：1860年代初已超過10萬，1890年代初才突破20萬關口。

20世紀前後，中國社會彷彿鑽進了一座彌漫著濃濃血腥味的黑暗森林。新老列強侵略、瓜分中國，流血；有志之士試圖改良，流血；革命黨以香港為基地在東南沿海頻頻發動起義，流血；好不容易推翻清朝，民國新元，結果又是連綿不絕的軍閥混戰、南北對峙，還是流血。內地戰火紛飛、血流不止，導致入港避難的華人與日俱增。1901年，香港總人口超過28.3萬人，到1926年，猛增至71萬之眾，平均每5年增加8萬人左右。

中國經濟社會的大模樣是一幅以東南沿海為弦、長江為弓的「狩獵圖」。作為中國經濟「箭頭」的上海得天獨厚，民族工商業蓬勃發展，一躍而為人口超過300萬的「東方明珠」。

背靠祖國的香港轉口貿易也水漲船高。1936年時，香港總人口接近100萬。維港兩岸，現代城市天際綫雛形已現，一個海陸空鐵聯動的國際航運樞紐初見端倪。但與上海相比，無論是經濟體量、城市規模，還是輻射力、影響力，都還不是一個量級。此時的上海灘已是舉足輕重的亞洲大都會，工商、文化和金融中心；而香港的定位依然只

是「對華貿易中心港、遠東地區的轉口貿易港」，一個跨海港分佈的中小型城市。

這個時期，香港的身份標籤主調仍是「港」，而非「城」。

* * *

1937 年全面抗戰打響後，香港作為大中華地區「汪洋中的一條船」，被內地民眾尤其是東南沿海士紳、工商人士視為最後的「諾亞方舟」。當年 8 月 13 日至 11 月 12 日的淞滬會戰戰罷，「東方明珠」淪陷，在上海的中外資本大量流入香港，佔當時香港總資產的一半以上。伴隨著資本流入的，還有各界知名人士和大量企業經營人才，後來縱橫香港商界的以董浩雲、邵逸夫等為首的「寧波幫」，就是在這一時期從上海灘轉道香港島的。

1938 年秋，日軍偷襲大亞灣，發動廣州戰役，10 月下旬廣州淪陷。在此前後，約有 75 萬難民逃往香港。至香港淪陷前的 1941 年 3 月，香港人口總數已達創紀錄的約 164 萬。

1941 年 12 月 25 日至 1945 年 8 月 15 日「香港日佔時期」，日軍將香港視為其「南進戰略」的軍事橋頭堡，對外貿易被徹底切斷，城市建設陷於停頓，繁華的港島中環成了南進日軍的軍政中心。為了一勞永逸地侵佔香港的戰略資源，日軍發動極其惡毒的所謂「歸鄉運動」，有計劃地限制香港人口，設定的縮減目標為 75 萬人。

「歸鄉運動」的手段無所不用其極：強制徵收剝奪難民臨時居所和香港低層平民屋宇，停止米糧配給，導致數十萬人無家可歸、無米下鍋；大肆洗劫離港民眾，規定離境人員禁止攜帶物資，行李面積只限約 0.4 平方米，「物資留港人離港」；嚴查流民，對滯留不走者蓄意

殺戮，僅 1942 年間的一次清查行動中就有約 2000 名難民喪生；千辛萬苦跋涉到廣州的難民大多也難逃一死。日本老兵丸山茂戰後作證：1942 年，因廣州南石頭難民所難民過多，2 月至 5 月，日軍命令臭名昭著的波字第 8604 部隊將腸炎沙門氏菌投放到飲用湯水中，對無辜的難民實施了慘無人道的細菌戰，被害者多達數萬。二戰後期，喪心病狂的日軍更是直接斬斷難民船纜繩，棄之海上，任其自生自滅⋯⋯

在日軍處心積慮的掩飾下，至今已無從知曉當年所謂「歸鄉運動」死難者的準確人數。但有一個鐵一般冰冷的數據無聲地言說著日軍炮火下的「香港之殤」：日本無條件投降之日，香港人口只剩下 60 萬！

1945 年 8 月 15 日，日本宣佈無條件投降，8 月 30 日，香港「重光」。雖然因為蔣介石統治集團的軟弱無能，白白喪失了提早收回香港地區的歷史機遇，被日本「移交」給了英國，但香港終於擺脫了三年零八個月「香港日佔時期」的無盡噩夢。之後，港人洶湧回流，1946 年時，香港人口猛增至 160 萬；到了 1950 年，香港人口越過 200 萬大關。

浴火重生的香港，其城市能效指數已能與華南「千年商都」廣州比肩而立，且有過之而無不及。1950 年時，香港本地生產總值為 31.5 億港元。而中華人民共和國成立初期，廣州市人口不到 250 萬，地區生產總值約 3 億人民幣。隔深圳河對望的深圳市前身寶安縣更是被遠遠拋在身後，作為一個落後的邊陲農業縣，其時寶安縣總人口僅約 18.5 萬。

不過，與中國經濟的龍頭城市上海相比，香港還是小巫見大巫，仍然無法望其項背：1949 年時的上海，人口總數已超過 500 萬。

香港在隨後數十年的逆襲，20 世紀末在大中華地區的一枝獨秀，根源於它在全球範圍內獨一無二的自由港定位、區位優勢和地緣特

徵，也有賴於 1950 年代後變幻莫測的國內外政治、經濟潮流的強力推動。

## 潮起潮落，香港有幸

第二次世界大戰結束至 1950 年代中期，「重光」之後的香港度過了起起落落的 10 年。幸運的是，各種歷史機緣下，香港的命運最終有驚無險。山重水複之後，總是能迎來柳暗花明。

從 1946 年開始，被日軍暴力驅逐的「返鄉」人口迅速回流，一度停頓的轉口貿易同時「回血」，香港重新成為中國與西方各國貿易往來的中轉站。1947 年至 1951 年短短數年間，香港外貿總額增長了 2.4 倍，年均增長 35.4%，大大超過戰前水平。

不料，1950 年 10 月，抗美援朝戰爭打響，隨之而來的是美國操縱聯合國對華實施嚴厲的貿易禁運和全面封鎖。覆巢之下，豈有完卵。禁運及封鎖的凜冽寒風之下，嚴重依賴內地轉口貿易的這根香港經濟的絕對支柱應聲「急凍」。

1952 年至 1954 年，香港對外貿易總額下跌 37%，與內地的貿易額下跌 56%，狀似斷崖。與轉口貿易深度捆綁的航運、金融、保險、倉儲等行業一損俱損，哀鴻遍野。

「日佔時期」香港經濟被戰火摧毀，1950 年代初期又因戰爭遭遇了開埠以來罕見的嚴重困難與挑戰，香港一度被人稱為「消失的城市」。無比嚴峻的現實促使香港趕緊換擋工業化，以擺脫 100 多年來只靠轉口貿易一條腿來回跳著走路的窘境。

香港很走運。第二次世界大戰結束後，第二、三次全球產業大轉移風起雲湧，作為自由港的香港順勢站上風口。1950 年代至 1960 年

代，美國、英國等第二次世界大戰戰勝國兼工業發達國家經濟結構大調整，專注於資本、技術密集型產業，將勞動密集型產業轉移至日本、聯邦德國等國，日本、聯邦德國得以迅速崛起。1960年代至1970年代，掀起了全球第三次產業大轉移的浪潮，全球勞動密集型產業又順勢流入中國香港、台灣地區，以及韓國、新加坡等國家。

在1950年代至1970年代勞動密集型產業全球化轉移過程中，香港憑藉著既是英國管治地又是老牌自由港的地緣優勢，工業化外部環境和市場空間得天獨厚，其產品輸往英聯邦地區和國家更是享有中國台灣地區和韓國等地可望而不可即的免稅等種種便利。

此外，中華人民共和國成立前後，來自內地城市特別是上海等地的數以萬計的工商業「難民」再次湧向香港，帶來了他們數十年沉澱在紡織業、航運業、電影業上的數億美元資本，以及技術、人才、設備和海外市場資源。他們和因為戰亂湧入香港的廉價勞動力，一起為香港製造業的大發展加足了油。

大上海的支柱產業之一紡織業，更是成為戰後香港最寶貴的「第一桶金」。1953年時，紡織品和成衣出口就佔香港出口總值的50%以上。1950年，製造業佔香港地區生產總值的比重僅為9%，1955年時已增加到21.8%，成為當時香港第一大行業。1960年代，香港製造業在紡織、製衣、金屬製品等傳統暢銷品類基礎上，進一步拓展到塑膠、電子、玩具、鐘錶等高價值品類。

1950年代香港地區生產總值年均實際增長率高達9.2%，1960年代年均增幅進一步提升至13.6%，在全球範圍內名列前茅。到1970年代初時，製造業佔香港地區生產總值的比重上升到31%，製造業產品出口值在出口總值中所佔比例高達81.03%。

至此，香港工業化進入全盛時期，香港成為亞洲地區最大的輕工

業產品製造基地，名列「亞洲四小龍」之首，湧現了一大批冠以紡織、手錶、塑料花、服裝、玩具等各種前綴的全球「產業大王」。香港順利完成了它歷史上的第一次重大經濟轉型：從過去 100 多年單純的轉口貿易「港」，悄然變身成了一座方興未艾的工貿「城」。

1970 年代初的港島，伴隨著香港經濟的第一次騰飛，城市標誌和母體也漸次清晰起來：20 層至 40 層的摩天大樓成為城市天際綫的主角，時尚的玻璃幕牆成為新建樓群的標配，在維多利亞港兩岸折射出燦爛霞光。

＊　＊　＊

國際風雲瞬息萬變。1973 年 10 月爆發的第四次中東戰爭，引發了第一次石油危機，並迅速蔓延至全球，導致大多數西方工業國家經濟增長明顯放緩。國際貿易保護主義逐漸抬頭，紡織、製衣產品等香港的主要出口工業品越來越受到進口配額的擠壓，國際市場份額急劇萎縮。與此同時，新加坡、韓國以及中國台灣地區等相對後發的其他「亞洲小龍」也先後進入出口導向階段，蠶食香港勞動密集型產業市場的比較優勢。香港製造業一下子陷入前有堵截、後有追兵的困局，三大支柱產業 —— 紡織、製衣、玩具普遍開工不足，中小企業紛紛倒閉。

香港經濟再次面臨嚴峻挑戰。

在這種情況下，香港只得應時而變，再次調整經濟結構，走上工業多元化、市場多元化和經濟結構多元化之路。

香港的多元化策略立竿見影，在製造業取其精華去其糟粕的同時，從香港轉口貿易傳統主業派生而來的副業 —— 金融、保險、商業

服務、房地產、旅遊等現代服務業自 1970 年代中期起突飛猛進。1970 年前後時，這些產業在香港地區生產總值中所佔比重僅為 14.9%，到 1980 年時已上升至 25.9%，超過製造業的 25.1%，成為香港經濟的主角。產業的多元化發展使香港暫時擺脫了製造業的陣痛，經濟得以繼續保持高速增長。整個 1970 年代，香港地區生產總值年平均增長 9.6%。

1970 年代末、1980 年代初的香港，已不僅僅是轉口貿易「自由港」，更是國際金融、貿易、航運和旅遊中心，一座「自由港」城。

早在 1963 年和 1967 年，香港經濟總量已相繼超過廣東省以及國內第一大城市上海。到 1978 年，按當年美元兌人民幣匯率約 1:1.58 換算，內地國內生產總值為 2328 億美元，廣東省、上海市的地區生產總值分別約為 126 億美元和 172 億美元，彈丸之地的香港的地區生產總值卻高達 183 億美元。至於深圳河北岸即將改為深圳市的寶安縣，地區生產總值只有 1.24 億美元，僅為香港的 0.68%。

這個時期的香港，唯一的心事，就是 30 年來冠絕亞洲、如今比較優勢不再的製造業究竟何去何從？

恰恰在這個時候，以 1978 年底黨的十一屆三中全會召開為標誌，內地改革開放大潮湧起，站在風口浪尖的正是河對岸的深圳市和它所在的珠江三角洲。1978 年 8 月，「深圳市」第一次浮出水面，出現在寶安縣改市、依託香港建設「外貿基地」和「旅遊區」的請示報告上；1979 年 3 月 5 日，深圳市正式建立；1980 年 8 月，深圳經濟特區隆重亮相……

新鮮出爐、急於拿到工業化、城市化入場券的深圳市，和漸入佳境、正向後工業化時代演變的「香港城」，歷史性地相逢在燦爛的季節。

＊＊＊

隔著一條淺淺的深圳河，香港那邊經過 30 多年的工業化積累，擁有雄厚的資本、技術、設備以及廣闊的國際市場空間。深圳這邊呢，正好相反，資金、人才、設備、市場「四大皆空」，但有一個後發優勢卻是香港夢寐以求的：低廉的土地、廠房和充足的勞動力。隨著內地轉變觀念，主動拆除思想上的「鐵絲網」，深受土地、人工高成本之困的香港製造業大軍紛紛跨越羅湖橋。

北上，如潮水般北上。盡情分享內地改革開放政策紅利和土地、勞動力比較優勢，實現製造業產能的空間騰挪，同時回報桑梓、投資祖國，成了 20 世紀八九十年代眾多港資的選擇。

## 近水樓台，相逢有期

今天幾乎已經成為歷史名詞的「三來一補」，就是北上港資大潮翻捲起的第一波大型浪湧。

所謂「三來一補」，即「來料加工」「來樣加工」「來件裝配」和「補償貿易」，是由外商提供設備、原材料、樣品等，由內地提供土地、廠房、勞動力，按照外商要求組織生產、加工、裝配，產品全部外銷，中方收取加工費、場地租金的一種貿易形式。

「三來一補」工廠和我們現在通常所說的現代企業不同。它不具備法人資格，不能註冊商標和申請專利，無法進行研發、融資和內銷等企業行為。但國門剛剛打開之際，一窮二白，對外部世界兩眼一抹黑，「三來一補」如同久旱後的甘霖。

「三來一補」這種特殊情況下產生的堪稱原始的生產組織形式，導

致許多早期工廠的落戶時間無據可考。內地第一家「三來一補」工廠花落誰家居然一度成了一樁公案：東莞的太平手袋廠、珠海的香洲毛紡廠、順德的大進製衣廠都聲稱自己才是「首家」。

深圳地方史誌研究者則認為，這些地方僅是「聲稱」，空口無憑，1978 年 11 月 18 日，深圳上屋電業與香港怡高實業公司簽訂的一份發熱綫圈業務來料加工協議，是迄今為止內地發現的最早的來料加工協議。這份白紙黑字的證據，證明深圳才是內地第一家「三來一補」工廠的落腳地。

其實，從已有的文字記載來看，深圳最早的「三來一補」工廠，至少可以追溯至 1978 年的第一季度。20 世紀 90 年代初，由深圳市委宣傳部策劃，深圳市海天出版社出版，總結改革開放前 10 年深圳經驗的《深圳的斯芬克思之謎》一書風靡全國。香港東雅公司老闆鄭可明出現在該書的第四章，他被稱為「第一個走過羅湖橋的港商」，1978 年 3 月在文錦渡的鐵皮屋裏建起了羅湖手袋廠，在內地首次實行計件工資。這家工廠裏「走出了中國第一代『打工妹』」。

中共黨史出版社 2007 年出版的《習仲勳主政廣東》一書則記有這樣的史實：「在寶安，習仲勳還先後參觀了兩家來料加工廠，應該說，這是中華人民共和國成立後最早的『三來一補』企業，一家是沙頭角的塑料花廠，另一家是皇崗的假髮廠。」習仲勳這次考察深圳的時間大約是 1978 年 7 月 8 日至 10 日，這也是他當年 4 月復出後，第一次外出到地市縣考察。

刊載於《中國新聞週刊》的《習仲勳在 1978》一文，詳細追記了習仲勳參觀沙頭角塑料花廠時的場景：「中英街盡頭，有一個來料加工的塑料花廠。沙頭角鎮黨委書記張潤添向習仲勳彙報，這個加工廠辦了一季度，收入加工費 11 萬港元。此外，鎮還引進了幾個『三來一

補」項目，其中一個是手套廠，兩個月收入加工費 6 萬港元，工人月均收入 900 元人民幣。他還說，近期嘗試上述改革開放措施以後，鎮內居民不再非法遷居英界，甚至過去潛居的還有回流之勢。」

\* \* \*

在沙頭角、文錦渡、皇崗等街鎮利用毗鄰香港的地利之便，悄悄地燃起「三來一補」的野火之際，自上而下的政策春風飄然而至。1978 年 7 月 6 日，國務院特別針對廣東、福建兩省制定《對外加工裝配和中小企業補償貿易辦法試行條例》，7 月 15 日更名為《開展對外加工裝配業務試行辦法》，允許採取先辦廠、後承接外商加工裝配業務的「來料加工」方式，試行「三來一補」。該《辦法》被東莞人稱為「22號文件」，是有關「三來一補」的第一個管理辦法。它與 1979 年頒佈的中國第一部利用外資的法律《中華人民共和國中外合資經營企業法》一起，為內地「三來一補」的蓬勃興起保駕護航。

10 月，廣東省外貿局發佈通知，同意寶安、珠海、東莞等縣、市的外貿單位，依託地緣優勢和生產基礎，會同當地計劃和工業部門，直接辦理對港澳地區的加工裝配業務。

在一股股政策春風的吹拂下，從 1978 年第四季度開始，近水樓台的深圳地區各種類型的「三來一補」工廠遍地開花。當年深圳市對外加工裝配業務經驗交流會議文件之一《引進外資 開展對外加工裝配情況總結（一九七九年一至九月份）》的材料這樣寫道：「……今年九月止，全市已簽合同一百一十五宗，其中工業七十六宗，農牧漁二十宗，商業十一宗，建材五宗，旅遊三宗。外商投資總額一億五千多萬元港幣。現已辦廠、辦企業、事業有九十個單位，生產工人有

四千三百四十二人……」

1979 年 9 月，國務院頒佈《開展對外加工裝配和中小型補償貿易辦法》，進一步規範來料加工貿易方式，「三來一補」在國家層面上的合法性得到進一步確認。該《辦法》要求：各地方、各有關部門加強領導，解放思想，千方百計把對外加工裝配和中小型補償貿易更多更好地開展起來。

1984 年、1992 年鄧小平兩次為中國的改革開放事業按下快進鍵之後，深圳引進「三來一補」企業的步伐更是一日千里。到 1994 年，「三來一補」在深圳的發展達到頂峰階段。當年，深圳共有「三來一補」企業近 8000 家，佔廣東省的 1/3，累計實際利用外資佔全省的 48%，出口總額、就業人數、工繳費結匯均佔全省的 40% 左右，吸收從業人員超過 100 萬人，創造了全市一半以上的地區生產總值。

1990 年代中期深圳「二次創業」，大刀闊斧地進行產業和經濟結構調整，「三來一補」工廠公司化、本地化，向「三資」企業轉型，或者被本地企業整體收購，最終熔鑄成了深圳先進製造業的堅固底盤。

＊ ＊ ＊

站在歷史的天空下，掠過 20 世紀初葉上海至香港的漫長海岸綫，俯視 20 世紀最後 20 年的深圳河兩岸、珠江流域，我們會發現中國的工業化、現代化進程沿著中國曲曲折折的海岸綫，以香港為轉折點，打了一個漂亮的「✓」。

1950 年前後，時代更替中南下的上海灘民族資本，為歧路彷徨中的香港帶來了經濟結構調整、製造業借勢騰飛的「第一桶金」。

1978 年起，羽翼豐滿的港資製造業乘風而起，成建制「南雁北

歸」，以「三來一補」及之後的「三資」企業，建立起了「前店後廠」的深港合作早期模式，唱響了深港合作琴瑟相和的前奏，為工業基礎幾乎為零的深圳譜寫了製造業異軍突起的首章。

在港資滋養下，深圳、東莞、廣州、珠海、佛山、中山、惠州等珠江三角洲諸地市快速發展起大規模生產和裝配能力，進入全球市場分工體系，市場化的「合約意識」深入人心，為日後以深圳為戰略支點之一的珠江三角洲地區成長為「世界工廠」，參與全球產業分工奠定了基礎，也為新世紀初中國加入 WTO 後全面融入全球產業鏈，創造了有利條件。

有一個數據很能說明香港反哺祖國的力度：改革開放以來，在對內地投資，香港始終位居第一，地位從無人撼動。截至 2020 年，港資在內地的實際投資佔全部境外直接投資的近 70%。

## 心之所向，無問西東

中國改革開放，港資「南雁北歸」，如此天作之合，讓早已躍躍欲試卻始終不得其門而入的外資眼熱不已。深圳河畔、羅湖橋上，有滋有味地講起了外商借道香港，在深圳等內地城市爭搶中國改革開放紅利的投資故事。

1980 年盛夏，一輛從香港方向駛來的貨車緩緩駛過羅湖橋，停穩在深圳火車站。貨廂沉重的鐵門打開，一位 40 多歲、衣冠楚楚的男子跳下車，隨著一群清涼裝扮的旅客緩緩向出站口走去。滾滾熱浪撲面而來，他的一身商務裝束緊緊貼住皮膚。男子一邊拿紙巾擦著額頭上不斷冒出來的汗水，一邊好奇地打量著四周景物。

這個中年男子叫二村寬，日本東京自動車株式會社社長。

日本媒體筆下、鏡頭中展示的中國改革開放的巨大機會，促使此前從未有過海外投資經歷的他，將自己海外淘金之旅的首站設在中國改革開放的「前沿陣地」—— 深圳經濟特區。

　　一頭大汗的二村寬受到了深圳市招商引資部門的熱烈歡迎。在市領導的撮合下，二村寬的日本東京自動車株式會社與深圳經濟特區發展公司等企業順利牽手，於 1983 年 9 月合作設立了全國第一家中日合作經營企業「深圳華日汽車企業有限公司」。「華日」一名據說來自二村寬的建議，他認為中日雙方的相互理解和積極配合是合資建廠順利推進的靈魂所在，「華日」這個名字能很好地體現這一點。

　　華日公司出手不凡，甫一亮相，就建成全國首座樓高 10 層、建築面積超過 2 萬平方米的現代化汽車修理大廈，後續更發展成為深圳市汽車服務行業的骨幹企業。

　　回憶當年，二村寬風趣地說道：「別人是到涼爽而又環境好的地方去投資，我到這個又悶又熱的地方投資，當時心裏真不是滋味。來深圳時正巧是夏天，我乘著一列很破舊的好像是用來裝豬的貨車，從香港上車時人又多，排隊等候，擠上車後根本沒有地方坐，車廂裏又悶熱又臭。那時，心裏確實很不舒服，但是，我咬著牙，決心到中國看一看。」

　　當時在日本國內名不見經傳的二村寬「咬著牙」，在悶熱的 1980 年盛夏，在深圳的飛揚塵土中，找到了投資中國的機會。


＊　＊　＊


　　1982 年 12 月 9 日，由台灣同胞張清源名下企業與國有企業廣東省沙河華僑企業公司合資興辦的深圳華僑家私有限公司在深圳沙河工

業區正式成立。這是在大陸正式落戶的第一家台資企業，實現了台商投資大陸「零的突破」。當時已年近古稀的張清源，成了連通兩岸已經中斷了 33 年的民間通商之路的歷史第一人。

1979 年初，全國人大常委會發表《告台灣同胞書》，激起了與大陸分隔了 30 多年的廣大台灣同胞的強烈思鄉之情。但台灣當局一紙「動員戡亂時期臨時條款」，使台灣同胞的返鄉夢始終難圓。

1980 年 8 月 26 日，深圳等四大經濟特區建立，向全世界宣告了大陸實行改革開放的誠意和信心，也引發了境內外投資者的密切關注。祖籍福建清源縣、生在台灣的張清源認為，實現期盼多年的返鄉夢的好時機已經到來，圓夢的最佳地點就是與香港一河之隔的深圳經濟特區。張清源主動聯絡在香港的好朋友王銘，合資在香港註冊成立仙妮有限公司，作為將來在大陸投資興業的平台。

1982 年 4 月的一天，張清源在王銘的陪同下跨過羅湖橋，實地考察深圳經濟特區的投資環境。當時，台灣同胞赴大陸探親尚未開放，更遑論兩岸「三通」（通郵、通商、通航）。兩人此行不免有些忐忑不安，既沒有事先聯繫深圳市有關部門安排行程，也沒有像第一批港商北上時那樣大張旗鼓地通告媒體以壯行色。

秘密的深圳之行讓張清源心情振奮：所到之處，工地遍佈，幹勁沖天；所見之人，激情向上，敢闖敢試。他和王銘當場拍板決定在深圳投資興業。

當年 10 月 30 日，以張清源、王銘的香港仙妮有限公司為乙方，國有企業廣東省沙河華僑企業公司為甲方，在廣州簽訂了合資經營協議書。之後一路綠燈：11 月 15 日，深圳市人民政府批覆同意協議，第二天報請廣東省經濟特區管理委員會審批，一天時間就獲得了批准。12 月 9 日，經廣東省工商行政管理局核准登記，大陸第一家台資企業

從此誕生。按照協議書約定，甲乙雙方共同組成有限責任公司，定名為「深圳華僑家私有限公司」，興建工廠定名為「深圳華僑家私製造廠」。時任全國人大常委會副委員長、國務院僑務辦公室主任廖承志專門為公司親筆題名。

1983 年 10 月，佔地面積 2 萬平方米、建築面積 14300 平方米的深圳華僑家私製造廠正式建成並投入使用。從領取營業執照到正式投產只花了 10 個月時間，充分體現了「深圳速度」。作為大陸第一家引進當時先進家私生產設備以及花園式工廠概念的企業，深圳華僑家私有限公司還被深圳市政府列為 20 世紀 80 年代深圳十大接待、參觀企業之一。

張清源破冰之舉所起的示範效應被香港媒體急劇放大，繞道香港、經由羅湖口岸回大陸探親、旅遊的台灣同胞紛至沓來。深圳趁熱打鐵，成立了「台胞接待處」，協調解決台胞在深圳遇到的困難和問題，宣傳大陸的改革開放政策。台灣同胞返台後，往往成了深圳經濟特區的宣講員。他們繪聲繪色地向親朋好友介紹深圳作為中國改革開放前沿陣地的大好政策，吸引了更多台商前來深圳考察、投資，「以台引台」漸成風潮。到 1987 年台灣當局放寬台灣居民到大陸探親、旅遊觀光之前，台商來深圳洽談、簽訂投資意向或合同的有近 400 人，並有 105 家台資企業落戶深圳，協議投資超過 5000 萬美元。

＊＊＊

1978 年 12 月 13 日，美國可口可樂公司亞太分部負責人亨達，同中國糧油進出口總公司簽署了一份協議。協議確定，雙方合作設立灌裝廠，在中國市場銷售。在灌裝廠建好之前，由中糧公司採用寄售的

方式先行在國內銷售。不過,這份合同還有一個特別條款:「僅限於在涉外飯店、旅遊商店出售。」

這份如同天外飛仙一般冒出來的合同,讓可口可樂公司的最大競爭對手——美國百事可樂公司高層「大為震驚、深受刺激」。

1979 年 9 月,百事可樂公司在香港的業務代表李文富,給成立剛剛半年的深圳市政府寫信,表達到深圳投資設廠的意願。李文富是菲律賓籍華人,他很快得到了深圳市的熱情回應並獲邀到深圳洽談。一年多後的 1981 年 2 月,誠意滿滿的雙方順利簽約,並很快建起了現代化的深圳市飲樂汽水廠。那段時間裏,李文富無數次跨過羅湖橋往來深港之間。當時香港牌照汽車不能駛過深圳河進入內地,深圳市區也沒有出租車。李文富每次走過羅湖橋,進入深圳市區後,就打一輛「單車的士」,坐在自行車後座上,在滾滾泥塵中穿行。李文富的這個事蹟,後來被演繹成「用自行車把世界 500 強馱過羅湖橋」,成了深圳引資史上的一椿美談。這個說法雖有移花接木的成分,但大差不差,還挺有歷史鏡頭感和反差度,也就逐漸流傳開了。

可口可樂和百事可樂的中國市場之爭看起來難言勝敗:可口可樂的產品搶先進入了中國市場;百事可樂的中外合資灌裝廠後發先至,現代化的深圳市飲樂汽水廠跑在了可口可樂的前面。

細細解讀一下這個結果,可以在歷史煙塵中,窺見改革開放初期深圳篳路藍縷時敢闖敢幹,對一切外來投資求賢若渴的奮鬥者、開放者的身影。

1886 年誕生、常年霸榜「世界 500 強」的老牌跨國公司可口可樂公司,絕對是商業競爭領域玩「政治」的高手,政治敏感度極高。1927 年,中國時局稍穩,全國統一市場剛剛有一點苗頭,可口可樂就跑步進入中國在上海設廠。經過多年經營,上海工廠成為可口可樂公

司在海外的最大工廠之一。1940 年代末，中國市場成為可口可樂公司最大的海外市場，沒有之一。隨著中國人民決定「別了，司徒雷登」、美國大使館關閉，可口可樂公司也悄悄收拾行李撤出中國，上海工廠的生產綫被拆下來運往北京，成了「北冰洋汽水廠」（即北京新建製冰廠）的第一條生產綫。

1972 年 2 月 28 日，美國總統尼克松應周恩來總理的邀請訪華期間，中美雙方在上海發表《中美聯合公報》（即「上海公報」）。中美交往的大門重新打開，其標誌之一就是兩國在對方首都互設官方「聯絡處」。令人嘆服的是，這一年，可口可樂公司就有樣學樣，在北京飯店設立了「臨時辦事處」，其目標很清晰：緊盯政治風向，隨時準備重返中國市場。

1976 年，時任可口可樂公司總裁馬丁找到當時的中國駐美聯絡處商務秘書佟志廣，向其表達了一個願望：向中國出口可口可樂，同時在中國建立可口可樂的灌裝廠。佟志廣告訴馬丁，這件事「為時尚早」，因為 1949 年後出生的老百姓，都只是在電影裏見過可口可樂，而電影裏的可口可樂又總和美國大兵聯繫在一起。抗美援朝戰爭之後，在中國人的心目中，可口可樂的形象已不單單是飲料那麼簡單了，是侵略者的象徵之一。

碰了一鼻子灰的馬丁並不氣餒。不久後，他又盛情邀請中國駐美聯絡處官員到可口可樂公司在亞特蘭大的總部參觀。亞特蘭大之行給中方官員留下了非常深刻的印象，可口可樂公司的現代化企業管理模式讓他們大開眼界。

1977 年佟志廣奉調回國後，進入中國糧油食品進出口總公司工作。當年馬丁來北京時，又特地找上門來遊說。這次，馬丁給出的理由很有說服力。他說，把可口可樂進口到中國並在中國設廠，是為了

滿足到中國旅遊的歐美人士的需要。他還翻出可口可樂1927年就進入中國的老皇曆，說可口可樂公司只是一家靠賣汽水掙錢的商業公司，與政治無涉，與美國大兵的形象聯繫只是無妄之災。佟志廣表示認同他的解釋，但「愛莫能助」。

1978年下半年，中國「開門」聲隱約可聞，中美關係出現新轉機。可口可樂公司與中糧公司進入實質性談判階段。談判沒有中央的紅頭文件可作依據，只有時任國務院副總理李先念手寫的一張紙條，大意是「可以進行此項工作」。經過三輪談判，12月13日，可口可樂公司與中糧公司終於在北京飯店簽訂協議，可口可樂公司如願以償地成為除港台資本外第一個進入內地的外資企業。

12月16日，中美雙方發表《中美建交聯合公報》，宣佈「自1979年1月1日起互相承認並建立外交關係」。這一切，不得不讓人感嘆可口可樂公司超前的佈局意識。當時，美國媒體甚至懷疑可口可樂公司提前獲悉了中美高層外交動向，《紐約時報》和《華爾街日報》還對此進行了特別調查。雖然最後的調查結果是「看不出卡特總統與此事有任何聯繫」，但美國媒體還是把可口可樂公司完美地踏著中美建交的節拍，第一時間重返中國市場的這一商業事件，賦予了不同尋常的政治意義。

如果把可口可樂公司和百事可樂公司在中國市場上的競爭比喻為接力賽，可口可樂公司可謂遙遙領先地跑完了第一棒——產品進入內地市場，不過在交接第二棒——在內地建立合資灌裝廠的關鍵時刻，形勢逆轉：起跑晚至1979年9月的百事可樂公司，閃電般地和深圳市進行了接洽，於1981年簽訂了合資辦廠協議，深圳市飲樂汽水廠一騎絕塵。而可口可樂公司和中糧公司在北京、上海合資建廠的計劃卻一波三折、舉步維艱。上海的報紙發表文章，指責引進可口可樂在上海

重新建立灌裝廠「就是引進腐朽沒落的資產階級生活方式，就是打擊民族產業，是賣國主義、洋奴哲學」；上海市財政局一個工作人員還給中央領導寫信「告狀」；《北京日報》刊發以「可口未必可樂」為題的文章，認為在國家缺少外匯的情況下，引進可口可樂是浪費國家寶貴的外匯資源。

結果是可口可樂公司起了個大早卻趕了個晚集，在內地設立的合資灌裝廠反而落後於百事可樂公司。

＊　＊　＊

歷史不能假設，現實無法推倒重來。1980 年代的上海，作為中國舉足輕重的老工業基地、國有經濟重鎮，貢獻四分之一中央財政的中國最大「錢袋子」，能不能從中國改革開放的主力後衛位置上跑去充當攻堅前鋒，像深圳經濟特區一樣，無問西東，無意於姓「社」姓「資」的意識形態糾結，執著於發展才是硬道理，從而「殺出一條血路來」？

改革開放之初，可口可樂公司在北京、上海，百事可樂公司在深圳的境遇，可謂天差地別。

## 東方之珠，閃耀有時

在內地與西方世界「超級連絡人」香港的示範、引流下，以香港為前進基地或者借道香港的海外資本大潮，以中外合資、中外合作、外商獨資等形式，一浪高過一浪湧入深圳，並逐波推進至珠江三角洲及嶺南以北的內地城市。

1979 年一年，深圳就批准了 37 個外商投資項目，中方多以土地

作價入股合作，項目主要集中在飲食、服務、房地產業和相對初級的來料加工上。1980 年代中期，外商投資項目逐漸由勞動密集型向資本密集型轉變，工業成為主要投資領域。1990 年代以後，外商投資逐步由一般的勞動密集型加工業向知識密集型的高新技術產業發展，同時開始涉足貿易、服務、基礎設施等領域，遍佈深圳三大產業的 12 個經濟部門和 33 個工業行業。

進入 21 世紀，來料加工貿易呈現明顯上升趨勢，逐步形成了以電子產品為主的高新技術產業群落。深圳成為計算機及配件、激光頭、複印機、繼電器、電風扇、無繩電話、微電機、自行車、鐘錶等品類的全球加工生產中心。

截至 2003 年，深圳加工貿易企業已近 1.5 萬家，佔工業企業總數的 75%，實現工業產值 4009 億元人民幣，佔全市工業總產值的 73.4%，加工貿易對地區生產總值的增長貢獻率達到 50.39%。

與一般港商略顯原始的「三來一補」和早期外資粗放型的來料加工貿易不同，招商局主導的蛇口工業區則在深圳工業化起步階段，就為深圳「制定」了高端產業類型。

蛇口工業區一出場即高舉高打，確定了「三個為主」和「五不引進」的方針，即產業結構以工業為主、企業投資以外資為主、產品市場以出口為主，來料加工、補償貿易、技術落後、污染環境和擠佔出口配額的項目不引進。

「三個為主」和「五不引進」的發展理念，即使放在今天也毫不過時。

1979 年 12 月 12 日，招商局同瑞士大昌洋行集團有限公司達成協議，共同組建蛇口工業區第一家中外合資企業「中瑞機械工程有限公司」。其後，華美鋼廠、浮法玻璃廠、蛇口鋁材廠、凱達玩具廠等紛紛

跟進。五年時間裏，蛇口工業區就引進了 90 多家外商企業和 20 多億港元的協議外資，成為年輕的深圳經濟特區短距起飛的有力引擎之一。

蛇口工業區成立之初，工業用地面積只有區區 2.14 平方公里，短時間內拿出欣欣向榮的大發展「證據」後，擴展至 10.85 平方公里。其管理體制也同步「擴容」：一開始是由招商局直接管理開發，1987 年後蛇口工業區實行公司制，成立招商局蛇口工業區有限公司。在此期間，蛇口工業區有限公司既負責園區建設，也包攬區內基本公共服務的提供，還負責一應民政及司法事務。可以說，此後中國各種所謂產城一體化開發的園區，所擁有的權力，均沒有達到蛇口工業區的高度。1992 年，深圳市收回了蛇口工業區的行政、司法、民政及公共服務等政府管理權限，在其土地上設置了南山區蛇口街道辦和招商街道辦。

不過，蛇口工業區開發模式的「簡版」，在深圳得到了發揚光大。

1984 年 8 月，由深圳經濟特區發展公司、中國南海石油聯合服務總公司及香港光大實業有限公司共同投資設立大型合資企業「南海石油深圳開發服務總公司」，負責對深圳經濟特區西部 23.01 平方公里區域（後稱南油開發區）進行綜合開發建設和統籌經營管理。至 1994 年時，南海石油深圳開發服務總公司已建成四個設施配套完善的工業區，吸引外資 8 億多美元，興辦 426 家中外合資企業，1993 年一年就實現總產值 27 億多元人民幣，佔當年深圳全市生產總值的八分之一。

1984 年 3 月，時任全國人大常委會副委員長、全國人大華僑委員會主任委員葉飛提出，在深圳沙河劃出 4.8 平方公里的土地，由駐港央企香港中旅負責開發，是為今天大名鼎鼎的「深圳華僑城」。

如果說蛇口、南油、華僑城是特殊時代下的政策產物，那麼深圳市委、市政府的後續操作堪稱經典：引入大型央企，給予其較大地塊

統籌整體開發。典型例子就是引入航空工業旗下負責民品業務的中航技，在上步工業區開發中航苑，先後孵化出了天虹商場、深南電路、天馬微電子、飛亞達、上海賓館等一批深圳知名企業。

深圳市政府自身也率頭開發了一系列工業區，較為著名的包括上步工業區、八卦嶺工業區、蓮塘工業區、水貝工業區、泰然工業區等。

多管齊下，收穫不小。截至 2018 年，深圳全市一共崛起了 6600 多個大大小小的工業區。

港資「三來一補」工廠，升級版本「三資」企業 —— 中外合資、中外合作、外商獨資的來料加工貿易企業，內地國資為主開發的工業區、開發區、高新產業園區，一起組成了深圳經濟特區前 20 年迎風生長的經濟骨架。

1979 年 3 月 5 日深圳市正式成立，當年深圳地區生產總值為 1.96 億元人民幣。1991 年，12 歲的深圳地區生產總值躍升至 236.7 億元人民幣，首次進入全國城市地區生產總值排行榜前十，名列第七位。香港回歸祖國的 1997 年，18 歲的深圳地區生產總值達到 1297.4 億元人民幣，排名全國第五位，僅次於上海、北京、廣州和重慶。

1979 年深圳市設立之初的人口數是 31.4 萬人，1997 年時已躍至 527.8 萬人，躋身全國特大城市行列。

這樣的成長速度，讓人目眩神迷，讓解讀者嘴拙詞窮，只能冠之以「奇蹟之城」概括。

\* \* \*

深圳譜寫發展傳奇，1980、1990 年代的香港迎來的更是舉世矚目的盛世繁華。香港製造業逐波北上，在中國改革開放的洶湧大潮中打

開了更為廣闊的發展新空間。扮演著內地與西方世界「超級連絡人」角色的香港，越來越緊密地融入內地經濟高速發展的大局，大口吞吐著與日俱增的巨大人流、物流、資金流，貨如輪轉、錢如泉湧。香港金融中心、貿易中心、航運中心的前綴也由「亞洲地區」搖身一變為「全球」，「紐倫港」（紐約、倫敦、香港的合稱）一說不脛而走。

香港，香飄萬里。

僅以 1992 年為例。這一年香港總人口 580 萬餘人，地區生產總值高達 1043 億美元，相當於全中國的四分之一、全球的 5%；香港股市、債市的總市值分別約 3.5 萬億、2.5 萬億港元，成為全球最重要的金融中心之一；香港的進出口總額近 3000 億美元，佔全球貿易總額的 6%；旅遊業方面，香港的入境遊客超過 2000 萬人次，旅遊收入約 150 億港元。

面對香港經濟結構的夢幻嬗變和經濟總量、進出口總額的極速攀升，國際觀察家瞠目結舌，只能以一句「亞洲的經濟奇蹟」敷衍了事。

1997 年回歸前後，香港站在祖國的肩膀上，順利進入後工業階段，完成了香港歷史上第二次重大經濟轉型，在中西方規則、文化之間遊刃有餘的現代服務業成為香港的核心產業。

＊　＊　＊

這 20 年，是深圳河兩岸中華兒女龍馬精神的光輝歲月，也是公認的香港音樂、電影橫掃亞洲地區的黃金時代。

1984 年，中英《關於香港問題的聯合聲明》簽署，香港前途塵埃落定。1986 年，轉戰香港樂壇的台灣地區音樂人羅大佑，以寄託著無數華人情感的香港回歸為背景，創作歌曲《東方之珠》。1986 版的《東

方之珠》由羅大佑作詞作曲，鄭國江改編詞，又稱「粵語版」。

回望過去　滄桑百年

有過幾多　淒風苦雨天

東方之珠　熬過鍛煉

熬過苦困　遍歷多少變遷

沉著應變　苦中有甜

笑聲哭聲　響於耳邊

東方之珠　贏過讚羨

贏過一串暗淡艱苦的挑戰

無言地幹　新績創不斷

無盡的勇氣無窮的鬥志永存不變

繁榮共創　刻苦永不倦

龍裔的貢獻能傳得更遠光輝一片


迎面更有　千千百年

這小海島　新績再展

東方之珠　誰也讚羨

猶似加上美麗璀璨的冠冕

回望過去　滄桑百年

有過幾多　淒風苦雨天

東方之珠　誰也讚羨

猶似加上美麗璀璨的冠冕

無言地幹　新績創不斷

無盡的勇氣無窮的鬥志永存不變

繁榮共創 刻苦永不倦

龍裔的貢獻能傳得更遠光輝一片


1991 年，羅大佑重新填詞，創作了普通話版的《東方之珠》。相較而言，1986 年粵語版歌詞強調勵志、拚搏的「香港精神」，普通話版主打血脈共流、同生共榮的「香港情懷」，字裏行間閃現著這些年香港與內地彼此成就、創下「亞洲的經濟奇蹟」的民族自尊，以及依託偉大祖國的豪情感懷。


小河彎彎向南流

流到香江去看一看

東方之珠 我的愛人

你的風采是否浪漫依然

月兒彎彎的海港

夜色深深 燈火閃亮

東方之珠 整夜未眠

守著滄海桑田變幻的諾言

讓海風吹拂了五千年

每一滴淚珠彷彿都說出你的尊嚴

讓海潮伴我來保佑你

請別忘記我永遠不變黃色的臉


船兒彎彎入海港

回頭望望 滄海茫茫

東方之珠 擁抱著我

讓我溫暖你那蒼涼的胸膛

讓海風吹拂了五千年

每一滴淚珠彷彿都說出你的尊嚴

讓海潮伴我來保佑你

請別忘記我永遠不變黃色的臉


　　1997 年香港回歸祖國，香港滾石唱片公司出版了兩張紀念專輯，其中一張收錄了 1991 年版的《東方之珠》。

　　7 月 1 日晚，盛大的交接儀式後，香港舉行了有史以來最大規模的電視卡拉 OK。數百萬香港同胞一起對著電視合唱這首專為中華兒女製作的《東方之珠》。這一晚，多少人臉上有笑、眼裏有淚。

　　「東方之珠」，成為全球華人心目中香港的代名詞。

深圳河這條無中生有的「界河」，悄然化身為內地與香港合作的通途。

# 第十四章

## 河海同輝

## 小河彎彎，大有文章

在羅大佑筆下，《東方之珠》裏一詠三嘆的深圳河是「小河彎彎向南流，流到香江去看一看」，儼然是一副小家碧玉、人見人憐的溫柔形象。

在山河形勝、大河奔流的中國，全長 37 公里、其中幹流長 16.1 公里、流域面積 312.5 平方公里的深圳河，確實只能算得上是一條彎彎小河 —— 據《第一次全國水利普查公報》，截至 2011 年底，我國流域面積在 100 平方公里以上的河流達 2.29 萬多條。

從地圖上看，深圳河水系是一個相當標準的扇形：幹流是扇柄，一系列短促的支流好比是扇骨，一起組成了 312.5 平方公里的扇面。其中，深圳一側共 187.5 平方公里，佔 60%；香港一側 125 平方公里，佔 40%。

深圳河雖小，脾氣卻很大，嬌小玲瓏的外表下藏著一顆狂野不羈的心。地方史誌的相關描述和近現代的氣象記錄呈現出來的深圳河，時不時就「波濤洶湧」，動不動就「洪患暴虐」。

1949 年前散見於地方史誌的洪災記錄，以確鑿無疑的文字證明了深港地區的洪災「自古有之」。1990 年出版的《深圳市水利志》記載，明嘉靖五年（1526 年）、清順治十七年（1660 年）、清康熙二十五年（1686 年）、清乾隆三十三年（1768 年）、清嘉慶二十三年（1818 年）、民國二十九年（1940 年），深港地區都發生過足以「入史」的大規模洪澇災害。

　　其中，1660 年的這一次洪災，史籍上只有寥寥數言：「十一月初八，雷電大作，連雨七日七夜乃止。」數百年後的後人閱之，依然不免從心底生起對大自然破壞力的陣陣寒意。

　　1949 年至 1978 年，深圳地區有六次大的洪災。其中，1964 年是一個絕無僅有的年份，是有完整氣象記錄以來深圳地區受颱風影響最嚴重的年份。

＊ ＊ ＊

　　深港地區年降雨量其實並不豐沛。深圳年平均降雨量不到 2000 毫米，香港約 2200 毫米，某種意義上甚至可算得上是缺水地區。不過，深港地區的降雨過於集中，夏季 7 月至 9 月三個月的降雨量就佔了全年的 80% 以上，這無形中加大了洪災威脅。統計資料顯示，在 1981 年至 2000 年的 20 年中，深港地區發生於 7—9 月的洪災，佔全部的 71%。

　　更為要命的是，正當深港地區夏季迎來集中降雨時，生成自浩瀚太平洋深處，橫掃東亞、東南亞地區的颱風往往接踵而至，以疊加效應製造出淒風苦雨的極端天氣。

　　1997 年出版的《寶安縣志》稱：「據 1952—1991 年氣象資料統

計，在此期間影響本縣的颱風共 184 次，其中嚴重影響的 61 次。」所謂「嚴重影響」的標準，是指平均風力大於 8 級、陣風 10 級、日降雨量大於 80 毫米。

深圳河的「易怒」，還源於它獨特的河流構造。深圳河水系呈扇形分佈，流程短，比降陡：上游為丘陵山地，草木茂盛，河床多卵石，形勢陡峭；中下游為海相沉積的沖積平原，地勢平坦，河床多細沙。在極端降雨期間，深圳河流域的洪峰流量大，匯流時間短，洪水過程尖而瘦，呈現出山溪性河流暴漲暴落的典型特徵。往往暴雨後數小時，洶湧的深圳河上游來水即直撲平緩、狹窄的幹流河段，在防洪上基本沒有時間和空間緩衝。

香港的官方水文資料中，乾脆將深圳河中下游地區界定為「洪泛平原」。

還有一個雪上加霜的不利因素：海潮。深圳河的河口就在直通伶仃洋的深圳灣東側，深受河口外深圳灣不規則半日潮的潮汐影響。

《深圳市水利志》的總結是，深圳河「河床狹窄、河道彎曲、海潮頂托、洪水宣泄不暢，排泄能力只有二至五年一遇，深圳市區每年遭受 1 至 3 次洪水災害，舊城區及沿河低窪地帶 15 平方公里面積經常受淹」。

1989 年 7 月 18 日，受颱風影響，深圳灣海域出現罕見大海潮，南頭潮位比歷史最高紀錄還高出 28 厘米，海堤決口 70 多處、1000 米長。福田區沿深圳河一帶村莊如水圍、沙咀、沙尾、石廈等，均遭洪潮侵襲。

人為因素也毋庸諱言。先是深圳河兩岸千百年來築堤圍田，深圳河河道不斷萎縮。深圳建市以後，伴隨著粗放型城市化進程的狂飆突進，深圳河北岸大面積地面硬化，水土流失嚴重，傳統的滯洪區急劇

減少，導致雨水難以下滲，大大加劇了深圳河洪澇以及淤積、污染的程度。

2001 年出版的《深圳市水務志》專門用了一個章節記錄深圳建市以來的洪災情況。1979 年至 1998 年這 20 年中，有 11 年均發生程度不一的洪澇災害。其中 1993 年、1994 年、1997 年和 1998 年的洪災特別嚴重，經濟損失巨大。1980 年 8 月 26 日，深圳經濟特區獲批建立。就在特區誕生前不到一個月的 7 月 28 日，深圳河支流布吉河上游大雨傾盆，日降雨量超過 200 毫米，導致下游的深圳老城區洪水猛漲，羅湖片區被大水圍困。洪水沖進新園招待所，所內水深超過一米，剛剛履新的深圳市委第一書記、市革委會主任吳南生一行，竟然被困在新園招待所四棟。洪水給上任伊始的深圳市委書記來了一個「下馬威」。

枯燥的數據後面，是一幕幕心酸無奈的人間苦情。說來也巧，本書寫到這一章節時，老天爺就在深港地區以一場百年一遇的特大暴雨，描繪了一幅折騰了深圳河流域千百年的「水患圖」。

2023 年 9 月 7 日傍晚開始，受颱風「海葵」殘餘環流、季風和弱冷空氣共同影響，深港兩地暴雨呼嘯而至。截至 8 日上午 11 時，降雨打破了深圳市 1952 年有氣象記錄以來 7 項歷史極值，羅湖區局部 24 小時降雨量高達 559.6 毫米。

香港更是迎來了歷史上最漫長的黑色暴雨日。截至 8 日下午 1 時，香港天文台錄得 24 小時降雨量 647.7 毫米，創造了香港地區自 1884 年有氣象記錄以來的歷史最高值。

大雨似箭，擊打著現代化高樓大廈的玻璃幕牆；昔日光彩鮮亮的街市成了滔天澤國，人車絕跡；金錢永不眠的港交所不得不停止交易；惜水如金的深圳水庫不得不緊急泄洪⋯⋯人類活動被強行摁下了

暫停鍵，依然傳來令人悲痛的消息：在如注如傾的特大暴雨沖擊下，在具有世界一流防災水平的香港，竟然發生了「2死17傷1失聯」的慘劇。

在風聲、雨聲、各類警報聲中，我和千千萬萬深港兩地民眾一起，在沉悶而又心悸的漫長等待中，真切地領教了大自然撼人心魄的無邊威力，也更加理解了深港兩地民眾對治理深圳河的迫切心情。

\* \* \*

1979年3月深圳市設立後，防洪建設就是燃眉之急的大事。自1980年開始，一張白紙的深圳市下大力氣在市區全面鋪開防洪工程規劃設計。防範的重點鎖定深圳河及其南北向直切深圳老城區的主要支流布吉河。到1985年時，深圳河北岸臨時防洪堤、布吉河下游河段整治等主要工程完成。此外，深圳市還下大決心劃定了笋崗滯洪區。今天市民接踵而至的賞荷勝地洪湖公園，就是這個滯洪區的過水面。

但是，這些措施只能應付一下風調雨順的年份，老天爺稍微出手重一點，就讓深圳河流域不堪承受。通過水利部門測算，深圳市領導拿到了一個令人沮喪的結論：即使滿足了「錯開深圳水庫泄洪」「笋崗滯洪區達到最高負荷」這兩個理想條件，一旦遇上五十年一遇的特大洪水，羅湖橋下游、上游水位將分別達到6.5米、7.5米。而羅湖橋高只有6.4米，這意味著，屆時深圳河河水將毫無懸念地漫過羅湖橋。

一旦水淹羅湖橋，羅湖老城區等深圳河北岸低窪地帶的境況可想而知。讓人揪心的是，所謂的「五十年一遇」，在深圳河近五百年的災害記錄中，也確實不是一句空話。

面對嚴峻的形勢，有人提出了布吉河改造的「運河方案」，即在

羅湖、福田兩區內開挖一條運河，讓布吉河不再在今天的羅湖口岸西側一帶注入深圳河幹流，而是與深圳河平行流向西南，最後注入深圳灣，從而大大減輕深圳河幹流的泄洪壓力。

不過，這個頗具想像力的布吉河「運河方案」多年停留在構想階段。最直接的原因當然是基於工程成本的考量，另外一個關鍵因素是，此時深港兩地已在醞釀聯合治理深圳河。

## 暴雨鬆動談判僵局

1981年12月30日，時任港督麥理浩訪問深圳。1982年4月30日，深港兩地政府各自組織代表團舉行首次會議，簽署了《深圳—香港關於增闢兩地之間通道的協議》。這個被稱作「深港協議」的文件就興建皇崗—落馬洲大橋、文錦渡口岸新橋和增開沙頭角陸路口岸，設立大小梅沙至香港旅遊專用口岸等議題達成了共識。協議的第四節特別寫明：深圳河段應予治理，以防河水污染及河水氾濫。根據協議成立的四個聯合工作小組，就包含了「深港聯合治理深圳河工作小組」。該小組下面設置了排洪小組和防污染小組，兩年後又增設了一個技術小組。

深圳方面，成立了一個由相關部門組成的治理深圳河工作小組，不久後成為一個常設機構：治理深圳河辦公室，簡稱「治河辦」。

在深圳市檔案館，可以找到不少當年治理深圳河的相關資料。一份《整治深圳河規劃方案》提出，當時深圳河主要存在四個問題：洪水淹浸、有機物質污染嚴重、通航能力十分有限及河道走向不利於排水。一旦受到海潮影響，深圳河兩岸易產生洪澇，受災損失大。深圳河「其幹支流、左右岸、上下游之間的水量和水質之間彼此影響，支

流差則幹流差，幹流差則河口差」，因此「深圳河的治理對深港兩地來說都有著直接的影響」。

在接下來的幾年裏，雙方討論確定了治河方案，統一編製了可行性報告書。1985 年 3 月，深港雙方初步形成了合作治理深圳河方案，提出按照「建設一期，預備二期，著手三期，展望四期」的原則推進。1986 年 9 月，雙方代表簽署《關於深圳河第一期防洪工程的意向書》。一期工程的核心內容之一，是對深圳河幹流上的深圳羅湖漁民村－香港新界料壆、深圳福田皇崗－香港新界落馬洲這兩個曲折蜿蜒的「幾」形彎段進行裁彎取直，以暢水流。

眼看好事將近，治河談判卻在 1987 年戛然而止。談判受阻的癥結就在於深圳河作為「界河」引發的「過境」土地問題：裁彎取直之後，將導致深港雙方都有部分土地南北「移位」。如何處理這些土地成為敏感議題。深圳河的治理不是單純的技術問題，「邊界綫」背後的政治因素才是最棘手的難題。

張鴻義於 1986 年 7 月至 1995 年 5 月任深圳市人民政府副市長，主管財政、金融、國有資產、外事和口岸工作。他回憶說：「1986 年 7 月，我就任後接手負責推進這項工作（指深港合作治理深圳河），多次和港澳辦及外交部溝通，均稱正在研究中。後來，我專程拜訪了港澳辦李後副主任。李副主任坦率地告知，深圳河治理工程雖不大，但是裁彎取直後的土地如何處置很複雜，而且敏感。必須充分論證，有切實可行方案，否則將來有可能被當作李鴻章。」

聞聽此言，張鴻義自然不敢怠慢，回深後立即組織深圳市外事辦、口岸辦等相關部門負責同志調查研究，擬定可行方案。

這一「擬定」，整整花了五年時間。

1991 年 11 月，港澳辦和外交部 1120 號文終於批覆，明確了深圳

河治理後的管理綫劃分：以新河道中心綫為管理綫，土地互換後仍多出的約 1 平方公里河套地區，比照「過境耕作」土地，深圳業權、香港管理。

有了港澳辦和外交部 1120 號文，深港聯合治理深圳河談判得以在 1992 年 12 月重啟。

回頭望望，滄海茫茫。1982 年 4 月「深港協議」所議定的諸項事宜，如幾大過境通道建設全部如期落實：1984 年 8 月，梅沙旅遊專用口岸正式開通（後因客源不足等問題，於 1985 年 11 月暫停使用，2019 年 11 月海關總署發文正式關閉，現僅存碼頭功能）；1985 年 2 月，文錦渡口岸新橋投入使用；1985 年 3 月沙頭角口岸投入使用；1990 年，皇崗—落馬洲大橋第一公路橋正式通車。

唯有深港聯合治理深圳河這個議題推進維艱，難以落實完成達 10 年之久。

\* \* \*

時序進入 1990 年代，香港回歸在即，困擾深港聯合治理深圳河談判的「邊界綫」這個所謂的「政治問題」終於有所緩解。但是，重啟後的談判依然遲滯難行。接下來的兩年時間裏，雙方專家小組輪流在深港兩地一週一磋商，前前後後進行了 70 多輪會談。

究其原因，有主觀上的「深熱港冷」因素。1990 年代，深圳河北岸的深圳羅湖、福田一帶已經是寸土寸金的現代化城區，治理深圳河於深圳而言，是「非治不可，刻不容緩」。而南岸的香港新界東北地區還是邊境禁區，大都是處於半開發狀態的漁農區。香港地區的精華所在港島、九龍都會區遠在新界以南，香港對在深圳河流域防洪減災的

緊迫感，遠遠弱於深圳方面。

與此同時，1990年代的香港可持續發展理念深入人心，生態文明建設方興未艾。尤其是深圳河河口南側的香港米埔自然保護區，成了深港聯合治理深圳河談判的「攔路虎」。

總面積380公頃、紅樹林面積300公頃的米埔自然保護區主要保護對象為紅樹林和珍稀動植物資源，素以「雀鳥天堂」而聞名。在米埔，可找到香港地區72%的雀鳥品種，也可見多種全球瀕危雀鳥。1976年，這片河海交接處的濕地被列為「具特殊科學價值地點」。1984年，世界自然基金會開始接手管理米埔自然保護區，推行環境教育及保護工作。1995年，米埔及后海灣內灣一帶共1500公頃的濕地正式根據《拉姆薩爾公約》被列為國際重要濕地。

治理深圳河，勢必會在一定程度上驚擾到「雀鳥天堂」，也讓世界自然基金會這個在環境保護上「六親不認」的國際組織，坐上深港聯合治理深圳河談判的談判桌。

在大江大河縱橫四野的中國，以深港兩地的經濟實力，聯合治理一條「小河彎彎」的深圳河，其預算投入、工程難度並不是最大難題。但歷史原因造成的深圳河「界河」屬性，使得第一輪談判10年難產；1992年深港聯合治理深圳河談判重啟之後，又因為米埔自然保護區這片國際重要濕地的現實存在，引起了國際社會的關注，深港聯合治理深圳河談判再度陷入「人與自然孰輕孰重」的無盡辯論之中。

1993年，三個月內兩場不期而至的特大暴雨橫掃深圳河兩岸。滔滔洪水以「劫後餘生」的殘酷場景，給深港兩地人民展示了深圳河「非治不可，刻不容緩」的證據。

\* \* \*

這一年的 6 月 16 日，一場特大暴雨突襲深港地區。

這場持續了五個小時、降雨量高達 501 毫米的傾盆大雨，導致深圳河流域上游山洪暴發，下游河水漫堤。當時深圳市最繁華的建成區羅湖區水漫金山，6.57 平方公里城區頓成澤國。全市範圍內，交通完全癱瘓，工廠被水淹，通信中斷。深圳遭遇了建市以來最大的洪災損失：全市受浸廠房、商店 3573 間，直接經濟損失高達 7 億多元人民幣。

這天，一週一次、輪流在深港兩地召開的深港聯合治理深圳河談判在深圳羅湖舉行。下午 4 時左右，羅湖區建設路、桂園路一帶已是一片汪洋，水深及腰。護送港方談判代表趕往深圳火車站的中巴車在電影大廈前熄火，深圳方面只能緊急僱人用三輪板車把港方代表拉到火車站。事後，有港方代表向深圳同行大倒「苦水」：「我們幾個人一身污水，臭氣熏天，火車上的其他乘客都躲著我們。不過，這個經歷也讓我們對你們掛在嘴邊的『人的生存權，難道低於植物、小生物、鳥類的生存權嗎？』這句話有了更多的共鳴。這樣的事情，真的不應該再在現代化的深圳市區發生了！」

聲猶在耳，三個月後洪水捲土重來。9 月 26 日，深圳河流域受強颱風影響出現特大暴雨。羅湖區再度成為重災區，低窪地區大面積受淹。包括深圳水庫在內的八座水庫超過警戒水位，災情岌岌可危。全市受災人口多達 13.1 萬，損壞房屋 6700 間，直接經濟損失達 7.64 億元人民幣。

一片狼藉中，深圳還遭遇了一場特殊的外交「事故」。時任副市長張鴻義回憶，1993 年 9 月 26 日，「恰逢尼泊爾國王夫婦訪問深圳，我作為地方代表全程陪同參觀訪問。下午，深圳市暴雨成災，羅湖區火車站廣場一帶全綫被淹，尼泊爾代表團及所有接待人員被困富臨大

酒店，停水停電停通信，情況十分危險和被動。當時陪同團長和公安部、外交部的同志十分焦急，我也只能依靠秘書游泳送過來的唯一一部手機和市公安局局長梁達鈞及市委書記厲有為保持溝通和聯繫。次日上午雨停了，洪水未退，市裏只能借用園林公司的工作船，護送國王夫婦一行去機場乘專機回國，沿途交警列隊站在齊腰深的洪水中執勤，有為書記在紅嶺路坡上等候送行的場景，令外賓和陪同團同志非常感動。在平安回國後，尼泊爾外交部專門致電感謝深圳市人民政府在暴雨挑戰面前的良好接待」。

另有參與護送的工作人員追憶，「高山之國」尼泊爾比蘭德拉國王一輩子沒見過如此誇張的洪水襲城場面，被從富臨大酒店一樓窗戶接到衝鋒舟駛離羅湖區的過程中，「他一直微笑著東張西望，神情像一個天真的孩子，似乎把這場我們緊張萬分的轉移行動視為一場奇異的冒險之旅」。

「高山之國」尼泊爾比蘭德拉國王的確有可能認為他的「出深圳記」並不狼狽，反而別具一格，仿如一段夢幻旅程。但他國一國之君被洪水圍困在下榻酒店，最後不得不出動衝鋒舟經「水路」轉移，時任深圳市委書記只能在紅嶺路坡上送行的一幕，肯定讓深圳市委、市政府感到治河已經時不我待。張鴻義說，1993 年一年裏深圳市羅湖核心區兩場洪災造成的慘重損失和嚴重影響，促使深圳市在「9 · 26」過後不久成立了全國第一家水務局和全國第一個氣象災害預警系統，並且極大地推動了深圳河治理的決策、落實進程，「市裏總結經驗教訓，決心加快深圳河治理和配套基礎設施的建設，以更好地保護人民生產生活的安全」。

## 深港攜手，聯合治河

1993 年的這兩場洪災，深圳河北岸創巨痛深，南岸的香港新界地區也無法幸免，險情不斷，損失巨大。

「9·26」洪災後，深圳市政府致信港英政府，呼籲儘快啟動治河計劃「為民除害」。信中披露出諸多災情細節：「6·16」洪災中，香港新界羅湖管制站的配電房告急，最高水位離地面僅有 30 厘米，為確保其安全，深圳方面果斷啟用了布吉河滯洪區，對近 300 萬立方米的洪水進行控制性排放。「9·26」洪災時，情況更加危急。深圳水庫主壩 24 小時內錄得降雨量 338.5 毫米，高峰期 1 小時降雨 67.9 毫米，而新界地區的降雨量更是超過 600 毫米。26 日 19 時，新界方向的洪水進入深圳河，但時值海潮頂托，洪水倒灌，導致香港新界的木湖抽水站受淹無法運作。

深圳方面在致信中坦言，這兩次洪災的降雨量雖然沒有達到五十年一遇至一百年一遇的標準，但是泄洪嚴重不暢的深圳河洪水水位卻遠遠超過五十年一遇至一百年一遇的程度。「很顯然，一旦發生五十年一遇至一百年一遇的特大暴雨，深圳河兩岸的結局不堪設想。」信中這樣寫道。

事實上，「9·26」洪災中，因為颱風、暴雨、海潮三連擊，洪水泄流不暢，香港新界地界內，不但至關重要的木湖抽水站停擺，受淹漁農區面積高達 10 平方公里。由於海潮頂托，洪水倒灌，退水極慢，使洪水在新界北地區停留了整整兩天有餘，至 28 日 24 時才完全退去，可統計的經濟損失高達 1.6 億港元。

新界受災民眾反應強烈。媒體報道紛紛聚焦深圳河治理進程緩慢的癥結。港英政府最後不得不明確表態「要儘早治理深圳河」。

＊　＊　＊

在 1993 年「6‧16」「9‧26」洪災的「刺激」下，深港聯合治理深圳河的談判進程大大加快。

1994 年 9 月 14 日，深港雙方正式簽署協議，深港聯合治理深圳河一期工程委託深圳市政府進行。1995 年 5 月，一期工程正式動工。一期工程共有四項內容，分別是深圳羅湖漁民村—香港新界料壆、深圳福田皇崗—香港新界落馬洲兩個河段的裁彎取直工程，以及羅湖橋保護工程和福田河水閘工程。原定完工時間是 1997 年 5 月 18 日，最終工程提前一個月，於 4 月 18 日正式完工。

這樣的時間安排，讓深圳河一期工程成為獻給香港回歸祖國最有意義的禮物之一 ——「深圳河」這個名字，本來就是被侵略者強行寫進不平等條約的。如今香港回歸，一雪前恥。回歸前夕，身世坎坷的深圳河以全新的形象亮相於世人面前，意義非凡。

深圳河變寬了：治理前，原生態的深圳河河道僅寬 30 米至 40 米，加上多年泥沙淤積以及水生植物叢生，「田間的深水溝」名副其實。治理後，深圳河「長大」了許多，幹流漁民村段河道底寬 80 米、河面寬 120 米，落馬洲段的河道底寬 110 米、河面寬達 180 米。

深圳河變深了：治理後的深圳河，羅湖橋下水深四米，往下逐漸增至河口的五米。要知道，治理前羅湖橋下游不遠處的漁民村段，水深只有可憐的一米。

深圳河變直了：比較治理前後的衛星地圖不難發現，治理前，一期工程所涉及的河道長六公里，治理後變成了三公里。原因就在於「裁彎取直」，將過去有些誇張的 S 形變成了連續、順滑的 C 形。

深圳河中游變寬、變深、變直，意味著來自深圳河上游的洪水可以更快入海，大大降低了流域發生洪災的危險係數。

\* \* \*

一期工程圓滿完成，接下來的二、三、四期工程順風順水。1998年11月二期工程完工。在一期工程消除深圳河中游「腸梗阻」後，二期工程對羅湖橋以下一期工程以外的河道進行了拓寬、挖深。除了在河道防護和軟處理中運用土工合成材料外，二期工程的最大亮點在「環境補償」——建設了20公里長的落馬洲河道生態恢復區。

2001年12月30日，三期工程如期開工，並於2006年11月30日順利完工。三期工程涵蓋羅湖橋以及羅湖橋以上至平原河口河段。三個標段對應著三塊「硬骨頭」：羅湖橋人行橋換橋；拆除文錦渡口岸兩座舊橋，新建雙向行車橋；改造東深供水管，讓越山而來的東江水更順暢地流進香港。

2013年8月，四期工程繼續向深圳河上游挺進，為擬建的蓮塘／香園圍口岸提供安全保障，2017年7月如期完工。四期工程的最大亮點是人造了一個「幾」字形的漏斗型濕地區域。中下游裁彎取直，上游這裏為什麼又要人造「小河彎彎」？原因其實異曲同工：「漏斗」區域在枯水期是一個小型濕地，通過種植濕生植物，起到淨化水質的作用；一旦上游雨水匯集，又可通過2.2萬平方米的滯洪區容納約8萬立方米的雨水，緩解中下游防洪壓力，是典型的「海綿城市」應用案例。

\* \* \*

35 年風雨同舟，至此，深港雙方攜手治理深圳河河段長度約 18 公里、投資近 20 億元人民幣。經過一番徹頭徹尾的改造後，深圳河的防洪標準從二至五年一遇提高到五十年一遇，寬度由原來的 25 米至 80 米增加到 80 米至 210 米，下游的泄洪能力也由 600 立方米 / 秒提高到 2100 立方米 / 秒。

　　從防洪的角度看，歷時五年完成的深圳河三期治河工程是經得起歷史檢驗的成功之作。治理期間，2000 年「8・24」、2001 年「6・27」、2003 年「5・5」、2006 年「9・13」、2008 年「6・13」特大洪水輪番侵襲，深圳河安全度汛。2017 年，深港聯合治理深圳河大功告成，當年的 14 級強颱風「天鴿」、2018 年的號稱史上最強颱風「山竹」（因其造成的嚴重破壞，2020 年「山竹」被正式除名，「山陀兒」取而代之），以及創下深圳自 1952 年有氣象記錄以來七項歷史極值的 2023 年「9・7」洪水，深圳河治理工程均發揮了顯著的防洪減災作用。

　　深圳河如一把圓月彎刀，徹底斬斷了肆虐兩岸人民千年的洪魔威脅。「河道寬闊順直，堤壩連綿整齊，護坡平整流暢，上游羅湖低窪地帶排洪效果得以改善。」在一本記錄聯合治河 30 週年的紀念冊裏，深港兩地水利部門共同宣佈，深圳河防洪標準已提高到五十年一遇，堤壩可以抵禦二百年一遇的洪水。

　　2017 年是香港回歸祖國 20 週年。這一年，同樣值得深港兩地人民銘記的是，經過深港攜手「再造」，終於還清了對這條蜿蜒流過中國近現代史的特殊河流的全部歷史欠賬。

　　融合和聚變都是物理學專有名詞，卻很形象地點明瞭深港合作治理深圳河的「題外」之義 —— 深港聯合治理深圳河，開創了兩種制度模式、不同法律觀念下兩個地方政府聯手治理「界河」的先河。

# 文氏血脈，澤被深港

辛苦遭逢起一經，干戈寥落四周星。

山河破碎風飄絮，身世浮沉雨打萍。

惶恐灘頭說惶恐，零丁洋裏嘆零丁。

人生自古誰無死？留取丹心照汗青。


這首被列入部編版語文課本、題為《過零丁洋》的述志詩，震古爍今，光照天地，演化成為中華民族氣節符號。也讓其作者吉州廬陵（今江西省吉安市）人、「宋末三傑」之一的南宋末代丞相文天祥，永載史冊，永「照汗青」。

詩中所述的「惶恐灘」，原名黃公灘，贛江十八灘之一，水流湍急，令人望而生畏，故又稱惶恐灘。惶恐灘在今江西省萬安縣境內。南宋德祐元年（1275 年），文天祥在江西起兵勤王，後在元軍凌厲兵鋒壓制下，經此灘輾轉退往福建，是有所記。

三年後的南宋末帝趙昺祥興元年（1278 年），時年 43 歲的文天祥在五坡嶺（今廣東海豐北）被元軍所俘，幽拘船中。次年元月，被長途押解至南宋朝廷的最後死地崖山（今廣東省江門市新會區南）。

元軍都元帥張弘範逼迫他寫信招降固守崖山一綫、同屬「宋末三傑」的張世傑等人，心如止水的文天祥出示了這首寫於船行零丁洋途中的詩作，向世人剖明心志。

文天祥對張弘範說：「吾不能捍父母，乃教人叛父母，可乎？」

三個月後，崖山海戰爆發，有宋一代自此灰飛煙滅。

1283 年 1 月 9 日，寧死不降的文天祥歷經三年囚禁後被押往刑場處死。前後長達五年的船艙幽閉、黑牢拘禁生涯讓他不辨東西。行刑

之前，文天祥從容整理衣冠，然後問圍觀百姓何處是南，無數人流著淚，為他手指南方。在一片啜泣聲中，文天祥朝著故國的方向肅穆行禮，慷慨赴死。

「零丁洋裏嘆零丁」，七百多年前，文天祥詩裏的「零丁洋」，就是今天廣東珠江口外的伶仃洋。

從地圖上看，珠江水系的西江、北江、東江等主要支流如同一叢毛細血管蜿蜒南流，在匯入南海的入海口處形成一片三角形水域、一個喇叭形的河口灣，便是伶仃洋。其範圍北起虎門，南至港澳，水域面積約 2100 平方公里。周邊環繞著廣州、深圳、珠海、佛山、東莞、中山以及香港和澳門。

深圳河同屬珠江水系。河雖小，卻自成一體，自東北向西南注入深圳灣，而後匯入伶仃洋，融進滔滔南海。伶仃洋，是包括深圳河在內的珠江水系的匯流之所，也是今天舉世矚目、蔚為大觀的粵港澳大灣區的地理中心。

理想照進現實，現實映射歷史。撫今追昔，感慨繫之。

悠悠七百多年間，伶仃洋潮起潮落。文天祥當年痛失己身、故國之絕望、悲憤「嘆息」，已悄然變成今日文氏後人獻給大國崛起的「驚嘆」禮讚。

\* \* \*

據《文氏族譜》記載，深港文氏始祖文天瑞，為文天祥堂弟。文天祥胞弟文壁任廣東惠州知府期間，文天瑞隨文壁同往視事，留惠州，娶冼氏，生長子應麟。天祥就義後，天瑞避難海南島，落籍萬寧後安鎮，再娶王氏，生文舉、文煥、文炳、文煒四子，其後裔散居海

南各地。應麟娶周氏，生二子，長子起東，次子起南。文天瑞長子文應麟歸隱松崗鶴仔園（今深圳松崗）。其生平性善，被徵為歸德場官，後辭官避世於鳳凰山下，即今天深圳市寶安區福永街道鳳凰社區的鳳凰古村。歸隱後，文應麟築觀音廟，建望煙樓，賑濟窮人，為福一方，丕振家聲。其子文起東生五子，仁、義、禮、智、孚，與起南之長子垂統、次子垂猷，世稱「文氏七房」。文禮生孟常，孟常生宗元，宗元生世歌。明永樂年間，文起東一脈文世歌遷居香港新田。文起南一脈垂統之子文蔭遷至香港大埔，其後定居泰亨。早在元初，鳳凰山上的鳳凰岩就是文氏族人暗中祭祀文天祥之地，明洪武年間，始建文氏大宗祠。2003 年，文氏大宗祠被寶安區人民政府列為區級文物保護單位。

文氏一族在深圳河畔香火鼎盛。如今，深圳河兩岸文氏族人已達數萬之眾。在深圳，文氏後人聚居較眾的是今天福田中心區的崗廈村，村內還建有一所文天祥小學；在香港新界，素有鄧、文、廖、侯、彭五大家族之謂，文氏當仁不讓排名第二。光在新田一鄉，就有文氏後人 6000 多人。

深港文氏族人皆以一身正氣、一脈同源的先輩文天祥為傲。香港新界新田鄉建有一個佔地約兩公頃的文天祥公園，園內小山崗上聳立的文天祥銅像高達 6 米，坐南北望，盡遣故園之思。銅像後方鑴有《諸太忠臣紀略》及《大宋狀元丞相樞密使信國公 —— 文文山先生紀事簡略》，列述文天祥事蹟。還有麻石浮雕刻繪文天祥生平，包括高中狀元、起兵勤王、臨危受命、奮勇抗元、兵敗被俘、勸降不從、獄中抗爭等事略。

在臨近伶仃洋、與香港元朗隔海相望的深圳蛇口赤灣山上，也建有一個文天祥紀念公園。一根蓮花柱記載著文天祥「起兵勤王，

匡危社稷」的事蹟。蓮花柱對面的牆壁上，則刻有文天祥的另一傳世名作、在大都詔獄中寫就的絕筆《正氣歌》，「當其貫日月，生死安足論」。

＊＊＊

深港文氏一族恪守先祖精神，文化禮儀傳承有序，於是在近現代深圳河兩岸，都走出了一個憂國憂民的「文伙泰」。

艱苦卓絕的抗日戰爭時期，寶安縣崗廈村（今深圳市福田區崗廈村）村民文伙泰滿門忠良：其本人早早參加了東江縱隊、擔任小隊長職務，中華人民共和國成立後曾任寶安縣公安科科長；其岳父鄭珠明曾任東江縱隊支隊長，岳母則是岳父的警衛員，槍法極好，人送外號「雙槍女保鏢」；妻子鄭女是崗廈村老黨員，12歲就擔任東江縱隊秘密交通員，人小鬼大的她把情報塞進蒲瓜，糊好切口，挑著擔子出入日佔區。

改革開放後，香港新界新田的文伙泰開始顯山露水。「港版」文伙泰身份多重，橫跨深港：他生在香港新界新田，母親是今深圳市福田區皇崗村人；他既是香港新界新田鄉鄉事委員會主席，又是全國僑聯委員，深圳市政協第一、二、三屆常委會委員，市政協經科委副主任；他創辦的香港深城投資有限公司、深圳新福港運輸發展有限公司，一「港」一「深」，活躍在深圳河兩岸。

2007年，香港回歸祖國10週年之際，文伙泰名列「首屆深圳港商風雲人物」之列。獲獎理由是：「文先生是在深投資的最早的外商企業家之一。參與深圳東門舊城區老街的改造，先後開發了文山樓、西華宮、文華樓、耀華樓等深圳東門舊城標誌性建築。開通皇崗—落馬

洲過境穿梭巴士綫路，為促進深港兩地交通做出積極貢獻」。

今天，深港之間有多個口岸，交通立體暢達，通關便捷，深港合作「雙向奔赴」，共促灣區融合。今天的人們已經很難體會 20 世紀八九十年代深港之間，尤其是深圳福田、南山等地往來香港新界北區、元朗等地的艱難。

1997 年之前，深圳河的「界河」「邊界綫」等概念根深蒂固。羅湖口岸人滿為患，一衣帶水的香港新界北區、元朗等地的香港民眾卻不能就近往來深圳，必須長路迢迢擠去羅湖口岸進入深圳，仿如長途旅行。

1989 年 12 月 29 日，皇崗口岸貨運部分啟用，旨在為深港往來開闢新通路。但在客運部分開通後很長一段時間裏，皇崗口岸的重心始終只能落在貨運上，客運功能微乎其微。造成這種狀況的最大原因就在於這個積重難返的深港「邊境」之防：香港新界北區作為港英政府設立數十年的邊境禁區，500 米內不准人行，僅供車駛。

人員往來不便，深圳河兩岸的雙邊融合效果自然不彰。解開這粒交通之「扣」的任務，歷史性地落在深港兩地都有一定話語權、「愛香港也愛深圳」的文伙泰身上。

在文伙泰的運作下，1997 年 3 月 20 日，由港方的新香港巴士有限公司與中方的深圳新福港運輸發展有限公司合營的簡稱「皇巴士」的皇崗—落馬洲穿梭巴士，開始提供深圳皇崗口岸與香港新界落馬洲管制站及香港新田公共運輸交會處之間的過境巴士服務，每隔 5 — 10 分鐘發車，車程約 15 分鐘。因巴士車身以黃色為主，也有人稱其為「黃巴士」。

「皇巴士」是當時世界上少數班次頻密的跨境巴士之一。它的開通，極大地便利了香港新界北區、元朗等地民眾往來深圳，也及時為不堪重負的羅湖口岸起到了分流作用。

1997 年香港回歸後，北上港人熙熙攘攘，「皇巴士」的客流量與日俱增。到了 2007 年，該綫路日均客流量從開通之初的 2000 人次猛增至 5 萬人次以上，佔皇崗口岸總客流量的 40%，成為深港過境交通的一個重要組成部分。

少有人知的是，因為這條跨境巴士綫路涉及內地與香港兩種制度下的政務協調，包括外勞條例、出入境人數限制、口岸開放時間、兩地交通配套等多個方面，當年這條跨越深圳河的「皇巴士」的開通整整磋商了一年有餘，形同深港之間跨境交通領域的「聯合治河談判」。

## 河套牽手，展翅高飛

創辦「皇巴士」，促進香港新界西北地區與深圳的往來便利，只是文伙泰的初試啼聲。真正讓他名列推進深港合作「名人堂」的，是他最早提出了深圳河河套開發和深港地區「一河兩岸」規劃。

文伙泰早年在英國留學、工作，1977 年回港後，有感於香港新界地區的經濟社會發展遠遠落後於港島、九龍都會區，雄心勃勃地編制了一個新界地區發展研究報告，並通過正式渠道呈交港英政府。但彼時的新界地區在港英政府眼中只是邊境禁區，對其前途並不上心。

改革開放後深圳河北岸的蓬勃發展勢頭，讓文伙泰看到了新的希望。1991 年，就在深港聯合治理深圳河談判恢復前夕，時任深圳市政協常委會委員的文伙泰提出，「希望協同發展深港兩地一家親，資助開展深港邊境沿深圳河一帶的合作規劃研究」。他的初心很單純：以深圳河北岸的努力，喚起南岸的響應。

時任深圳市政協聯誼委員會辦公室主任張克科回憶，在一次香港委員小組會上，文伙泰說了一句意味深長的話：「很好的機會，在深圳

河那邊。」不久之後，張克科與文伙泰有了一次長談，不但理解了文伙泰「祖祖輩輩都和深圳人一起，同耕一片地，同飲一河水」的深港兩地情，也知曉了文伙泰關於「一河兩岸」構想的第一步：在深圳皇崗口岸漁農村和對岸的香港新界新田村各建一棟科技商務大廈，成立「跨境科技園」，共同進退。

這，就是後來「河套合作區」「一河兩岸」沿河經濟帶等一系列構想的雛形。

有了這個雛形，張克科和文伙泰一起多次與深圳市內外專家座談，在深圳河沿岸實地考察，飛往北京向有關部門彙報。讓張克科至今記憶猶新的是，「文伙泰先生給領導彙報，他每一個要點用粵語說一個開頭，我們就用準備好的彙報大綱以普通話作說明」。張克科描述的這一幕極具畫面感，文伙泰不會說普通話，但他期盼深圳河兩岸同富裕、共發展的拳拳之心，應該沒有人會「聽」不懂。

深圳方面熱烈響應。深圳市政協不但委託中國（深圳）綜合開發研究院全力投入專題研究，還邀請時任國務院發展研究中心馬洪主任、國家體改委高尚全副主任等一批資深專家型領導共同出謀獻策，就跨境交通、港深科技大廈和口岸聯檢模式三個專題立項研究。

1992 年，經國務院發展研究中心、多個部委專家參與論證，深圳市政協第一次提出了利用深圳市福田保稅區地緣優勢，創辦「深港科技園」的設想。

1994 年，文伙泰個人出資 1000 萬港元成立「深圳特區促進深港經濟發展基金會」，開展深圳河沿河經濟合作專項研究。基金會分批開展了「一河兩岸」沿河經濟帶的可持續發展規劃、落馬洲河套地區的功能定位和建立合作基金開發建設等專項課題。此外，還有打通梧桐山貫通大鵬灣、深圳灣，建立深圳河旅遊觀光帶等計劃，以及一地兩

檢、發放深港跨境工作簽證、開通跨境穿梭巴士等研究報告，並計劃在 1997 年香港回歸前一一完成。

1996 年，《深圳河經濟合作區規劃設想》《深圳河福田—落馬洲河套地區開發研究報告》等相繼完成了論證。以落馬洲河套地區為中心的深港跨境科技圈的藍圖，令人心潮澎湃。「這件事，等到香港回歸祖國之後可以做！大家都這樣認為。」張克科說。

＊　＊　＊

1997 年 4 月 18 日，深港聯合治理深圳河一期工程完工。根據 1997 年 7 月 1 日公佈的國務院第 221 號令，深圳河治理後，以新河中心綫為深港兩地的邊界綫。因治理深圳河裁彎取直後的「過境」土地，原位於深圳市行政區域，面積共約 0.91 平方公里的四塊地，進入香港特別行政區的行政區域範圍；原位於香港特別行政區，面積共約 0.12 平方公里的五塊地，則進入深圳市行政區域範圍。

也就是說，深圳河治理後，深港兩地都在對方擁有數塊業權與管理權分離的「飛地」。

其中，深圳落在香港的最大一塊「飛地」，即可開發面積 0.87 平方公里的落馬洲河套地區，一時間成了深港兩地政、商、學界關注的焦點。論可開發面積，論把深港兩地「套」在一起的地理位置，它都是設想中的「一河兩岸」沿河經濟帶的最佳落子位。

伴隨著深港兩地各自在新世紀裏的產業佈局，各式各樣的建議、規劃紛至沓來，令人目不暇接：1999 年，香港「一國兩制」研究中心總裁邵善波提出在河套設立「開發區」；2000 年，香港行政會議成員鄭耀棠提出，在港深邊境之間設立「特區中的特區」，在河套地區發展

**414**

「新興工業」；2002年，香港特區政府房屋及規劃地政局局長孫明揚提出在河套地區興建「加工區」或「大型展覽中心」；2003年，香港特區政府財政司司長唐英年表態，可在河套地區開闢一個特別區域，設立「邊境貿易區」，建成「中國產品的展示中心」。

2005年，深港雙方就河套地區開發正式成立聯合小組。2007年，香港特首《施政報告》將之列為「香港十大建設計劃」之一。

2008年初深圳市「兩會」上，關於河套地區開發的呼聲也一浪高過一浪。與香港方面的各抒己見一樣，深圳這邊的人大代表、政協委員同樣設想多多。有的說「仿照倫敦金融城模式在河套地區設立深港金融城」，有的建議「河套地區可作為深港兩地共建跨境『新城區』的試驗區，優先規劃發展雙方優勢互補的新興產業」，有人提出「利用河套地區特殊的地位，建一所全新的大學」，有人提議「把開發深港河套地區納入『深港創新圈』研究發展範疇，建設河套跨境高新區」，等等，不一而足。

當年11月，深港兩地政府終於達成初步共識，河套地區發展可考慮「以高等教育為主，並輔以高新科技研發和文化創意產業用途」。

2009年6月，香港特區政府規劃署、土木工程署展開落馬洲河套地區的規劃及工程研究工作，深圳方面配合參與；10月，香港特區政府稱「正在研究香港的大學在落馬洲河套地區發展的可行性」。2010年11月，深港兩地政府就落馬洲河套地區發展同步展開為期兩個月的公眾諮詢，河套地區主要用來興辦高等教育及高新科技研發，可以帶來近30000個就業機會、容納24000名學生。

2011年11月，港深雙方簽署《推進落馬洲河套地區共同開發工作的合作協議書》，同意在「一國兩制」大原則下，按「共同開發，共享成果」原則，合作推動河套地區發展。

......

令人遺憾的是，眾望所歸的深圳河落馬洲河套地區聯合開發千呼萬喚，卻只聽樓梯響不見人下來，始終停留在各種建議、協議書上。

問題究竟出在哪裏？文伙泰在 2008 年提交的提案《香港與深圳「一河兩岸」合作與發展的新思考》中一語中的：「對於這個地段的發展和功能，兩地一直有團體列入研究項目，不同境遇下，提出過種種建議……無怪乎深圳官方表示，現在河套發展已經到了必須統一認識和看法的時候，不能夠再無止境地討論下去。香港媒體也認為，河套開發『建議雖多，欠缺共識』！」

河套開發只在嘴上，文伙泰設想中的「一河兩岸」沿河經濟帶只能是鏡花水月。

文伙泰直言不諱：「（河套地區）這個不到一平方公里的地塊要承受這麼多的希望，這麼多的創造，實在是太小……一定要跳出河套看河套，在深圳河『一河兩岸』差不多 30 平方公里的沿邊接合部考慮和規劃，做長遠和全域的考衡……應該把深港『一河兩岸』的有效地段作為未來深港『兩制雙城』大都會建設的核心區域，建成未來『兩制雙城』最具潛力和壯觀的雙城新區 —— 深圳河沿河新市區。」

## 深度合作，前海開篇

1978 年年底，黨的十一屆三中全會勝利召開，「改革開放號」中國航船正式遠航。此時此際，香港地區經濟社會第二次重大轉型正如火如荼，亞洲地區金融、貿易、航運和旅遊中心的定位正在錨定。

內地改革開放大業需要借力香港，香港製造業「外溢」勢在必行，歷史進程中的重大機緣，有命數偶合的因素，更是頂層設計的偉

力，讓深圳河這條無中生有的「界河」，悄然化身為內地與香港合作的通途。

無數港資和借道香港這塊特殊跳板的外資跨過羅湖橋，北上，北上，北上。

北上第一站當然是一衣帶水、同源同根的深圳。

「文章合為時而著，歌詩合為事而作」。深圳這座城，本就是共和國合為時、合為事而創造的作品。深港合作，理所當然成了粵港澳合作、內地與香港聯動的主戰場。

以 1997 年、2007 年這兩個有特殊紀念意義的年份為界，以 10 年為期，可以梳理出深港合作 40 多年的脈絡所在。

1997 年之前，深港合作的重心在於「產業合作」，大量勞動密集型製造業跨越深圳河北上。大量「三來一補」「三資」企業如同冷夜裏的一束強光，照亮了深圳工業化、城市化的前程。

1997 年至 2007 年，圍繞當時方興未艾的互聯網技術及相關創新科技產業，「創新協作」成為深港合作的新亮點。早在 1990 年代初，香港就未雨綢繆，成立了本地第三所研究型大學香港科技大學，以加強香港在未來競爭中的基礎研究和創新能力。

1998 年，呼嘯而來、席捲而去的亞洲金融危機重創香港，促使香港特區政府深刻反思自身的產業結構和發展戰略。這一年的香港特區政府《施政報告》明確提出，「設法使香港成為亞太區的互聯網樞紐」，「以 50 億港元設立創新及技術基金，提供資助給對本港工商界善用創新科技有幫助的計劃」。

也是在這一年，深圳市委、市政府決定全面產業轉型，進軍高新技術產業，其標誌性舉措就是將傳統展會「荔枝節」，升級為更具科技創新前瞻意義的「高交會」。

1990 年代末的一天，時任深圳市政府副秘書長兼深圳市高新技術產業園區領導小組辦公室主任、後任深圳市主管科技創新工作的常務副市長劉應力，敲開位於香港清水灣半島香港科技大學下屬的很多重點實驗室的大門。

此時的深圳，急於產業轉型、科技創新，卻苦於本地沒有拿得出手的科研院所，只能祭出「借雞生蛋」的一招：登門求教一河之隔的香港研究型大學的專家教授，延請他們空降深圳，和本地企業一起進行產學研合作，期望最終跑出一兩匹科創黑馬。

誰也沒有想到，劉應力一行這次在香港科技大學的敲門，真的成就了一樁深港兩地「創新協作」的美談。

當劉應力一行敲開香港科技大學 3126 實驗室大門時，前來開門的是不會講粵語、操著一口濃濃湖南口音普通話的李澤湘教授。

李澤湘正是深圳市夢寐以求的那個人！

1961 年出生於湖南省永州市藍山縣的李澤湘作為中國首批公派本科生，先在美國卡內基─梅隆大學獲得電機工程及經濟學雙學士學位，後又在加州大學伯克利分校獲得數學碩士、電機工程與計算機碩士及博士學位，並在 1989 年至 1990 年間任麻省理工學院人工智能實驗室（AI Lab）研究員，1990 年至 1992 年間任紐約大學 Courant 研究所計算機系助理教授。1992 年，懷著「辦一所大學」熱望的李澤湘受邀加入香港科技大學，出任電子及計算機工程學系教授，隨即創立了專注於數控研究的自動化技術中心，即之後名震科創界的香港科技大學「3126 實驗室」。

可以毫不誇張地說，李澤湘「彪悍」的學術、職業履歷背後，掛著一張全球機器人領域的研究、產業版圖。

1999 年 8 月，深圳市政府、北京大學、香港科技大學三方攜手，

在深圳市高新技術園區共同創建深港產學研基地，旨在深港地區攜手建立一個高層次、綜合性、開放式的官、產、學、研、資結合的科創平台，成為具有競爭力的科技成果孵化與產業化基地、風險基金聚散基地、科技體制創新基地和高新技術人才培養引進基地。

天時地利，躬逢其時。李澤湘決定下場創業，他和同校教授高秉強、吳宏等人創辦的固高科技成為香港科技大學首批入駐深港產學研基地的高新技術企業。公司引入矽谷創業模式，會集了一大批在運動控制、自動化及機電一體化等領域有建樹的國內外科技精英，專業從事運動控制產品和光、機、電一體化技術的研發。1999 年，固高科技推出第一款插卡式運動控制器（GM 系列），2000 年推出全閉環運動控制器（GT 系列），成為亞太地區第一家擁有完全自主知識產權、專業從事運動控制及智能製造核心技術研發的公司。

在深港「創新協作」大潮中，捷足先登的李澤湘在「游泳中學會游泳」，逐漸成長為橫跨香港和內地的硬科技界「創投教父」。20 多年來，他作為創業導師和投資人，孵化了 60 多個創業團隊，催生了雲鯨智能、海柔創新、李群自動化、逸動科技等一眾硬科技明星企業，其中的 15% 已成為獨角獸或準獨角獸企業。2023 年 8 月 15 日，固高科技成功登陸深交所創業板。

要說李澤湘的創投代表作，無疑是今天在硬科技界如日中天的大疆創新。

2006 年 11 月 6 日，在香港科技大學就讀的 26 歲內地學子汪滔，在導師李澤湘的指點和天使投資支持下，在深圳車公廟一間不足 20 平方米的倉庫裏創辦了大疆創新。2008 年，大疆創新發佈第一架自動化電動無人直升機 EH－1，2010 年發佈第一款基於飛控技術、面向大眾消費市場的 Ace One，從此一飛沖天，創新之作源源不絕，無可爭議

地坐上了全球無人機市場霸主的寶座。在胡潤研究院發佈的《2023 全球獨角獸榜》中，大疆創新排名第 20 位，估值高達 1250 億元人民幣。

「創新協作」如火如荼之際，深港合作的甜蜜指數也水漲船高，其標誌性事件就是 2004 年開局的「深港合作會議」。

＊　＊　＊

1997 年香港回歸祖國後，深港合作也進入了「創新協作」的新階段。但一條深圳河分隔兩種制度的歷史慣性力量勢大力沉，深港兩地之間民間經濟領域的互動密切，地方政府層面卻始終沒有建立起一個長效的直接溝通機制。

然而，一場呼嘯而來又突然神秘消失的非典（SARS）疫情悄然改變了這個難堪局面。

2003 年 2 月，香港繼廣州、北京之後暴發非典疫情，短短四個月內造成 1755 人感染、299 人死亡。巨大的恐慌瞬間傳至全世界，之前每年入港遊客超過 6000 萬人次的香港旅遊業及進出口相關行業突遭暴擊，幾近窒息。

內地第一時間伸出援手。當年 6 月 29 日，《內地與香港關於建立更緊密經貿關係的安排》（CEPA）在香港簽署。根據 CEPA 協議，內地對原產於香港的產品實行零關稅，開放服務貿易，給遭受非典疫情衝擊而蒙塵的「東方之珠」送來了一場及時雨。8 月 20 日，在中央政府的安排下，廣州、深圳、珠海、惠州等地同時開通港澳個人遊。

中央政府層面的 CEPA 協議、珠江三角洲主要城市開通的香港「自由行」，不但及時為香港經濟「止血」，也凸顯了深港、粵港地區深入合作的價值和意義。

2006 年 1 月 4 日，深圳市委、市政府在《關於實施自主創新戰略建設國家創新型城市的決定》中第一次正式提出「深港創新圈」，激起社會各界熱議。2 月，深港產學研基地在香港科技大學召開理事會工作會議，香港各大學校長和科技教育界知名人士濟濟一堂。會上，劉應力以深港產學研基地理事長的身份，以《深港創新圈的建設與未來展望》為題作了一次公開報告，香港學界、新聞界反響熱烈。3 月 6 日，深圳市委原書記、時任全國政協港澳台僑委員會副主任厲有為，時任深圳市政協主席李德成和香港科技大學創校校長、時任全國政協委員吳家瑋，聯名向全國兩會提交了《積極發揮香港深圳的創新優勢　建立有特色的區域創新體系》的提案。4 月 22 日，深圳市科技局、信息局和香港創新科技署聯合在深圳舉辦「深港創新圈專題研討會」，進一步探討建立「深港創新圈」的定位、功能和創新模式、操作等問題。會議邀請科技部、國務院港澳辦、廣東省領導和專家學者以及近百家深港企業代表參加。大會提交的《建立「深港創新圈」工作草案》得到與會代表的廣泛認同。不久後，深港雙方協商將「深港創新圈」設想提交深港合作會議審議。

　　2007 年 5 月 21 日，深港兩地政府正式簽署《「深港創新圈」合作協議》。協議明確了「深港創新圈」的定義和合作領域，強調「深港創新圈」是以科技合作為核心，融合各類創新要素，全面推進和加強深港兩地科技、經濟、人才培訓、商貿等領域的廣泛合作，形成創新資源集中、創新活動活躍的區域。

　　這份醞釀多年的協議，翻開了深港合作新的一頁，深圳河兩岸進入「機制融合」、全方位合作新階段。

　　書寫「一國兩制」原則下深港兩地全方位合作首篇的任務，就這樣歷史性地落在了珠江口外、伶仃洋東岸的前海身上。

2018 年啟用的香港西九龍高鐵站，推動粵港澳大灣區高速融合。

第十五章

灣區之光

## 一塊前海石，激起千層浪

深圳市設立之初，包括海灘、島嶼在內的轄區陸地面積共1890.701平方公里。40多年後的今天，這個數字變成了1997.47平方公里。這中間多出來的100多平方公里土地，當然不是朝夕之間的自然造化之功，而是萬千特區建設者愚公移山、精衛填海，一點一點從海洋裏填出新造之地。時至今日，移山填海工程仍在深圳沿海地區持續進行，重新勾勒著深圳海岸綫的造型。深圳陸地面積也因此動態變化，逐年「生長」。

山海深圳，如詩如畫。海，使她深沉；山，讓她秀美。這片不到2000平方公里的土地擁有兩副鮮明面孔：一面是高大崎嶇、充滿野性的丘陵、山地，約佔全市陸地面積的48.9%；另一面是相對平坦的低起伏台地和平原，約佔49.6%。

理論上講，大約一半面積的深圳陸地可以成為建設用地。問題是其中佔比22.4%的「低起伏台地」是介於80米至45米的侵蝕台地。它們有的簇擁在丘陵周邊，有的散佈在城區裏，成為天然綠地公園裏

的小山頭，開發建設成本和難度都極高。如此一來，由河流沖積平原、沿海平原、丘陵間河谷階地組成的佔全市陸地面積僅 27.2% 的低平土地，才是深圳地區真正易於開發的土地。

低平土地如此稀缺，也就決定了深圳河沿岸這塊深圳地區最大的沖積平原和深圳灣北岸低地，別無選擇地成了深圳墟、深圳鎮、深圳市、深圳經濟特區的始發之地。從羅湖區到福田區再到南山區，現代化城區一路向西，深圳河 — 深圳灣北岸沿綫終成雲集滿城精華之所在。

短短 40 多年間，深圳人口從建市之初的 33 萬人急劇膨脹到 2020 年的 1756.01 萬人，經濟總量躋身全國一綫城市行列。在深圳人口、經濟總量大裂變過程中，克服建設用地先天不足的辦法，第一招是「問天」要空間，遍地高樓大廈試與天公比高低。截至 2023 年 9 月，深圳已建成 200 多米的高樓 198 座、300 多米的高樓 22 座、400 多米的高樓 1 座、500 多米的高樓 1 座，總數達 222 座，摩天指數高達 254，不但位列全國第一，在全球範圍內也難尋對手。深圳拓展地理空間的第二招，就是自招商局蛇口工業區「開山第一炮」炸響至 2020 年，深圳地區不曾間斷的移山填海。

1980 年代，為了加強與香港的經貿往來，深圳在臨近香港的深圳灣西岸蛇口半島南端和大鵬灣西北岸的鹽田進行了少量填海，建設工業園、港口，一西一東，成為帶動深圳經濟、社會發展的雙引擎，至今仍發揮著重要作用。

1990 年代，深圳城建全面展開。地勢較高的西北部丘陵地帶也開始大興土木，由此產生的巨大土石方量，成為大規模低成本填海的材料來源。這一時期的填海，集中在深圳灣西岸、北岸：在福田區南端的深圳河入海口處，填出了約 274 萬平方米新地，作為福田保稅區倉

庫和堆場用地；全長約 9.7 公里的深圳濱海大道有 7.6 公里是填海而成。這條大道將大片水域與海水隔離，福田、南山兩區因此新增了至少 4 平方公里土地面積。曾經面海而立的深圳大學粵海校區從此遠離海岸綫，「海望樓」「海濤樓」等宿舍樓上再也聽不到海濤拍岸之聲，舉目所見的是今天在填海區上破土而出的深圳灣超級總部基地摩天大樓。

新世紀的頭十年，深圳移山填海的速度再創新高。這個時期的深圳「闖海」主戰場擺在珠江口東岸一綫，深港西部通道填海工程、寶安機場擴建工程、前海城區擴建工程、大鏟灣港區擴建工程依次展開，與東莞市的填海工程連在一起，徹底改寫了珠江口東岸海岸綫的模樣。

南頭半島更是「面貌一新」：曾經直接入海的大、小南山完全被填海區包圍，從此坐擁「山海之城」。顧名思義，南頭半島形如向南伸入伶仃洋的蛇頭，最南端的張開「蛇口」。半島最北端的「脖頸」處最細，東側後海灣與西側前海灣之間的陸地長度僅為 2 公里，經年累月的東西「夾擊」填海後，長度變成了 7 公里。南頭半島的「蛇頭」之形，幻變為今日之「龍頭」。

南頭半島「脖頸」以東，約 8 平方公里的后海灣灘塗淺海化身今天寸土寸金的後海金融總部基地，與一箭之遙的深圳灣超級總部基地一起，成為深圳發展總部經濟的黃金寶地。西側前海灣，「浮出水面」的是一片面積多達 14.92 平方公里的處女地。

這片新造的深圳極西之地，對建設用地極度稀缺的深圳而言彌足珍貴，因而成為城市戰略後備用地。它有幸被歷史選中，成了探索內地對境外制度型開放的第一塊「試驗田」──前海深港現代服務業合作區。

＊＊＊

　　前海合作區擁有無與倫比的區位優勢。它位於整個珠江三角洲地區的核心位置，又是珠江口東岸香港—深圳—廣州這條「珠三角脊樑」的重要節點，甫一出場，就自帶光環，且年年新換盛裝：

　　2006 年審議通過的《深圳 2030 城市發展策略》首次提出「建設前海、龍華和龍崗中心等重點地區」，前海被視為深圳未來發展最具戰略意義的物理空間之一，定位為深圳「城市發展節點、區域發展重點」。此時的前海地區，大部分還在海面以下。

　　2010 年國務院批覆的《深圳市城市總體規劃（2007—2020）》中，前海灣脫穎而出，和老牌的深圳核心區福田中心區一起相提並論、稱兄道弟，成為深圳未來「雙城市中心」。

　　2008 年，廣東省對前海同樣青眼有加。當年發佈的《珠江三角洲地區改革發展規劃綱要（2008—2020 年）》提出，規劃深圳前後海地區。

　　2009 年，香港欣然加入。當年 8 月舉行的粵港合作聯席會議上，粵港雙方就「在深圳前海地區推進現代服務業發展」等八個重要合作項目簽署了合作協議。時任香港特區行政長官曾蔭權表示，在粵港合作方面，政府還希望通過參與深圳前海的發展，促進和提升香港本身的服務業，長遠推動香港經濟發展。

　　2010 年，對於幾年來一直被各種規劃、在後台「候場」數年的前海來說意義非凡。當年 8 月 26 日，深圳經濟特區 30 週歲生日之際，中央人民政府送來了一份「大禮」：國務院正式批覆《前海深港現代服務業合作區總體發展規劃（2010—2020 年）》，明確將前海建設成為粵港現代服務業創新合作示範區。

前海，從深圳一城的發展節點、重點，煥然一新地成為踐行國家重大發展戰略的主角之一。

2012 年 6 月，國務院發佈《關於支持深圳前海深港現代服務業合作區開發開放有關政策的批覆》，明確提出「支持深圳前海深港現代服務業合作區實行比經濟特區更加特殊的先行先試政策」，前海成為「特區中的特區」。

* * *

2012 年 12 月 7 日，黨的十八大後離京考察第一站，習近平總書記選擇了深圳前海。在一塊巨型「前海石」前，習近平總書記和眾人合影留念，發出了新時代改革開放再出發的號召。他深情寄語前海要「精耕細作，精雕細琢，一年一個樣，一張白紙，從零開始，畫出最美最好的圖畫」。要求前海深港現代服務業合作區「依託香港、服務內地、面向世界」，成為深港、粵港合作的新平台。

重放當年電視畫面，鏡頭所及之處幾乎空無一物，只有那塊前海石突兀而立。正如習近平總書記所言，2012 年時的前海是真正的「一張白紙」：兩年前國務院批覆《前海深港現代服務業合作區總體發展規劃（2010—2020 年）》時，前海 14.92 平方公里範圍內，有超過 3 平方公里仍在填海；6.5 平方公里雖已造陸，但軟基處理尚未結束，還需經歷 220 天的沉降期。2012 年底，填海、軟基處理工程基本完成，前海地區這才真容初見。

這片向海而來的全新土地，需要一個物理意義上的存在為它命名，告訴世人：這裏就是前海。今天已成為前海乃至深圳市標誌性景點之一，市民、遊客熱鬧「打卡」地的前海石，應運而生。

2009 年時，負責前海基礎設施建設的深圳市建築工務署派人前往粵北山區尋找合適的石材。有追求的人和物自有緣分，總能在合適的時間和地點相遇。很快，一塊高約 2.8 米、寬約 2.1 米、厚約 0.65 米的石材入了尋石人的慧眼：這塊石料學名黃蠟石，結構密、韌性強、硬度高，十分適合打造標誌性景觀；同時，這塊石頭自然造型酷似船帆，與前海的地理位置、發展狀態水乳交融，堪稱絕配。

前海之濱、桂灣河水廊道邊，寓意「揚帆起航」的前海石於 2010 年底悄然矗立。

石頭上鐫刻的「前海」二字，集自鄧小平手跡。鄧小平有生之年並沒有親筆題寫這兩個字。石頭上的「前」字，取自鄧小平革命時代手寫的「淮海戰役總前委」；「海」字，則來自 1984 年鄧小平第一次南方視察時，在蛇口半島南岸明華輪上欣然題寫的「海上世界」。

運籌帷幄，決戰淮海；指點江山，改革開放 —— 鄧小平偉大一生中的兩個高光時刻，就這樣在新時期，在這塊前海石上歷史性地相遇，迸發出無比瑰麗的時代光芒。

## 灘塗上建起「人本水城」

自上而下被國家、省、市寄予重重厚望的前海，究竟如何「精耕細作，精雕細琢」？這是一個擺在深圳建設者面前的時代命題。

對標全球先進，寫出一篇驚艷世界的「初稿」是當務之急。

2010 年，深圳市規劃和國土資源委員會開出 500 萬元人民幣的重獎，面向全球徵集前海地區概念規劃，吸引了全球幾十家知名規劃設計機構前來一試身手。最終，美國 FO 事務所（Field Operations）所提的七號方案「前海水城」方案，力拔頭籌。

緊貼時代潮流的設計才是最好的設計。美國 FO 事務所負責前海地區概念設計的主創設計師詹姆斯‧庫納，是美國景觀都市主義的代表人物之一。他所提的「前海水城」方案最大亮點就在於關注水和生態，「將水融入城市」。

　　前海地區原本就是一片灘塗，填海之後地基升高，排水成為難題。「前海水城」方案因勢利導，拓寬域內原有的雙界河、桂灣河、前灣河三條指狀水廊道，並與月亮河這條環狀水廊道相連，既解決了城區防洪排澇的問題，又讓海水自然進入城區，實現「人本水城」的怡人意象。

　　別具匠心的串聯水廊道將前海近 15 平方公里區域分解為特色鮮明的「三區兩帶」空間發展格局。全面建成後的國際化、現代化前海新城，將是一個地下四層和地上兩層全部打通的現代化國際城區。全部 22 個單元、102 個街坊，100 米內有親水景觀、公園綠地，200 米內交通無縫銜接，500 米內有休閒、購物設施，1000 米內可滿足教育和醫療需求。

　　詹姆斯‧庫納的成功絕非偶然。他的設計方案敏銳地抓住了前海地區的人文地理特徵和當下中國正在興起的生態城市發展理念。可以說，他的設計理念與國家開發前海地區的初衷和期待完美契合。

　　「面向世界」，全面與國際標準、慣例對接。2010 年 8 月，前海建設全面啟動，時任深圳市市長王榮在接受媒體採訪時說：「為推動前海加快發展，我們在領導機制、工作機制等方面向香港學習，設立了法定機構 —— 前海管理局 …… 我們的目標是，到 2020 年，前海將建成基礎設施完備、國際一流的現代服務業合作區，實現地區生產總值 1500 億元。」

　　對於深港兩地在前海地區的深度合作，王榮滿懷憧憬：「福田之

外，前海也將是深圳未來新的城市中心，使深圳在全球現代服務業領域佔有重要的地位，發揮重要作用。」

\* \* \*

2010 年底初置時，前海石是直接擺放在地面上的。四周的綠植和高樓大廈一起搖曳向上，前海石的絕對高度明顯不夠了。更為重要的是相對高度的缺憾：前海石全高 2.8 米，並不矮小，但市民遊客來此「打卡」，看的、拍的不僅僅是這塊大石頭本身，更看重的是上面鐫刻的「前海」這兩個大字。由於是上下行文，「前海」的「海」字下緣，距離地面僅 0.7 米。考慮到人與石的距離及拍攝角度等因素，與前海石合影時很多情況下拍不全「前海」二字，只露出上面的「前」字，證明「到此一遊」的效果大打折扣。

與日新月異的前海開發進程一樣，作為前海地區改革開放再出發象徵的前海石，也需要一次脫胎換骨式的形象昇華。

2018 年，中國改革開放 40 週年的「大日子」如期而至。作為前海石所在地前海石公園設計顧問的日本設計師磯崎新提出：採用同樣材質的臥石，為前海石加上一個基座。兩石結合，不但能抬升前海石的高度，更能渲染「揚帆起航」的意境。

當年 7 月，嶺南地區一年中最火熱的季節，深圳的尋石小組再次趕赴粵北。

「姻緣」再次天成。在廣東石材集散地英德市，一塊巨大的黃蠟石進入了尋石小組的視野。它長 5.5 米、寬 3 米，造型與之前電腦模擬的基石模型幾無二致。

8 月 23 日，前海石和基石完成「零誤差榫卯嵌接」，天衣無縫地

結合在了一起。安裝過程中，前海石得到了百分之百的保護，沒有做任何切割。整體抬升後的前海石，石頭最高處 14.2 米，「海」字的最低處 12.08 米，「前海」二字的中心點處於石頭與平台的黃金分割點。遊人與前海石合照時，再也不必因遮擋字體而費心勞神地調整拍攝角度了。

前海石廣場的地磚鋪裝隨即展開。以前海石和基石為中心點，用深、淺色地磚錯落鋪設，形成向四周擴散的「同心浪」圖案。遊客徜徉其間，如同踏浪而行。這個寓意「一石激起千層浪」的「磐石搏浪」創意設計，與前海地區短短幾年裏活力無限的創新實踐互為表裏。

2021 年 7 月，前海石與「時間就是金錢，效率就是生命」標語牌等其他三處近現代重要史跡及代表性建築，被納入第七批深圳市文物保護單位。南頭半島南北兩端，不同時代的改革開放之河，歷史性地合流。

\* \* \*

2018 年 10 月 24 日，習近平總書記視察廣東時第二次親臨前海。目睹當年孤零零的前海石周邊無數高樓拔地而起、昔日荒灘野塗上一派生機勃勃，習近平總書記深有感觸地說，發展這麼快，說明前海的模式是可行的，要研究出一批可複製可推廣的經驗，向全國推廣。「實踐證明，改革開放道路是正確的，必須一以貫之、鍥而不捨、再接再厲。」

在 2019 年新年賀詞中，習近平總書記專門提及不久前給他留下深刻印象的前海，告訴全國人民「深圳前海生機勃勃」。

2020 年 10 月 14 日，深圳經濟特區建立 40 週年慶祝大會在前海

國際會議中心舉行。習近平總書記在這裏發出了中國「在更高起點上推進改革開放」的時代號召。他指出:「當前,世界經濟面臨諸多複雜挑戰,我們決不能被逆風和回頭浪所阻,要站在歷史正確的一邊,堅定不移全面擴大開放,推動建設開放型世界經濟,推動構建人類命運共同體。」

對腳下這片念茲在茲、八年間三次親臨視察的改革開放熱土,習近平總書記在講話中再次勉勵有加,「要深化前海深港現代服務業合作區改革開放」。

\* \* \*

在總書記的殷殷囑咐下,從當年蛇口的「時間就是金錢,效率就是生命」,到今天前海的「開局就是決戰,起步就是衝刺」,曾經驚艷世界的「深圳速度」再戰江湖。新時代的如椽之筆,在南海之濱續寫出「世界發展史上的一個奇蹟」:經過十年「精耕細作、精雕細琢」,這片「曾經的海」上,「前海水城」耀眼綻放。前海乃至深圳市的新地標「灣區之光」摩天輪搖曳生姿,與 200 多座向海而立的現代化高樓大廈一起,勾勒出「東方曼哈頓」光彩照人的城市天際綫。

深港「機制融合」、全方位合作結出纍纍碩果。前海累計吸引港資企業近萬家,「夢工場」累計孵化香港創業團隊 480 餘家;新設地方金融機構達 4632 家,約佔深圳市的八成,其中註冊港資金融企業 2089 家;建成三個國際化街區、四所港澳醫療機構、九所國際學校,成為國內國際化程度最高的區域之一;2022 年,前海地區生產總值近 2000 億元人民幣,前海關區進出口總額 2.58 萬億元人民幣,當年實際利用外資 58.64 億美元,佔深圳市的 53.5%、全國的 3% 左右。

前海深港現代服務業合作區的制度創新層出不窮。截至 2023 年 4 月，前海已累計推出制度創新成果 765 項，向全國複製推廣 76 項，成為粵港澳大灣區建設框架下先行先試、引領制度創新的「策源地」。

中山大學自貿區綜合研究院發佈的 2021—2022 年度中國自由貿易試驗區制度創新指數顯示，前海穩居首位。

＊＊＊

伶仃洋煙波裏，「三江匯合、八口分流」的珠江水系日夜奔流，和移山填海的人間偉力一起，無聲無息地改變著珠江口的岸綫，蝕刻出環珠江口地區的新版圖。

「填」出來的現代化前海新城一馬當先，在珠江口東岸演繹著新時期的滄海桑田，展現出中華民族不竭的創造力和不懈的改革開放精神。

當時代洪流匯入 2017 年，「大灣區」，這個縈繞這片土地百年的夢想，也如願以償地照進了現實。

## 「南方大港」，百年夢圓

1918 年，護法運動（又稱護法戰爭、「三次革命」，其宗旨是「打倒假共和、建設新共和」）中桂、滇兩系軍閥「莫肯俯首於法律及民意之下」，名為護法，實為爭奪地盤，露出了背叛革命的醜惡面目。5 月 4 日，孫中山憤而辭去中華民國軍政府大元帥之職，孤身離粵赴滬。

彷徨苦悶之際，偉大的愛國者、民主革命先行者孫中山沒有絕望，而是「以予平生之抱負與積年之研究所得」潛心寫作，一腔熱忱謀劃中華民族的前途。在這一時期從上海莫利愛路寓所寄出的書信

中，孫中山清晰地表達了自己閉門著書的初衷：「方今國事顛躓，根本之圖，自以鼓吹民氣，喚醒社會最為切要……文自客歲（去年，指1917 年）以來，閉戶著書，不理外事，亦欲以素所蘊蓄喚起國人。」

1919 年 2 月，孫中山為了方便西人閱讀特意用英文寫作，以世界級政治家的視角，呼籲第一次世界大戰結束後「國際共同發展中國實業」的專著《實業計劃》完稿。6 月，在英文報刊《遠東時報》正式發表，此後由朱執信、廖仲愷等人譯成漢語，書名改為《建國方略之二：實業計劃（物質建設）》。1921 年出版時沿用原名《實業計劃》。1924 年，該書與他的另兩本著作《民權初步》和《孫文學說》合集出版，就是今日傳世的被稱為近代中國謀求現代化第一份藍圖的《建國方略》。

孫中山的《實業計劃》由六大計劃共 33 個部分組成。在這個無比恢宏、前所未有的大國崛起總體構思中，通達全國的交通系統是孫中山關注的重中之重。他提出，在中國北部、東部及南部沿海修建三個「如紐約港」那樣的世界級大海港和一系列二、三等海港及漁業港；修建十萬英里（約 16.1 萬公里）鐵路、五大鐵路系統和遍佈全國的公路網，把中國的沿海、內陸和邊疆聯繫起來；開鑿、整修全國水道、運河，大力發展內河交通和水利、電力事業。在「火車一響，黃金萬兩」的發展環境下，全面開採煤、鐵、石油等礦藏和興辦冶煉、機械製造工業，發展滿足人民衣食住行所需的近代工業體系，實現農業機械化。

志存高遠的孫中山還提出了修建三峽大壩的設想，「當以水閘堰其水，使舟得以逆流而行，而又可資其水力」。

結論部分，一輩子站在時代潮頭的孫中山詳述了實現《實業計劃》對改變中國落後面貌和促進世界文明的作用，呼籲「國際資本家為共同經濟利益」予以協助。

鑒於當時的中國積貧積弱，缺乏進行大規模經濟建設所需要的資本、人才和技術，孫中山前瞻性地提出，要加快建設進度，使中國經濟發展在不是很長的時間內趕上發達資本主義國家，就要實行「開放主義」，「無資本，即借外國資本」，「無人才，即用外國人才」，「方法不好，即用外國方法」。「實業計劃」就是建立在這樣一種改革開放理念之上的建設計劃。概而言之，就是孫中山所講的「吾之意見，蓋欲使外國之資本主義以造成中國之社會主義，而調和此人類進化之兩種經濟能力，使之互相為用，以促進將來世界之文明也」。

　　但同時，孫中山也告誡國人，利用外資必須以不損害中國主權為前提，主張根據平等互利原則同外國資本集團訂立合同，可以給予外國資本合理的經濟利益，但不能允許其侵犯中國主權。孫中山把這個問題視為「中國存亡之關鍵」，認為「發展之權，操之在我則存，操之在人則亡」。

　　這部洋洋十萬餘言的著作，集中體現了孫中山對全國交通開發「一盤棋」和工農業現代化的宏大設計，第一次把經濟建設放在首位，第一次提出對外開放的經濟戰略思想，是一份全面發展中國經濟的宏偉綱領。


＊ ＊ ＊


　　孫中山撰寫《建國方略》三部分之《民權初步》時，逆時代潮流而動、悍然稱帝的袁世凱已在舉國一片聲討中鬱鬱而終。袁世凱去世後，北洋集團分崩離析，中國陷入軍閥混戰的悲慘局面已然無可避免。1919 年《實業計劃》問世之後，直至 1949 年中華人民共和國成立，30 年裏泱泱大中華如同汪洋中的一條小船，風雨飄搖，動蕩不

安。億萬人民雖然感懷於孫中山先生的拳拳中華之心、鬱鬱天下之志，也有人認為這只是痴人說夢式的空想。

白雲蒼狗，彈指一揮間，中華民族在風雲激盪中走過了極不平凡的百年征程。歷史在時光隧道裏迴響，孫中山先生的《建國方略》在中國共產黨人的手裏，變成了清晰可辨的現實。

2007年，中國超越德國成為全球第三大經濟體。此後中國的發展勢如破竹，僅僅三年之後的2010年，中國就超過日本成為全球第二大經濟體，美國《華爾街日報》用「一個時代的結束」來形容這一時刻。當時，包括日本在內的世界輿論一片嘩然，認為中國GDP數據造假。2021年，中國整體經濟規模超過日本三倍，世界上再無質疑之聲，轉而大炒特炒「中國威脅論」。

百年一夢終成真。

孫中山一生高蹈革命理想，時有超凡脫俗的驚人之舉，多為時人側目。1919年6月，他發表石破天驚的《實業計劃》後，更有宵小之徒冷言惡語，譏之為「孫大炮」。客觀地講，今日之中國，確實是當年縱然胸中有千萬丘壑的孫中山也不敢譜寫的「發展狂想曲」。單以《實業計劃》論及的交通領域硬指標來說，孫中山構想中的十萬英里鐵路和北、東、南三大世界級海港，在時人心目中也絕對是海市蜃樓。

「卻顧所來徑，蒼蒼橫翠微。」截至2022年底，中國鐵路營業里程達到15.5萬公里，16.1萬公里的目標觸手可及。其中，高鐵營業里程4.2萬公里，雄居全球第一。孫中山渴望把中國的沿海、內陸和邊疆聯繫起來，今日中國取得的成就已遠遠超過了他的設想：全國擁有公路里程535.48萬公里，公路密度達到55.78公里/百平方公里，擁有公路營運汽車1222.08萬輛；全國內河航道通航里程12.8萬公里，擁有水上運輸船舶12.19萬艘、港口生產用碼頭泊位21323個；全國

共有頒證民用航空運輸機場 254 個，運輸飛機在冊架數 4165 架，全年旅客吞吐量達到 100 萬人次以上的機場 69 個，其中達到 1000 萬人次及以上的機場 18 個。

孫中山在交通領域的第二大期待是在中國的北部、中部、南部各建一個能與紐約港相媲美的世界級大港，並以港口為中心發展三個沿海經濟發達區域。這個夢想也在中國共產黨人手中超額實現。如今的中國，在「世界十大最繁忙港口」中佔有七席，華北有天津港，華東有「世界第一大港」上海港、舟山港、青島港，華南則簇擁著香港、深圳、廣州三大世界級大港。依託大江大河的河口平原和世界級大港，沿海地區也如孫中山暢想的那樣，自北向南，形成了京津冀地區、長江三角洲、珠江三角洲三個經濟發達區域。

2020 年 10 月 13 日，正在廣東考察的習近平總書記走進汕頭開埠文化陳列館，在《建國方略》相關規劃圖前駐足凝視良久，無限感慨地說：「只有我們中國共產黨人實現了。」

＊　＊　＊

在《實業計劃・第三計劃》中，孫中山開篇就闡明千年商港廣州是「南方大港」。「吾以此都會為中心，制定第三計劃如下：（一）改良廣州為一世界港。（二）改良廣州水路系統。（三）建設中國西南鐵路系統。（四）建設沿海商埠及漁業港。（五）創立造船廠。」

《孫中山選集》上卷中刊有孫中山手繪的地圖，標明這個「南方大港」涵蓋當時的香港、澳門，以及廣州、東莞、佛山、三水、大良、香山、小欖、江門、新會諸地。在孫中山的構想中，相比今天珠江口岸的城市格局，廣州都會區輻射的珠江西岸城市帶遠比東岸密集，所

以中間找不到深圳的名字。顯然，百年前的孫中山縱然目光如炬，還是料想不到在廣州、香港兩大城市的眼皮底下，「省尾國腳」的深圳河北岸寶安縣，會被另一位中華民族的偉人鄧小平「設計」出深圳這座「奇蹟之城」。2016 年，剛過而立之年的深圳地區生產總值首次超過了省會廣州，一度引人注目的廣州、深圳地區生產總值排名之爭自此塵埃落定。2018 年，深圳經濟總量一舉超過河對岸的香港，成為僅次於上海、北京的中國城市經濟總量第三名。

短短 40 多年，在「敢闖敢試」的特區精神和毗鄰香港的地緣優勢雙重滋養下，深圳大踏步、跨越式發展，成功躋身中國一綫城市之列，並與香港聯手拉動珠江東岸城市群強勢崛起，形成與珠江西岸廣佛珠都市圈旗鼓相當的深莞惠都市圈。

## 河套地區的共同開發

深圳蝶變，回歸祖國已經 20 週年的香港與內地日趨緊密地相向而行，2017 年的中國南方星空粲然可觀。

孫中山 90 多年前的「南方大港」構想，在中國共產黨人的努力下，賡續、昇華為實現中華民族偉大復興的「南方艦隊」，疾駛向人類命運共同體的星辰大海。

為世紀大灣區的盛裝出場敲響第一聲開場鑼鼓的，是一度冷場的落馬洲河套地區。

河套地區的開發進展難如人意，表面原因是此議題的首倡者文伙泰在 2008 年深圳市「兩會」上提交的提案《香港與深圳「一河兩岸」合作與發展的新思考》所指的「具有超前性」，文伙泰說是「建議雖多，欠缺共識」，深港各界、各方基於各自的立場考量各抒己見，

最終導致這塊極其特殊、價值連城地塊的發展定位莫衷一是、左右搖擺。

實際上，河套地區土地的歸屬之爭便是很大的障礙。香港回歸當日國務院發佈的第 221 號令明確深圳河治理後，以新河中心綫作為區域分界綫，並未對河套地區的業權和管理權問題另作清晰說明。這種情況下，「糾結」就此打下：這片土地，土地業權理所當然歸屬深圳，但它又在香港特別行政區的管轄範圍之內，業權、管理權的錯位、分離，讓這片土地的定位失去主導者，深港兩地所有有識之士鼓呼不已的構想、建議，也就暫時懸置、難以落實。

制約河套地區開發的另外一個重要因素是戒備森嚴的「邊境禁區」。香港新界北部邊境禁區設立於 1951 年，1962 年再度擴大範圍，最廣時總面積約 2800 公頃。河套地區納入香港特別行政區範圍後，即被邊境禁區團團包圍。香港本地人都視為畏途的邊境禁區長期保持，河套地區如同一個出入極其不便的「孤島」。

2005 年，邊境禁區這條套在河套地區脖子上的繩索開始緩慢地鬆動。當年 10 月，時任香港特別行政區行政長官曾蔭權發表《施政報告》。報告首次建議縮減香港邊境禁區範圍，旨在「縮減至維持公共秩序所需要的最小範圍」。次年 9 月，香港特區保安局和房屋及規劃地政局訂立新邊境界綫禁區範圍，再度建議將範圍由約 2800 公頃縮減至約 800 公頃。2008 年，又邁出了一小步：經過廣泛的公眾諮詢後，香港特區政府決定分三階段將邊境禁區的範圍縮減至約 400 公頃。

2012 年 2 月 15 日，新的邊境禁區範圍正式生效，一次「釋放」了超過 740 公頃土地。2013 年 6 月 10 日，落馬洲邊境管制站至梧桐河段的邊境禁區範圍縮減，釋放出超過 710 公頃土地，《2013 年邊境禁區（修訂）令》於同日生效，包括落馬洲村在內的沿深圳河南岸一

綫六個鄉村因而受惠。落馬洲河套地區的開發，少了一點掣肘。2016年1月4日，第三階段縮減令生效，範圍涵蓋梧桐河至蓮麻坑段，釋放土地超過 900 公頃。至此，深圳河南岸邊境禁區上可開發土地基本鬆綁，不但深港兩地各界、各方翹首以盼的落馬洲河套地區開發獲得新希望，文伙泰早在 20 世紀 90 年代初就奔走呼號的「一河兩岸」沿河經濟帶也迎來了縷縷曙光。

＊ ＊ ＊

2016 年下半年，河套地區的業權、管理權之「結」也被巧手解開。在中央政府全力支持下，時任深圳市委書記馬興瑞和香港特別行政區行政長官梁振英一起「破題」，形成河套地區一攬子解決方案。

2017 年 1 月 3 日，深港兩地政府正式簽署《關於港深推進落馬洲河套地區共同發展的合作備忘錄》，備忘錄一錘定音：深圳河兩岸包括落馬洲河套地區的九塊「飛地」，業權和管理權合一，分屬深港兩地，各安其位。落馬洲河套地區土地業權交給香港，由香港主導開發「港深創新及科技園」；同時，香港認可、支持深圳將深圳河北岸毗鄰河套地區的 3.02 平方公里區域規劃打造成為「深方科創園區」。雙方共同構建「深港科技創新合作區」，共同開發，共享成果。

深港科技創新合作區的順利降生，既有前海深港現代服務業合作區在深港「機制融合」上的成功實踐之助，也有深港兩地順應時代潮流、優勢互補下協同創新的發展理念合流之效，更有「一國兩制」踐行 20 年來，香港深度融入國家發展大局，深圳河作為「界河」的色彩日益淡化之功。

「兩制」固然並行，「一國」更是前提。一國之中，兄弟之間，所

謂的「飛地」「過境」土地問題，完全可以有商有量。

時間是一劑良藥。

落馬洲河套地區開發定位紛擾了數十年，一朝落實為「深港科技創新合作區」，也是數十年來深圳河兩岸你中有我、我中有你，攜手發展大潮下的水到渠成之舉。

站在 2017 年的時間窗口，人們眼中背靠珠江三角洲「世界工廠」的深圳經濟特區，已是一座名揚海內外的「科創之城」，擁有強大的科技創新硬實力、遍地獨角獸企業和廣闊的國內市場。香港作為老牌的自由港，則擁有國內無出其右的科技創新軟實力：名校林立，湧現原創科技；面向世界，浸淫歐風美雨，與國際法律體系、標準、慣例完美對接；坐擁世界級的金融中心；成熟的現代金融服務業可為科技創新價值鏈中殊為關鍵的風投、融資、上市等環節提供一條龍服務……在河套地區這片歷史和現實、兩種制度並行的土地上，香港、深圳形成合力，為新時期建設一河兩岸的兩座現代之城開出一條新路，確是一步好棋，前景可期。

深港科技創新合作區的設立，成為繼珠海橫琴粵澳深度合作區、深圳前海深港現代服務業合作區、廣州南沙自貿區後，國家構思粵港澳大灣區的又一關鍵性平台。

2017 年 7 月 1 日，在習近平總書記的見證下，國家發展改革委會同粵、港、澳三地政府在香港簽署《深化粵港澳合作 推進大灣區建設框架協議》，備受期待的粵港澳大灣區建設邁出實質性一步。

宜居宜業宜遊的優質生活圈、充滿活力的世界級城市群、內地與港澳深度合作的示範區、具有全球影響力的國際科技創新中心、「一帶一路」建設的重要支撐……新世紀「春天的故事」旋律再起，向世界宣告屬中國的「灣區時代」正式來臨。

2019 年 2 月 18 日，中共中央、國務院印發《粵港澳大灣區發展規劃綱要》，粵港澳大灣區建設正式揚帆起航。

## 「大灣區」，經濟發展的新引擎

草蛇灰綫，伏脈千里。

國家戰略從來不是兒戲。粵港澳大灣區在 2017 年成形、2019 年正式誕生，是歷史和現實、競爭和合作、中國和世界在這片擁有特殊地形、地緣的土地上共振的結果。

早在 1990 年代初期，香港科技大學創校校長吳家瑋就提出了「香港灣區」概念，被認為是中國最早的灣區建設構想。後來，一批較早研究粵港澳問題的專家學者又相繼提出「珠港澳灣區」「環珠江口灣區」等概念，相關討論不斷深入。

而在官方文件中，直到 2005 年的《珠江三角洲城鎮群協調發展規劃（2004—2020）》才正式出現「灣區」概念。2008 年，有關粵港澳合作發展的宏觀政策擺上檯面，國家發展改革委將珠三角九市與港澳兩地的緊密合作納入《珠江三角洲地區改革發展規劃綱要（2008—2020）》，提出到 2020 年「形成粵港澳三地分工合作、優勢互補、全球最具核心競爭力的大都市圈之一」的願景。

但一場由美國次貸危機引發的、被視為「大蕭條」之後最嚴重經濟災難的金融危機在 2008 年下半年席捲全球。正在走上全球化道路的內地深受衝擊，和世界經濟之間根本沒有「防火牆」的港澳地區，特別是全球第三大金融中心的香港地區，更是遭受重創：8 月至 10 月短短三個月內，香港恒生指數從 21000 點暴跌至 10676 點，狀似雪崩，幾近腰斬；香港樓價大跌，經濟萎靡，第四季度的地區生產總值一下

子衰退 2.5%，如銀河直下三千尺，全港震動，恐慌情緒迅速蔓延。2008 年 9 月 24 日拍攝的一張老照片顯示，香港東亞銀行一家分行的門前，爭先恐後提取現金的港人沿著擁擠的街巷排隊，根本看不到隊尾在哪裏。

香港危難之際，中央政府再次果斷出手，當年 12 月及時推出支持香港金融穩定和經濟發展的 14 項政策措施。2009 年 1 月，央行與香港金融管理局簽署總額為 2000 億元人民幣 /2270 億港幣的雙邊貨幣互換協議，用真金白銀為香港提供金融市場正常運轉所必需的「機油」：流動性。

在祖國的全力支持下，2009 年 3 月香港恒生指數止跌，5 個月後收復 20000 點關口。

2008 年金融危機撼動全球，給香港這個世界級自由港造成的衝擊，遠比 1997 年亞洲金融危機深重，幾乎全身上下都是傷口。

接下來的數年時間裏，香港屏息休養。與此同時，中央政府果斷注資 4 萬億元人民幣、帶動地方 30 萬億元刺激經濟，救內地，救香港，救這個惶惶不安的世界。

2015 年，在「一國兩制」實踐成果豐碩，港澳地區與內地之間的歷史「疤痕」基本脫落、「機制融合」水乳交融的大背景下，大灣區建設之局重開。當年，國務院多部委聯合發佈的《推動共建絲綢之路經濟帶和 21 世紀海上絲綢之路的願景與行動》直接點題，提出「深化與港澳台合作，打造粵港澳大灣區」。

粵港澳大灣區就此「定妝」。此後的「十三五」規劃綱要、2016 年國務院印發《關於深化泛珠三角區域合作的指導意見》等官方文件中，粵港澳大灣區的名頭再無變化。

2017 年 7 月 1 日《深化粵港澳合作 推進大灣區建設框架協議》

簽署，2019 年 2 月 18 日《粵港澳大灣區發展規劃綱要》印發，粵港澳大灣區終於走上前台，盛裝出場。

＊ ＊ ＊

所謂「灣區」，通常是指由一個或若干個相連海港灣、島嶼組成，銜接眾多分佈於港口或入海口城鎮群的區域發展系統。簡單地說，灣區的最大地理特徵是擁有一個「三面環陸、一面向海」的「黃金內灣」。

粵港澳大灣區的地理位置更是得天獨厚，不僅內灣伶仃洋浩瀚秀美，更有大河奔流其間，水量豐沛、密如蛛網的珠江水系溝通河海，深入腹地。一灣之內大大小小的港口碼頭星羅棋佈，灣區內 11 座城市均有港口，是世界上通過能力最大、水深條件最好的區域性港口群之一，區域港口吞吐量位居全球諸多灣區之首。環珠江口 100 多公里岸綫上，居然在香港、深圳、廣州崛起了三大世界級港口，世所罕見。

20 世紀末期以來，以海港為依託，以灣區自然地理條件為基礎，城鎮群與港灣地理聚變融合發展形成的具有國際影響力、區域一體化的經濟形態「灣區經濟」風靡一時。灣區，成為推動技術創新、帶動經濟發展的增長極。

從灣區、灣區經濟的定義即可看出，其基礎是海洋，其精髓是開放，其靈魂是創新。

開放和創新精神如磁鐵般吸引著這顆藍色星球上的人類發展要素順著江河，奔向海岸綫。據統計，當今全球 60% 的經濟總量集中在港口海灣地帶及其直接腹地，75% 的大城市、70% 的工業資本和人口集中在距海岸 100 公里的海岸帶地區。

在粵港澳大灣區設立以前，世界上有三大耳熟能詳的著名灣區，分別是紐約灣區、舊金山灣區和東京灣區。它們各具特色、各擅勝場：「黃色」的紐約灣區是典型的金融灣區，華爾街、紐約證交所、納斯達克證交所等全球超級金融品牌，近3000家泛金融機構雲集於此，拱衛著這顆美國乃至全世界的金融「心臟」；「藍色」的舊金山灣區勝在科技創新，這裏不僅有斯坦福大學、加州大學等一眾名校、科研機構吸引著全球創新、創業人才，更有蘋果、谷歌、英特爾等高科技企業扎堆的矽谷，創新指數常年居高不下；「白色」的東京灣區是產業灣區，聚集了日本1/3的人口、2/3的經濟總量，三菱、豐田等全球著名的日本企業總部基本上都設立在這裏，為日本成為亞洲最早的發達國家撐起大產業骨架。

與這三個老牌灣區相比，中國醞釀經年後推出的粵港澳大灣區「大」有來頭：體量更大，一個大圈將香港、澳門兩個特別行政區和廣州、深圳、珠海、佛山、東莞、惠州、中山、江門、肇慶九個珠江三角洲城市盡收囊中，總面積5.6萬平方公里；綜合實力更強，經濟支柱更加多元化，港澳地區的金融業等現代服務業，深圳、廣州的高新技術產業，珠江三角洲地區其他城市各具特色的先進製造業，金融、科創等產業彙集，豐富多彩，這是當今世界上其他灣區都不具備的獨特優勢；「9+2」複合型城市群優勢互補，以與西方世界聯通的港澳地區為前鋒，深圳、東莞、廣州這三座人口都過千萬的超大型城市群為中場，珠江三角洲「世界工廠」為後衛，組成了一條中國經濟、社會走向「深藍」的世界級銳利攻擊綫。

\* \* \*

當然，粵港澳大灣區雖然具備了成為世界級灣區的總量，但至關重要的「人均」還遠遠落在紐約、舊金山、東京等先進灣區的後面，增長模式粗放，高質量發展水平偏低。另外，歷史原因造成港澳地區與內地城市之間的「粘合度」仍不足。內地九城定位重疊、錯位，協同發展任重道遠。相對先進的製造業與現代生產性服務業還有脫節。交通、物流等事關區內生產要素聯通、流動的基礎設施尚待加強。

這些，都是粵港澳大灣區建設中有待解決的問題，也是改革開放再出發的新時期裏，推進落實《粵港澳大灣區發展規劃綱要》的原因所在 —— 打造好粵港澳大灣區，有利於加強我國經濟創新力、競爭力，有利於進一步深化改革、擴大開放，有利於建立與國際接軌的開放型經濟新體制。

粵港澳大灣區既是新時代推動形成全面開放新格局的新嘗試，也是推動「一國兩制」發展的新實踐，在國家發展大局中被賦予重大歷史使命。

* * *

粵港澳大灣區不辱使命。隨著一系列支持粵港澳大灣區建設的政策相繼出台，十一城創新要素加速互聯共融，互利合作、互利共贏的區域合作關係以肉眼可見的速度成長，「軌道上的大灣區」已非夢想，「一小時生活圈」基本形成。

2016 年，粵港澳大灣區生產總值 9 萬多億元人民幣。2017 年，生產總值已突破 10 萬億元人民幣大關。2021 年，粵港澳大灣區的經濟規模和發展能級再上新台階，生產總值超過 12 萬億元人民幣。區內核心城市齊頭並進，其中，深圳首次跨越 3 萬億元人民幣關口，以

3.07 萬億元人民幣的經濟總量穩居全國經濟第三城；廣州地區生產總值 2.82 萬億元人民幣，同比增速達 8.1%；香港地區生產總值 2.37 萬億元人民幣，增速也達到發達經濟體不多見的 6.4%；東莞地區生產總值首破萬億元人民幣大關，成為繼廣州、深圳和佛山後，廣東第四座生產總值超萬億元人民幣的城市。

經濟高質量發展的最明顯表徵無疑是人口的持續流入。2016 年末，粵港澳大灣區 11 城常住人口 6800.47 萬人，到 2020 年末這個數字已經上升到 8617.18 萬人，五年增長了 1816.71 萬人。其中，深圳人口增長最多，五年增長約 565 萬人；廣州不落下風，增長約 463 萬人；佛山、東莞、惠州、中山等城市人口增長也均突破百萬人。

2022 年，粵港澳大灣區經濟總量超過 13 萬億元人民幣，約佔全國經濟總量的 11%。如果把大灣區作為一個經濟體，排名全球第十位，超過韓國，與老牌發達國家意大利、加拿大處於同一梯隊。發展之快，令世界矚目。

世界知識產權組織發佈的 2023 年版的全球創新指數（GII），中國擁有 24 個全球頂級科技集群，成為擁有最多科技集群的國家。深圳—香港—廣州連續四年成為全球第二大科技集群。

作為綜合實力最強、開放程度最高、經濟最具活力的區域之一，粵港澳大灣區已成為中國經濟發展的新引擎。一個比肩世界三大灣區、擁有巨大活力和競爭力的國際一流灣區及超級城市群，正如一輪紅日，閃耀在世界的東方。

# 以河為名，向海而生

孫中山先生在譜寫《實業計劃》，構思以廣州為中心的「南方大港」時，對情有獨鍾的香港地區前途也進行了謀劃。他認為廣州港改良成為「中國之三頭等海港」之一後，勢必對香港的港口業帶來衝擊；但「必有他途為香港之利」，相信廣州與香港可「仍各繁榮非常」。

他途究竟是何途？孫中山沒有明說。跌宕起伏的中國近現代史為香港安排的終極出路是做一個背靠祖國、聯通世界的「超級連絡人」。在「一個國家、兩種制度、三個關稅區、三種貨幣」下建設粵港澳大灣區戰略成為國家重大發展戰略，讓這條道路制度化、前景明朗化。擁抱祖國、擁抱大灣區、融入新時期全國發展大局，成為人們的共同心聲。

深港之間「一國之利、兩制之便」的制度優勢和同出一源的地緣、人緣優勢，決定了深港合作是粵港澳大灣區建設的核心引擎、最具活力的極點。2019 年 8 月 9 日，中央支持深圳建設為「中國特色社會主義先行示範區」，以珠江口東岸的前海深港現代服務業合作區、深圳河畔的深港科技創新合作區為關鍵平台，以制度創新為核心，實現深港全要素「同城」。在國家大戰略和大灣區佈局下，深港合作進入雙向發力、相向而行的新階段。

2021 年 10 月 6 日，時任香港特別行政區行政長官林鄭月娥發表2021 年施政報告時，公佈了引人注目的「北部都會區發展策略」，明確香港將規劃佔地約 300 平方公里宜居宜業宜遊的北部都會區，覆蓋由西至東的深港口岸經濟帶及更縱深的腹地，構建「雙城三圈」的空間結構，「盡享港深優勢互補、融合發展的紅利，幫助香港更好地融入國家發展大局」。

這是在「一國兩制」框架下首次由香港特區政府編製，在空間觀念及策略思維上跨越深港兩地行政界綫的策略和綱領。獅子山下，深圳河畔，「向北走」的香港，打開了更加廣闊的空間。

「深港之子」文伙泰為之奔走呼號了十數年的「一河兩岸」沿河經濟帶構想終成現實。可惜的是，文伙泰已於 2014 年 7 月離世，無緣親聆佳音。若泉下有知，足以慰平生。

＊　＊　＊

深圳第一時間做出響應：推動深港西部鐵路、前海口岸等規劃建設，加快皇崗口岸重建，高水平規劃建設深港口岸經濟帶，對接香港「北部都會區」和「雙城三圈」發展策略，努力打造國家級深港合作新平台。

深港全方位、多層次合作駛上快車道，前方不斷響起彼此應和的「汽笛聲」：

2022 年 6 月 27 日，香港回歸祖國 25 週年前夕，前海深港現代服務業合作區發佈「惠港九件實事」，在「住房、創業、服務、就業、平台、科創、金融、落戶、民生」等九個方面，增強「港人」歸屬感、「港企」獲得感、「港機構」參與感，為港人港企在前海發展提供全方位支持。

2023 年 8 月 8 日，國務院印發《河套深港科技創新合作區深圳園區發展規劃》。自此，深港科技創新合作區不再是一個普通的科創產業園，全面升格為「深港科技創新開放合作先導區」「國際先進科技創新規則試驗區」和「粵港澳大灣區中試轉化集聚區」。

中央政府交給深港科技創新合作區的歷史重任是：到 2025 年，基

本建立高效的深港科技創新協同機制；到 2035 年，深圳園區與香港園區協同創新的格局全面形成，科技創新國際化程度居於全球領先地位。

至此，粵港澳大灣區四大規劃：珠海橫琴粵澳深度合作區、深圳前海深港現代服務業合作區、廣州南沙新區自貿片區、河套深港科技創新合作區齊齊亮相。相較而言，深港科技創新合作面積最小，深港兩個園區一共才 3.89 平方公里，與其他三大合作區相差甚遠，但在規劃上卻最為聚焦科技創新，「一區兩園」的佈局也更具橫跨深港、兼容國內外的地緣優勢，成為粵港澳大灣區打造國際科技創新中心的核心引擎。

2023 年 10 月 25 日，香港特別行政區行政長官李家超發表任內第二份《施政報告》，表示特區政府將於短期內公佈《北部都會區行動綱領》，深度對接深圳和大灣區其他城市的規劃。北部都會區將由西至東劃分為高端專業服務和物流樞紐、創新科技地帶、口岸商貿及產業區、藍綠康樂旅遊生態圈四大區域。「河套深港科技創新合作區是香港北部都會區與廣深港科技創新走廊的天然交匯點。」

＊＊＊

2020 年 11 月 17 日，日本宇航員野口聰一搭乘美國航天企業 SpaceX 開發的新型宇宙飛船「龍」飛船抵達國際空間站。12 月 4 日，他分享了在太空拍攝的照片，其中一張以珠江口為中心的夜景照，全景展示了粵港澳大灣區城市群星羅棋佈的光點烘托出來的絢麗夜色，如詩如畫，如夢如幻。國外網友紛紛點讚、評論，稱其「漂亮得讓我說不出話來」「就像看到了一顆顆寶石」「猶如遙望星空中的銀河一般斑斕璀璨」。

大灣區的壯美夜色，被「向北走」的港澳人流塗抹得更加璀璨。

截至 2023 年 2 月底，港澳居民在廣東省參加養老、工傷、失業保險共 30.62 萬人次。2022 年上半年，在廣東省納入就業登記管理的港澳居民已超過 8.51 萬人。廣東全省已建成「1+12+N」港澳青年創新創業基地體系，截至 2023 年 7 月累計孵化港澳項目 4136 個，吸納眾多港澳青年就業。2022 年，僅前海深港青年夢工場的「前海港澳青年招聘計劃」就提供了 3530 個工作崗位，前海就業港澳青年人數同比增長 206%。

2022 年，前海地區生產總值達 1948.7 億元人民幣，同比增長 5.2%，吸引 30 個世界 500 強投資項目落地，實際使用外資佔深圳全市的一半。

粵港澳大灣區已佈局 2 家國家實驗室、10 家廣東省實驗室、30 家國家重點實驗室，以及 20 家香港、澳門聯合實驗室，大灣區國際科技創新中心影響力顯著增強。

粵港澳大灣區，正在成為中國與世界對接的新高地。

\* \* \*

本書完稿於 2023 年 12 月 2 日的深圳南山區家中。當晚，夜幕降臨，我站在窗前極目南望，不遠處即深圳河的入海口 —— 深圳灣，再往前就是伶仃洋。河的南岸是香港元朗的星星點點燈火。陽台前的近處，是深圳新興的「超級總部」，在夜空下如夢似幻。

屈指一數，來深圳已經整整 30 年，一直有為深圳寫一本書的願望，今天終於完稿。回到書桌前再檢文稿，重溫一條河、兩座城、一個國家與世界的相遇史，感慨繫之。

從 2023 年上溯至距今三萬年，遠古先民已在深港地區的 U 形海灣裏跣足奔走、逐水而居。

上溯至距今 7000 年至 6000 年，早期先民已在今天的大鵬灣、深圳灣畔刀耕火種、繁衍生息，在嶺南瘴癘之地創造出光彩奪目的咸頭嶺文化，與燦爛的中原文化遙相呼應。

上溯至公元前 214 年，深港地區屬南海郡番禺縣，首次進入了中華民族大一統的帝國版圖。

上溯至公元 331 年，千年古縣寶安縣設立，此後雖屢經反覆，深港兩地始終同在一國、同屬一縣。

伴隨著這條中華文明的歷史長流，年輕的深圳河也在唐、宋年間孕育，元末明初之間定型，自東北的山地向西南的河口開啟出海之旅。深圳河日復一日沖積出的河灘平原，成了一撥又一撥北方移民的棲身之所，最終演化出明清之際的深圳墟、民國時期的深圳鎮、今天的深圳市。

上溯至 1841 年，英軍在香港島上環水坑口插上「米字旗」，宣佈香港開埠，在隨後的歲月裏，專制皇權倒行逆施，軍閥混戰，內鬥不止，西方列強予取予奪，外敵環伺，中華文明奄奄一息，幾乎是全身淌著血、掙扎著走完這段暗無天日的歷史行程。洋務派如李鴻章徒呼奈何；維新派如譚嗣同血灑菜市口；革命黨人如孫中山先生壯志未酬，留下「革命尚未成功，同志仍須努力」之言。

唯有中國共產黨人凝聚起最廣大人民群眾的力量，「星星之火，可以燎原」，最終讓中華民族傲立於世界民族之林。

上溯至 1899 年，「深圳河」被寫進近代中國被列強強迫簽訂的不平等條約。從此，這條深港鄉親共有的母親河，成了一條「界河」。她的短促流程，卻成了風雨如晦的中國近現代史一道醒目的標記。

上溯至 1949 年，中國共產黨人審時度勢，「暫時不收回香港」，使之成為社會主義中國聯繫西方世界的「窗口」，兵強馬壯的中國人民解放軍勒馬深圳河以北。果不其然，被視為我國「立國之戰」的抗美援朝戰爭 1950 年爆發，美國糾集西方國家圍堵中國，香港成為中國獲得域外戰略物資的重要渠道。1960 年代後中蘇交惡，香港更成了內地與世界交往的唯一通道。在此期間，東江之水越山來，「三趟快車」日夜不息奔馳南北之間，內地傾其所有為香港同胞的民生築牢底盤，為香港的兩次產業轉型和經濟大騰飛加油助力。

深圳河見證了香港從一座小漁村到轉口貿易港再到國際大都市的驚天蛻變。

上溯至 1978 年，中國主動打開國門，改革開放大潮驚濤拍岸。香港製造業洶湧北上，反哺內地。在港資、經濟特區特殊政策的孵化下，與香港一河之隔的深圳工業化、城市化進程幾乎是拔地而起。短短 40 年間，這個邊陲小鎮奇蹟般地變身為高度現代化的中國一綫城市。

上溯至 1997 年，香港回歸祖國懷抱。1995 年起深港兩地聯手「再造」深圳河，2010 年在前海設立深港現代服務業合作區，2017 年落馬洲河套地區設立深港科技創新合作區，2021 年香港制定「北部都會區」規劃……深港之間的「創新協作」「機制融合」、全方位合作之路越走越寬。

深圳河見證了香港遊子的滄桑往事及其與祖國母親相生、相隔、相遇、相融的全部歷程。

上溯至並不遙遠的 2019 年，粵港澳大灣區建設規劃出台，香港連同澳門和珠江三角洲九城一起攜手走向全球競爭、合作的大舞台，走向廣闊無垠的深藍大洋。

......

小小的深圳河何其有緣，一出生就在中華文明的歷史長流裏載浮載沉，哭笑有時。

窄窄的深圳河何其無奈，她曾是近代中國百年恥辱史的明證。

淺淺的深圳河又何其有幸，目睹了兩種制度下兩座世界級大都市在自己身邊先後崛起，成為全世界僅見的、夢幻般的「一河兩岸」雙子星城。

年輕的深圳河，就像一個忠實的史官，一筆一畫地記錄著一個古老大陸的文明和一個歷經滄桑的民族，深一腳淺一腳地走向深藍大洋的艱苦之旅。

* * *


在蛇口半島南端、深圳灣大橋西側的望海路上，深圳河水匯入伶仃洋之處，將於 2024 年底建成一座總建築面積約 22.2 萬平方米的深圳歌劇院。

深圳歌劇院的建築方案「海之光」由普利茲克獎獲得者、國際著名建築設計大師讓·努維爾操刀。建築方案設計國際競賽評審團認為，「海之光」方案以抽象和具象相結合的方式回應場地和命題，從城市、山、海多維角度思考，以音樂與大海的相遇，建築擁抱音樂、擁抱大海為主要創意，將建築融入海濱，將藝術融入生活，創造了一個屬大灣區、具有未來性、獨一無二的世界級公共文化地標。

我們期待著，在不久的將來，一部響徹深圳河、珠江口兩岸的名為「世紀大灣區」的交響曲，將在深圳歌劇院華麗奏響。

| 責任編輯 | 朱卓詠　梁偉基 |
| --- | --- |
| 書籍設計 | a_kun |
| 書籍排版 | 何秋雲 |

| 書　　名 | 奔騰的深圳河：中國與世界的相遇 |
| --- | --- |
| 著　　者 | 楊黎光 |
| 出　　版 | 三聯書店（香港）有限公司 |
|  | 香港北角英皇道四九九號北角工業大廈二十樓 |
| 香港發行 | 香港聯合書刊物流有限公司 |
|  | 香港新界荃灣德士古道二二〇至二四八號十六樓 |
| 印　　刷 | 美雅印刷製本有限公司 |
|  | 香港九龍觀塘榮業街六號四樓 A 室 |
| 版　　次 | 二〇二四年四月香港第一版第一次印刷 |
| 規　　格 | 特十六開（148 mm × 210 mm）四五六面 |
| 國際書號 | ISBN 978-962-04-5416-5 |